互联网+品牌传播与广告丛书

移动互联网时代的
广告策划与创意
GUANGGAO CEHUA YU CHUANGYI

佘世红 编著

·广州·

图书在版编目（CIP）数据

移动互联网时代的广告策划与创意 / 佘世红编著. —广州：华南理工大学出版社，2019.8（2021.8重印）
（互联网+品牌传播与广告丛书）
ISBN 978-7-5623-6108-4

Ⅰ.①移…　Ⅱ.①佘…　Ⅲ.①广告–策划–研究　②广告设计–研究　Ⅳ.①F713.81 ②J524.3

中国版本图书馆CIP数据核字（2019）第183446号

移动互联网时代的广告策划与创意
佘世红　编著

出 版 人：卢家明
出版发行：华南理工大学出版社
　　　　　（广州五山华南理工大学17号楼，邮编510640）
　　　　　http://hg.cb.scut.edu.cn　　E-mail: scutc13@scut.edu.cn
　　　　　营销部电话：020-87113487　87111048（传真）
责任编辑：王　倩
印 刷 者：广东虎彩云印刷有限公司
开　　本：787mm×1092mm　1/16　印张：21.75　字数：530千
版　　次：2019年8月第1版　2021年8月第2次印刷
定　　价：68.00元

版权所有　盗版必究　　印装差错　负责调换

序

移动互联网时代，原有的广告信息生产体系和以大众媒体为基础的传统信息传播方式遭遇颠覆性变革，建立在大数据基础上的个性化内容推荐和程序化购买正在逐步取代传统广告创意与传播流程，广告产业的核心业态正在由智力驱动型向技术驱动型转变，数据化与智能化正在重塑广告产业核心业态。数据化和智能化引领广告产业未来发展，这不仅仅是广告产业的发展趋势，也符合人类历史发展的规律。纵观人类历史上的每一次科技进步和发明创造，从根本目的追溯，都是解放人类自身，实现自由发展。科技进步所带来的各种生产工具和手段的发明，将会推动人类社会进入更加智能化的时代。我们有理由相信更加智能化的广告产业已然到来。

在此背景下，作为知识型服务业的广告产业，其信息生产和信息传播方式都面临着巨大的挑战。大数据及其处理技术的出现与快速发展所带来的广告技术迭代，对包括广告策划、创意在内的广告信息生产，以及包括品牌、营销在内的广告信息传播产生了深刻的影响。基于此新环境，对广告策划及其创意理论与实践的探讨显得尤为迫切且重要。

大数据对广告产业的变革已深入骨髓，从一开始的浅尝辄止到全行业全产业链，再到对整个广告产业研究方法的变革，它伴随着对大数据研究的日益深入而逐渐进入改革深水区。

在广告产业结构方面，广告主、广告公司、广告媒介及广告受众所产生的系列连锁转变逐渐被挖掘和深入探索。在广告营销变革方面，大数据营销与精准营销已成为现在广告业营销的主流。大数据营销通过与社交媒体的联姻、精准营销通过与科技的进一步融合都实现了对传统广告营销的颠覆。这些变革孕育并催生了对广告产业研究方法的全新范式探讨。

本书的思考问题与重点是在移动互联网的大时代背景下，广告策划与创意如何向更深层次发展与进化。作为广告活动的核心和灵魂，广告策划与创意是赋予广告业生命力的关键环节，其作为传统的人脑思考和创造的产物，在新的语境下，早已由"人力-智慧"型向"技术-智能"型转移。由此，本书中提出的五大广告创意产生方法——"头脑风暴法""垂直思考法和水平思考法""思维导图：创意思维的可视化""旧元素新组合的创意方法"及"基于用户体验和分享的创意想象"，是对新的策划与创意形式机制的颇具意义的理论延展及实践探索。

其中,"基于用户体验和分享的创意想象"方法论的提出尤其符合大数据时代的广告创意内容生产机制。数据挖掘技术的快速发展与广泛应用所带来的信息搜集、存储、挖掘、分析的便利性,使得用户在互联网中产生的行为轨迹和创造的内容变得尤为珍贵。它既是洞察用户、理解用户需求的重要来源,也是基于用户体验和分享的想象力源泉。基于Cookie数据进行的消费者洞察,不是对部分Cookie数据进行分析,而是通过分析每一个数据点织成的数据网络,挖掘出消费者的行为痕迹,找到消费者的兴趣关注点,实时洞察消费者需求,从而集成数据进行结构化分析。在这一方法论的视角下,广告创作基于多元渠道采集的信息完成了传统意义上的广告调查,并且将调查数据更精准地呈现于广告创意内容中,同时也对用户价值进行了最大化的整合,即作者在书中提到的"基于整合品牌传播的广告战略策划"。

可见,本书作者对整合品牌理论(见《整合品牌传播:从IMC到IBC理论建构》)中关于价值关系、价值整合到战略组织传播的核心观点有着自己独特而深入的思考。从唐·E.舒尔茨、斯坦利·田纳本、罗伯特·劳特朋的整合营销传播理论,汤姆·邓肯的利益关系整合理论到本人此前提出的整合品牌传播理论,在本书中均有一定程度的体现与梳理,也正因为如此,本书对新的时代背景下广告策划与创意的理论探索与实践创新,弥补了传统理论的某种局限与缺失,从而实现对传统理论的某种超越。

互联网呈现出强劲的发展态势,已然成为当今社会的重要组成部分,与其紧密结合,必然能够有序推进整个广告行业的发展历程。广告策划搭乘数据与技术的东风,如何有条不紊地运作与创新是本书关注和探索的前沿问题,基于此,著作力图实现的是实践基础上的前沿理论创新,这对整个广告行业的发展与研究范式革新是颇具意义的。

世红是一位勤勉认真的学者。对于移动互联网时代下广告产业的变迁有着敏锐的观察和感知,对于大数据技术驱动下的广告技术发展所影响的广告策划与创意方式变革,有着自己的思考和见解。在美国宾夕法尼亚州立大学的学习经历让她在学术研究中能够带着国际化视野思索,广阔的眼界让她在学术研究中能够紧扣前沿。授课之余,她还指导学生参加广告赛事且为学生提供了诸多实践性的帮助。在学术研究上,她肯下功夫且笔耕不辍,论文发表、课题申报之外,亦有著作出版。此书即是她理论思考与实践探索的成果之一。

是为序。

段淳林

华南理工大学教授、博士生导师

2019年7月于华园

目 录

第一章　媒介传播环境与营销环境的变迁 ·· 001
 第一节　媒介技术发展与传播环境的变迁 ·· 001
  一、大众媒介的单向传播时代 ·· 001
  二、从单向传播的Web1.0到双向互动的Web2.0 ··· 003
  三、随时随地多向传播的移动互联网时代 ··· 005
 第二节　营销环境的改变与创新 ·· 008
  一、4P主导的传统营销时代 ·· 008
  二、基于4C的创新营销思维 ·· 011
  三、整合营销传播理论价值与创新 ·· 014
  四、数字营销与互动营销的发展 ·· 017

第二章　移动互联网对广告策划与创意实践的影响 ·· 023
 第一节　移动互联网时代广告传播的特点 ··· 024
 第二节　移动互联网时代广告策划与创意的关键性变化 ··· 028
  一、移动互联网时代广告策划以用户价值为导向 ··· 028
  二、移动互联网时代广告策划以广告人主导的广告创意主体向多元主体
    转变 ··· 037
  三、移动互联网时代广告传播信息渠道更多元 ··· 040
  四、移动互联网时代广告策划传播效果更精准 ··· 042

第三章　移动互联网时代广告策划的基本原理 ··· 046
 第一节　广告策划的含义及要素 ·· 046
  一、广告策划概念的缘起 ·· 046
  二、广告策划概念的含义 ·· 047
  三、广告策划的要素 ·· 049
 第二节　广告策划的功能与目标 ·· 049
  一、广告策划的功能 ·· 049
  二、广告策划的目标 ·· 050
 第三节　广告策划的特征 ·· 053
 第四节　广告策划的类型 ·· 059
  一、按照广告策划的系统性与媒体整合的程度来划分 ··· 059
  二、依据广告策划的主体来划分 ·· 060

三、依据广告策划的媒介形式来划分 ································· 065
　第五节　广告策划的程序与原则 ··· 079
　　一、广告策划的程序 ··· 079
　　二、广告策划的原则 ··· 082

第四章　广告调查与分析 ·· 087
　第一节　广告调查与分析：广告策划的基础 ······················· 087
　　一、宏观环境调查与分析 ·· 089
　　二、目标市场调查与分析 ·· 090
　　三、消费者调查与分析 ··· 091
　　四、产品调查与分析 ·· 094
　　五、竞争对手调查与分析 ·· 095
　第二节　传统广告调查方法 ·· 095
　　一、文献调查法 ··· 096
　　二、实地市场调研 ·· 097
　第三节　整合线上线下广告调查 ·· 100
　　一、线上广告调查的特点 ·· 101
　　二、线上广告调查方式 ··· 101
　　三、线上线下广告调查的整合 ······································· 103
　第四节　大数据广告调查方法 ··· 104
　　一、大数据的特点及作用 ·· 104
　　二、大数据对广告调查的影响 ······································· 105
　　三、大数据广告调查设计 ··· 106
　　四、大数据广告调查的实际应用 ···································· 107

第五章　基于整合品牌传播的广告战略策划 ·························· 112
　第一节　从整合营销传播理论到整合品牌传播理论 ············ 112
　　一、移动互联网时代整合营销传播理论的挑战 ················ 112
　　二、整合品牌传播理论的创新 ······································· 113
　　三、整合品牌传播理论的模式构建 ································ 115
　第二节　品牌核心价值与广告目标战略的确立 ···················· 116
　　一、营销导向时代：营销目标指导广告目标战略 ············· 116
　　二、整合品牌传播：广告目标战略以品牌核心价值为归依 ·· 118
　　三、广告目标战略的核心因素 ······································· 119
　第三节　广告战略的选择 ··· 120
　　一、根据市场营销战略来选择广告战略 ·························· 121
　　二、从产品生命周期出发来选择广告战略 ······················ 122
　　三、根据品牌发展战略来选择广告战略 ·························· 123

四、从企业竞争的角度来选择广告战略……………………………………124
　　五、其他因素……………………………………………………………………125

第六章　移动互联网时代广告策略的制定………………………………………129
第一节　广告战略与广告策略的关系……………………………………………129
　　一、广告战略制约广告策略，广告策略服从于广告战略………………………129
　　二、广告战略依存于广告策略，广告策略体现广告战略………………………130
　　三、广告战略整合广告策略……………………………………………………130
第二节　广告策略的内容……………………………………………………………132
　　一、广告表现策略………………………………………………………………132
　　二、广告实施策略………………………………………………………………133
第三节　基于消费者洞察的广告主题策略………………………………………134
　　一、广告主题……………………………………………………………………134
　　二、基于消费者洞察的广告主题策略…………………………………………136

第七章　移动互联网时代的广告创意概述………………………………………148
第一节　广告创意含义的拓展………………………………………………………148
　　一、"创意革命"时期不同的创意观念…………………………………………148
　　二、大众媒介时代对广告创意的界定…………………………………………149
　　三、移动互联网时代广告创意的延伸…………………………………………150
第二节　广告创意的思维方式………………………………………………………152
　　一、人类一般的思维过程………………………………………………………152
　　二、思维方式的经典理论………………………………………………………153
　　三、创意思维的类型……………………………………………………………154
　　四、广告创意思维的过程………………………………………………………163
第三节　广告创意的原则……………………………………………………………166
　　一、科学性原则：广告创意的第一原则…………………………………………166
　　二、艺术性原则：广告创意的升华………………………………………………168
　　三、创新性原则：广告创意的本质………………………………………………172
　　四、坚持实效与文化伦理兼容的广告创意原则………………………………174
第四节　广告创意的特征……………………………………………………………179
　　一、明确的目标群体定位………………………………………………………180
　　二、单纯统一的广告主题………………………………………………………183
　　三、塑造差异化的品牌形象……………………………………………………187
　　四、构建独特的品牌个性………………………………………………………190
　　五、表现方式新颖………………………………………………………………194
　　六、情感效应构想自然…………………………………………………………196

第八章　移动互联网时代广告创意产生的方法 ································ 200
第一节　头脑风暴法 ·· 200
一、头脑风暴法的起源与特征 ·· 200
二、头脑风暴法实施步骤 ·· 201
三、影响头脑风暴法效果的因素 ·· 202
四、头脑风暴法的缺点 ··· 203
五、电子头脑风暴法 ·· 203
第二节　垂直思考法和水平思考法 ··· 204
一、垂直思考法的特点 ··· 204
二、水平思考法的特点 ··· 204
三、垂直思考法与水平思考法的差异与联系 ···································· 206
第三节　思维导图：创意思维的可视化 ··· 210
一、思维导图理论概况 ··· 210
二、思维导图在广告创意实践中的运用 ··· 210
第四节　旧元素新组合的创意方法 ··· 211
一、旧元素新组合的含义 ·· 211
二、旧元素新组合创意方法的运用 ··· 211
第五节　基于用户体验和分享的创意想象 ······································ 215
一、移动互联网时代的互动广告创意 ·· 215
二、体验和分享：互动广告的本质 ··· 216
三、体验和分享：创意想象的来源 ··· 218

第九章　广告创意的诉求与表现策略 ·· 223
第一节　广告创意诉求策略 ··· 223
一、理性诉求策略 ··· 223
二、感性诉求策略 ··· 226
三、情理结合的诉求策略 ·· 228
第二节　广告创意表现策略 ··· 231
一、幽默和夸张策略 ·· 232
二、设置悬念策略 ··· 234
三、讲故事策略 ·· 237
四、对比与类比策略 ·· 240
五、戏剧性冲突策略 ·· 242
六、恐惧诉求策略 ··· 243
七、名人代言策略 ··· 245
第三节　基于社会话题的广告创意再现 ··· 248
一、社会话题事件 ··· 248
二、利用社会话题进行广告创意的可能性与重要性 ···························· 249

三、如何利用社会话题进行广告创意 ……………………………………… 250

第十章　移动互联网时代广告整合媒介策划 ……………………………… 255
第一节　广告媒介的作用与分类 ……………………………………… 255
　　一、广告媒介的作用 ……………………………………………… 255
　　二、广告媒介的分类与特征 ……………………………………… 256
第二节　广告媒介策划基本原理 ……………………………………… 263
　　一、广告媒介策划的背景 ………………………………………… 263
　　二、广告媒介策划的概念 ………………………………………… 263
　　三、广告媒介策划的要素 ………………………………………… 264
　　四、广告媒介策划程序与内容 …………………………………… 264
第三节　移动互联网时代广告媒介选择的标准 ……………………… 266
　　一、影响广告媒介选择的综合因素 ……………………………… 266
　　二、常用的几个广告媒介评价指标 ……………………………… 269
第四节　移动互联网时代广告媒介投放 ……………………………… 271
　　一、基于整合品牌的价值传播选择媒介投放 …………………… 271
　　二、媒介投放的总体安排 ………………………………………… 272
　　三、媒介投放的具体排期 ………………………………………… 272

第十一章　移动互联网时代广告效果的测定 ……………………………… 277
第一节　广告效果的类型与特征 ……………………………………… 277
　　一、广告效果的认识 ……………………………………………… 277
　　二、广告效果的特性 ……………………………………………… 279
第二节　品效合一：移动互联网时代广告效果的标准 ……………… 280
　　一、品效合一的内涵 ……………………………………………… 281
　　二、建构品效合一广告效果的必要性 …………………………… 281
　　三、品效合一广告效果的模型与评估 …………………………… 282
第三节　建立动态的广告效果监测大数据系统 ……………………… 284
　　一、建立动态的用户数据管理平台 ……………………………… 284
　　二、完善广告数据监测系统 ……………………………………… 286
　　三、构建即时的广告信息反馈和评价机制 ……………………… 287

第十二章　广告策划与创意的经费预算 …………………………………… 288
第一节　广告经费预算与广告目标的关系 …………………………… 289
　　一、广告目标决定广告经费预算 ………………………………… 289
　　二、广告经费预算制约着广告目标的制定和实现 ……………… 290
第二节　广告经费预算的方法 ………………………………………… 291
　　一、销售比率法 …………………………………………………… 291

　　二、目标任务法（DAGMAR法） 293
　　三、任意法 293
　　四、竞争对抗法 294
　　五、定量法 295
　　六、资本投资法 295
第三节　RTB实时竞价广告 296
　　一、RTB的起源与发展 297
　　二、RTB的广告模式与运作流程 298
　　三、RTB目前存在的问题 304

第十三章　移动互联网时代广告策划书的撰写 306
第一节　以移动互联网思维统领广告策划书的内容 306
　　一、移动互联网思维 306
　　二、移动互联网思维统领广告策划书 308
第二节　广告策划书的基本格式 309
　　一、广告策划书的主要内容 310
　　二、广告策划书的基本框架 312
第三节　广告策划书撰写的技巧 313

参考文献 330

参考网站 334

后　记 335

第一章

媒介传播环境与营销环境的变迁

> **学习要点**
>
> 本章重点论述媒介传播环境与营销环境的变迁与发展,需要掌握的知识点有:①理解媒介传播环境改变的过程以及在不同媒介技术环境下,不同的媒介传播所呈现出的具体特点。②了解市场营销的基本概念及相关理论的提出和发展,认识不同社会发展时期的营销环境变迁与发展,掌握移动互联网时代营销环境的新特点。

第一节 媒介技术发展与传播环境的变迁

何为媒介?美国著名传播学者威尔伯·施拉姆(Wilbur Schramm)认为,"媒介是插在传播过程中,用以扩大并延伸信息传送的工具"。[1] 加拿大著名媒介学者马歇尔·麦克卢汉(Marshall Mcluhan)指出:"媒介即讯息。"[2] 我国学者谢金文、邹霞指出:"媒介在一般使用中,是使双方(人或事物)发生关系的各种中介,在传播领域中,一般与英文的 medium 相对应,指传播内容,或者说信息(广义上的)的物质载体。"[3] 一般来说,媒介的概念具有广义与狭义之分。广义的媒介是指能使人与人、人与事物或事物与事物之间产生联系或发生关系的物质;狭义的媒介指的是传播的工具,主要包括报刊、广播、电影、电视、互联网等。本书所探讨的"媒介"主要指狭义的媒介范畴。随着技术的变迁与发展,媒介会呈现出不同的传播特点,以下将介绍大众媒介时代、Web1.0时代、Web2.0时代与移动互联网时代传播的重要特点。

一、大众媒介的单向传播时代

梅尔文·德弗勒(Melven Defleur)在《大众传播学诸论》中指出:"人类文明在过去的四万年里所取得的日新月异的进展,对掌握传播系统的依赖程度要更大于对制造工

---

[1] 威尔伯·施拉姆:《传播学概论》,北京:新华出版社,1984年。
[2] 马歇尔·麦克卢汉:《理解媒介:论人的延伸》,何道宽,译,北京:商务印书馆,2000年。
[3] 谢金文、邹霞:《媒介、媒体及其传媒相关概念》,载《新闻与传播研究》,2017年第3期。

具和材料的依赖程度。"[1]这种技术的发展也促使了大众传播的出现，而大众传播所使用的媒介则被统称为大众媒介。一般来说，具有强大影响力的大众媒介主要是指报纸、广播、电视三大传统大众媒介。

首先看报纸大众化发展的历史。由于受印刷技术的限制，事实上早期的报纸都是小众的，只有一些贵族和精英人士才有机会阅读报纸。1609年，德国率先发行定期周报，很快便波及整个欧洲，法国1631年出现报纸，17世纪时报纸逐渐在西方众多国家发行。18世纪英国工业革命的出现，极大地提高了生产效率，使得大规模的印刷复制在技术上有了可能性。1883年，在美国纽约诞生了第一张价格低廉的便士报《太阳报》，标志着美国报业大众化发展的开端，也标志着大众传播时代的来临。20世纪90年代，随着都市报的兴起，我国报纸的竞争与发展进入了一个新的阶段。报纸媒介适于保存与深度阅读，但是报纸媒介传播存在较强的时空限制，传播效果有限，互动性不强。

与报纸相比，无线电广播的出现晚了200多年。人类首次真正意义上的无线电广播出现在1906年。当年12月24日，美国匹兹堡大学教授费森登（Fessenden）通过设在马萨诸塞州128米高的无线电实验广播台成功地进行了一次广播，这是人类历史上第一次进行的正式的无线电广播。随着无线电广播技术的不断成熟，1920年，美国商业广播电台匹兹堡KDKD广播电台开始播音，这也是世界上第一个取得营业执照的商业广播电台。我国首家广播电台出现在1923年。与报纸媒介相比，广播媒介具有传播范围覆盖更广泛、传播内容更生动的优势。广播媒介将读者转变为听众，用人类的"耳朵"释放了"眼睛"的压力。但是广播媒介传播的信息深度不及报纸媒介，而且广播信息也比报纸信息更难以保存。

报纸是视觉媒介，只有图像和文字；广播是听觉媒介，只有声音。相对于报纸与广播，电视是一种传播多种符号的大众媒介，它实现了此前所有的信息符号类型的融合，报纸书籍的图像和文字、广播的声音、电影的动画，这些符号的有机融合形成了电视信号，给予观众视觉和听觉上的享受。1926年1月26日，电视正式诞生。1958年，我国第一座电视台北京电视台（后改为中央电视台）开始播出。电视发明于20世纪20年代，应用于30年代，崛起于50年代，60年代开始卫星电视节目转播。到20世纪90年代，电视已基本走进世界各国，欧美发达国家的家庭电视覆盖率在95%以上。目前，我国家庭电视的覆盖率也在95%以上。在互联网之前的时代，观看电视成为人们除了工作、学习和休息之外，花费时间最长的一项活动。电视媒介具有信息理解的简易性、信息传播的及时性和覆盖面广的特点。但是，电视的信息传播具有瞬时性的特点，即一闪而过，信息不易保存。

和报纸、广播一样，即便电视这个"魔力盒子"曾一度让人为之着迷，但仍无法改变其单向传播的特点。一般来说，电视每天播出的节目是比较固定的，观众能够选择的就是不同的频道，但无法按照自己的时间去观看节目，而只能按照电视台的时间。观看电视也只能在一个固定的场所，无法做到随时随地，更无法按照个人的喜好去定制节目，观众的反馈也是十分有限的。

---

[1] 梅尔文·德弗勒：《大众传播学诸论》，北京：新华出版社，1984年。

纵观大众媒介的发展史：从19世纪80年代报纸开始成为大众媒介，到20世纪90年代电视成为世界第一媒介，这100余年是传统大众媒介快速发展的时期。以报纸、广播、电视三大媒介为代表，电影、杂志等多种媒介取得了共同快速发展。大众媒介虽具有传播上的多种优势，但缺少互动的、单向性的传播是所有大众媒介的劣势。格哈德·马勒茨克（Gerhard Maletake）归纳了大众媒介传播的特点，他指出公开的传播、间接的传播、单向的传播、特定的传者和不确定的受众是大众媒介传播的重要特点。也就是说，大众媒介存在特定的传者，其传者都是特定的从事信息生产和传播的专业化媒介组织，如报社、广播电台、电视台等，且接受一定程度的监管，而不是任何个人或者组织都能成为大众媒介的传者。大众媒介通过特定的传者向不确定的受众进行单向度的传播，受众被认为彼此之间是独立的，无法交流和互动。大众媒介的单向度的传播主要体现在传者与受者之间的不可逆性，受众无法及时、全面地反馈信息，大部分情况下只能被动地接受信息。同时，由于大众媒介无法实现与受众的积极互动，其传播的信息和内容不能够满足用户的需要，传播效果受到一定的制约，广告效果也无法实现精准化，常常遭到诟病。另外，大众媒介的这种单向度的传播造成传者与受者之间的不对等，受者被认为是"乌合之众"。[1]

大众媒介单向传播是由于大众媒介技术的限制。尽管大众媒介是单向度的传播，无法实现有效的互动，但大众媒介技术具有历史的先进性。随着技术的发展，人类历史的每一个阶段都出现了新的传播技术，但旧的传播技术却不会被完全取代，而媒介也伴随着传播技术的发展在不同的传播阶段呈现不同的形态。

二、从单向传播的Web1.0到双向互动的Web2.0

许多新兴技术的诞生与发展都离不开军事、政治或商业力量的推动，互联网亦是如此。"战争催生了电脑，也催生了互联网"。[2]互联网正是在第二次世界大战结束后美苏冷战这样的军事与政治背景下诞生的。真正使互联网进入商用阶段的是互联网从国家所有到企业所有的变化。1992年，美国IBM、MCI、MERIT三家公司联合建立ANSnet，标志着互联网开始走向商业化。互联网开始运用于商业时还没有如今这么完善。互联网媒介一开始传播也是单向性的，其经历了单向传播的Web1.0到双向互动的Web2.0时代。

（一）Web1.0单向传播的互联网

1990年，英国科学家蒂姆·博纳斯·李（Timothy Berners-Lee）提出万维网（World Wide Web）全球超文本项目计划，让人们能够在互联网上通过超文本共享信息。蒂姆·博纳斯·李因此被人们称之为"万维网之父"。

通过网络浏览器，人们可以看到在HTML网页上展示出来的文字、图片等多媒体信息；也可以通过网页与网页之间的链接，获取更多的信息。完善系统的多媒体信息通过链接组合在一起便形成了门户网站。但值得注意的是，早期的门户网站主要还是在于提

---

[1] 古斯塔夫·勒庞：《乌合之众：大众心理研究》，冯克利，译，北京：中央编译出版社，2014年。
[2] 李幸、欧慧玲：《试听传播史论》，北京：中国社会科学出版社，2010年。

供信息。"作为数字媒体平台，HTML网页实际上只是提供数字媒体的超链接，使浏览器可以展示出文本（包括超文本）、图形、图像和声音等数字媒体。"[①]因此，这个时候的门户网站，或者说互联网，更像是具有搜索功能的电子报纸。事实上，Web1.0时代的互联网，以传者为中心的传播模式仍没有实质的变化，只不过是由原来的报社、广播电视台变成网站。网站管理者拥有对该网站信息的绝对编辑权利，受众从原来的选择看什么报纸、听什么广播变成了看什么网站、点击哪个链接，而无法去改变信息或者去编辑信息。因而，互联网的Web1.0时期，仍无法脱离传统大众媒介传播的一些特征，主要体现在以传者为中心的单向性传播。

但是，互联网的传播不能永远是"以传者为中心的单向性传播"，否则互联网也不会成为今天媒介的"集大成者"，这种单向传播在Web2.0时代被彻底打破。

（二）Web2.0——真正意义上的双向互动

Web1.0时代互联网只是一个以发布内容为主的数字媒体平台，Yahoo（雅虎）、Google（谷歌）、Amazon（亚马逊）此类搜索引擎或分类目录网站是主流。Web2.0则发展成为以Flickr、Linkedin、Ryze、Friendste等网站为代表，以Blog（博客）、Microblog（微博）、SNS（社会性网络服务）、IM（即时通信）、Wiki（维基）等应用为核心的互联网新一代模式。

Web2.0的概念最早是在美国O'Reilly公司和MediaLive公司的一次头脑风暴会议中提出来的。Web2.0的互联网技术最大的特点是实现了数据与网页的分离，用户获得了修改数据的权限和渠道，用户不再是互联网上被动的信息接收者，而是作为一个信息生产者和传播者、网页使用者主动参与到互联网的信息传播活动中，整个互联网的重心转向了用户。[②]相比传统大众媒介传播和Web1.0时代的网络传播，Web2.0时代的网络传播新特点如下。

（1）互动性更强。

Web2.0带领人们真正走进互动性媒介时代。无论是传统大众传播阶段还是Web1.0时代，其传播模式都是单向的，即传者与受众的不可逆性。而在Web2.0时代，用户既是信息的接收者，也是信息的传播者；用户与用户之间，用户与社会化网络媒体之间都在频繁地进行互动。网络的互动性促进了信息的加速生产与传播，用户作为一个传者在传播过程中展现出了个性化、自主化的特点，使得更多用户参与到传播过程中。同时，Web2.0时代的社会化网络媒体的不断完善也为用户提供了更好的互动体验。因而，Web2.0时代的数字媒体平台以用户体验为中心，特别注重用户的交互作用，用户可以自由、自主地在数字媒体平台上传播、分享和接收、评价信息与内容。

（2）传播实现去中心化。

在传统大众媒介时代和Web1.0的网络时代，传者都负责信息的采集与编辑，受众或用户在整个传播过程中是处于一个被动接收的地位，围绕着传者这个中心在转动。进入Web2.0网络时代，这种传播的中心化特征则被打破。Web2.0时代去中心化的一个典型表

---

①② 段淳林：《整合品牌传播：从IMC到IBC理论建构》，北京：世界图书出版公司，2014年。

现就是传播者从"专业的信息采编人员"向普通大众的转变，这种转变促使每个人都是信息的提供者和贡献者。如Wiki、Flickr，任何参与者均可提供信息资源，用户共同进行内容协同创作或贡献力量。

去中心化，不是没有了中心，而是中心的自由流动。每个用户都可以是中心，互联网变成一个开放领域。由于没有绝对的中心，每个用户都可以通过社会化媒体在互联网上发表自己的观点，展示自己的文字、图片和音视频，让每个用户都能发声，都有机会在互联网中占据一席之地并成为信息传播的中心。这种平等的传播使得用户更乐于参与其中。去中心化打破了原来传统媒体在传播过程中的主导地位和垄断地位，用户的主动性增加也改变了原有的营销传播模式，企业开始重视消费者的主动传播为其带来的影响。

（3）聚合性更强。

在传统大众传播阶段和Web1.0时代，由于缺乏互动，有着共同兴趣爱好的受众难以聚合在一个平台上，彼此之间无法开展有效的沟通交流。在Web2.0网络环境中，人们可以通过各类社会化媒体发表个人的观点，同时浏览他人的观点。在这种浏览过程中，人们会自动地寻找跟自己兴趣爱好相同或相似的群体，形成"物以类聚，人以群分"的群体或社区。互联网平台上的虚拟社区便是常见的用户聚合的一种表现形式。当然，这种聚合的共同因素则可能是多样化的，主要因素包括个人兴趣、个人需求、个人所处地理位置等。

用户的聚合必然也产生了信息的聚合。信息通过用户产生，在互联网聚合并不断累积，使之更完善。知乎、维基百科、百度百科、百度贴吧等都很好地体现了信息聚合。用户在知乎上提问，其他网络用户根据个人经验或知识回答，随着交流的加深，总会有一些最佳回答的出现。百度百科和维基百科一样，由网络用户编辑，最终对某一信息进行最佳诠释。这些最佳答案的出现，便是信息聚合的成果。因而，Web2.0不仅使传播的中心不再固定，同时也能够做到对用户与信息更强的聚合。在Web2.0时代，通过聚合的思维，互联网变得越来越丰富，越来越有趣味。

三、随时随地多向传播的移动互联网时代

随着移动通信技术的不断发展，智能手机及其他智能移动终端的诞生，人类进入了移动互联网时代。广义的移动互联网是指用户可以使用手机、笔记本等移动终端通过协议接入互联网。简单来说，移动互联网就是把原来在PC（个人电脑）连接的互联网在移动终端实现。目前，我国移动互联网取得了飞速的发展。国内移动数据服务商QuestMobile发布了《2018年中国移动互联网研究报告》，报告显示，截至2018年底，移动互联网日活跃用户规模达到11.3亿。移动互联网传播真正实现了随时随地的互动传播和分享。

移动互联网是在Web2.0网络技术基础上发展起来的，本身具有Web2.0时代的一些传播特征，如互动性、去中心化、聚合性等等。但作为互联网的另一种形态，移动互联网又具备一些Web2.0所欠缺的特点，主要表现如下：

（1）移动化：随时随地在线。

移动互联网，顾名思义是将移动通信与互联网的优点相结合。通过移动通信技术与互联网技术融合带来的移动互联网实现了随时、随地、随身的分享、聚合与互动。移动化带来的随时随地在线是移动互联网最重要的属性，也是其区别于Web2.0时代网络媒介传播的最重要的特点。

与之前所有的传播媒介相比，移动互联网传播速度更快，空间范围也更广泛。基于社会化属性的移动互联网把所有人都链接在一起，这也为信息传播的广泛性提供了基础。同时，由于社交自媒体的成熟，使得人人都可以随时随地成为信息的传播者和接受者，从事件发生到被传播开来，只需要几分钟的时间甚至更短。另外，移动互联网的移动化属性也催发了人们接收和传播信息的碎片化。越来越多的人利用碎片的时间来阅读、创作或社交，这也是与人们所处的信息环境息息相关的。人们不再习惯于被动地接收信息，而是主动选择信息；社会也不再是信息缺乏的时代，而是信息过剩的时代。

总的来说，移动互联网时代随时随地的移动化传播不仅极大拓展了信息传播的空间，也大幅度提升了信息传播的时效性。

（2）移动互联网传播的本地化属性。

移动互联网的本地化属性是指基于位置基础上的地域联系网络或营销网络，而该属性的实行则是以移动位置服务（Location Based Service，LBS）技术为基础的。LBS是一种利用网络通信技术、空间定位技术和地理信息系统（Geographic Information System，GIS）平台等，通过通信运营商的GSM、CDMA等网络或GPS等定位方式，获取用户终端的地理位置信息，并通过电子地图等的呈现，为用户提供与其即时位置相关的移动信息服务。[1]建立在现实地理位置基础之上的LBS技术把移动互联网从互联网的纯虚拟化中拉出来，使现实生活与虚拟空间相结合。

（3）移动互联网：随时随地社交。

社交功能或者社交性已经成为移动互联网的标志，移动互联网实现了随时随地社交。用户主要通过APP应用平台进行虚拟社交，APP是移动互联网的主流呈现形态。据第三方调研公司公布，2018年最活跃的全球社交APP排行出炉，分别是Facebook、WhatsAPP Messenger、Facebook Messenger、微信、Instagram。[2]目前国内用户使用最多的社交软件是腾讯公司开发的微信。相比起传统媒体或者Web1.0时期的互联网，移动互联网的个性化愈加明显，这种个性化表现在用户对于移动设备的个性化要求和价值观体现，同时也表现在个人的表现欲望和被关注心理的追求。用户通过移动互联网展露出个人的兴趣、爱好，形成自己的网络社交圈和关系网，通过用户的评论、转发、点赞行为实现信息的互动传播，从而达到自己的价值观的认同感，满足自己的价值需求。比如，腾讯公司开发的微信（Wechat）App在全球华人圈非常火爆，《2018微信数据报告》显示，截至2018年9月，微信的月活跃用户数约为10.8亿，微信消息日发送次数达450亿次，

---

[1] 刘敦利、整江华、刘志辉：《LBS的应用研究综述》，第六届全国地图与GIS技术研讨，乌鲁木齐，2008年。

[2] 北桥科技：《2018年最活跃的APP排行出炉，微信排名第四》，https://baijiahao.baidu.com/s?id=1623093466429621026&wfr=spider&for=pc，20190806。

较2017年增长18%。①这种社交APP在移动互联网平台上的广泛运用也使得移动互联网的社会属性越来越强。

移动互联网传播的社交性、移动化、本地化的三个特征，也就是通常所说的SoLoMo模式。SoLoMo的概念是由IT风险投资人约翰·杜尔（John Doerr）在2011年2月提出的，指的是移动互联网呈现出来的社交（social）、本地化（local）、移动（mobile）的特点。移动互联网传播的SoLoMo模式中的三个特征会互相影响。本地化属性所建立的网络可以理解为位置关系网络，与社交性属性是相互结合的，从而形成一定地域范围的兴趣、爱好及关系社交圈。这与Web2.0时代互联网虚拟的社交网络有所不同，从信息传播的角度看，人们总是更倾向于对附近信息的关注，与就近的人和物建立关系，实现线上与线下的双向或多向互动，有助于人们自我价值的实现和自我需求的满足。因此，移动互联网时代的用户社交的活跃度与社交的黏性非常高。

（4）移动互联网的多向传播属性。

多向传播是移动互联网的重要特征之一，这种多向传播主要包括线上与线下的多向互动、用户与用户之间的多向互动以及不同媒介的融合与互动。

①线上与线下的多向互动。

凭借便捷式移动终端和无线通信技术的不断完善，移动互联网突破了时间和地域的限制，使得移动用户可以在任何时候接受各种类型的信息，包括文字、图像、视频等等。物联网与互联网的融合催生了移动互联网线上与线下的多向互动，促使人们的应用环境发生实质性的改变，这种改变更多地体现在移动互联网的社会属性与生活属性，接近用户的日常行动、消费和社交等。

②用户与用户之间的多向互动。

传统大众媒体信息的传播是单向的，受众在整个传播过程中处于被动接收信息的地位；而Web2.0时期，信息的传播是双向的，互动性进一步加强，但移动性较弱。进入以移动互联网为代表的Web3.0时代，社交媒体的发展使得每个用户都可以随时随地生产和传播信息，大大缩短了信息的生产时间，用户可以通过移动互联网发布自己的观点，经过社交媒体的无限扩散，形成多点互动。

③不同媒介的融合与互动。

相比于Web1.0的网络时代，移动互联网技术的发展给传统媒介带来更大的冲击。在这种背景下，传媒学者与业界纷纷探讨大众媒介如何拥抱移动互联网技术，实现与新兴的、移动的网络媒介进行融合与互动。可以说，移动互联网技术促进了各种不同类型媒体的融合。比如，一些传统的大众媒介在微信平台上都开设了公众号，据移动互联网第三方数据挖掘和分析机构艾媒咨询权威发布的《2017Q1中国微信公众号影响力排行榜》，人民日报、央视新闻、央视财经作为传统媒体转型类微信公众号，仍然占据排行

---

① 中国经济网：《2018年微信月活跃用户约10.8亿》，https://baijiahao.baidu.com/s?id=1622236652647280712&wfr=spider&for=pc，20190806。

榜前三位。①这一切证明，传统媒介通过开发APP、开设微博与微信公众号及其抖音号等，正在使单向传播的大众媒介逐步实现移动互联网化，在一定程度上也缩短了传统媒介与受众之间的距离，传统媒介的单一传播的限制也得以改善，实现了多媒介共同融合的生态圈。

第二节　营销环境的改变与创新

一、4P主导的传统营销时代

（一）4P营销理论的提出

20世纪初及之前，在生产效率低下和物质缺乏的年代，企业只需关心如何快速地生产出高质量的产品，而不用担心销售，更加谈不上"营销策略"。正是如此，该时期的福特汽车喊出的口号是"消费者可以有不同颜色的需要，而我们只生产黑色汽车"。

该时期的企业以生产为导向，哲学家拉多夫·沃尔多·爱默生（Ralpg Waldo Emersonr）当时的一席话显示出生产阶段导向的实质："如果作家写出的书、牧师的布道比别人好，或者你制作的老鼠夹比邻家的强，即使住在森林里，也会有人慕名而来。"尽管这句话有些过于夸大生产的力量，但不难看出，营销在该时期还没有进入企业的主要议题。

20世纪50年代至70年代为市场营销理论的发展阶段。"二战"结束后，美国军工经济开始转向民众经济，第三次科技革命进一步促进了生产力的发展，社会商品急剧增加，品种更加多样化，企业之间的市场竞争更加激烈。为促进国内经济发展、增加消费，美国政府在国民的社会福利上提出高工资、高福利、缩短工作时间等政策，这在一定程度上有利于刺激人民的消费欲望，但在实际购买中却未体现出明显上升。与此形成鲜明对比的是，人们对于物质及服务的需求却出现了更多的欲望，对社会生产和供给也提出了更高的要求。

在这样的背景下，学界和业界对于市场营销的研究也更加细化。1953年，尼尔·博登（Neil Borden）在美国市场营销学会的就职演说中首次提出"市场营销组合"（marketing mix），指出企业在营销过程中要衡量一定的"营销要素"，这些"营销要素"的有效组合能提高企业的营销效率。

1960年，美国密西根大学教授杰罗姆·麦卡锡（Jerome Macarthy）的《基础市场营销学》出版，标志着市场营销学有了自己的核心理论体系。麦卡锡在他的博士导师理查德·克鲁维（Richard Clewett）提出的"产品（product）、定价（price）、分销（distribution）、促销（promotion）"为核心的理论框架的基础上，第一次提出了著名

---

① 中商情报网：《2017第1季度中国微信公众号影响力排行榜》，http://top.askci.com/news/20170412/16522295809.shtml, 2019090806.

的"4P"营销理论,指出营销策略中的最核心的四个要素为:产品(product)、价格(price)、渠道(place)、促销(promotion)。

产品(product):注重开发的功能,要求产品有独特的卖点,把产品的功能诉求放在第一位。主要包括产品的质量、包装、款式、品牌和服务等要素。

价格(price):根据不同的市场定位,制定不同的价格策略,产品的定价依据是企业生产产品所需要的成本以及产品在市场中的位置期待。

渠道(place):企业并不直接面对消费者,而是注重经销商的培育和销售网络的建立,企业与消费者的联系是通过分销商来进行的。主要包括分销渠道、储存设备、运输途径、存货控制等要素。

促销(promotion):企业注重销售行为的改变来刺激消费者,以短期的行为如让利、买一送一、营销现场气氛等等吸引其他品牌的消费者或导致提前消费来促进销量的增长。

4P营销理论策略在实际运用过程中并不是分离的,而是相互协调、综合运用,从而形成最基本的企业的市场营销策略。在市场营销讨论众说纷纭的20世纪中期,麦卡锡的4P营销理论最早将复杂的市场营销活动加以简单化、抽象化和体系化,构建了营销学的基本框架,促进了市场营销理论的发展与普及。4P营销理论在随后的几十年中得到广泛运用与发展,是传统营销时代的标杆。

即便如此,4P理论还是受到了不少的质疑,且具有很大的限制。克里斯琴·格隆罗斯(Christian Gronroos)认为,仅有少数几个要素变量的营销组合理论的产生与发展受制于特定的西方工业革命发展周期,其适用的先决条件是巨大的市场、无差别的顾客和某种程度上的标准化产品。[1]而随着经济的发展,顾客的差别化、产品及服务的差异化越来越明显,在这种情况下,4P理论的适用范围大大降低。

(二)传统营销时代的特点

从20世纪初市场营销的萌芽到60年代麦卡锡提出4P理论,以及随后的一二十年是西方社会市场营销研究和实践不断发展的时期,其间提出了许多新的市场营销的有关概念,如产品生命周期、市场细分等。总结起来,这一传统营销时代具有以下明显特点。

(1)企业导向或产品导向。

以4P营销理论为代表的传统营销理念是企业导向或者产品导向的集中反映。企业将消费者需求等同或相近看待,追求销售量和规模营销;与顾客打交道的只是营销人员,其他部门的人员与顾客完全脱钩,市场营销人员也不参加产品的设计、生产,营销活动显得十分孤立。[2]这种产品策略在生产率相对低下的时期有一定的优势,但随着消费者对产品的需求趋于多样化,这种由企业主导的产品策略则有所不足。它执着于营销者对消

---

[1] Christian Grönroos: Quo Vadis, Marketing? Toward a relationship marketing paradigm, Journal of Marketing Management, 1994(10).
[2] 余晓钟、冯杉:《4P、4C、4R营销理论比较分析》,载《生产力研究》,2002年第3期。

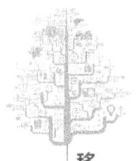

费者做什么,使顾客导向这一观念受到很大限制,存在明显的短期性和交易性。[①]

(2)注重分销渠道开发。

渠道是产品和服务从生产商流向最终消费者的过程和途径,渠道网络的铺设决定消费者是否能够方便地获得产品和服务。传统营销时期的产品销售渠道主要是从企业自身条件出发,根据企业规模、企业资金、产品特点等来选择分销渠道,大体采用"制造商→批发商→零售商→消费者"的模式。

(3)重视推销技巧和广告。

传统营销时期企业重视推销的技巧和产品广告的投放,试图通过这类促销手段和广告向消费者传播企业的经营理念、品牌定位、产品功能等信息,使消费者逐渐认识、认可企业或产品,并最终购买产品。

该时期的信息传播往往选择大众媒介,企业与消费者之间的沟通是"一对多"的模式,传播由内向外进行,因此推销和广告都具有明显的单向性特征,通常采用"灌输"式的、从企业或产品角度出发的单向信息传播方式。由于缺乏双向沟通与互动,消费者的使用体验往往无法及时反馈到企业,因此也导致企业与消费者之间难以建立长期合作关系。

(三)传统营销时代的广告

市场营销出现于19世纪末20世纪初的资本主义经济迅速发展时期,广告学也是在这一时期兴起。可以说,市场营销与广告从一开始就是紧密相关的。从4P营销策略组合来说,营销包括产品、价格、渠道、促销四个部分。广告作为促销的一种方式,与企业公关、推广等手段一起,共同促进产品的有效销售。因此,从这个角度来说,广告是营销的要素之一。作为促销活动的重要组成部分,该时期的广告存在以下特点。

(1)广告的主要目的是促销。

在"重促销"的传统营销时代,广告的核心目的就是促进销售,所有的活动都是围绕着"更好地将产品销售出去"的目的展开。当时基本没有品牌传播的意识。即使奥美广告创始人大卫·奥格威(David Ogilvg)提出的品牌形象理论,其核心的出发点也是如何通过产品品牌形象的建构,来促进产品的销售。大卫·奥格威曾多次告诫其公司同事,一个广告和另外一个广告之间的差异是用销售力的尺度来衡量的,他明确提出广告的目标是促进销售。

(2)广告的主要作用在于告知。

在传统营销时代,企业注重产品研发,促销是产品生产出来之后的事情,广告是促销的一部分,承担着将产品的信息传播出去的功能。该时期的广告主要作用是让消费者了解企业和产品,尽可能地让更多的人接触到产品信息,为目标消费者的购买行动提供决策参考,因而告知成为广告承担的最主要的核心作用与功能。

(3)广告的形式:以产品广告为主。

由于传统营销时代,广告的目的是促销,广告的作用是产品信息的告知。那么,这

[①] 吴长顺、朱玲:《营销组合4P范式的不可替代性》,载《科技管理研究》,2007年第6期。

个时期广告的形式多是产品类型的广告，较少品牌类型的广告。平面广告的设计注重产品名称及功能的介绍，电视广告的创意也是围绕产品的功能、用途与特点来展开，广告内容多数呈现出"鼓吹产品特点"的局面，而不是为了与消费者进行沟通。

二、基于4C的创新营销思维

（一）4C营销理论的提出

企业"以产品为导向"营销理念的弊端也引起了学界许多关注。著名市场营销专家、美国哈佛大学管理学院西奥多·莱维特（Theodore Levitt）教授在1960年提出营销近视症（Marketing Myopia）理论。营销近视症指的是不适当地把主要精力放在产品上或技术上，而不是放在市场需要（消费需要）上，其结果导致企业丧失市场，失去竞争力。

针对这种弊端，学界开始提出新的营销理念。1967年，约翰·霍华德（John A. Howard）和杰迪什·谢斯（Jagdish N. Sheth）合作提出了"买方行为理论"，并在1969年形成了专著，这是运用行为学理论研究消费购买行为的学术成果。从此，需求理论与购买行为作为理论基础，营销方法和策略研究具有更明确的针对性。

1970年，美国著名未来学家Alvin Tohler在其著名的 *Future Shock* 中预言："未来的社会将要提供的并不是有限的、标准化的商品，而是有史以来最大多样化的、非标准化的商品和服务。"20世纪60年代开始，已有不少学者认识到消费者在整个营销过程中的重要性，并逐渐形成以消费者为中心的创新营销思维。

1990年，美国学者罗伯特·劳特朋（Robert F. Lauteborn）教授在麦卡锡4P营销理论的基础上提出了4C营销理论。4C分别指代顾客（customer）、成本（cost）、便利（convenience）和沟通（communication）。

顾客（customer）主要指顾客的需求。企业必须首先了解和研究顾客，根据顾客的需求来提供产品。同时，企业提供的不仅仅是产品和服务，更重要的是由此产生的客户价值（customer value）。

成本（cost）不单是企业的生产成本，还包括顾客的购买成本，同时也意味着产品定价的理想情况，应该是既低于顾客的心理价格，亦能够让企业有所盈利。购买成本不仅包括其货币支出，还包括其为此耗费的时间、体力以及购买风险。

便利（convenience）即所谓为顾客提供最大的购物和使用便利。4Cs营销理论强调企业在制订分销策略时，要更多地考虑顾客的方便，要通过好的售前、售中和售后服务来让顾客在购物的同时，也享受到便利。

沟通（communication）对应4Ps中的促销（promotion）。4Cs营销理论认为，企业应通过同顾客进行积极有效的双向沟通，建立基于共同利益的新型企业/顾客关系。

（二）从4P营销理论到4C营销理论的转变

4C理论是与4P理论相对应的，4C是4P的转变，具体表现为产品（product）向顾客（consumer）转变，价格（price）向成本（cost）转变，渠道（place）向便利（convenience）

转变，促销（promotion）向沟通（communication）转变（表1-1）。①

表1-1 4P与4C的相互关系对照表②

4P		4C	
产品（product）	服务范围、项目，服务产品定位和服务品牌等	顾客（customer）	研究客户需求欲望，并提供相应产品或服务
价格（price）	基本价格、支付方式、佣金折扣等	成本（cost）	考虑客户愿意付出的成本、代价是多少
渠道（place）	直接渠道和间接渠道	便利（convenience）	考虑让客户享受第三方物流带来的便利
促销（promotion）	广告、人员推销、营业推广和公共关系等	沟通（communication）	积极主动与客户沟通，寻找双赢的认同感

1. 从如何"生产产品"到如何实现"顾客需求"的转变

4P营销组合中，产品策略强调产品的重要性主要体现在产品质量、产品功能、产品包装、销售服务及产品处于不同生命周期的策略等；4C营销组合则从消费者的需求出发来进行产品的设计，企业不仅关心产品的功能如何、质量如何、包装如何，而且还要多考虑企业的产品是否符合顾客的需要，是否能够给顾客带来实际的价值。

满足顾客需求有显性需要和潜在需要之分。显性的需要满足是迎合市场，潜在的需要满足是引导市场。在市场竞争日益激烈的情况下，消费者对于市场产品的同质化现象感到疲惫；从消费者出发，就是要充分挖掘消费者的潜在需求，创新产品设计，成为市场的引导者。

2. 从如何"制定价格"到计算顾客愿意"付出成本"的转变

在4P营销组合中，价格制定是单纯的产品导向。企业通过市场同类产品定价导向和企业自身定价目标制定价格策略，以此达到占有市场份额和产品利润的目标。企业根据市场变化或者产品周期，从企业的近期与远期目标出发，在定价上会呈现一定的浮动，以保证产品的畅销，但定价策略总是从企业或者产品本身出发。

而4C营销组合则强调产品定价要从消费者能承受的心理价格出发，考虑消费者在满足需求时所愿意付出的成本，而不是一味地考虑企业利润或者产品成本。从如何"制定价格"到计算顾客愿意"付出成本"的转变，就是企业在实施定价策略时所站角度的转变，从只考虑利润转变到考虑满足顾客需要的成本。

3. 从如何"选择销售渠道"到实现顾客购买的"便利性"的转变

4P营销组合重视销售渠道的建设，重点考虑渠道模式与类型选择（直接或是间接销售，采用垂直式、水平式还是混合式），渠道级数和渠道成员（具体中间商）的选择往往是从企业付出成本的角度来考虑如何连接生产与消费。4C营销组合则从消费者角度出

---

① 李晏墅：《市场营销学》，北京：高等教育出版社，2008年。
② 谢少安：《优化和创新物流外包服务的4Ps与4Cs》，载《物流与采购研究》，2009年第2期，总第513期。

发，考虑消费者获得企业产品或服务的便利程度，根据消费者的利益和需要来选择和构建销售渠道，减少物流环节，降低物流成本。比如，可口可乐随处皆可买到，房地产公司设置看楼专车或者楼巴，驾校提供上门接送服务，快餐店送餐上门……这些都是在销售渠道设计上实现产品到达的便利性。

4. 从如何"开展促销"到实现与顾客的双向"交流与沟通"的转变

在4P营销组合中，企业为实现利润目标，往往会采取一系列的促销和宣传手段，引起消费者对企业或商品的兴趣，激发消费者的购买欲望，加速消费者的购买行动，但这些促销的信息往往是企业向消费者的单向传播，而消费者的反馈信息却难以被企业重视。

4C营销组合则重视企业与消费者之间的双向互动，以消费者为导向，将"消费者请注意"转变为"请注意消费者"。这种互动强调消费者在整个营销过程中的参与，使消费者在互动的过程中对于信息充分接收并产生记忆；了解消费者需求与产品特征的契合度，通过消费者的反馈不断完善产品的开发和设计，并使之成为企业产品创新的方向。

（三）4C背景下的广告传播特征

与4P理论为代表的传统营销时期相比，4C理论为代表的创新思维营销时期具有其明显的特征。作为营销活动重要环节的广告，也呈现出不同的特点。

（1）以消费者为中心导向。

转变"我们生产什么，就卖什么"的观念为"消费者需要什么，我们就卖什么"，把前期的市场调研（了解消费者需求和欲望）作为市场营销的起点，以此为参考来决定企业的生产或者服务；再采用有效的营销手段把产品或服务推销给目标消费群体，从而实现企业的经营目标。

（2）广告不是为了促销，而是沟通。

广告是一种沟通过程。广告不仅是将广告信息通过大众媒体传递给目标消费者，以求说服、诱导消费者购买广告商品；同时也注重受众对于广告的感受。只有当目标消费者注意、相信、接受了广告信息，同意广告所传递的信息观点时，广告才能发挥作用，从而实现广告沟通过程。

（3）以消费者满意度为标准。

转变"我们生产一流的产品"的观念为"消费者满意的产品才是一流"，注入"服务营销"的理念，坚持为顾客做好售后服务工作；通过制定系列服务制度，以问卷调查、回访的形式调研顾客对广告传播的产品或服务的满意度，以此作为衡量广告效果好坏的依据。

（4）注重广告效果的评价。

广告主开始关注不仅仅是投放了广告，更要看广告是否达到了预期效果，包括广告的到达率、受众对于广告的评价和反馈、广告是否引起消费者的关注和促成购买行为等。而这些评价，都是围绕着"消费者"为中心展开的，其标准必须由消费者反映的客观事实来核定。

三、整合营销传播理论价值与创新

(一) 整合营销传播产生的背景

20世纪80年代,经济全球化的大趋势使得世界范围内各个主要经济体之间相互影响,商品流通领域不断扩大,形成一个有机的整体。在这样一个高度竞争、瞬息万变的宏观环境中,市场竞争日益激烈,企业的营销活动在企业的日常经营管理中的地位日益凸显。市场环境的变化促使企业在营销观念、营销管理和营销策略等各方面都必须与时俱进。

整合营销传播的提出具有当时的时代背景:一是市场同质类产品增多带来的市场竞争加剧。这点在欧美市场更为凸显,体现在部分商品趋于饱和、产品的差异化创新难以实现、价格策略有效性降低。二是传媒环境及其受众更加细分。随着大众传媒产业的发展,受众的细分成为趋势,随之而来的是大众传媒的影响力逐渐弱化,受众细分及媒介细分给企业在营销活动中的媒介选择带来了挑战,大众媒体传播整体效果逐渐下降。三是营销公司的发展、信息科学技术的发展使数据库营销成本不断下降。整合营销传播便是在这样的背景下应运而生。

整合营销传播最初来源于20世纪80年代很多学者提出的"传播协同效应"。传播协同效应是指企业采用多种传播手段,包括广告、公关、促销、直销等所达到的综合效果高于单个传播手段效果的简单叠加。企业各种传播手段的协同效应经过进一步的发展,在90年代逐渐演变为整合营销传播的概念。[1]

80年代开始,扬·罗必凯公司提出"全蛋"(whole eggs)方案、奥美公司提出了"交响乐"(symphony)计划,都是将广告、公关、促销、宣传等"打包"运作,这为"整合营销传播"的提出奠定了基础。

80年代后期,"整合营销传播"(IMC)的概念开始出现于美国的广告公司,并获得美国广告公司联合会主席 Keith Reinhard 和执行总监 John O'Toole 的认可,他们与西北大学麦迪尔新闻学院联手实施第一个整合营销传播项目,于1989年提出第一个整合营销传播的定义:"IMC把品牌与企业的所有接触点作为信息传达渠道,以直接影响消费者的购买行为为目标,是从消费者出发,运用所有手段进行有利的传播的过程。"[2]

(二) 唐·E. 舒尔茨的整合营销传播

1992年,唐·E. 舒尔茨(Don E. Schultz)与斯坦利·田纳本(Stanley I. Tannenbaum)、罗伯特·劳特朋(Robert F. Lauterborn)合著的《整合行销传播》是第一本全面论述整合营销传播的著作,也是该领域最具权威性的经典著作。

---

[1] Smith Paul: Marketing Communications strategy: An Integrated Approach, Kogan Page, 1997.
[2] 黄迎新:《理论构建与理论批判的互动——美国整合营销传播理论研究二十年综述》,载《中国地质大学学报(社会科学版)》,2010年第2期。

舒尔茨认为，进入20世纪90年代之后，面对复杂多变的市场环境，传统营销传播已经终结，企业需要整合营销传播来实现自己的营销目的。企业组织要站在更高的角度全盘考虑营销传播的问题，"通过大众媒介等渠道进行品牌的传播与交流，试图整合广告、促销、公共关系以及直接营销来为品牌传播一种形象和一种声音"，让信息一致地传达给目标受众。舒尔茨的整合营销传播理论是建立在消费者信息处理的基础之上。他明确指出任何营销传播的信息，如广告、促销、直接营销、公共关系、特殊事件营销活动或商展，都是为了一个目的：在消费者心目中放进一点信息，以期影响他们日后的购买决策。[①]进而，舒尔茨指出，"整合营销传播是企业在特定时间内，围绕消费者所开展的各项说服传播策略的过程。企业或组织使用一切与目标消费者相关的工具，研究目标群体的行为习惯，目的在于影响目标群体的行为。整合营销传播的整个过程的起点在于目标消费群体，企业使用所有可能宣传企业或品牌的渠道、方式、手段。这些渠道既包括报纸广告、广播广告、电视广告等，也包括其他任何可能的信息渠道"。[②]

同时，舒尔茨指出企业组织机构是整合营销传播执行存在的障碍，克服整合营销传播的障碍的第一个必要因素是由企业高层往下开展；第二个必要因素是要以消费者为导向，随时随地关心各阶层的消费者，吸取有关资讯，满足消费者需求；第三个必要因素是企业组织必须认清整合营销传播是实际有效的竞争武器；第四个必要因素是整合营销传播活动必须由中央控制，传播计划必须协调运作。[③]

（三）汤姆·邓肯的整合营销传播：利益关系整合

美国科罗拉多大学教授汤姆·邓肯（Tom Duncan）在整合营销传播理论的研究领域具有重要地位，是美国整合营销传播研究所的创办人，为丰富和发展整合营销传播理论做出了杰出的贡献。

汤姆·邓肯在前人研究的基础上引入了"关系利益人"的概念，并将整合营销传播重新定义为"整合营销传播指企业或品牌通过发展与协调战略传播活动，使自己借助各种媒介或其他接触方式与员工、顾客、投资者、普通公众等关系利益人建立建设性的关系，从而建立和加强他们之间的互利关系的过程"。

从这个定义中不难看到，汤姆·邓肯把握整合营销传播的核心，以与客户及利益人建立和培养稳定的关系为目标，并将企业营销活动的"关系利益人"从消费者扩展到企业员工、合作伙伴、媒介和政府机构，等等。他认为，消费者和其他利益相关者在企业的经营管理战略中占据着越来越重要的地位，企业应从这些利益相关者的角度出发，建立以客户的关系管理、一对一营销、关系营销、品牌营销等相关营销传播的内容为主的架构，而不是以企业自身为核心。

企业不仅仅需要建立和维系与消费者的关系，同样也需要建立和维系与员工、经营伙伴、服务商、媒介、政府职能部门的关系，通过与消费者和关系利益人进行有价值的

---

① ③ 唐·E.舒尔茨，等：《整合行销传播》，北京：中国物价出版社，2002年。
② Don E. Schultz & Stanley I. Tannenbaum & Robert F. Lauterborn: Integrated Marketing Communications: Pulling It Together & Making It Work, Northwestern Univ. Press, NTC Business Books, 1992.

沟通，塑造品牌关系，保持这种关系的长期性发展。因此，汤姆·邓肯认为，"整合营销的目的在于创建和维持品牌关系，这仅仅是企业实行整合营销传播的原因之一。当整合营销传播被用来建立长期关系时，它同时建立并强化了品牌自身。一个品牌越强大，它就越有价值。正面的品牌关系能够产生利益"。①

（四）基于搜索引擎的"SIVA"模型

在移动互联网时代，20世纪90年代提出的整合营销传播理论已经不能适应当下的营销环境，于是舒尔茨对IMC理论进行了重新思考。他认为在移动互联网时代企业营销传播存在的重要困惑是：企业用什么样的方式将自己的信息传达给这些生活在网络上的人群？如何获取这些人群的反馈，特别是那些与企业自身相关的信息反馈，从而加以利用和互动？于是，整合营销传播理论面临的新挑战是：在移动互联网的传播环境下，企业如何从整合传播转变为如何整合企业、整合组织？如何将市场与营销传播的人员、技术人员以及各个部门的人员整合到一起？

2012年11月1日，舒尔茨教授受邀参加"百度MOMENTS"营销盛典时，首次向国内公布了他的新营销理论"SIVA"模型，4个字母分别代表解决方案（solution）、信息（information）、价值（value）和入口（access）（图1-1）。

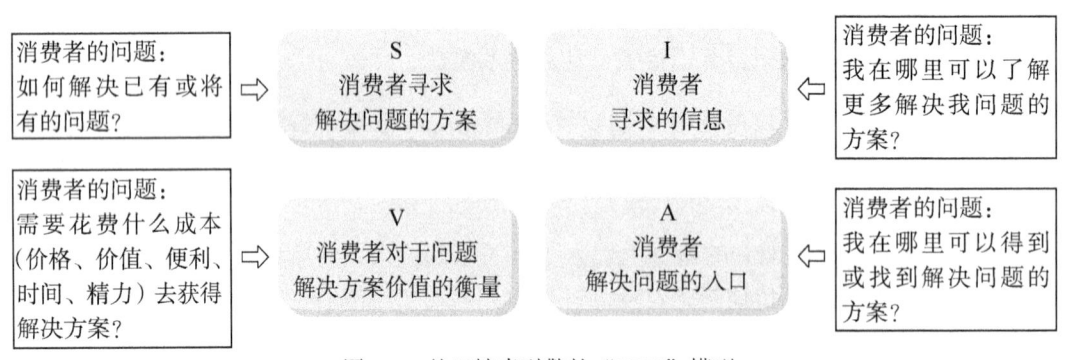

图1-1　基于搜索引擎的"SIVA"模型

Solution是一个寻求综合解决方案的过程，该阶段强调的是消费者对需求的一种表达，消费者仍未倾向于某个品牌，企业要发现消费者的需求，提供解决方案。Information是消费者不断寻找有关解决方案的详细信息，这里所谓的详细信息指的是有关解决方案的利益点及成本等，企业需要通过广告等各种传播手段告知消费者其提供的解决方案。Value即消费者评估解决方案的价值，在不同的解决方案之间进行权衡，评价单个方案对其自身的价值；同时，企业也需要向消费者传播其解决方案的价值。Access是消费者寻找相关渠道，实现解决方案的过程，在确定了产品和品牌后寻找最佳的购买渠道，并产生最后的购买行为。所以，企业需要为消费者提供更多获取品牌解决方案信息的入口。SIVA路径下的决策过程可能是通过多种渠道来完成的，在各种渠道中，搜索

---

① 汤姆·邓肯：《广告与整合营销传播原理》，廖以臣、张广玲，译，北京：机械工业出版社，2006年。

引擎能最为完整地体现SIVA的行为模型。舒尔茨认为传统的4P理论是销售驱动的，而SIVA行为模型是品牌驱动的。SIVA行为模型就是帮助企业判断消费者行为的一种理论基础，帮助企业去了解消费者需要什么，如何获取；消费者需要解决什么样的问题；需要什么样的信息；想要获得什么样的价值；如何获取到需要的价值。①

舒尔茨认为，信息技术改变了整个市场，消费者决定何时、何地、从什么地方购买何种商品，营销人员必须及时响应以帮助消费者达成目标。这种消费者与品牌的角色大反转意味着许多市场营销的方法也需要改变——建立一种新的、消费者主导的、交互性的市场营销体系。

四、数字营销与互动营销的发展

（一）数字营销与互动营销的兴起

1. 数字营销的兴起

数字营销是伴随着以互联网为代表的数字化媒体、无线通信技术的不断成熟而逐渐发展起来的。在我国，得益于国外先进技术的引进和国家产业政策支持，一大批门户互联网站和BAT（百度、阿里巴巴、腾讯）互联网巨头成长起来，"这些企业在改变着媒体生态、消费者媒体接触习惯的同时，也在改变着人们的行为模式以及思维方式（最典型的是网购的流行、搜索习惯的养成等）。新技术的不断引进和普及，为数字营销的开展做足了铺垫"。②

数字营销是使用数字传播渠道来推广产品和服务的实践活动，从而以一种及时、相关、定制化和节省成本的方式与消费者进行沟通。从本质来看，数字营销是建立在数字化③技术基础之上的，无论是信息生产与接收的数字化，抑或是传播过程的数字化，都会用到计算机技术，借助于互联网络、电脑通信技术和数字交互式媒体来实现营销信息的有效传播。

2. 互动营销的兴起

"互动"是人类特有的一种有意识的过程。互动营销并不是一个新概念，从字面上理解，就是强调企业与消费者之间互动的营销活动。早在20世纪90年代，澳大利亚的马丁·威廉在《互动营销：一对一建立忠诚度》一书中给出了当时他对互动营销的理解：互动营销是一个无缝的全面整合的营销技术，并应用最新的技术传递连续的产品信息和接受反馈，这种营销技术包括常见的销售促进（sales promotion）和直接营销（direct marketing）。互动营销即为实现企业与利益相关者的共同利益，借助多种互动沟通手段，通过将利益相关者有序地纳入价值创造过程，共同创造并分享价值，使参加合作的

---

① 唐·E.舒尔茨，等：《整合营销传播与未来——美国西北大学唐·E.舒尔茨教授北大演讲实录》，载《广告大观（理论版）》，2013年第6期。
② 喻国明：《传媒新视界：中国传媒发展前沿探索》，北京：新华出版社，2011年。
③ "数字化"最初是指通信和信息网络运用的数据符号，即以0和1组合的比特数据，通过计算机自动的符号处理，使文字、图像、声音等进行信息交流的概括。

各方都能获得超值的满意,并借以确立企业核心能力的一切活动,它是企业与利益相关者之间的一种多赢模式。同时,"互动"在这里主要指的是企业与客户或消费者之间通过双向交流的方式进行沟通与合作;而营销的核心在于通过价值管理程序建立并维系共同创造并分享价值的合作关系。这时,互动不再仅仅是营销的手段,而且更加成为营销活动的基本特征。互动营销是在借鉴和融合了诸多现代营销思想,包括关系营销、直复营销、数据库营销、定制营销、整合营销传播、服务营销等积极因素的基础上发展而成的,与传统的营销学有着千丝万缕的联系。[1]互动营销的本质就是"互动",强调企业与消费者、用户之间的对话。无论是前期的设计与生产、中期的销售与品牌传播、后期的售后服务等,用户都可以进行互动。企业通过有效的互动营销获取消费者的意见和建议,为企业的市场运作与品牌提升服务。

从营销形态的发展历史来看,在以生产为导向和4P理论为代表的传统营销时期,企业与消费者的互动是极少的。在4C理论为代表的营销时期,企业开始注重以消费者为中心的营销理念,并尝试积极与消费者互动,包括调研、回访等各种方式,但受制于互动的成本和所耗费的时间,互动比较有限。直到Web2.0技术的出现,全球社交网络出现了快速的发展,每个用户都可以在社交媒体平台上发表评论,分享自己的看法与使用体验,互动营销才开始成为真正的现实。

(二)数字营销与互动营销的关系

1. 互动营销建立在数字营销的基础之上

传统的营销活动一般是一种单向传播过程,消费者难以对企业的产品和服务进行即时反馈,这种不足很大程度是由于传统大众传播的局限性所造成的。而互动营销因为利用了网络数字媒体的互动特性,使之能做到在企业与消费者之间实现双向沟通,最后有针对性地向明确的目标群体投放广告信息,并及时得到用户的反馈,从而最终帮助厂商推广产品、建立品牌。这种以用户价值驱动、强调与用户沟通互动等交互式的营销传播也只有在如今数字营销发展到一定阶段才能出现。

2. 数字营销的魅力在于互动

数字营销是伴随着互联网技术的不断成熟而发展起来的,和互联网一样,数字营销的魅力在于交互性,即互动。所谓数字营销的"互动",就是指企业通过互联网等数字媒体,与目标消费者群体进行有效的、充分的沟通,获得消费者的真实反馈,并将消费者思维贯穿在产品研发、设计、上市、营销与渠道全流程之中。成功的数字营销能够利用数字媒体去尽可能地接近消费者,倾听消费者的声音,洞察消费者,发现消费者的真实想法,吸引消费者参与到话题讨论中。只有这样,才能帮助企业萌发好的创意,做出好的产品,而这一切都只有通过与消费者的互动才能实现。

---

[1] 宁健、潘军:《挑战传统:互动营销新理念》,载《商业研究》,2002年第2期,总第238期。

（三）数字营销与互动营销的基本特征

数字营销与互动营销的基本特征如下。

（1）交互性。

互动是互联网的基本特征，建立在互联网基础之上的数字营销也展现出了它的互动优势。互动贯穿于产品的设计、生产、销售、售后整个过程之中。有别于传统营销，企业可以通过互联网与消费者进行联动，鼓励消费者参与到产品的设计之中，消费者可以按照个人需求定制产品，包括颜色、款式、个人标志等；在销售环节，企业通过与消费者的前期互动制定合适的产品价格及销售渠道，为消费者提供满意的产品；这种互动同样体现在产品的售后服务中。这种基于消费者的需求基础之上，能及时提供给消费者所需的产品信息和售后反馈的营销方式也更易获得消费者的青睐。

（2）精准性。

传统营销想要了解消费者对于产品或服务的反馈，往往是通过抽样调研的方法，但这种抽样无论样本多大，都难以避免地存在误差。数字营销利用大数据[①]可以实现精准化营销。大数据背景下，企业更愿意关注与自己密切相关的目标消费者对于产品及服务的需求。同时，由于数字营销的精准性与互动性，营销活动甚至实现了一对一的营销，消费者的个性化需求得到满足，这就促进了个性化产品和服务的蓬勃发展，这些都为企业的营销管理活动带来变化和挑战，要求企业更加有效地开展市场分析和进行目标市场的选择，以及更加科学地制定企业市场营销战略和策略。就广告投放来说，传统营销的广告往往投放在大众媒介上，尽管有收视群体的研究，但广告投放仍是"泼水式"的，仅能覆盖一部分且包含了非目标群体。在网民群体数量极度庞大的前提下，利用互联网，根据网民的点击和浏览数据可以记录网民的基本信息、兴趣爱好、价值观念等基础信息，按照特定算法确定目标群体范围，向特定目标群体投放特定广告，实现"点对点"的广告传播。

案 例

微信朋友圈首批信息流精准广告

2015年1月，首批微信朋友圈广告默默地上线了。从广告形式上来说，微信广告属于信息流（Feeds）广告。信息流广告并不是一个新鲜事物，国外的社交平台Twitter、Facebook、Instagram和LinkedIn及国内的新浪微博、QQ空间等都有类似的广告形式。信息流广告没有固定位置，而是在用户查看的好友动态中插入推广信息，并依据社交群体属性、用户喜好等进行精准推荐。由于信息流广告是把广告内容融入用户正常浏览的好友动态之中，因此相比于传统的banner广告，不会轻易被用户所忽视，品牌能够获得更高的曝光率和点击率，广告效果更有保障。信息流广告需要建立在对于用户行为的记

---

① 维基百科的定义是：大数据是由于规模、复杂性、实时性而导致的使之无法在一定时间内用常规软件工具对其进行获取、存贮、搜索、分享、分析、可视化的数据集合。

录与大数据分析基础上，这样才能实现精准性，减少对用户的打扰并提升用户体验，尽可能减少用户的反感程度，正如微信自己提出的口号——"广告，也可以是生活的一部分"。

微信信息流广告最先"吃螃蟹"的品牌是宝马中国、vivo智能手机和可口可乐（图1-2），广告的形式为文字加图片，文字下方有"查看详情"，点击"查看详情"进入外链，外链页面内容、形式由企业主自定。右上角有"推广"字样，点开可以选择"我不感兴趣"，则广告自动消失。用户可以在朋友圈广告下面点赞、评论，并且能够看到好友的评论，实现互动。在没有前期宣传和预热的情况下，微信朋友圈广告却一经上线就迅速引爆社交热潮，无数微信用户在广告下面点赞评论，"朋友圈收到了什么广告"一时间也成为大家讨论的热门话题。

但是第一批朋友圈广告是否真的实现了精准投放呢？很多微信用户调侃，"收到宝马广告，在朋友圈成为人生赢家"。据腾讯方面表示，微信从"高活跃度""常参与广告互动"两个维度精选了第一批高质量种子用户，以他们作为第一批广告投放对象，并通过他们挖掘出一批与他们兴趣相同的高质量好友。但是对于这些对象，是否做到了基于用户特征进行进一步细分以投放不同的广告，又是以哪些数据为依据进行细分的，却并未有明确的说明。但不论第一次收到广告的是不是真正的目标用户，首批投放的三个品牌无疑都收到了最好的传播效果和话题热议度。虽然存在有学生收到宝马广告表示"然而并买不起"，也有中产阶级收到可口可乐广告而"心有戚戚焉"，但都不妨碍朋友圈广告本身成为一个热点，在传播、互动中不断发酵。

2015年8月，微信朋友圈广告正式上线官方网站，广告主通过官网自主申请，审核通过即可接入微信朋友圈广告。随着朋友圈广告的不断成熟，其基于大数据的精准投放也在不断提升。

图1-2　2015年微信朋友圈首批信息流广告

（3）体验性。

体验是21世纪人类生活方式的一个重要关键词，体验的本义是人的身临其境的参与，当下已经演变为体验营销与体验经济。体验营销是企业利用各种创意的活动鼓励消费者进行体验，进而对品牌产生良好印象，增进消费者对该品牌的认同。体验经济是从生活与情境出发，塑造感官体验及思维认同，以此抓住顾客的注意力，改变消费行为，并为商品找到新的生存价值与空间。

移动互联网的媒介传播特征呈现线上与线下的融合，数字营销也趋于虚拟与现实、现代与传统的融合。在信息社会快速发展的今天，数字媒体逐渐颠覆传统传播方式，人们接触数字化媒体的频度也逐步增加，数字营销成为主要的营销形态。人们在现实与虚拟的结合中生活，数字营销、互动营销能够带给消费者更多的体验。数字营销与互动营销非常注重鼓励消费者参与体验，只有在体验中才能获得更好的互动。在移动互联网时代，企业往往基于移动数字技术打通线上与线下的方式，吸引目标消费者参加品牌的各种体验活动，在体验中对品牌形成好感，并促成品牌产品的销售。

案例

福特汽车：技术促进用户互动体验

2012年，福特汽车公司开发了一项名为KeyFree的技术，让用户不用带钥匙就可以锁或者解锁汽车。若用传统的广告形式也许是在电视上发布视频来宣传，但是为了让消费者每天都能亲身感受该项技术带来的方便，福特利用移动互联网的优势，把KeyFree技术用于社交网络的账户登录。用户登录特定的网站，把自己的手机关联进去，同时再关联各大社交网络账户。那么手机就相当于"一把钥匙"，页面上只要出现各大社交网络需要登录的地方，用户只需要把手机靠近电脑，便可以直接登录登出（图1-3）。这则广告就是利用移动设备手机和社交网络两种移动互联网时代的典型代表，实现了用户参与广告活动，与之进行互动体验。

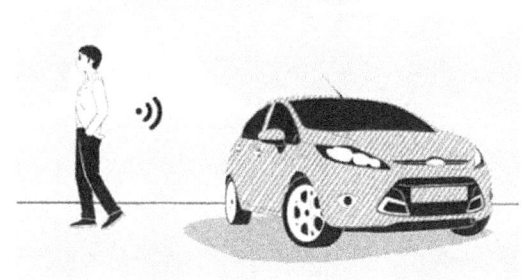

图1-3　2014年福特公司汽车KeyFree技术互动体验广告

讨论题

1. 你有自己的微博吗？将你的微博与同学们分享，从你的微博出发谈谈Web2.0时代媒介传播的特点。

2. 你用手机上网吗？你用手机参加过支付宝的"抢红包"活动吗？请谈谈你"抢红包"的体验，并谈谈移动互联网时代信息传播的特点。

3. 4P理论与4C理论有什么差异？

4. 请结合实践案例，谈谈数字营销传播与互动营销传播如何有效结合？

5. 谈谈你对整合营销传播理论的看法及其在移动互联网时代遇到哪些新问题？

第二章

移动互联网对广告策划与创意实践的影响

> **学习要点**
>
> 本章重点论述移动互联网对广告策划与创意实践的影响,需要掌握的知识点有:①移动互联网时代广告传播有哪些特点。②了解移动互联网时代广告策划与创意的4个关键性变化——广告策划以用户价值为导向,广告创意主体由以广告人为主导转变为多元主体,广告传播信息渠道更多元以及广告传播效果更精准。

毫无疑问,移动互联网是近几年的热点词汇,然而对其定义,学界业界却还未达成共识。中华人民共和国工业和信息化部电信研究院在2011年的《移动互联网白皮书》中给出的定义受认可程度较高,其认为:"移动互联网是以移动网络作为接入网络的互联网及服务,包括3个要素:移动终端、移动网络和应用服务。"上述定义给出了移动互联网两方面的含义:一方面,移动互联网是移动通信网络与互联网的融合,用户以移动终端接入无线移动通信网络(2G、3G、4G网络,WLAN、WIMaX等)的方式访问互联网;另一方面,移动互联网还产生了大量新型的应用,这些应用与终端的可移动、可定位和可随身携带等特性相结合,为用户提供个性化的、位置相关的服务。[1]在《移动互联网研究综述》一文中,吴吉义、李文娟等作者将移动互联网的概念总结为"移动互联网是指以各种类型的移动终端作为接入设备,使用各种移动网络作为接入网络,从而实现包括传统移动通信、传统互联网及其各种融合创新服务的新型业务模式"。

整合以上观点,可以将移动互联网界定为"移动互联网是将移动通信与互联网结合起来,在移动终端上实现获取各类信息或服务的业务",移动互联网迸发出的能量与活力,为互联网产业以及各类传统行业都带来了巨大的机遇。

移动互联网的基本特点如下:

(1)移动性与定位系统。

移动互联网的终端具有移动性,如智能手机、iPad等等;此外,GPS/北斗等定位系统计移动终端具有了随时随地的定位功能,这些功能使微博、微信、拍照应用等可以携带位置信息,同时也产生了众多基于位置信息的服务,如推荐附近的餐厅、酒店等等。但相对地,用户的信息隐私、移动设备的安全问题也面临更大的隐患。

---

[1] 罗军舟、吴文甲、杨明:《移动互联网:终端、网络与服务》,载《计算机学报》,2011年第34卷第11期。

（2）及时性与便利性。

用户通过移动互联网实现了随时随地获取信息与服务，操作简便、获取及时；但是另一方面，"随时随地"的特点极大地切割了用户的时间，移动互联网的使用时间呈现碎片化的特点。

（3）整合性。

和传统的互联网相比，移动互联网是一个云端整合的平台，它具有业务的管理与计费能力，这些能力的整合，可以让移动互联网的业务从传播走向服务，成为一个服务体系。

第一节　移动互联网时代广告传播的特点

移动互联网时代的到来带来了一个全新的媒体生态环境，这个新兴的环境驱使传者与受者、传播渠道、传播内容以及传播效果都发生了本质变化。移动互联网时代的传播具有传播信息海量化、传播时间即时化、传播地点任意性、传者与受者身份模糊化的特点，进而整个传播活动呈现多元的互动化趋势。在这个时代，传统大众媒体与新生的移动的、互动的新媒体既存在共生的关系，也存在竞争的关系。基于移动互联网技术，传统媒体自身也在不断地寻求突破，期待通过媒介融合获得"重生"。移动互联网时代的广告市场也是复杂的、动态的、多变的，传统媒介广告失去优势，但可能在较长时间内依然存在，新兴的移动互联网的广告迅速增长。根据移动互联网技术带来的传播的变化，笔者总结了这一时期广告传播的五个特点：从广告主以及用户的角度看，广告由单向传播发展为双向交流，用户从原来的被动接收变为主动传播；从渠道的角度看，广告从单一媒介平台传播变为多平台整合传播；从广告传播的内容和效果的角度看，广告从过去的告知劝服式的广泛传播变为互动体验式的精准传播；从广告传播的形式来看，广告从大众传播向精准传播转变。

（1）从单向传播转为双向交流。

陈力丹在《大众传播理论如何面对网络》中谈道，网络媒体的根本意义在于它颠覆了传统媒体传者与受众之间的严格界限，变单向传播为双向交流，给了传者与受众转换角色的自由。[①] 由于技术的限制，报纸、杂志、广播和电视是传统广告的主要传播平台，广告的形式也以文字、图片、语音和视频为主，这样的广告形态决定了广告主对于广告的形式以及媒介的选择都十分有限，传者与受者之间存在很远的距离。从广告主的角度看，老旧的传统形式的广告无法使他们与消费者之间形成有效沟通，单向传播的广告太过直白生硬，信息的断裂不仅使得传播效果十分有限，而且广告主也无法收到消费者的反馈。

移动互联网时代解决了传播方向单一化这一问题。在数字技术的驱动下互联网飞速发展，同时以智能手机为代表的移动终端更加丰富了媒体形态。在这一背景下，时空界

---

① 陈力丹：《大众传播理论如何面对网络》，载《国际新闻界》，1998年第5、6期合刊。

限被打破，交流断层得到了连接。首先，广告主有了更多的平台发布广告，不再局限在报纸、杂志、广播、电视和网站，手机APP应用、社交媒体、定位系统等等都可以成为广告传播的平台。另外，广告主也能利用数字技术采取新型的广告形式来实现与消费者的沟通，互动广告、病毒式广告、微视频广告等等都是能够实现双向交流的广告形式。因此，在数字技术高速发展的推动下，广告主的适时而变最终实现了广告从单向传播到双向交流的完美蜕变。

（2）受众从被动接收到主动传播广告。

与传统广告相比，移动互联网广告传播的最大特点之一就是用户的主动参与。移动互联网环境下，用户在广告活动中的作用明显加强，体现在以下三点：

①用户开始直接参与广告信息的传播。

如果说互联网带来了海量的信息资源和用户数量，那么移动互联网则使得海量用户突破了时间和空间的限制，手机端、Pad端比PC端更具便携性，人们可以随身携带它们到任何场合。同时，以微博、微信为代表的社交网络已经成为人们交流信息的主要方式，这两者的结合推动了病毒式营销、口碑营销等互动性营销的进一步发展，用户开始直接参与广告信息的传播，开启了移动互联网时代广告传播的新篇章。

②用户对广告信息的选择能力加强。

报纸、广播以及电视时代获取信息的方式是被动的，用户没有选择权，移动互联网不仅使信息来源的渠道增多了，用户也拥有了选择信息的权利，互联网平台的平民化使得用户主动搜索的能力加强，同时用户可以从多种渠道得到所需的内容和业务。有了自主选择的平台后，大家根据自身浏览信息的习惯以及消费的需求，主动搜索感兴趣的广告信息，然后通过微博、微信等社交平台积极分享自己的使用体验。

③用户开始自主参与制作广告。

Web3.0时代具有互动性、参与性、双向性的特点，依靠这些时代特性，移动互联网广告拥有一套非常独特的运行模式，即UGA（user generate advertising），也就是广大网友参与制作广告。UGA赋予受众参与广告创作的自主权，使受众从幕后走向了台前，由广大网友共同参与制作广告，在这个制作的过程中，企业可以把用户的产品理念和品牌内涵充分结合，同时将其与网友的原创充分融合在一起，实现移动互联媒体平台、用户与广告主的三方共赢。

（3）从传统媒介平台传播到多平台整合传播。

多平台整合传播是指数字媒体平台与大众媒体平台的整合。移动互联网环境下，数字媒体技术的发展虽然使得移动媒体平台成为最受广告主关注的传播媒体，使广告主有了更多传播途径的选择，但是其依旧可以利用传统的传播平台的优势并将之与移动互联平台结合进行多平台整合传播。多平台整合传播体现了企业组合丰富多样的媒体平台通过不同的广告形式与用户进行深度沟通。华南理工大学段淳林教授总结的跨媒体整合有两个方面，一是时间上，在品牌活动推进的每一个阶段，企业与消费者会形成不同的价值关系，因而对于媒体的选择要根据与消费者的沟通程度进行组合；二是空间上，消费者体验品牌活动的深度决定了跨媒体整合的广度。由此可以看出多平台进行广告传播的过程也不是随意的媒体组合，而是要在深度了解用户的情况下结合不同媒体的特点，利用每种平台的优势，采取最能吸引消费者的广告形式进行传播，一切都是从用户的角度出发。如，在2014年世界杯开始前，并非世界杯赞助商的NIKE发布了一部名为《Risk Everything》的3D动画影片（图2-1），讲述几个知名球星战胜克隆人的励志故事。影片在YouTube上收获8000万点击量。随后，NIKE继续推出球员进球时的动画动作，与Google、社交媒体、户外媒体合作全方位投放3D庆祝动画短片。NIKE利用谷歌广告网络投放动画之后，会引导用户访问拥有360度球员影像的网站，用户通过360度旋转来选择合适的角度，再配上一段自己喜欢的文字，接着即可分享到社交网络。这就是充分利用了数字技术，将传统的视频做成动画，并在社交媒体等多种平台融合推广，实现了多平台整合传播。

图2-1　2014年NIKE 3D动画影片广告

（4）从告知劝服向互动体验式传播转变。

移动互联网时代，企业以顾客的要求为导向，设计、生产和销售产品；以顾客沟通为手段，关注顾客的体验，检验消费情景；以顾客满足为目标，积极收集顾客反馈，调整营销策略。体验营销是基于顾客精神享受和心灵体验的营销活动，它以满足顾客精神体验为出发点和归宿点，通过一系列的营销调研、策划、传播、执行等实践活动，在顾客身心愉悦的同时，以教育的、有趣的、审美的、道德的、文化的力量，创造顾客与众不同的体验，并在不断创新营销效果的过程中，强化顾客体验，实现顾客品牌忠诚的营销目标。2017年8月，日本快消品牌优衣库携手QQ音乐打造新型的购物场景，共同推出"衣·乐人生"电台。该项目线上线下共同开展，通过6大不同生活场景，提供各种丰富美好的服装穿搭方式，结合音乐欣赏体验，简而言之就是告诉消费者在什么场合需要穿什么衣服。与此同时，消费者可以在优衣库全国所有门店中体验"衣·乐人生"电台，近200首精选好歌，带来"数字×零售×社交"的互动新零售购物乐趣（图2-2）。优衣库此次的广告活动将线上音乐软件和线下门店互动融合，实现了用户参与广告活动，与之进行互动体验。

图2-2 2017年优衣库"衣·乐人生"互动体验

（5）从大众传播向精准传播转变。

大众媒体时代与移动互联网时代广告传播的差别除了传播媒体的不同，另一个关键在于大众媒体时代传统广告传播的特点是整体性的、广泛性的传播，广告主和媒体对目标消费者的判断都具有模糊性，广告主因为缺乏用户数据而无法对其进行量化评估，目标人群也无法定位准确，因而只能采用简单的广泛传播的形式，这一形式下的广告传播效果通常难以衡量。正如百货商店之父约翰·沃纳梅克（John Wanamaker）曾说的："我的广告费有一半浪费掉了，可我不知道是哪一半。"这就是没有实现精准营销而造成的后果。

移动互联网时代的广告传播已由媒体导向转变为受众导向，因此精准传播的实现必然是从用户的角度出发。在纷繁的网络环境下，若要实现精准营销，海量信息必须被高度聚合，受众也要被深度细分。基于大数据的发展与云计算的数字化，广告主可精准锁定自己的目标受众，对用户进行360度的透视与分析，充分掌握用户的来源、用户获取信息的渠道、用户心中的品牌定位、用户的消费行为以及购买方式，从而深度分析用户偏好以及定位用户需求，同时还可以挖掘出企业的潜在用户群。对用户深度剖析与洞察之后，广告主将完全按照用户的需求和关注点对其进行个性化定制，传播更符合用户内心需求的广告，强制性的、低效的硬广告将逐渐淡出市场。

案例

移动互联网时代福特互动广告

汽车广告的发展非常能体现广告从单向传播转变为双向传播这一趋势。从1904年开始，福特公司的汽车广告最常用的方法便是车辆图片配大量文案介绍，这是最基本的广告形式，并一直沿用至今（图2-3）。随后发展到在广播和电视上投放了语音和视频广告。直到移动互联网时代到来，福特公司在汽车广告的制作上有了质的变化。2012年福特公司上市新款车型Focus，但网络上对福特汽车的评价非常差。为了扭转消费者对福特汽车的偏见，福特组织了一次广告活动，这次活动有点冒险，他们启用了一名叫"Doug"的玩偶，请来喜剧导演Paul Feig、《辛普森一家》的编辑Rob Cohen、喜剧明星John Ross Bowie，拍摄了一组福特新代言人Doug的生活片段。事件只通过Facebook、Twitter、Youtube进行传播，把Doug拟人化，通过这个新的代言人和消费者进行沟通，回答消费者的问题，或是通过平时的视频来逗趣消费者，比如Doug作为新的代言人会带着John一起去线下进行调查，其间两个人与消费者的搞笑事情都会被发布到社交网络上。整个活动概括起来就

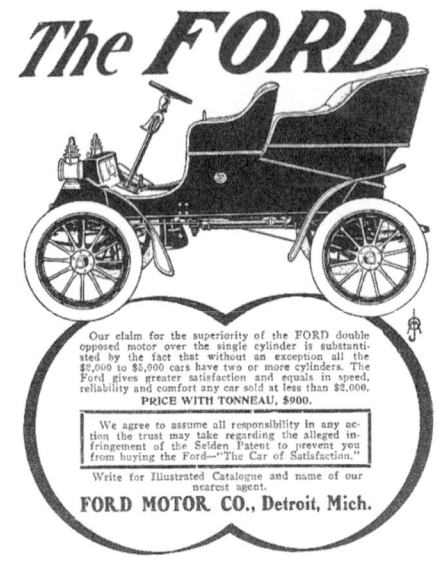

图2-3　1904年福特公司图文广告

是，设计了一个非常亲民的卡通人物，在社交网络建立主页，发布有创意的视频短片，接着通过有趣的方式来回答消费者的问题，回复网友的评论，跟好友和粉丝相互调侃。相关调查数据显示，Doug的粉丝中有65%的人有意愿购买新福特车型（图2-4）。这次广告就是充分利用移动互联网时代发达的社交网络与消费者进行双向的沟通互动，不再只是单向的广告信息传播。

图2-4　2012年福特汽车双向交流互动广告

第二节　移动互联网时代广告策划与创意的关键性变化

一、移动互联网时代广告策划以用户价值为导向

高速发展的商品经济促进了广告业的蓬勃发展，同时催生了广告策划，使得广告活动有了科学并且规范的系统化指导。广告策划作为一种科学的广告管理活动，必须确立广告目标、广告对象、广告策略等原则问题，亦即解决广告应该"说什么""对谁

说""怎么说""说的效果如何"等一系列重大问题。在整个广告活动当中，它属于中心环节，具有核心和枢纽作用。广告策划在初期首先要体现的是广告主的利益，如何对顾客进行推销，卖出更多的产品是营销1.0时代广告策划的导向。随着市场竞争不断加剧，产品同质化现象日趋严重，可选择的产品品牌的增多使得消费者日渐挑剔，因此简单地以广告主利益为主体的广告策划已经无法适应高速发展的市场环境。同时，移动互联网时代的到来，信息传播速度的加快和传播渠道的多元化更是给了消费者更多的话语权，面对消费者地位不断上升的事实，广告策划必然要转变导向——以用户价值为主导。

（一）以产品销售为驱动的广告策划

营销大师科特勒总结了营销1.0、营销2.0和营销3.0三个阶段。营销1.0时代以产品功能为核心，出现在20世纪初至70年代；营销2.0时代是以消费者为中心，出现在20世纪70年代到90年代；营销3.0时代以人文精神为中心，从20世纪90年代至今。[①]营销1.0时代的基本思想观念是利用差异化营销保证企业能够生存，促使其生产的产品能够满足消费者的需求，并尽可能多地通过营销向消费者推销更多产品，在市场上追求尽可能大的市场份额。营销1.0的传播方式主要是以大众传播、大众广告为主的单向传播方式；其广告传播的路径主要是产品—广告—销售—品牌印象，而其广告策划过程是企业从产品本身的功能和差异性出发进行市场细分，然后通过大众媒体的组合传播广告宣传方案，告知并劝服消费者，使他们形成产品与品牌认知，进而改变消费态度和行为习惯，最终提高产品的销售量。可以看出，以产品销售为驱动的广告策划有目标精准、方式直接、效率高速等特点。

互联网兴起后，网站广告与搜索引擎广告作为新兴的网络广告平台，它们的广告在内在属性上也体现了营销1.0的传播特征。但是尽管新旧媒体平台有了结合，这种传播方式的本质特征并没有变化，企业依然没有与消费者建立一种互动沟通的机制，企业仍然以卖产品为核心驱动，向消费者单向传播销售信息，消费者也毫无还击之力地被动接受产品品牌的相关信息。这是营销1.0的广告传播模式的局限性，这也注定了以产品销售为驱动的广告策划已经不能适应如今的市场竞争环境，需要利用新的传播渠道，并以其为基础建立广告策划的新模式。

（二）以用户价值为导向的广告策划

从营销2.0时代开始，营销理念从传统的4P转向了以消费者为中心的4C，并由注重产品由内向外的思维方式转向了注重消费者由外向内的思维方式，这一时期的营销目的是在企业占据了一定的市场份额后，如何与消费者之间建立品牌关系。同时，互联网时代的到来使得传播渠道有了新的选择，大众媒体不再成为核心的广告传播通道，广告策划也因此有了一定的转变，广告不论是在形式上还是内容上都开始适应社会化媒体的分享机制这一特征，并让消费者在网络分享中能够直接产生购买行为。因此营销2.0是

---

① 菲利普·科特勒，等：《营销革命3.0：从产品到顾客，再到人文精神》，北京：机械工业出版社，2012年。

从与消费者建立利益关系出发，基于社会化媒体平台进行传播活动。如果说营销1.0的传播主体是广告主，那么营销2.0的传播主体就有了差别，前阶段是企业作为策划者进行广告传播活动，后阶段则是依靠消费者在社会化媒体中分享互动，进行二次传播。但是从本质上来说，基于营销2.0的广告策划并不是从用户价值出发的，用户虽然不像营销1.0时代一样完全被动接受，有了能够参与其中的空间，但是用户依然是为企业贡献自身的个人价值，企业的目的是与消费者建立一种利益关系，以取得消费者对品牌的信任，最终达到产品销售的目的。

"营销2.0的消费者参与仅仅是在企业提供的营销方式的范围内贡献个人价值，企业对消费者进行回馈。营销3.0则是将企业作为一个超越了营销活动的资源平台，消费者按照自身的意愿为个人生活和社会环境付出行动，贡献个人价值，从而找到自身价值，得到自我实现的满足。营销3.0的消费者更具有主动性，更能控制和影响企业或品牌的发展，形成以O2O应用为主的价值共创的营销3.0传播模式。"① 由此可以看出，营销3.0的到来是一个突破性的变化，它使得企业有了比推销产品更高的目标，正如菲利普·科特勒所说："营销3.0时代的企业必须具备更远大的、服务整个世界的使命、愿景和价值观，他们必须努力解决当今社会存在的各种问题。"② 从广告策划的角度看，营销3.0最终使得企业从以产品功能的推广和销售为核心走向了以用户价值为核心，以下将探讨营销3.0时代究竟什么是用户价值，以及企业如何以用户价值为导向进行广告策划。

1. 什么是用户价值

营销3.0时代的营销传播活动是基于消费者自我价值实现的需求。消费者自我价值实现是指消费者忠实于自己的本性，即人对于自我发挥和自我完成的欲望，亦即人的潜力得到实现的倾向。③ 可以说，在营销2.0时代，消费者首先从被动接受信息变为有了主动传播的能力；接着在营销3.0时代，他们又从一种"消费的人"变为了一个独立的、完整的人，也就是说他们的概念已经演变成了以"人"为主体的范畴。马斯洛在人类需求层次金字塔理论中把人类需求从低到高分为五个层次，分别是生理需求、安全需求、社交需求、尊重需求和自我实现需求，他认为，只有满足了较低层次的需求之后，较高层次的需求才能得到满足。营销3.0时代充分展现了马斯洛人类需求金字塔理论的最高层级——自我实现需求。经历了营销1.0和2.0时代之后，市场的饱和使得人类基本温饱问题早已解决，大众传播以及移动互联网的发展使得人类的社交需求畅通无阻，当这些问题都得到解决后，人们自然开始追求一种精神上的自我实现，这是时代发展的趋势。因此，这里所说的"用户价值"便可以说是一种回归了的"人的价值"，它是一个人最高的追求，是用户所遵循的一种价值观；用户所关注的个人精神世界、内心的情感问题、生活的快乐与焦虑，以及当前文化、环境等社会问题都是在其自身的价值观指导下所产生的感情。

---

① 段淳林：《整合品牌传播：从IMC到IBC的理论建构》，北京：世界图书出版公司，2014年。
② 菲利普·科特勒，等：《营销革命3.0：从产品到顾客，再到人文精神》，北京：机械工业出版社，2012年。
③ 亚伯拉罕·马斯洛：《动机与人格》，北京：中国人民大学出版社，2007年。

2. 如何以用户价值为导向

了解用户价值的概念之后，笔者总结了在营销3.0时代以用户价值为导向进行广告策划需注意的几个问题，首先是以"人"的价值观定位目标用户，然后以"精神需求"为中心与用户互动，最后基于用户共鸣的"价值共创"为广告目标。

（1）以"人"的价值观重新定义目标用户。

广告策划确立目标对象的一个前提是尊重用户主体作为"人"的价值观。价值观是决定人们行为的心理基础，它包含了人们对待问题的看法和态度、处理事情的方式，对人们的生活目标、人生理想以及心底最深处的信念都能够产生重要影响。企业应以目标用户的价值观为核心和依据，以人文精神为中心，满足消费者最深层次的精神需求，让企业品牌与消费者之间能够产生最深层次的共鸣，为建立最稳固、最深刻和最长远的品牌关系打好基础。

案例

无印良品——从"人"对自然向往出发，倡导极简生活方式

创建于1980年的日本品牌无印良品（MUJI）就是从"人"的价值观出发，将人文精神塑造到极致的一个品牌。无印良品的本意是"没有名字的优良商品"，它倡导一种自然、简约、质朴的生活方式，它最大的特点就是以一种淡化品牌意识的"无品牌"理念创造了一个伟大的品牌。它在设计上崇尚极简，省去繁琐的设计，消除消费者购物时对于来自设计品位等因素的压迫感，用简单纯粹的风格满足消费者内心深处对单纯生活的追求。近几年，无印良品为了在日常运营中给消费者打造一种新时代体验性的社交化场所，将用户体验和服务纳入O2O中，并与咖啡餐饮、文化艺术、时尚美容等跨界融合。

无印良品的产品生产与设计自始至终坚持3个基本原则：①精选材质；②修改工序；③简化包装。为了实现制造更优良的产品的目标，无印良品在公司内设置生活良品研究所。在大家协作的同时，时常检查成为无印良品的理由，目光也转向新的素材开发和生活方式的倡导等。

在专卖店的设计与产品展示上（图2-5），无印良品除了红色的"MUJI"方框LOGO，顾客几乎看不到任何鲜艳的颜色，大多数产品的主色调都是白色、米色、蓝色或黑色，以规则、整齐的摆放与展示为顾客呈现一个舒适简约的空间。在产品设计上（图2-6），无印良品对设计、原材料、价格都制定了严格的规定。例如服装类要严格遵守无花纹、格纹、条纹等设计原则，颜色上只使用褐色、蓝色等，无论当年的流行色多么受欢迎，也绝不超出设计原则去开发商品。另外，在产品宣传上，无印良品也是将"极简"的理念发挥到极致，他们从人的内心出发进行广告设计，在广告海报的呈现上抓住消费者对自然的向往与追求。2003年，无印良品推出"地平线"系列形象广告（图2-7），获得东京ADC赏桂冠奖，这张作品是无印良品最著名的理念代表作，他们想要让人们看到一个能够体现普遍的自然真理的景象，当人立于地平线之上，会显得非常渺小。这幅画面虽然单纯，却能深深地表现出人与地球之间的关系。无印良品的品牌理念

即是无品牌但有品质。"地平线"系列海报中看似空无一物,实则容纳百川,而百川就在你心里,在消费者使用无印良品时的感受里。无印良品的另一款广告海报"轻装出游"(图2-8)同样也是简化形式,不用炫目装饰设计吸引消费者的眼球,而是用一种质朴、自然的理念让受众产生共鸣,让设计引领社会的价值观,传达给人们"这样就好"的生活态度,倡导一种以理性的态度来利用资源的理念,在"朴素"和"简约"中寻求新的价值观和审美。

因此,有人这样评价无印良品:"无印良品是禅宗式的东方宗教哲学的生活化,用它个5年10年,有修行的功用,会影响你的创造力。"

图2-5 无印良品"简约"的专卖店

图2-6 无印良品清新、简约的产品设计图

图2-7 无印良品"地平线"广告海报

图2-8 无印良品"轻装出游"广告海报

（2）以"精神需求"为中心与用户互动。

菲利普·科特勒认为："品牌的建立不仅是创造知名度，而是建立企业的灵魂，并将之传播给所有合作伙伴，以便让顾客获得品牌所承诺的价值。"[1]企业灵魂的建立需要以用户的"精神需求"为核心，企业灵魂的稳固和深入人心则需要与用户展开互动。体验式的广告策划能够使企业贴近用户，而移动互联网时代数字技术的支持让零距离交流得以实现，企业有了更多途径通过多种形式的广告在不同平台和用户沟通，用户也能深入感受到企业品牌所体现的内涵，并在精神层面进行一定的交流与碰撞。

（3）基于用户共鸣的"价值共创"为广告目标。

移动互联网时代，广告策划要符合用户价值，只有满足用户价值，才能达成用户共

---

[1] 菲利普·科特勒、弗沃德：《B2B品牌管理》，楼尊，译，上海：格致出版社、上海人民出版社，2008年。

鸣，进而在此基础上产生更进一步的价值共创。那什么是"价值共创"？它首先体现在消费者身份的转变。消费者从被动参与变为主动参与，并逐渐成为品牌传播互动与品牌价值共创的主体，在整个广告运动中开始共同参与商品品牌价值的传播，围绕着品牌核心价值开展以特定价值观为核心的社会化活动。在这一过程中，消费者从价值观认同、共鸣而自发参与品牌的社会化活动，这就是价值共创实现的步骤。

虽然营销3.0时代强调以社会化媒体作为营销和广告的重要平台，但是若要真正实现以"人"的价值观定义目标受众，同时以"精神需求"为中心与用户互动，最终实现基于用户共鸣的"价值共创"为广告目标，大众媒体的作用也不可忽视。O2O模式在移动互联网时代发挥的作用在于它能实现线上与线下的完美结合，将品牌活动铺陈到尽可能大的领域，传播到更多的消费者身边，融入人们的生活社区中。

案例

用户主权，价值共创：因为米粉，所以小米

小米科技创立于2010年4月，是一家专注于智能产品自主研发的移动互联网公司。小米的核心产品是小米手机、小米电视和小米盒子。在小米创立初期，小米网是小米手机的主要销售渠道，公司70%以上的产品通过小米网来售卖，这刚好跟依赖于实体店的传统厂商相反，因此小米可以说是依靠互联网思维来打开市场，取得市场竞争优势的。

诞生于移动互联网时代的小米始终遵循一条基本原则，那就是——用户主权，价值共创。小米坚信产品再好，在用户心中没有地位，就等于没有市场。为了打造真正能满足用户需求和喜好的产品，小米从一开始进行技术开发的时候就致力于引入众多用户的意见，用户能够在MIUI平台上深度讨论并参与产品设计，这是用户主权时代充分尊重用户的体现。为了让用户深入参与产品研发过程，小米设计了"橙色星期五"的互联网开发模式，核心是MIUI团队在论坛和用户互动，系统每周更新。在确保基础功能稳定的基础上，小米把好的或不够好的想法，成熟的或不够成熟的功能，都坦诚放在用户的面前。每周五的下午，伴随着小米橙色的标志，新一版MIUI如约而至。随后，MIUI会在下周二让用户来提交使用过后的四格体验报告。通过四格报告，可以汇总用户上周哪些功能最喜欢，哪些觉得不够好，哪些功能广受期待。每个周五，用户就开始等待着MIUI的更新，这些发烧友很喜欢刷机，体验新系统，体验新功能。也许这个橙色星期五所发布的新功能是他们亲自设计的，或者某一个被修复的BUG是他们发现的。这让每一个深入参与其中的用户都非常兴奋。正是这种用户深度参与的机制，让MIUI收获了令人吃惊的增长。2010年8月16日，MIUI第一个版本发布时，只有100个用户，是小米一个一个从第三方论坛"人肉"拉出来的，凭借用户的口口相传，没有投一分钱广告，没有做任何流量交换，一年后，MIUI已经有了50万用户。这个过程中，消费者同时也成了生产者。这种模式下，用户不仅使用产品，还拥有产品，拥有感使用户遇到问题后不仅会吐槽，还会参与改进产品。

另外，小米的盈利模式并不像传统的企业那样做好了产品，就要卖高价格，而是做

好了产品，还以低价格卖给用户，它的盈利模式的思想就是共创价值、共享经济。深入研究小米的管理专家刘润认为：小米宣誓的其实是一种价值观，就是所谓的"用户主权"问题。从一开始主打性价比优势，就宣誓了一种特有的商业价值——价廉物美。这对于以往的手机生产模式而言，就是一种真正全新的颠覆，是完全从消费端口出发的。在与用户的沟通上，小米将用户的地位不断抬升，打造极致的粉丝营销，成功实践用户与品牌价值共创理念。为了满足年轻用户身份、自我价值的需求，小米还强调"因为米粉，所以小米"，将粉丝视为整个品牌的主人，他们不仅仅只是小米的用户，他们还有可能成为小米手机的开发者、小米手机价值的传播者或者是小米手机当之无愧的VIP。

除了从产品的技术和使用上赢取用户，小米还从情感上与粉丝互动，通过情感营销引发用户共鸣，从而增强用户对小米的忠诚度。小米营销的主战场是社会化的媒体渠道——微博、论坛和微信。小米对不同社区渠道保持着鲜明的功能化分工，简单来说就是"微博拉新、论坛沉淀、微信客服"。微博的强传播性适合在大范围人群中做快速感染、传播，获取新的用户；论坛适合沉淀、持续维护式内容运营，保持已有用户的活跃度；而微信则把它当作一个超级客服平台。

2012年小米发布了一款新产品——"小米手机青春版"，为了充分提升用户的参与感，小米发起了"150克青春"的广告话题活动，因为那个时候小米手机的重量是150克，小米在微博上对这款手机做了线上的首发。在产品发布前大概一个半月，小米就在微博预热了一系列的插画，这些插画描绘的是当初八零后们在读大学时候的一些经典的场景。小米没有说明发售什么，只是放出了"150克青春"主题，一直持续发酵到了产品的微博首发。小米制作了一些海报，海报里的元素非常多，有男生感兴趣的游戏机、照相机、臭球鞋，还有女生感兴趣的化妆品、体重计，甚至还有大印象减肥茶……总之是能够让人一眼就看到青春的感觉，小米为米粉们呈现的整体是清新、文艺的调调（图2-9）。

除了微博上发布情怀海报，小米公司以CEO雷军为首的7位合伙人，也默默地向大热的台湾电影《那些年，我们一起追的女孩》致敬了一把，他们制作了一张应景的海报（图2-10），追溯小米创始人的青春，引发网友热议。后来他们还趁热打铁，到一所大学的宿舍里面，自己作为主演拍了一部名叫《我们的150克青春（上、下）》的微电影（图2-11），整个视频虽然不长，但是采用非常有代入感的文案和风趣幽默的画面，打动了八零九零后。这次互动营销的结果非常成功，小米手机青春版发布会当天，微博转发创下了上一年微博最高的转发数，有200多万转发，100多万的评论。另外，小米手机还创造了一种可爱的卡通形象与年轻人沟通，可爱的"米兔"成为小米的卡通吉祥物（图2-12）。戴着雷锋帽的米兔不仅可爱，更重要的是它是一只忠厚、善良的好兔子。可爱的米兔成为小米与米粉之间沟通的一个重要的吉祥物，吸引了很多年轻人尤其是大学生成为小米的第一批忠诚粉丝。

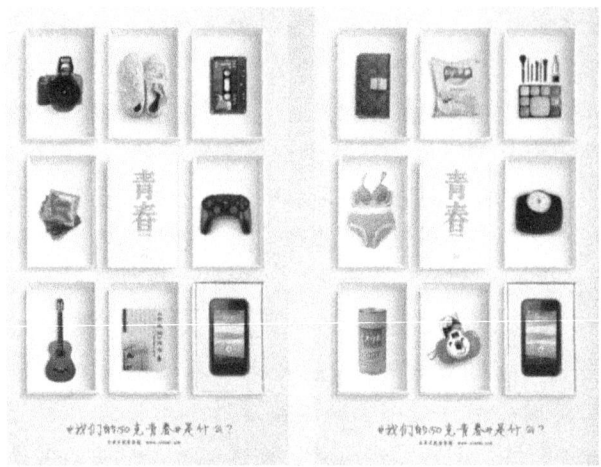

图2-9 小米"150克青春"主题海报

图2-10 小米联合创始人模仿《那些年,我们一起追的女孩》主题海报

图2-11 小米手机《我们的150克青春(上、下)》微电影

图2-12 小米手机可爱憨厚的"米兔"形象

二、移动互联网时代广告策划以广告人主导的广告创意主体向多元主体转变

移动互联网时代,数字技术的发展催生了新的媒体环境和营销环境,消费者"被劝服"的被动形象获得改变,开始具有了社会性和自媒体性两个典型特征,社会化媒体与泛媒体带来了去中心化的结果,消费者从被动接受广告信息到互动参与。在移动互联媒体平台消费者成为广告传播的主体,影响了信息的扩散和传播,并在一定程度上起到了参与控制企业品牌的口碑和影响力的作用,引起了以广告人主导的广告创意主体向多元创作主体发生转变。

(一)以广告人主导的广告创意

蒋旭峰和杜俊飞主编的《广告策划与创意》里总结:"广告策划是根据广告主的营销策略,按照一定的程序对广告运动或者广告活动的总体战略进行前瞻性规划的活动。"①复旦大学余明阳教授在《广告策划创意学》中说:"广告策划是指导广告人如何开展广告活动的实践性理论,它不是'坐而论道'的学问。通过广告策划,广告主可以获得如何布局广告、如何利用媒体、如何广告宣传等方面的指导。"②因此,广告策划从产生开始它的实施主体便是广告人,传统的广告策略都是以广告人主导策划的,消费者则是广告策划的客体。

广告人的目标是使自己所实施的广告策划能够通过广告劝说,有效地影响到消费者,以解决企业产品品牌在市场中所存在的诸如提高产品销量、树立品牌形象等问题。广告策划者是"广告策划活动的中枢和神经,在广告策划过程中起着'智囊'的作用,广告策划者必须知识广博、思维敏捷、想象力丰富,并且深晓市场、谙熟营销、具有创新精神。策划者的素质直接影响着广告策划成果的质量。"③广告策划人的角色在大众传播时代必然只能由广告人担任,有限的传播渠道使其他的多元主体没有途径进行广告活动的策划与传播。而在移动互联网时代,广告策划的专业性被打破,数字技术的发展、社交平台的兴起、自媒体的流行都使得广告策划开始从广告人主导的广告创意主体向多元主体转变。

---

①③ 蒋旭峰、杜俊飞:《广告策划与创意》,北京:中国人民大学出版社,2006年。
② 余明阳、陈先红:《广告策划创意学》,上海:复旦大学出版社,2003年。

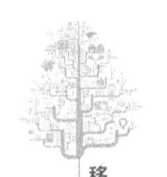

（二）多元主体主导的广告创意

1. 多元主体

从以微博为代表的自媒体兴起之后，传播主体成为移动互联网时代许多变化中的一个核心。"人人都是记者"这句话就在新闻界流传开来，而对于广告策划传播来说，移动互联网时代多种信息技术融合的 Web3.0 技术的出现使得"人人都是广告人""人人都是产品经理"得到了实现。传播学先驱麦克卢汉曾经有过一个著名的论点，他预言"媒介即人的延伸"，也就是媒介是人的感觉能力的延伸或扩展。随着 Web3.0 时代的到来，大数据实现了对用户行为的准确分析，广告人在确定目标群体时变得更精准，受新的网络传播模式影响的用户的行为也产生了很大的变化，用户的主体能动性边界不断延伸和突破，他们开始变得更加积极主动，自发地与企业、品牌和广告主进行互动，这不仅提升了用户的体验快感，也强化了移动互联网的互动性、去中心化和参与性等特点。当然这要归功于人工智能技术使媒介即人的延伸成为现实，一系列可移动、可穿戴的移动终端和电子产品通过用户主动或自动上传数据到云端，形成数据聚合。有了技术支持之后，无论是传播者还是受传者，在 Web3.0 时代都可以被看作互联网这个庞大的数字媒体平台的用户，人人都是传播的主体，用户对信息的处理和接受都有了较强的控制权，在面对很多的广告活动时，用户置身其中发挥草根的智慧和力量，成为整个广告活动策划的主体。

2. UGC 用户生成内容

用户创造内容（User-created content 简称"UCC"）通常又称用户生成内容（User-generated content 简称"UGC"），它是相对专业媒体制作内容的一个概念。2007 年，经济合作与发展组织（Organization for Economic Co-operation and Development，OECD）认为，"用户生成内容是由业余人士通过非专业渠道制作的、包含一定的创造性劳动并在网络上公开可用的内容"。[①] OECD 在 *Participative Web and User-Created Content*：*Web2.0，Wikis and Social Networking* 中描述了 UGC 的三个特征：一是互联网上公开可用的内容；二是内容具有一定程度的创新性；三是非专业人员或权威人士创作。以上的 UGC 是针对互联网平台上的一切信息而言的，用户在网络媒介上自发生产的一切创新性的行为都属于"用户生产内容"这一概念。广告界所说的 UGC 就更窄化了，因为传播活动是以广告为主，因此这里的 UGC 的概念准确来说应该是"用户生成创意"或"用户生成广告"，强调的是移动互联网时代所提供的技术的便利使很多企业都会采用用户生成广告的方式，在广告策划与生产的过程中广告人主导的身份向多元主体转变。以美国纽约的创意产品社会化电商 Quirky 为例，他们利用众包方式，让社区参与产品开发的整个过程，包括提交创意、评审团审核、估值、开发、预售、生产、销售等多个流程。Quirky 的宗旨是找到那些创意并帮助人们实现。他们的具体实施过程是：首先，用户花 10 美元将自己的创意和想法提交到 Quirky 上，这个创意会在 Quirky 上停留 30 天；在这期间，

---

① Graham Vickery, Sacha Wunsch-Vincents. Participative Web and User-Created Content: Web 2.0, Wikis and Social Networking. Paris: Organization for Economic Cooperation and Development (OECD), 2007.

Quirky上的其他用户会对该用户提交的创意进行审核评估。在投票的基础上，Quirky每周会选出3到4个创意，将其生产为商品并付诸销售。① 这可以说是用户生成创意的一个最典型的案例。

3. 如何实现多元主体主导

时代的进步使用户和广告主之间的身份差别逐渐缩小，用户在某种程度上开始承担广告人的部分工作，诸如主动进行广告的二次传播、分享甚至创作。UGC的兴起使得广告传播和品牌营销的可选择内容变得更多，但是它也有其局限性。用户具有很多不可改变的特性，例如数量极其庞大、内容生产缺乏专业性等等。由于这些用户特性，互联网环境中通常会产出大量低质量的UGC，这些UGC虽然在数量上满足了企业对于产品或品牌曝光的需要，但实际上传播价值不大，很快就会被新的热点内容所埋没。因此，为了更好、更高质量地利用用户生产内容，实现多元主体主导的广告策划，需要做到以下几点。

（1）挑选优质的UGC是广告主的任务。

在移动互联网时代，虽说广告人主导的身份开始向多元主体的用户转移，但并不是说广告人就没有作用了，反而更需要专业的广告人士，专业的广告人在整个广告策划活动中的某些关键点上仍然发挥着关键的作用。任何一个广告策划战略规划与实施都需要专业的广告人去实现。同时，即使广告策划决定通过UGC来产生创意，首先还需要广告人的领导和带动，激发用户的创作激情，在用户创作的热情被激发后，广告主与专业的广告营销人士需要从海量的信息中寻找并挑选最优质、最有创意的内容。

（2）充分调用自媒体与其他媒体资源进行跨平台整合传播。

移动互联网时代的传播活动一个最大的优势在于已经不受传播平台的限制，有多种传播渠道可以扩宽传播维度、延长传播周期，以实现传播效果最大化。例如豆瓣在采用用户生成创意这种形式做广告策划时，整合了很多平台进行传播。他们会在微博平台将用户原创的每日作品精选整理成长微博，同时会在优酷、土豆等视频网站上发布UGC作者拍摄的采访视频，在门户网站、官网、行业媒体、报刊类平面媒体上做用户创意的专题报道。

（3）线上线下结合扩大传播效果。

多元主体主导广告策划的实现需要利用一切可以激发用户热情的途径。除了从横向上在线上进行跨媒体的传播和推广之外，落地线下，举办多样的线下广告活动也是必不可少的。在这一点上，重视用户体验的豆瓣也做得非常好。他们落地线下的广告策划推广活动主要体现在事件化和产品化两点上。事件化体现在豆瓣会经常举办品牌展览、品牌沙龙、音乐节等活动，使在线上进行虚拟活动的用户在线下也能有亲身体验，更加增强用户和企业品牌的亲近感。产品化则是豆瓣会将用户自主设计的产品应用于生产，一般采用量产、限量的形式推出，这也符合豆瓣一贯的不走大众路线的高品质风格。

---

① 资料来源：36氪，http://36kr.com/p/214955.html，20190606.

三、移动互联网时代广告传播信息渠道更多元

继大众媒体风云传统媒介时代之后，称霸移动互联网时代的数字媒体平台打造了更多元化的广告信息传播渠道。"数字媒体平台是利用数字技术、网络技术和移动技术的媒体平台，以互联网、有限网络和无线网络等为主要渠道，通过电脑和移动终端等设备，向用户提供信息和娱乐服务以及交流平台的传播形态和媒体形态。主要包括网络媒体、移动媒体和其他新媒体。"[①] 在这种技术支持造就的有力传播环境下，企业根据不同类型客户的信息获取方式的差异，运用全方位的媒体传播渠道，为所有客户构建了一个360度的立体式传播视野。

（一）传统大众媒介时代广告传播信息的渠道

传统大众媒介时代广告传播信息的渠道主要包括报纸、杂志、广播、电视四大传统媒介以及户外平台。大众媒介在很长一段时间都是广告传播的主要渠道，广告主利用几大媒介的特性，有针对性地发布不同形式的广告信息，例如文字广告发布在报纸和杂志上，音频广告依靠广播，电视负责播放视频广告。传统媒介的"光环效应"使得传统广告具有受众稳定、到达率高等优势。但是大众媒介时空隔绝的媒介特性，决定了传统广告在传播时有一定的局限性，尤其在移动互联网不断发展的背景下，传统广告信息传播渠道的劣势更加明显。这种劣势主要体现在广告信息大批量地强行灌输给大众，广告主占绝对主导地位；广告信息的接受与反馈隔绝，大众只能被动接受所有信息，无法形成沟通互动，单向的非交互性的广告信息传播不利于广告效果的测量。

（二）网络PC时代广告传播信息的渠道

在互联网发展初期，用户获取广告信息的渠道除了传统的大众媒介之外，线上平台成了主要途径。网络PC时代，数字平台的发展从单向传播的Web1.0开始，逐渐发展到双向传播的Web2.0。这一阶段的广告传播信息的渠道主要有门户网站、企业官网、视频网站、传统媒体的线上网站、贴吧、论坛、微博等其他社交网站。这些渠道最常见的广告形式有包括文字链、通栏、banner（横幅广告）、角标、弹出窗口等在内的传统互联网广告，以GIF、JPG、Flash等动态或静态的格式建立横式或竖式图像文件来表现广告内容的网幅广告，以贴片广告和内容植入为主的视频类广告。这些广告品种多样、内容丰富，其特点是充分发挥"注意力经济"理论，吸引企业和广告主投放广告，网友在浏览网页的时候随时随地都能接收到广告。网络PC时代广告传播信息的渠道虽然是传播迅速、内容丰富、跨越时空、覆盖率广的互联网平台，但从与用户形成互动体验的层面上讲，并没有完全发挥移动数字技术的作用。

---

① 段淳林：《整合品牌传播：从IMC到IBC的理论建构》，北京：世界图书出版公司，2014年。

（三）移动互联网时代广告传播信息的渠道

相比网络PC时代，移动互联网时代的最显著特点在于移动智能终端（手机、平板电脑、Kindle等）的发展。基于此，网络PC时代的以门户网站、视频网站为代表的线上的传播渠道基本都实现了移动化。以微博、微信为代表的社会化媒体在此阶段大行其道，实现了广告信息的交互与多向互动传播。同时，手机APP也成为移动互联网时代广告传播信息的一个重要载体，移动APP广告发展迅速，深受广告主的青睐。这一时期广告传播信息的特点在于传播速度快、传播范围广、表现形式丰富、即时的双向互动、广告投放精准等。

从传统媒介时代到网络PC时代，再到移动互联网时代，广告传播信息的渠道不断更新，不断发展。如今，多元渠道的整合利用成了广告传播信息的一大趋势。很多广告主或品牌主开始采用线上与线下结合的方式投放广告。在线下，他们利用报纸、杂志、广播、电视发布以文字、图片、视频为主要形式的广告信息，或者在户外进行互动体验式的广告活动；在线上，他们整合PC端和移动端，在网站和移动应用上发布广告，利用数字技术带来的即时性与社交性，实现广告信息的全网传播。

案例

舒肤佳的多元渠道整合传播

移动互联网时代的到来使得社会化平台得到蓬勃发展，拉近了品牌主与用户之间的距离，尤其是一些存在已久的传统实业品牌，对他们来说，线上传播渠道是其扩大用户量，更进一步传播品牌声量的新兴平台。通过与线下广告活动的结合，实现产品销售，培养用户忠诚度，树立品牌长远价值，这是移动互联网时代非常典型的O2O模式。围绕这样的用户沟通思路，宝洁公司传统的日用品品牌舒肤佳充分利用社会化营销平台，深度了解用户，采用线上与线下渠道整合传播的方式，实现品牌与用户最密切的沟通。

2013年，舒肤佳在全国范围的幼儿园以及小学开展"洗手革命"。活动现场，孩子们在投影仪前排成一排，投影仪将他们的影像投射到大屏幕上，他们举起自己的双手，屏幕上立刻出现了一双双五颜六色的布满细菌的小手。孩子们"拿起"一块屏幕中的肥皂，迅速地揉搓双手，屏幕上即刻出现了丰富的泡沫，把细菌都消灭干净了。

2014年9月，首期"舒肤佳超级妈妈10全VIP课堂"在宝洁北京研发中心正式开课。现场，宝洁研发人员不但通过一道道试验，从原材料的选择到产品性能等各个环节展现舒肤佳卓越的抗菌、抑菌的表现，还给现场的超级妈妈普及了不少健康知识，并在实验室探访结束后，给超级妈妈们颁发荣誉证书。

2014年10月，"全球洗手日"到来前夕，舒肤佳请到在综艺节目中人气火爆、在社会化媒体平台抢眼的郭涛和田亮家庭作为舒肤佳全球洗手日的推广嘉宾，并在2014年舒肤佳全球洗手日联"萌"盛典上展开明星与用户的互动（图2-13）。此次的明星效应为后续传播注入了社会化媒体基因。另外，舒肤佳还赞助了北上广三个城市的马拉松比赛，在为参赛的上万跑友带去清爽关爱的同时，也让更多年轻跑友体验到舒肤佳"尽情流汗，不留汗味"的健康运动生活理念。

2015年春节期间，舒肤佳还开展了"洗手吃饭"主题营销工作，在高铁媒体平台及线上的网站、微博平台投放视频，传递舒肤佳"亿万中国家庭健康守护者"的品牌形象。

此外，舒肤佳还为用户提供了线上"晒归期"平台，关注舒肤佳的官方微信，参加"晒归期"活动，就有机会赢得舒肤佳千元团年饭，在京东购买舒肤佳产品也有机会赢得"洗手吃饭"健康礼品。舒肤佳还在微博上发起"超级妈妈战流感""感谢妈妈，健康保护"的话题，借助冬春季节感冒、流感话题讨论热度高这一现象，为用户传递家庭卫生健康知识。

图2-13 田亮和女儿、郭涛和儿子参加舒肤佳全球洗手日活动

四、移动互联网时代广告策划传播效果更精准

传统大众媒介时代，基于卖方主导市场，广告信息的传播路径是单向的线性传播。由于技术和传播环境的限制，首先，广告是否能到达目标消费者面前都是很难保证的；其次，用户在被动接收广告之后，广告分享的范围和方式受到了限制，广告主或品牌主很难收到用户的分享与反馈，因而传统广告效果很难得到准确衡量。而在移动互联网时代，数字技术的发展使得广告的传播效果更精准。从一开始针对不同用户的投放，到传播过程的互动分享，最后到接收用户反馈信息都能够得以实现。

（一）广告投放群体更加精准

从网络PC时代到移动互联网时代，广告的商业模式经历了传统的人力购买方式到数字化、自动化、系统化的程序化购买模式。基于移动数字平台的搭建以及数字技术的不断发展,广告主、广告代理公司、网络媒体进行程序化对接并依靠大数据准确找到与广告信息相匹配的目标用户,最终达到一对一的个性化投放,实现精准营销。

在对目标群体进行精准投放广告的过程中,大数据是非常关键的驱动力。维克托·迈尔-舍恩伯格(Viktor Mayer-Schönberger)曾指出:"世界的本质是数据",他在《大数据时代》一书中提到了大数据具有数据量大(volume)、输入和处理速度快(velocity)、数据多样性(variety)、价值密度低(value)的"4V特点"。[①] 大数据是诸如用户行为、视频图片等在内的动态流量数据,经过特定的算法能够进行相关性分析和预测性分析。移动互联网时代,海量的用户数据被记录下来,用户常常逛哪种类型的网站、对什么内容感兴趣、平时搜索的关键词有哪些等等,这些数据都能成为了解用户行为习惯、感知用户心理特征、挖掘用户消费需求的基础。大数据技术的逐渐精细化使得对用户进行分类、为用户精准画像、对用户消费行为进行跟踪得到实现,并成为帮助广告主或品牌主寻找目标用户精准投放广告的一个方式。

用户画像的核心是"把抽象的数据转化为虚拟的人物来代表个人的背景、需求、喜好等。"[②] 大数据通过为用户精准画像,根据用户行为偏好改变沟通策略,从而改变用户的参与形式。利用大数据对用户的动态信息实时捕捉,依托社会计算和情感计算,能够更为精准地感知用户在社会网络中的复杂行动、情感表达和行为倾向,再用大数据强大的分类管理能力和多种标签还原用户形象,让用户形象更具体可感知。所以,当面对更为"真实"和具体的用户,品牌主就能采用更有针对性的传播策略,提升自身的反应速度,与用户的情感沟通从原来的单向度的传播转变为实时双向互动传播沟通,根据用户标签投其所好,增强用户的兴趣,吸引用户从被动接受转变为主动的互动参与。[③]

(二)广告传播过程互动效果更明显

伴随着新信息环境的演变和新技术、新平台的变革发展,移动互联网时代的到来也使得广告传播过程的互动效果更明显。如今的广告区别于劝服式的传统广告,是一种全新的广告运作形式——通过了解用户的需求和特性,吸引用户关注并参与互动。在广告的传播过程中,用户从被动接受变成主动探索、沟通。广告主或品牌主通过调动受众的好奇心和情感,以实现双方的互动、交流和反馈。因此,移动互联网时代的广告是一种双向互动的传播形式,能有效引导用户主动打破"信息屏障"的壁垒,并有望在新环境、新条件下使投入的广告成本实现更大的效果。

移动互联网时代的几种代表性的广告类型不论采取什么样的形式,互动性都是其中非常重要的元素。美国政治经济学者史麦塞指出,广告价值源泉来自受众的阅听劳动。[④] 广告互动传播通过设置互动情节和环节引导用户参与互动,并对互动过程进行优化,不断增加互动的时间和强化互动的深度,基于此能够深化对用户的影响,强化作用力,倍

[①] 维克托·迈尔-舍恩伯格、肯尼思·库克耶:《大数据时代:生活、工作与思维的大变革》,盛杨燕、周涛,译,杭州:浙江人民出版社,2013年。
[②] 余孟杰:《产品研发中用户画像的数据建模——从具象到抽象》,载《设计艺术研究》,2014年第6期。
[③] 段淳林:《整合品牌传播:从IMC到IBC的理论建构》,北京:世界图书出版公司,2014年。
[④] 莫梅锋:《互动广告发展研究》,北京:新华出版社,2012年。

增广告的价值，提升广告传播效果。在移动手机应用广告中，展示类广告并不是最受广告主青睐的表现形式，他们更倾向于以微博、微信等社交平台为渠道举办品牌活动，与用户沟通交流。积分墙广告便是将展示、游戏与互动三者结合，使用户在体验游戏的同时接收广告信息。微电影广告与微博事件广告也是备受广告主青睐的广告形式，数字技术的发展使得传者与受者可以进行随时随地的即时互动，病毒式广告更是将广告传播过程的互动性发挥到极致。

（三）广告效果投资回报更精准

前文已提到著名广告大师约翰·沃纳梅克曾说过的名言："我知道我的广告费有一半浪费了，但遗憾的是，我不知道是哪一半被浪费了。"广告是否能拥有好的传播效果，并产生与投资相应的回报在广告界一直是个著名的难题。如今越来越多的品牌主认识到广告并不是"花费"，而应该是投资，投资必然与回报相关联。广告的传播必须把钱花在刀刃上，要对目标用户进行精准投放，并采用有效的互动传播形式，这样才能在实现广告传播效果最大化的同时，使得广告效果投资回报更精准。

移动互联网时代，大数据对广告的精准投放带来了新的挑战和冲击。用户在网络平台留下了海量的信息，在庞大的数据背后，技术的支持使得对大数据的挖掘和分析得到实现，也就是对用户行为习惯和心理需求有了更准确的把握。在这种情况下，品牌主的广告投放目标就不再是广告位，而是转向每个用户个体。如今，RTB（Real-Time Bidding，即实时竞价）模式在国内蓬勃发展起来，它是运用大数据进行精准广告投放的典范。RTB模式是通过先进的人群定向算法和市场化的竞价机制，使得广告主以最低价的成本获得最好的流量，并可以实现具体的目标人群投放，改变了数字广告的售卖方式。①在RTB模式下，两个用户打开同样的页面将会看到不同的广告，在这种情况下，广告契合了用户本身的兴趣，广告主对于用户而言不再是无用的推送，而成为有用的信息。对于广告主而言，广告的展示不再拘泥于展示的位置，更重要的是展示给对的人，中小广告主也能够实现更有效的广告投放，避免广告预算的浪费。②

案例

阿里妈妈利用大数据为商家设计的创意广告之路

阿里集团作为BAT中最先涉足RTB业务的企业，在不断为许多品牌推广助力。阿里妈妈隶属于阿里巴巴集团，是国内领先DSP平台即大数据的营销平台，拥有阿里巴巴集团的核心商业数据。

阿里妈妈强调用户体验设计，为了给淘宝商家带去好的符合用户心理需求的店铺创意模板和广告推广方案，他们以用户体验设计内部的创意中心作为平台，为内部设计师

---

① 许正林、杨瑶：《基于大数据的移动互联网RTB广告精准投放模式及其营销策略探析》，载《上海大学学报（社会科学版）》，2015年第6期。
② 段淳林：《整合品牌传播：从IMC到IBC的理论建构》，北京：世界图书出版公司，2014年。

提供广告方案。创意中心包含五个部分，分别是对比分析测试创意模板，用户研究、分析、访谈、数据汇总，创意模板库及编辑器，高度可定制化创意排行榜，探索和挖掘孵新的广告创意形式，这些内容全都是以大数据支撑的内容。其中对用户进行分析、访谈主要是利用图像识别、眼动追踪、数据挖掘、买家访谈、文献研究等方法进行消费者洞察，充分利用大数据的优势定位精准用户。除了创意模板的设计，阿里妈妈充分抓住用户的诉求点，了解商家的特点和用户的属性之后，动态生成不同的模板放在不同的消费者面前，实现一对一的个性化定制。例如一个女装旗舰店，它的类目是女装，营销诉求是春季上新。对于用户A：16~20岁，色彩偏好粉色、偏年轻的偏好，消费能力中等偏下，初级淘宝会员，活力型。她关心的有可能是新款，折扣多少，有没有包邮，有没有七天无理由退货。对于用户B：年龄层次偏大的，色彩偏好紫色、偏成熟的偏好，比较有消费能力，成熟稳重型的。她关心的可能不是折扣，而是新品、正品、剪裁、面料。对于这两位用户，阿里妈妈会提供给商家两种不同的体现两种用户特色的创意。

在阿里妈妈，每天有超过50亿的推广流量完成，超过3亿件商品的推广展现，覆盖高达98%的网民，实现数字媒体（PC端+无线端+互联网电视端）的一站式触达。阿里妈妈的口号是："让天下没有难做的推广。"

讨论题

1. 结合自己的实际体验，谈谈移动互联网时代广告传播的特点。
2. 移动互联网时代，广告创意生产的主体发生了哪些变化？
3. 你认为移动互联网技术到底给广告策划与创意带来了哪些影响？

第三章

移动互联网时代广告策划的基本原理

> **学习要点**
>
> 本章重点介绍移动互联网时代广告策划的基本原理，需要掌握的知识点有：①广告策划发展的缘起及其内在含义；②广告策划具有哪些要素？③广告策划的功能与目标；④广告策划的类型与特征；⑤广告策划的程序与原则。

进入移动互联网时代，广告业界确实发生了翻天覆地的变化。前文已经详细总结了移动互联网技术对广告策划与创意实践产生的影响。我们不禁要问，移动互联网既然创新了广告策划与创意的实践运作，是不是也彻底颠覆了广告策划与创意相关的理论知识与基本原理呢？笔者认为，移动互联网技术在一定程度上为广告策划与创意理论提供了新的视角、新的理论框架、新的方法与路径。但是，其并没有完全颠覆广告策划与创意的知识体系和理论基础。事实上，移动互联网带来的是广告策划思维的创新、新兴媒介的整合运用、基于大数据的用户分析等。尽管在移动互联网时代一部分广告是由UGC来实现，整体来说，大多数成功的广告运动还是由专业的广告团队在运作。专业的广告团队进行一个专业的广告策划，其整个广告策划的基本流程和所秉承的原则没有彻底改变，对于广告战略与策略的制定，对于消费者的洞察等都没有改变，也就是说移动互联网时代改变的更多的是方法与媒介的选择。另外，任何一门课程都会有它的历史延续性，在本章介绍广告策划的基本原理时，笔者借鉴了传统媒介时代广告策划的一些理论知识，也增加了移动互联网时代产生的新的理论知识。

第一节 广告策划的含义及要素

一、广告策划概念的缘起

广告策划中"策划"的英文词源有strategy和plan，strategy在英文中有战略与策略的意思，plan在英文中一般指"计划"。因而，从英文的字面含义来理解，广告策划至少包括三层内容：①广告战略的制定；②广告策略的制定；③对广告战略与策略实施的计划安排。在世界广告发展史上，20世纪60年代，英国伦敦波利特广告公司创始人斯坦利·波利特（Stanley Pollit）首次明确提出广告策划思想，他从以下三个方面来界定广告策划（advertising account planning）：

（1）广告策划将消费者带入广告的过程。

（2）广告策划的主要功能就是发现消费者真实需求，并且在此基础上形成洞察，创造出的广告作品不仅具有娱乐性，而且拥有高记忆度，同时要与消费者密切相关，并对市场销售产生效果。

（3）广告策划人时常也被称为品牌规划人（brand planners）与战略规划人（strategic planners）。

从斯坦利·波利特对广告策划的界定可以看出，事实上从广告策划的概念最早被提出来的时候，就已经非常重视消费者的需求。尽管斯坦利·波利特没有明确提出广告策划要"以消费者为中心"的观点，但是他已经明确强调在广告策划中要挖掘消费者的真实需求，而不只是从产品的功能角度出发。同时，他也提出广告策划不仅要具有娱乐性、高记忆度，更重要的是要与消费者存在密切的相关性，要能提升产品销量。更难能可贵的是，他不只是将广告策划看成广告自系统内容的事，而是上升到品牌规划与战略规划的层面，如前文所述，他明确提出广告策划人有时就是品牌规划人与战略规划人。

我国直到20世纪80年代中后期，广告业界才逐渐提出"以创意为中心，以策划为主导，为客户提供全面服务"的广告经营理念。值得提出的是，自改革开放至20世纪90年代中期，营销界出现了一些所谓的"点子大师"，他们在一些企业早期发展过程中，为企业出点子，由于市场竞争还不是特别激烈，让一些企业的产品在销售中尝到了一些甜头。但这些"点子大师"过分将自己的"点子"宣扬得神乎其神，对整个广告界与营销界带来了一些负面的影响。真正的现代意义上的广告策划是一项科学的工作、系统的工程、综合性的决策，不是几个突发奇想的"点子"就能完成的。

随着中国市场的进一步开放，国际上很多品牌都涌入了中国市场，国内的企业也取得了蓬勃发展。随着企业竞争意识的增强与市场竞争的日益激烈，企业对广告策划代理的需求也日益旺盛。1996年11月，广州18家广告公司联合成立了"广州4A"。到1998年，全球前10名广告公司全部在中国设立了合资公司，如盛世长城国际广告有限公司、麦肯·光明广告有限公司、智威·汤逊中乔广告有限公司、奥美广告有限公司、灵狮广告公司、电通广告有限公司、李奥贝纳广告公司等。国际4A广告公司的进入，带来了全新的广告策划的理念和方式。中国4A广告公司的日益发展，也提升了其广告策划的代理与运作的能力和水平。

二、广告策划概念的含义

广告策划传入我国之后，学者们也从不同角度给出了广告策划的定义。武汉大学饶德江教授认为，广告策划，就是对于广告运动的整体计划，是为提出、实施及测定广告决策而进行的预先的研讨和规划。广告策划是广告运动的设计蓝图，是广告运作之前对于它的整体把握。①根据复旦大学余明阳教授在《广告策划创意学》中的描述，广告策划可以分为宏观广告策划和微观广告策划。宏观广告策划又叫整体广告策划，它是对在同一广告统摄下的一系列广告活动的系统性预测和决策，即对包括市场调查、广告目标确定、广告定位、战略战术确定、经费预算、效果评估在内的所有运作环节进行总体决策。而微观广告策划又叫单项广告策划，即单独地对一个或几个广告的运作全程进行的策划。②

在移动互联网时代，尽管由于技术发展，催生了很多新的广告类型，也创新了广告运营的模式，但广告策略的核心与精髓并没有完全改变。因此，本书将沿用中国人民大学出版社出版的《广告策划与创意》中对广告策划提出的概念：广告策划是对广告活动整个过程进行的超前性和全局性的策划与谋划。作为针对广告活动进程而进行的战略决策，广告策划是根据广告主的营销策略，按照一定的程序对广告运动或者广告活动的总体战略进行前瞻性规划的活动。它以科学、客观的市场调查为基础，以富于创造性和效益性的定位策略、诉求策略、表现策略、媒介策略为核心内容，以具有可操作性的广告策划文本为直接结果，以广告运动的效果调查为终结，追求广告运动进程的合理化和广告效果的最大化。③该概念不仅指出了广告策划的本质，也对广告策划的整体过程进行了较好的归纳。为了更好地把握广告策划的概念，必须厘清以下几个问题：

（1）广告策划的本质是为广告活动进行的整体性的、超前性的、全局性的谋划与规划。

（2）广告策划受到企业营销战略的指导，但广告策划不等于营销策划和其他策划活动，广告策划是针对广告活动而言的，广告策划的目标既包括营销目标，也包括传播目标；而营销策划的目标主要是促进产品的销售。

（3）广告策划是一个科学的、系统的工程，每一次的广告策划活动都以科学的、客观的市场调查为开始，又以科学的、客观的广告效果的评估为结束。

（4）广告策划的内容包括广告调查、广告战略、广告定位策略、广告诉求策略、广告创新表现、广告媒介组合策略、广告效果评估等。

（5）在整合营销传播理论的影响下，广告策划越来越呈现出整合的趋势。广告策划经常与营销策划、公关策划、促销活动策划融合在一起，很多情况下相互交织，难以分割。广告业界也出现了一种将"传播"与"营销"整合的潮流。在实践中，一个广告策划方案往往会融入促销活动的推广、公关活动的设计、软性新闻的推广等。因而，在广告策划的实践中不能拘泥于传统广告传播的内容，而要将对广告策划有利的其他因素都整合进来，为广告策划的总体目标服务。④

---

①④ 饶德江：《广告策划与创意》，武汉：武汉大学出版社，2015年。
② 余明阳、陈先红：《广告策划创意学》，上海：复旦大学出版社，2003年。
③ 蒋旭峰、杜骏飞：《广告策划与创意》，北京：中国人民大学出版社，2008年。

三、广告策划的要素

广告策划是一项综合性、系统性的工程，它包含着众多要素，主要有：广告主体、广告目标、广告调查、广告战略、广告策略、广告创意、广告预算、广告媒介与广告效果。任何一次广告策划，都需要明白广告的主体是什么。广告主体是广告主与广告代理公司共同沟通来确立的。广告主体一般又可分为以产品为主体的广告、以消费者为主体的广告和以品牌为主体的广告。以产品为主体的广告一般注重挖掘产品的特点与功能上的差异性。以消费者为主体的广告一般是以消费者的生活方式与价值观来传播。以品牌为主体的广告一般注重建立差异化的品牌形象与个性。广告目标是广告策划所要实现的目标，商业广告策划一般包括营销目标与传播目标。广告调查是指广告策划之前对市场环境、竞争者、消费者心理与行为及媒介使用习惯的调查。广告战略是指导广告运动的总纲领，通常与品牌的营销战略密切相关。广告策略包括广告的诉求内容策略、创意表现策略以及媒介投放策略等。广告预算就是广告主愿意花多少钱来开展本次广告运动。广告媒介是指在本次广告运动中会使用的各种传统媒体与新兴媒体。广告效果是指通过本次广告运动会产生哪些效果。广告效果的检测通常与广告目标存在密切的关联，广告目标得以有效实现，就表明该广告策划取得了良好的广告效果。

第二节　广告策划的功能与目标

一、广告策划的功能

广告策划在企业广告活动与整合传播中占据着重要的地位，承载着特殊的功能。具体来说，广告策划的功能主要表现在以下几个层面。

（1）广告策划承担着实现企业营销传播目标的功能。

对于整体的企业营销策划而言，广告策划是营销策划的一个重要组成部分，是服务于企业营销策划的。营销策划的目标也指导着广告策划的整体运作，也就是说广告策划必须帮助实现或达成营销策划的目标。同时，广告策划不仅要有助于实现营销的目标，更重要的是实现传播的目标。也即广告策划的广告作品的曝光度、点击率、传阅率、观看频次、收视率、互动率等是否达到，该广告运动是否能提升所传播的产品的知名度和认知度等。因而，广告策划承担着实现企业营销传播目标的功能。

（2）广告策划承担着实现品牌传播目标的功能。

广告策划的目的是通过广告作品与企业的目标消费群体进行深度沟通，让目标消费群体知道这个品牌，爱上这个品牌，并且选择和忠诚于该品牌。也就是说，企业通过广告策划要提升品牌的知名度、美誉度、忠诚度。通过广告策划，企业向目标消费群体传播其品牌的核心价值，塑造差异化的品牌形象，建立品牌个性，最终促使消费群体对该品牌形成认同，为品牌资产的增值做加法。如著名的运动品牌耐克，通过广告策划创造出了容易记忆又特别动感与个性的广告口号"Just Do It"。这句广告语激励其目标消费群体"想做就做，勇敢做自我"，说出了年轻人的心声，年轻人爱挑战，爱追逐梦想，年轻人因为该广告语也爱上了耐克，促使耐克成为运动界的成功品牌。

（3）广告策划承担着整个广告运动的枢纽功能。

广告策划是整个广告运动的核心和灵魂，对于广告运动具有指导性和决定性的作用。首先，广告策划为整体广告运动提供战略指导思想。广告策划文本中应明确规定此次广告活动要实现的营销战略目标及品牌战略目标是什么，并且要确定总体的广告战略的思想。其次，广告策划为广告运动提供具体行动计划，广告策划文本中应有广告运动详细的实施计划，包括广告媒介投放计划、广告促销活动计划、大型事件广告活动的计划等等。再次，广告策划安排并制约广告运动的进程，驱使广告运作更加科学、合理、规范。广告运动的所有实践活动应围绕广告策划文本的指导来展开，广告调研何时开展？广告创意何时创作并完成？不同的媒介广告何时开始投放，何时结束？这一切都由广告策划书的计划来规定与制约。最后，广告策划应承担预测、监督广告运动效果的功能。广告效果的预测与监督与广告策划书中所设定的广告目标存在紧密的相关性。广告策划书在一开始编写时就拟定了明确的广告目标，并且依据广告目标的实现拟定了广告效果衡量的指标，因而在广告运动实践过程中，需要对照广告效果的指标完成的程度，来监督本次广告运动的广告效果实现的情况。

二、广告策划的目标

前文已有论述，广告策划是对广告运动的整体规划或计划，是关于广告活动的谋划。每一次广告策划都是为了实现某种目标，达到某种广告效果。由于每个独立的广告运动的广告传播的主体不同，所以这些不同的广告活动要实现的目标也存在较大的差异。就商业广告策划来说，广告策划的目标主要表现在以下三个层面。

（1）广告策划以实现产品目标为中心。

每个广告活动的发起都源于广告主的某种目的。有的广告主为了配合新产品的上市，需要推广新产品的使用功能与特点，让更多消费者了解其新产品，因而需要开展一次广告运动，该广告策划以产品为主体，重点要传播产品的独特卖点。有的广告主做广告的目的是直接打击竞争对手的产品，在与竞争对手的比较竞争中，提升自己产品的知名度。多数情况下，以产品为中心的广告，其主要目的是促进产品的销售，实现广告主企业的利润。

（2）广告策划以实现市场目标为中心。

市场目标是广告策划的重要目标之一，它与广告策划的产品目标存在紧密的相关性，它的目的是实现产品或服务的市场竞争力。具体来说，有的广告主将抢占更多的市场份额作为广告策划的目标。由于要抢占更多的市场，广告策划的广告运动不仅要注重线上的传播，还要和线下的互动与实体的销售进行结合。有的广告主将进入某个新的市场，打开产品在新市场的销路作为广告策划的目标，以开辟新市场为目标的广告策划通常是在新市场的领域内开展相关的广告活动，该广告策划地域性很强。

（3）广告策划以实现品牌目标为中心。

品牌目标是广告策划要实现的更高层次的目标，也是广告策划的终极目标。事实上，每一次成功的广告策划活动都是在为广告主的品牌资产做加法。

广告策划要实现的品牌目标可以细分为以下三种：

①广告策划以树立差异化的品牌形象为目标。

每个优秀的品牌都有差异化的品牌形象，广告策划的目的就是帮助广告主的品牌创造差异化的品牌形象，经过长期的传播，让这种差异化的品牌形象植入目标消费群体的内心。如上海家化联合股份有限公司旗下的高端化妆品品牌佰草集，受我国千年本草养颜文化的启迪，定位于中药护理品牌，崇尚"自然、平衡"的美肤之道，一直视绿色环保为己任。佰草集的广告传播的主体画面多为绿色、天然，给人十分清新的感觉，让其目标消费群体能够感受到佰草集"绿色自然"的差异化品牌形象（图3-1）。另外，佰草集曾在传播中提出"养出地球之美"的绿色时尚宣言，倡导享受绿色自然的馈赠，也将绿色还给自然的理念。

图3-1 佰草集的平面广告

②广告策划以创造独特的品牌个性为目标。

品牌个性是品牌基因独特性的重要内核。品牌形象形成差异，而品牌个性创造认同。广告策划的目标是帮助广告主的品牌创造品牌个性，造成品牌崇拜。比如，中国移动针对青少年与大学生等年轻群体推出的"动感地带"，广告策划的目标就是让年轻人认同动感地带"我的地盘，我做主"的理念，强调"时尚、好玩、探索"的个性，广告传播的代言人选择当时年轻人的偶像周杰伦，他因为独特个性的R&B及New Hip-Hop的曲风而风靡全国。动感地带的套餐也是专为大学生等年轻人设计，广告也与年轻人喜欢的音乐联系在一起，号召大学生群体"玩转年轻人通信自治区"（图3-2）。

图3-2 周杰伦"动感地带"的广告海报

③广告策划以传播品牌核心价值为目标。

品牌核心价值是一个品牌区别于其他品牌最重要的因素。如果说产品的功能与特点是品牌的物理基础,那么品牌的核心价值是品牌的精神,是其与品牌利益相关者进行深度沟通的价值主张。一般来说,卓越的品牌都拥有明确的核心价值。广告策划可以有效地传播品牌核心价值,让消费者及相关的公众了解该品牌的核心价值。如著名的数码相机品牌佳能的品牌核心价值是"感动常在"(Delighting You Always),佳能任何一个广告上都可以看到该核心价值。2016年,佳能公司在全球发布《感动常在歌》,中国内地、中国台湾、中国香港、韩国、马来西亚、新加坡、印度、泰国、越南、菲律宾等多个国家和地区的佳能分公司都派出"感动大使"参与制作,用热情而专业的服务带给用户无限感动,把积极、向上的能量传递到世界的每一个角落(图3-3)。佳能通过广告传播将"感动常在"的核心价值传递给其品牌相关利益者,让他们认同其核心价值,从而产生深度的价值共鸣。

图3-3 佳能"感动常在"主题歌发布

综上所述，商业广告策划主要有产品目标、市场目标和品牌目标。企业在不同的阶段需要实现不同的广告策划目标，但无论如何广告策划都要为品牌的资产增长与良好品牌关系的构建服务。

与商业广告策划不同的是，公益广告策划的目标主要有两个：其一，公益广告策划的目标是改变公众的认识或原来的态度，形成一种新的认识或态度。如，我国著名篮球明星姚明代言的保护动物的广告，该公益广告的创意强调保护动物不是从不杀害动物的角度来说服公众，而是从不食用、不使用、不购买一些珍稀保护动物及其制品入手，广告语是"没有买卖，就没有杀害"（图3-4）。如果切断了珍稀动物市场交易的根源，那么捕杀珍稀动物的动机就不复存在了。其二，公益广告策划的目标是促进某种公共的行为。如，中央电视台前几年每天都在热播一则公益广告——一位年轻母亲在给自己的儿子讲小鸭子的故事，讲完后，母亲去给孩子的奶奶端洗脚水洗脚，那个年幼的孩子见了，便跑到卫生间……当妈妈给孩子的奶奶洗完脚，回到自己的房间时，发现儿子不见了，回头一看，只见她儿子正吃力地端着满满的一盆水，蹒跚地走过来童声童气地说"妈妈洗脚"，妈妈欣慰地笑了。随后电视画面上跳出了一行字"其实，父母是孩子最好的老师"。这则公益广告是以妈妈以身作则的行为感染了孩子，这就是人们常说的"言传不如身教"。该公益广告主要目的是劝告公众孝顺自己的父母，因为善待父母，就是善待自己。

图3-4　姚明代言的保护动物的公益广告

第三节　广告策划的特征

广告策划是为广告运动做出的科学的规划，它指导着广告运动实施过程的全部环节，如广告市场调查、广告目标的确立、广告对象的选择、广告诉求策略与表现的制定、广告媒介组合策略的规划等。如前文所述，广告策划在整个广告运动当中属于中心环节，具有核心和枢纽的作用。广告策划具有目标性、针对性、系统性、创新性、指导性、可执行性等特征。

（1）目标性。

如前文所述，广告策划活动是围绕一定的产品目标、市场目标或品牌目标来展开，广告策划就是为了保证广告主营销或品牌的目标充分实现而进行的一种预先谋划。因而，目标性是广告策划的一个重要特征。如果没有目标，广告策划就失去了存在的价值，一个没有明确目标的广告策划文本，再好的创意也不能够让广告主买单。

广告策划的目标性还体现在其营销目标与传播目标上。广告策划的营销目标主要表现为：

①通过成功的广告策划实现广告主当年的销售目标。
②通过成功的广告策划提升产品或品牌的市场占有率。
③通过成功的广告策划促进广告主产品的销售增长率。

广告策划的传播目标主要表现为：

①实现规定的广告的到达率、收视率、传阅率、点击率、互动率。
②提升广告的认知度。
③增强广告的记忆度。
④提升广告的好感度与品牌口碑。

另外，一般来说，年度整合的广告策划方案都存在总目标与分目标。总目标是指广告策划所要达到的年度总的主要的营销与传播目标；分目标包括不同时间段或不同的具体的活动策划的目标。

总之，广告策划的目的是解决广告主存在的实践问题，因而在广告策划的过程中必须制定明确的目标，立足于目标来进行策划，制定合适的创意策略与媒介策略。当目标发生变化时，策划方案也应该做出相应的调整；如果偏离了目标，所做出的策划方案只是形式上的摆设，而无法为企业或品牌解决实际的问题。

（2）针对性。

针对性是广告策划的重要特征之一，广告策划的针对性主要表现在以下几个方面：

①广告策划一般是针对特定的产品、品牌、服务或价值理念来展开。

电视上的多数广告，都是针对特定的产品销售卖点来传播的。当然，也有一部分广告是针对品牌的特定的价值观念来展开的。

②广告策划是针对特定的目标受众群体的。

广告策划是对广告运动提前进行的科学的谋划与规划，为了实现广告策划的目标，任何一次广告策划都需要确定针对性的目标对象，也就是要确定目标受众。比如，台湾奥美广告公司在为统一食品集团旗下的左岸咖啡做广告策划时，就是针对17到22岁的年轻女士来展开的，这些目标消费群体的特征是：诚实、多愁善感、喜爱文学艺术，但生活经验不多，不太成熟，喜欢跟着感觉走。相对于产品质量而言，她们更寻求产品以外的东西，她们更感性，寻求情感回报，追求成熟的东西，寻求了解、表达内心需求的品牌。因而，在进行广告策划时，左岸咖啡馆被赋予了强烈的文人气息，是来自法国塞纳河边的神秘幽远的艺术圣地，带着咖啡芬芳、成人品味，带给她们精神上一种全新的感觉。

③广告策划通常也是针对特定的市场来展开的。

广告策划的一个重要目标就是市场销售的目标。有的广告策划的目的是为某个产品或品牌在某个城市建立知名度，有的广告策划的目的是促使广告主的产品或品牌从地方品牌走向全国品牌，在全国提升品牌知名度。广告策划只有针对特定的市场来展开，才能够取得实际的广告效果。比如，上海金枫酿酒有限公司开发了针对上海市场设计的"石库门上海老酒"产品品牌，该产品在策划时就考虑到将产品包装与广告片都融入"石库门"元素，用"石库门"让人想起老上海的味道，图3-5是石库门上海老酒的一则平面广告，广告文案是"石库门1号就是上海味道"。石库门黄酒，以其东情西韵、华洋交融的气质诠释着上海文化的独特魅力，打破了传统黄酒的固有形象，塑造了全新的黄酒文化观。历经十年，石库门上海老酒已成为行业翘楚和市场领先者，成长为上海黄酒市场第一品牌、全国知名品牌。在取得2010年上海世博会黄酒品类赞助商资格后，石库门上海老酒与这座城市一起，向全世界展现"开启石库门，笑迎天下客"的开放魅力与最值得记忆的海派时尚。"上善若水，海纳百川"的上海城市精神，是石库门品牌独一无二的价值源泉。

另外，广告策划市场的针对性还表现在具体的广告活动的执行过程中。一般来说，广告活动的执行需要与特定的线下市场卖点相结合，这样才会促进产品的销售。

图3-5　石库门上海老酒的平面广告

（3）系统性。

广告策划是作为一个整体出现的，它可以是一个产品或品牌一段时期的广告传播计划，也可以是一个产品或品牌的较长期的传播计划，但是不管怎么样它都是一个独立而完整的有机系统。广告策划的系统性是指广告活动的各个环节、各个要素在总体广告目标的约束下互相协调、互相依存、互相促进，各种广告策略系统组合、科学安排、合理运用，成为一个严密的系统。[1]

除了广告策划的自系统，广告策划的系统性还表现在广告策划与营销系统的关系，也就是说，对于商业广告来说，广告属于营销系统的一个重要组成部分，营销战略指导广告策划的广告战略与广告策略；同时，广告还需要与营销的其他手段，如促销、公关、直销等互相协调配合。另外，广告策划的系统性还需要处理好广告与企业整个系统

---

[1] 饶德江：《广告策划与创意》，武汉：武汉大学出版社，2015年。

的关系，广告与企业内部其他功能系统构成企业发展的一个大系统。在广告策划实践的过程中，可能需要协调处理企业产品部、设计部、销售部、公关部等各职能部门的关系。因而，广告策划的系统性需要考虑三个系统，其一是广告活动的自系统；其二是广告与营销系统；其三是广告与企业系统。

随着整合营销传播的兴起，广告策划的系统性在实践中显得尤为重要。整合营销传播要求企业在进行传播时坚持统一的形象与一致的声音，这事实上也是广告策划的系统性的要求。广告策划是一个系统性的工程，不仅表现在某一次广告运动策划的系统性，还表现在某个品牌持续传播的系统性，因为一个品牌的形象的塑造与品牌资产的积累是一项重要的系统工程。广告传播不能为了求新、求异的广告创意而破坏品牌在消费者心中形成的长期的、系统的形象。比如，可口可乐公司近年来广告策划的主题都是"Open Happiness"。然而，它的老对手百事可乐在中国市场自从2012年以来，每年春节期间的广告策划的主题都是"把乐带回家"，暗示着把百事可乐带回家，就是把"乐"带回家。

总的来说，广告策划的系统性原则要求做广告策划不能只局限于眼前的利益，要从企业和品牌发展的全局和长远利益出发。同时，在广告策划的实践过程中不仅要思考广告策划与营销战略及目标的关系，还需要考虑为企业及品牌长期的形象与资产服务。

（4）创新性。

只有创新的广告才能打动消费者，才能在市场上形成差异化的竞争优势，因而广告策划必须具有创新性。可以说，创新性是广告策划的一个重要特征，没有创新性的广告策划，就没有创新的广告创意；没有独特创新的广告创意，广告活动的效果就不会很好，广告主的广告目标与营销目标也就难以实现。因而，广告策划必须追求创新性。具体来说，广告策划的创新性体现在以下几个方面：

①广告策划中定位的创新。

创新对于广告策划的定位策略的形成尤为重要。一个成功的广告运动，一定要有明确的定位。可以毫不夸张地说，如果品牌能够在广告中实现创新的定位，那么这个品牌的知名度与市场差异化优势就会凸现出来。如，20世纪80年代，七喜汽水在美国市场上长期受到两大可乐巨头的打压，直到它在广告中明确标榜它的"非可乐"的定位，才使得七喜汽水在竞争激烈的饮料市场脱颖而出，当消费者不想喝可乐的时候，他们就可能选择七喜汽水。七喜汽水的广告运动的成功是避开竞争对手，开创一个新的消费者选择的心智空间。事实上，品牌很多时候是从目标消费群体的个性的角度去进行创新性的定位。比如，大众所熟知的百事可乐与可口可乐竞争的案例，可口可乐是世界上历史最悠久的可乐，是美国文化的代表，百事可乐在与可口可乐竞争初期，一直被可口可乐所打压，直到百事可乐开展了一个创新性的广告运动。在这个广告运动中，百事可乐将自己的目标消费群体定位于挑战传统与权威的年轻人，这些年轻人喜欢标新立异，就是要选择与他们的父辈与祖辈不一样的产品，当百事可乐在广告中喊出"新一代选择"的广告口号时，打动了当时美国的众多年轻人，于是他们选择了百事可乐。

②广告策划中诉求内容的创新。

广告中的诉求内容是否有新意，是否能打动目标消费群体的心灵，对广告效果的实现尤为重要。在20世纪60年代，科学派的广告大师大卫·奥格威就提出，广告"说什么"比"怎么说"更重要。的确，广告"说什么"是非常重要的。广告策划要追求诉求内容的创新，要与竞争对手区别开来，才能脱颖而出。比如，在世界广告史上，大众甲壳虫汽车的广告诉求的内容就别具一格，当很多汽车品牌都在说自己的汽车多么宽敞、多么气派的时候，大众甲壳虫却反其道而行之，在广告中提醒消费者"想想小的好处"，确实，小巧玲珑的汽车在拥挤不堪的大都市有很多好处。方便停车与省油是大众甲壳虫汽车的主要卖点，小巧玲珑与可爱的汽车造型也是吸引消费者的一个重要理由。

③广告策划的创意表现方式的创新。

广告策划的创新性还体现在创意表现方式的创新。一个好的广告创意诉求要有独特的表现方式，如果没有独特的表现方式，那么广告创意就无法吸引目标消费者的注意力。广告创意的表现方式的创新性主要是为了使创意的诉求内容能够吸引目标用户的关注，从而达成深度的共鸣。广告内容所选择的媒介类型对广告表现方式存在较大的影响，如何把平面媒体的广告内容变得更加立体、真实，就需要广告创意表现的创新。另外，观众已经普遍对传统的叫卖式视频广告比较厌烦，如何让视频广告的表现更符合中国人的审美心理，就需要广告创意表现不断推陈出新。如中国方太油烟机的"油烟情书"广告。在"油烟情书"广告面世之前，大多数油烟机广告基本都是从技术的理性层面来表现，主要表现该油烟机采用了何种技术能够发挥较高的抽油烟的效果，同时以明星代言来证明其是大品牌。然而，方太油烟机这个广告洞察了消费者内在的心理需求，采用情感诉求的方式，广告策划的创意内容将"油烟"与"情书"联系在一起，这是在油烟机行业前所未有的创新。同时，方太做了一件很有情怀的事，他们上门收集了油烟机中的废油，将这些寻常人家柴米油盐的产物制成油墨，印成"油烟情书"。从字面上理解，"情书"是纸质介质，那么，如何通过创新的视频广告来呈现"油烟情书"的故事？

方太在网络上播放的一条名为"油烟情书"的创意视频，讲述了一个父辈人的爱情故事（图3-6）。这条视频采编自一对夫妇50年的来往书信，讲述了他们用一日三餐和1872封信共同记录的时光。女主角与男主角在"下乡"的时候相识、相恋，两人的恋爱是油烟串起来的，正如该广告视频中男主角所言："想你的时候，就做个你爱吃的菜，思念和油烟也说不清哪个更浓。"女主角一辈子享受着男主角对她的爱，这份爱不仅浓缩在1000多封信中，也浓缩在油烟之中。正如女主角所言："结婚50年，我写了1872封情书向他表白心意。他这个人不常写信，却用半个世纪回了我一封特别的情书。而这封特别的情书就是'油烟情书'。""油烟情书"视频广告拍得很有创意，男女主角在微距拍摄的情书上游走，信的内容随着故事推进而变化。一笔一画都是他们相爱时光的证明，让广告更加感人。这个广告不仅感动了我们的父辈，勾起了他们对往昔浓浓的回忆，也让生活在移动互联网时代的年轻人特别感动，他们甚至很羡慕父辈的这种"油烟情书"的恋爱方式，因为在电子科技如此发达的当下，年轻人谈恋爱几乎没有浪漫的情书了。在快餐化的今天，多数人无法坚守这种细水长流的油烟情书的生活。因此，这条满满"烟火气"的广告，却被网友称为一股清流，获得了多数人点赞。目前在微博上已经获得了5000万次的播放量。此外，方太还曾联合味全、百雀羚等品牌，打造了一组情书海报，向各自的用户送出情书。

图3-6 方太油烟机"油烟情书"广告

④广告策划的媒介策略的创新。

著名的媒介学者麦克卢汉曾经说过,媒介即信息,这说明媒介不只是简单的介质,而其本身就是信息。在广告策划过程中,媒介策略的选择也非常重要。不同的品牌在不同的发展阶段都会采取不同的媒介策略。媒介策略的创新对广告策划的目标是否能成功实现尤为重要。在移动互联网时代,真正印证了麦克卢汉关于"媒介是人的延伸"的观点,媒介成为人们生活中最重要的组成部分,媒介不仅是人们获取信息的重要渠道,更是人们社交的平台。生活在移动互联网时代的年轻人甚至每天都徜徉在虚拟世界中,当然年龄较大的群体还是习惯于以电视与广播为代表的传统媒体。所以,品牌的广告策划需要针对不同的消费群体的媒介使用习惯与行为做出创新的策略安排。

总之,广告策划的整个过程都需要融入创新的思维。在广告策划的战略选择阶段,需要有创新性的前瞻眼光。在广告策划的分析阶段,要用创新的思维为广告进行差异化的精准定位。广告策划是通过广告竞争来取得市场优势,广告策划的精准的、创新的定位对于品牌的竞争优势的形成十分重要。在广告策略与广告主题确定阶段,更需要创新性的策略与主题。很多时候,一个与众不同、容易记忆、能够引起共鸣的广告口号对形成品牌的竞争优势具有重要作用。在广告策划的创意表现阶段,需要将广告策略与广告主题创新地表现出来。最后,在广告媒介策划过程中,也需要融入创新的思维,对媒介进行最有效的组合,以实现广告目标。

(5)指导性。

广告策划是广告活动实施之前的一些策划与谋划,广告策划书是规定广告如何实施的指导性文本。广告策划指导着广告的各个环节,以及各环节的关系处理,对整体广告活动来说是一个行动纲领。毫无疑问,指导性是广告策划的一个重要的特征。广告策划的指导性要求广告在实施过程中必须依照策划书来进行，按照广告策划书中所拟定的目标来指导整个广告策划的实施。同时，需要严格按照广告策划书所拟定的计划来开展广告活动。如果在广告实施的过程中，出现一些意外的情况需要改变或调整策划书，那么广告代理方与广告主之间需要友好协商，重新确定一个修改后的广告策划文本，广告具体的活动再按照新的策划文本来实施。

（6）可执行性。

广告策划书是指导广告实践的重要文本。广告策划既然具有很强的指导性，那么广告策划书中的规划与计划一定要具有很强的可执行性。如果广告策划书没有可执行性，就难以指导广告实践活动。广告策划的可执行性的程度决定着广告目标可实现的程度。可执行性的考量体现在广告策划的整个过程之中。在广告代理过程中，以广告公司为主的广告代理方需要为广告主提供具有指导性、可执行性的广告策划方案。因此，可执行性也是广告策划的一个重要特性，贯穿于整个广告策划的实践过程，从广告预算、广告目标、广告策略与主题的确定、广告创意与代言人的选择、广告媒介的选择等任何一个环节都需要考虑可执行性。首先，广告策划的可执行性要考虑在广告主合理的预算范围之内的广告目标的策划。如果在广告策划的过程中，不考虑广告主自身的经济实力，盲目地给广告主设定一个所谓的高大上的目标，最后对广告主来说，实际上可能是个伤害。其次，广告策划书中关于广告策略的制定、广告主题的确定及广告创意的构想都需要考虑可执行性。在广告策划活动中，关于广告策略、主题与创意的头脑风暴，都要以可执行性为前提，不能执行的创意只是一种天马行空的意念，正如"空中楼阁"与"海市蜃楼"，只是想起来很美，创意人可能会飘飘然地自我陶醉，但对于广告主来说，不会产生实际的广告效果，也不会推动广告目标的实现。再次，广告代言人的选择、广告媒介的选择都应该具有可执行性。比如，对于一个实力不是很强的地方性品牌，就不应该在广告中动辄花费几千万邀请当红明星来代言，也不应该花费巨额广告费在昂贵的媒体上做广告。

第四节　广告策划的类型

广告策划不仅是现代广告公司中重要的经营行为，也是企业广告实践中最重要的组成部分。广告策划书是广告运动中最重要的文本，指导着整个广告运动与广告实践。按照不同的维度来划分，广告策划存在多种形态。

一、按照广告策划的系统性与媒体整合的程度来划分

按照广告策划的系统性与媒体整合的程度来划分，可以分为整体（整合）广告策划和单项广告策划。

1. 整体（整合）广告策划

整体（整合）广告策划是指为具有系统性的、规模较大的、一连串的、为达到同一

目标所做的各种不同广告的组合而进行的策划。整体（整合）广告策划的外延是非常广泛的，在一个广告策划活动中整合了不同的媒介，即符合整体（整合）广告策划的特征。同时，广告策划书围绕某个品牌一年的不同阶段所做出的传播规划与活动安排，也属于整体广告策划。

2. 单项广告策划

单项广告策划是指为单一的广告进行的策划。单一的广告策划可以使个别广告增强说服力，提高广告效果，顺利实现单个广告要达到的目的。因此，单项广告策划一般是指某个特定时期内，利用某个特定的媒介，对某个特定的产品所做的广告策划。

在实际的操作中，整体性广告策划通常出现在一些经济实力雄厚的大公司的广告实践中。在移动互联网时代，虽然存在海量的媒介信息，但却具有碎片化的特点，广告主需要整合不同的媒介平台的资源与信息，提升广告效果。但是由于时下网络上经常出现突发的热点事件，这些热点事件往往是企业和广告代理方整体广告计划之外的，为了抓住网络热点事件形成的话题效应，有很多企业会在热点事件爆发后快速做出针对该事件的单向策划的方案。

二、依据广告策划的主体来划分

依据广告策划的主体来划分，可以分为产品广告策划、品牌广告策划、组织机构形象广告策划与消费者为主体的广告策划。

1. 产品广告策划

产品广告策划是以产品作为广告的主角，广告的主要目的是告知目标受众该产品的功能、特点、属性等。这种类型的广告主要从产品本身的特点出发，让产品为品牌代言。当然，好的产品自己会说话。一般来说，产品广告重在说服能力，在进行广告策划时要找到产品的独特性。产品广告策划经常会出现在一些高科技的新产品的广告中。图3-7是苹果公司iPhoneX的产品广告，该款手机是苹果手机十周年的精心设计作品，其主要卖点强调"面向未来"，iPhoneX主打的特点是：玻璃后盖、3D Touch功能和面部识别系统。图3-8是小米MIX2的产品广告，其独特之处在于：全面屏和四曲面陶瓷，其广告词是："小米MIX2正面几乎全是屏幕，仿佛握着一块透明的玻璃"，为了显示小米MIX2的全面屏与透明的特点，该广告选择的背景是黑夜的星空。

图3-7 苹果iPhoneX广告

图3-8 小米MIX2产品广告

2. 品牌广告策划

品牌广告策划的目的是建立品牌形象与塑造品牌个性。品牌广告策划与产品广告策划不同，不再以贩卖广告产品的物质功能与属性为主，而是注重情感的沟通、品牌形象与个性的塑造，最终期望打动消费者，与消费者建立一种良好的品牌关系。品牌广告策划一般都建立在身份、价值与情感的认同层面。就身份来说，由于每个消费者都属于一个特定的群体，他们都拥有特定的身份。如，西方的一些奢侈品牌，喜欢在广告中传播该品牌奢华的享受与贵族般的尊贵，这其实就是在暗示目标消费者使用了该品牌就如享受了贵族身份的待遇。情感广告是品牌广告策划重要的诉求策略，广告策划通过对消费者内心情感的洞察与把握，提出一个直击消费者内心痛点的情感诉求，以期促使消费者对该品牌产生好感与认同感。价值是一个品牌的内核，也是品牌资产增值的重要基因。一个受大众喜爱、忠诚度很高的品牌必须挖掘其独特的价值，这个价值不仅是从该品牌的产品特点与服务延伸出来的价值主张，也是其目标消费者生活的价值主张。在品牌广告策划过程中，如果能够让目标消费者的价值与广告传播的品牌主张的价值进行无缝对接，那么这个广告就成功了一半。以下分析奢侈品路易·威登的品牌广告案例。

路易·威登是世界顶级的奢侈品品牌，该品牌的创始人路易·威登曾经是法国宫廷的捆衣工，其职责就是给法国皇亲贵族打包旅行。1854年，路易·威登在巴黎创办了首间皮具店。1896年，乔治·威登在Monogram帆布上印制了著名的"LV"商标，这令路易·威登开始作为品牌象征注入人们的观念。由于路易·威登一诞生就与"旅行"联系在一起，旅行便成为路易·威登品牌的核心价值。路易·威登的品牌精神即为："精致、品质、舒适的旅行哲学"，它旨在为客户创造与众不同的旅行体验。2008年3月15日，路易·威登在中国上海及北京开始了它的首次电视广告之旅。这部广告片以13种语言，在全球一些经过苛刻选择的影院、有线电视和卫星频道播出，目标直指其他媒体可能覆盖不了的顾客与受众。梦幻似的画面，唯美的音乐和饶有深意的广告词，既没有出现任何明星面孔和著名场所，也没有涉及产品。该广告注重传递社会与情感的双重认同，紧紧围绕旅行的意义来展开，将旅行的意义与生命相结合，挖掘旅行在生命中的深层意义，最后向人们传递一种精神——"生命本身就是一场旅行"。图3-9是路易·威登该电视广告的基本画面图，下文是该电视广告的文案。

何为旅行？
旅行不是一次出行
也不只是一次假期
旅行是一次过程，一次发现
一次自我发现的过程
真正的旅行让我们直面自我
旅行不仅让我们看到世界
更让我们看到自己在其中的位置
究竟，是我们创造了旅行
还是旅行造就了我们？
生命本身就是一场旅行
生命将引领你去向何方？
路易威登

图3-9　路易·威登的电视广告"旅行的意义"

3.组织机构形象广告策划

组织机构形象广告策划主要是以某一个组织机构为广告的主体，广告的目的是传播该组织机构的形象。组织机构类型很多，包括企业组织、公益组织、社会团体组织、专业协会组织和地方政府的宣传机构等等。组织机构形象广告策划一般会围绕组织的特点、发展情况、价值观念、组织行为、组织的形象等来展开。比如在电视上播放的关于一些企业组织或公益组织介绍的专题片，重点介绍该组织机构的特点与发展情况。近些年，我国各地政府对自身的形象非常重视，无论是一线大城市还是二、三线城市，已经在各大媒体开始播放城市形象广告。如，2017年1月18日，在瑞士达沃斯的新闻发布会上，正式确定2017《财富》全球论坛将于12月6—8日在广州举行，主题是"开放与创新:构建经济新格局"。为了向全球推广广州《财富》全球论坛,宣传部门不仅策划制作了全新的广州城市形象广告(图3-10),还策划了全球13个城市的路演宣传。2017年1月20日,在法国巴黎举行"2017广州《财富》全球论坛宣传推介会",从而正式开启了广州在全球13个城市的路演宣传。2017年3月13—14日,广州《财富》全球论坛推介会首次走进美国的"经济心脏"纽约和"政治核心"华盛顿,与世界500强企业"亲密接触"。2017年4—7月,广州《财富》的脚步先后走进日本东京、新加坡、美国芝加哥、德国慕尼黑、英国伦敦、中国上海等国家和地区,一路受到知名企业和主流媒体的高度关注与积极响应。2017年9月21日,广州《财富》全球论坛推介会在美国硅谷举行,这是论坛推介会第四次走进美国。《人民日报》刊发专文——《在中国,我们看到了世界的未来》,《华尔街日报》更是用整版篇幅进行报道,并大胆预言:广州,一个世界枢纽型网络城市正在崛起。通过全球城市的路演,不仅提升了广州《财富》全球论坛的知名度与关注度,也提升了广州的城市品牌形象与国际影响力。

图3-10 广州《财富》全球论坛宣传海报

4.消费者为主体的广告策划

消费者为主体的广告策划是指从消费者出发,洞察消费者的内心需求与痛点,将消费者设计成广告的主角,潜移默化地让消费者感受到品牌对他们的关注,从而建立消费者与品牌之间的忠诚关系。消费者为主体的广告策划与品牌广告策划存在紧密联系,但又存在显著的差异。消费者为主体的广告策划与品牌广告策划的终极目标都是促使消费者对某个品牌形成忠诚度。品牌广告策划虽然不是以品牌的载体——产品为主角,但它通常采取各种策略,如以明星代言、幽默诉求等广告去建立品牌差异化的形象与独特个性。但是,以消费者为主体的广告策划将消费者看成真实的生活者,关注他们内心的需求,而不是为了建立差异化的形象。消费者为主体的广告策划往往要深入分析当下消费者的生存状态、生活方式、情感矛盾及认同的归属,它融入了更深层次的社会学与哲学思考。广告策划以"消费者"为中心的口号已经叫喊了很多年,但是在实践中很少有广告真正做到"以消费者为中心",大多数广告虽然一直在紧跟时尚,紧跟实践发展的潮流,但却缺少关注消费者的生存与生活的有温度的广告。大多数品牌广告都喜欢邀请当红明星代言,推出一个产品与代言人相结合的广告片,广告片中的女明星很美,男明星很帅。这些以明星代言为主的广告虽然获得了关注度,但却是高高在上的,与普通人的生活没有关系,更没有洞察到普通消费者的痛点。

案例

强生婴儿"背奶妈妈"三部曲,"妈妈们,我们陪着您!"

"背奶妈妈"指的是生育后因工作不能在家做全职妈妈,利用工作空当储存母乳,带回家第二天给宝宝食用的职业妇女。因为一般企业并没有专为背奶妈妈准备哺乳室,让这些妈妈们能够有尊严、不被打扰、舒适地储奶,以至于她们需要躲在无人的会议室角落、厕所、储藏室等杂乱的空间,而且随时会有被不知情的同事闯入的不安。

所以,强生发起了"背奶妈妈"呼吁、申领、分享广告营销策划三部曲,透过完整的实体与虚拟的串联,来协助这群妈妈们改善这个困境。第一步:在企业大楼电梯间的电视上以及网络上播出倡导影片(图3-11),诉说背奶妈妈所面临的困境,以及可以立即改善的有效方法;第二步:在强生的官方微博上开放申请免费的、大大的"临时哺乳室"告示牌,将它贴在需要储奶的空间的门上(图3-12),如此一来,妈妈们就可以安心使用;第三步:鼓励网友分享"哪里有哺乳室"的信息到网站的地图上(图3-13),当妈妈们出门在外,就可以透过手机找到临近的哺乳室了。

以消费者为本是所有广告策划的最高指导原则。以消费者为本的策划就是要给消费者带来真正的利益,让她们的生活变得更美好。但是,大部分广告主企业只在意消费者口袋里的钱,而不在意消费者的内在利益。"背奶妈妈"是一个成功的以消费者为本的广告策划,它的出发点是以顾客为中心,不是直接从产品出发,而是从产品的消费者所在意的精神需求出发。众所周知,强生婴儿卖的是跟婴儿身体有关的沐浴、润肤、爽身等产品,但在背奶妈妈的活动中,这些东西都不是主角。对于强生婴儿的消费者,也就是这些妈妈们,强生通过该广告活动帮她们解决了一大困扰,这一互动广告使得即便当妈

图3-11　Step1 在大楼播放感人的影片,引发共鸣

妈们在储乳时用的不是强生的产品,也能感受到强生想要致力于成为"妈妈的好伙伴"的信念,在精神上对强身品牌产生认同。

图3-12　Step2 开放索取免费的"临时哺乳室"告示牌

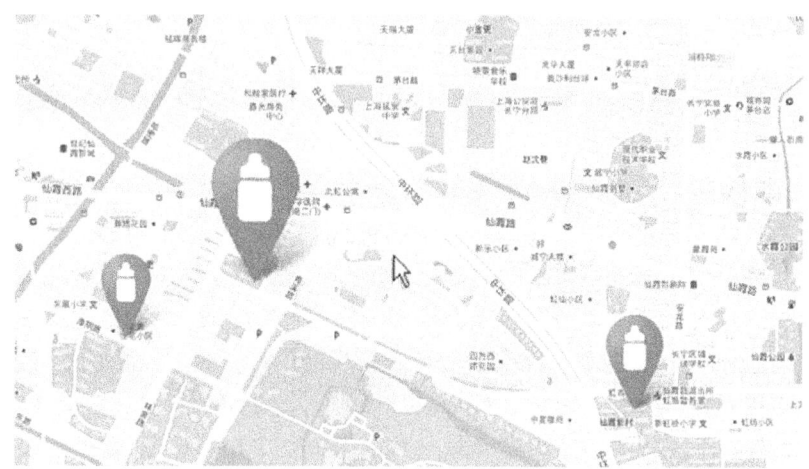

图3-13　Step3 分享"哪里有哺乳室"的信息,供背奶妈妈查询

三、依据广告策划的媒介形式来划分

依据广告策划的媒介形式来划分,可以分为传统媒介广告策划与新兴的移动互联网媒介的广告策划。

传统媒介广告策划主要是以大众媒介为传播主体的广告策划,以下主要介绍电视广告策划、广播广告策划、报纸/杂志广告策划和户外广告策划。

1.电视广告策划

电视广告策划就是针对电视媒介做出的关于广告运动事先的调查、谋划与计划。虽然移动互联网获得了快速发展,但是电视依然是当今最有影响力的媒介之一。电视媒介在我国覆盖面非常广泛,大约有99%的家庭都拥有电视,并且电视是一家人共享性媒介,我国已经形成了在特定的节假日的夜晚一家人共同看电视的习惯。比如,每年的除夕,很多中国家庭都要团聚在一起吃年夜饭、看央视的春节晚会来守岁。电视广告策划的目的就是通过电视媒介实现品牌传播的目标。电视广告策划不仅要策划符合电视特征的广告创意,也需要对不同的电视频道的节目、内容及其受众的特点进行深入分析,并在此基础上形成电视媒介的整合传播。

有学者认为,一条电视商业广告,倘若想要在如今层出不穷的电视广告中脱颖而出,那么它就必须充分利用电视媒介声画结合传播信息的这一优势,使受众将产品与他们理想中的某一种生活方式结合起来,营造出受众心中完美的理想世界。这种结合不是依靠产品具体的物质功能,而是用产品昭示的某种理想的生活方式诱惑消费者。[①]事实上,一些特殊的产品,如香水、汽车、珠宝、房产等电视广告确实是在向消费者传达一种生活方式与身份认同,而不仅仅是在卖某个产品。例如,奔驰汽车的电视广告是为成功、尊贵人士所设计,奔驰汽车新款C级轿车的广告语是:敏捷灵活,动静之间尽显卓越风范。该广告暗示拥有奔驰汽车的人都是非凡的成功人士。然而,宝马汽车的广告多是从驾驶的动力出发,由于其良好的驾驶性能,它的广告传播主题多主张"驾驶的乐趣"。于是,在中国居民的汽车消费流行语中,便用一句"坐奔驰、开宝马"来形容成功人士。

2. 广播广告策划

广播广告策划就是针对广播媒体做出的关于广告运动事先的调查、谋划与计划。广播是传统四大媒介之一,它是一种听觉媒体,它利用声音符号,以有声语言为主要传播手段,诉诸人的听觉,这是广播最根本的特点。人的声音能说明事物、传达情感,声情并茂,真实可信。广播还可以使用音乐和音响增加节目的现场感,使之有立体感、空间感和情境性,因此具有较强的感染力。[②]广播广告创意的表现形式一般包括:直陈式广播广告、对话式广播广告、戏曲(音乐)式广播广告和故事型广播广告等。直陈式广播广告也被称为直截了当式广播广告或单刀直入式广播广告,指的是将产品、服务或企业的广告信息,由一位或两位演播人员以语言播报形式传递给消费者。对话式广播广告一般有2人以上参与对话,将产品或品牌融入对话中,其中相声广播广告最受欢迎,传播效果也较好。相声以机智幽默为生命,这一点正可以为广告充分利用,让人们在轻松欢乐的气氛中接受广告信息。相声独有的说、学、逗、唱……赋予创意鲜明的特色,给人留下不同一般的印象。戏曲式广播广告指的是运用戏曲唱腔、念白、配乐等形式传递广告信息的广播广告。中国的戏曲文化源远流长,且门类众多,除了有国粹京剧之外,还有昆剧、越剧、黄梅戏等各个地方剧种。戏曲形式的广告新鲜有趣,让创意显得与众不同。另外,戏曲中的音乐经过多年积累沉淀,形成了鲜明的特色,可以经过完善改造作为广告的背景音乐,给听众别有风味的广告听觉体验。在广告中运用戏曲元素,不能选择难度太大的唱腔或听众不熟悉的旋律,避免出现听众听不懂的现象。故事型广播广告是以讲故事的方式来展开,将产品或品牌的特点或发展历史叙述成一个具有文化味道或

[①] 祁林:《电视文化的观念》,上海:复旦大学出版社,2006年。

[②] 丁俊杰、张树庭:《广告概论》,北京:中央广播电视大学出版社,1999年。

情怀的故事，与广播听众进行交流。

在移动互联网时代，广播媒体虽然越来越小众，但是并没有消失，传统广播媒体已经向数字媒体转型，形成了数字广播融合平台。同时，在当下纷繁的信息过剩的时代，公众的"眼睛"被过度消费，广播反而成为炙手可热的"绿色媒体"。另外，老年人与有车一族是广播媒体的重要听众。广播广告策划要针对特殊的产品与品牌来进行精准性的传播。比如老年人的产品就非常适合做广播广告，汽车用品也可以利用广播媒体来实现传播目标。

3. 报纸/杂志广告策划

报纸/杂志广告策划就是针对报纸与杂志媒体做出的关于广告运动事先的调查、谋划与计划。报纸与杂志媒体正顺应发展趋势，一方面，通过搭建平台或合作入驻的方式，不断拓展传播渠道，提升内容产品的制作能力和传播效力；另一方面，以融媒平台为基础，不断延伸覆盖用户生活周边的服务内容，建设服务型媒体平台。媒体在平台融合中一方面集中力量建设自有平台，另一方面在社交媒体等其他平台上深耕内容。据《2018全国党报融合传播指数报告》报道，72.7%的党报入驻了聚合新闻客户端，74%的党报建设了自有客户端（APP），在报纸、微博、自有APP、入驻APP四个渠道中，党报自有APP的用户量（下载量）最多，成为覆盖用户最广的一端，特别是中央级报纸客户端成为绝对的第一大用户端。传统媒体在两微方面也优势明显。据调查数据显示，68.7%的党报开通了官方微博账号，76.4%的党报开通了微信公众号，微信文章平均阅读量过万的党报有13家。在传统媒体搭建、入驻平台的同时，以"中央厨房"为融合龙头，各地区以及地市级媒体开始更多考虑自身发展要素，建立融媒体中心。温州日报报业集团在深度融合的过程中，就推出了"温州新闻""掌上温州""我们""辟谣举报平台""网络问政"等20多个融合平台，形成强有力的媒体矩阵。[①]不过总的来说，报纸与杂志广告依然是以报纸与杂志为载体的平面广告为主。

杂志广告策划要注意对杂志媒体的分类。目前，我国杂志媒体主要分为专业性杂志（professional magazine）、行业性杂志（trade magazine）、消费者杂志（consumer magazine）等。一些针对高端人群的专业杂志或时尚类的杂志对品牌形象的提升具有一定的作用。一些香水、手表、箱包、服装、汽车等知名品牌常常利用杂志广告来树立高端的形象。

4. 户外广告策划

户外广告最早是相对于室内大众媒体而言的，通常指附着于户外建筑的广告。21世纪，户外广告早已突破了形式单一的店招式广告牌类型，出现了更多的新型户外媒体——汽车车身广告、候车亭广告、地铁站广告、机场广告、电梯广告、高立柱广告、三面翻广告、墙体广告、楼顶广告、霓虹灯广告、LED显示屏等。户外广告伴随我国改革开放一路走来，正在告别粗放，进入优化与盘整的新发展阶段。一方面，传统大众媒体广告成本不断增高却面临着效果有所下降的趋势，而户外广告以较低的成本和较好的传播效果日益赢得广告客户和广告公司的青睐；另一方面，由于户外广告开发和经营的

---

① 黄楚新：《回望2018中国报业融合发展之路》，载《中国报业》，2019年第1期。

丰厚的利润潜力使得户外广告成为广告公司的热门经营项目，专业运营户外广告的广告公司迅即出现并迅猛地进行资本运作，依托其强大的资金支持及社会关系背景不断开发新的户外广告形式。

户外广告策划是针对户外媒体做出的广告策划，该策划包括选择哪些城市、哪些户外媒体进行广告传播，采用何种形式进行广告等。传统媒体时代，户外广告大多数是静止的、平面的广告；而在移动互联网时代，户外广告与线上广告相结合，增强了广告的体验性与互动性，提升了广告策划活动整合的传播效果。

案例

网易云音乐地铁广告

网易云音乐于2013年上线，相比于市场上其他音乐产品，可谓是后起之秀。网易云音乐是一款由网易开发的音乐产品，依托专业音乐人、DJ、好友推荐及社交功能等功能，主打歌单、社交、推荐、音乐指纹技术等四大核心功能，开创音乐"社会化发现与分享"机制。网易云音乐致力于为用户提供极致的音乐体验，将品牌精髓定位于更好地发现、分享音乐，让用户感受音乐的力量。

随着都市地铁发展得越来越快，各大城市地铁建设相应完善，地铁广告也随之受到广告主的青睐。大都市的地铁承载了太多人的梦想和希望，地铁里的乘客每天都发生着各种各样的故事，他们在大城市打拼，追逐自己的梦想，但同时又是如此疲惫和孤单。网易云音乐洞察了地铁年轻乘客的内心，结合其云音乐产品特点，开展了一场别具一格的地铁广告。

2017年3月20日，网易云音乐在杭州地铁的一号线刷满了乐评，传播"看见音乐的力量"，并和大家共同探讨对"孤独"的理解（图3-14）。大红色为主题的网易云音乐"乐评"布满杭州地铁！这些乐评都是无数个年轻心灵的写照，如"当你觉得孤独无助时，想一想还有十几亿的细胞只为你一个人而活""年轻时我想变成任何人，除了我自己""我从未有过你一秒钟，心里却失去过你千万次""我喜欢我望向别处时，你落在我身上的目光""你说少年明媚如昨，怎知年少时光如梦""最怕你一生碌碌无为，还说平凡难能可贵""理想就是离乡"……这些乐评把所有爱听歌、有故事的人的心都戳化了。网易云音乐抓住的就是音乐爱好者和感性用户，用点赞数高的乐评布满地铁站和地铁车厢，为的就是引起大家的共鸣，吸引他们来使用这款应用。

图3-14 网易云音乐杭州地铁广告

2018年1月4日,网易云音乐在北京团结湖地铁站搭了一条"镜面长廊",愿途经的每一位朋友,阅读到这篇文字的每一个人,可以在新的一年"照见自己,照见希望"。这些话语同样引起很多年轻人的共鸣。比如"生活从未变轻松,但我们会逐渐强大""你这么年轻,你可以成为任何你想成为的人""你的眼睛很美,不适合流泪""梦里能到达的地方,终有一天脚步也能到达"(图3-15)。

图3-15 网易云音乐北京地铁广告

很多人都认为,网易云音乐那一句句扎心的乐评映入眼前,或是找到几分同感,或是俘获一丝慰藉,远比那些没有感情的文案更能戳中人心。音乐就像一面镜子,让我们照见了与平时不同的真正自己;我们为乐评而感动,是因为别人评论中的情感引发共鸣,让我们看到了内心的自己。网易云音乐的地铁广告毫无疑问是比较成功的,其成功的关键是洞察了年轻人的生活状态与梦想追求。

移动互联网时代最具代表性的新媒体广告类型主要有移动手机应用广告、微电影广告与竖屏短视频广告、基于话题的微博事件广告、病毒传播广告、微信朋友圈的信息流广告、互动广告以及原生广告这七大类型。以下介绍移动互联网时代基于新媒体的广告应用类型及策划案例。

1. 移动手机应用广告策划

伴随Web3.0时代的到来,移动互联网平台开创了新的信息传播模式,引发了互联网和移动媒体在内容和广告营销方面的巨大变革。如果简单按照广告的传播平台进行分类,主要分为移动网站广告和移动手机应用广告。移动手机应用广告是对早期互联网广告的一种承继,只是在移动互联网时代,广告多了移动手机终端这个新平台,它将互联网广告中能适应移动互联网展现形式的搜索类广告、旗帜类广告改良性地移植到了移动终端。从2012年到2014年,智能手机成为用户主要资讯获取渠道,由64.1%增至87.4%,[①]这些资讯的获得主要依靠手机应用。以安卓系统为主的Google Play应用商店拥有超过140万个移动应用,苹果移动应用商店所拥有的APP数量超过150万个。[②]如今移动手机应用市场发展非常迅猛,手机短信、手机网页等传统渠道几乎要被手机应用取代,移动手机应用成了传播资讯和发布广告最受欢迎的渠道。比如,手机应用的积分墙广告是移动互联网时代一种新广告类型,它具有展示、游戏、互动三者结合的特征。2008年积分墙广告在国外首创,由有米广告引入国内,它是由第三方移动广告平台提供给应用开发商的一种广告模式。积分墙广告是在一个应用内展示各种积分(也叫虚拟货币)任务(下载安装推荐的优质应用、注册、填表等),以供用户完成任务获得积分的页面,"墙"是指集中展示的广告,用户在嵌入积分墙的应用内完成任务,完成了对广告的点击,该应用的开发者就能得到相应的收入。相比展示类APP广告,积分墙广告不仅具有展示性作用,从表现形式上,结合不同游戏应用的特点,积分玩法也是丰富多样,例如手游"捕鱼之海底捞",它是安卓系统上一款经典的手机游戏,该游戏是通过让用户免费获取金币的方式使用有米积分墙,首发三天用户下载量就突破100万。积分墙广告通过与移动应用的有效结合,用一种更舒适、更有趣的方式给予用户一种沉浸式的体验。

根据移动手机应用功能的差异,主要有四种不同表现形式的移动应用广告,分别是展示类APP广告、社交类APP广告、游戏类APP广告和位置服务类APP广告(表3-1)。

---

① 来自艾瑞咨询机构公开资料,《2015年中国移动互联网资讯生活白皮书》。
② 《当下APP市场的五大现状分析》,http://www.devstore.cn/essay/essayInfo/4566.html,2015.12.25—2016.03.17.

表3-1 移动手机应用广告的表现形式

移动手机应用广告类型	广告的表现形式
展示类APP广告	将静态图片和视频广告以全屏、半屏、拉伸或漂浮式植入移动终端内置的应用程序或第三方运营上
社交类APP广告	企业通过微博、微信等社交应用植入展示性广告；或者开设官方主页吸引用户关注，定期发布企业资讯，举办与用户互动的活动，增强用户黏性
游戏类APP广告	企业依托移动游戏应用，在应用的游戏场景中以插屏、横幅、通知栏等方式植入广告，或在应用中以积分任务吸引用户参与，或者专门开发独特的游戏吸引用户的关注，营造沉浸式体验
位置服务类APP广告	使用GPS、Wi-Fi、蓝牙、NFC（近距离通信）、UWB（超宽波通信）等技术获取用户地理位置信息，为用户提供位置服务，在位置服务和用户数据库的基础上，向用户推送其感兴趣的信息

2. 微电影广告与竖屏短视频广告策划

（1）微电影广告策划。

移动互联网时代的一大趋势体现在时间的碎片化和注意力的分散化，碎片化的时间带来了碎片化的媒介使用方式，继以图文表现形式为主的微博、微小说出现之后，以视频表现为主的微电影应运而生。从狭义上说，微电影首先是一种电影形式，与普通电影一样拥有完整的故事情节，并由专业团队制作，用电影的叙事手法表现符合当下主流人群的审美价值取向。[1]

微电影和广告结合，一种新的广告传播方式——微电影广告诞生了。事实上，植入广告的微型短片可以被看成是微电影广告最初的形态，如百度公司在2005年拍摄的"唐伯虎篇"网络广告等。2010年，由凯迪拉克赞助拍摄的90秒《一触即发》，引起了广告界和营销界的关注，从此开启了中国微电影广告热。微电影广告通常指长度在30分钟内，运用独特的视听语言，以宣传某个"特定的"产品或品牌而制作的广告作品。它具有电影的特征，为品牌广告信息增添了故事性和观赏性，能够潜移默化地宣传企业理念、塑造品牌形象、实现特定产品的推广。[2] 它是电影拓展的广告片，同时也是广告浓缩的精华电影。微电影广告策划是围绕广告主题与目标策划的微电影广告活动，微电影广告增加了广告信息的故事性，能够更深入地实现品牌形象的推广，更好地实现品牌传播的效果，达到广告主预期的目标。微电影广告策划要注意电影的主题与策划的品牌价值相一致，同时，在微电影中如何表现产品或品牌也非常讲究策略。在微电影中，如果广告主的产品硬性植入或不符合电影情节而反复出现，可能会使观众反感。

（2）竖屏短视频广告策划。

移动互联网不仅改变了传播形态与互动方式，也催生了新的竖屏短视频广告。MOVRMobile的报告显示，智能手机用户有94%的时间将手机竖版持握而非横版，竖

---

[1] 刘书亮：《微电影的传播效果及相关因素分析》，载《西华大学学报》，2013年第1期。
[2] 张炜、刘新传：《中国微电影的发展回顾与未来展望》，载《现代传播》，2012年第12期。

屏化观看也让短视频内容和营销进入"竖屏"时代。Youtube视频网站的报告显示，2017年用户上传的竖屏视频数量增长了50%。同时，NBC、CNN、美国MTV电视网、ESPN、美国国家地理频道、Snapchat等国际主流媒体都在开启竖屏内容。Snapchat的广告数据显示，全屏竖屏视频广告的播放完成率，比横屏视频广告高9倍，视觉注意力要高出2倍。同时，竖屏广告点击率比横版高1.44倍，互动效果提升41%。① 竖屏短视频广告策划是针对手机屏幕策划的短视频广告，策划该类广告时要注意短视频的内容与品牌特点相结合，短视频内容必须有趣、能够吸引人，同时播放的短视频平台也需要精心策划。

目前，作为国内短视频营销的开拓者之一，抖音首推竖屏全屏短视频广告，将广告与抖音产品特性充分融合，创造更生动的表达方式与交互体验。抖音聚集95后当中最热衷创造、最敢于表达自己的潮人群体，作为一个独特的创意UGC平台，每天都有新奇的挑战主题发布，源源不断的作品被用户自发创造出来。抖音希望通过寻找精神契合的品牌，为品牌年轻化营销开拓新的可能。例如，抖音与爱彼迎合作开创了竖屏广告营销活动。该竖屏广告创意核心诉求为入驻Airbnb的乐趣，通过抖音式的转场和剪辑体现，超酷的视效与音乐互动体验，再加上当红明星彭于晏的出镜，迎合了年轻人喜欢的潮、酷、高颜值，大大增加了用户对爱彼迎的好感度。Airbnb在抖音首发1小时互动数就超过2000，视频点赞数迅速超过11 000，近3000多位用户关注"Airbnb爱彼迎"抖音账号。

3. 基于话题的微博事件广告策划

在移动互联网时代，社交网络平台上发生的大型或突发事件往往最吸引大众和媒体的关注，由此会带来"眼球经济"，因此"事件广告"这一传播方式一直深受广告主的喜爱。传统事件广告主要是依托电视媒介平台，广告主通过策划、组织或利用、借助具有新闻价值或名人效应的人物或事件，吸引传媒、社会组织和广大消费者的兴趣与关注，为企业进行具有知名度的品牌广告传播。移动互联网时代的事件广告则主要依托微博平台，由于微博平台的开放性和多元性，微博事件广告所依托的话题更广泛，除了官方和主流认可的一些大型体育事件、政治事件或庆典仪式事件以外，名人娱乐八卦事件、个人或组织意外突发的事件等等并不一定是官方或主流媒体认可的议题，一旦引发网友参与讨论，就会迅速在网络上传播开来。

基于话题的微博事件广告策划就是如何利用微博的热点事件来进行传播。微博的热点事件往往传播更快、更即时、范围更广。在广告传播内容上，最好能结合产品和品牌自身进行价值或理念的传播，内容也可能更碎片化，语言表达可能更加戏谑和调侃。基于话题的微博事件的传播特点从传播主体看，用户地位不断上升，广告传播过程不再被广告主垄断，广告主借助事件推出广告后，草根群体成为后期话题传播发酵的主要推动者；从传播内容看，广告主对事件的选择更具话题性和针对性，泛娱乐化的传播环境使得娱乐事件更受青睐，但也会存在炒作过度、适得其反的后果；从传播渠道看，以社交性与开放性共存的微博为传播大本营，传播范围广且影响大。

---

① 韩雷：《抖音官方重磅发布"竖屏广告1+1营销秘籍"》，广告门，https://www.adquan.com/post-2-45769.html。

案例

耐克伦敦奥运"刘翔"与"陈一冰"事件的广告

耐克不仅是全球知名的运动品牌,也是移动互联网时代营销传播的高手。2012年的伦敦奥运会耐克的两则广告赢得亿万中国消费者的心。这就是耐克关于刘翔与陈一冰事件的广告。

当地时间2012年8月7日下午5:45,伦敦奥运会110米栏预赛,刘翔首栏摔倒。以广告公司韦柯(W+K)为代表的耐克备战团队办公室里,此时,安静了近一分钟。这份安静背后的错愕来自于,整个团队的备案中,预设了"没有办法跑最好的成绩"或者"哪几种可能的胜利",但"退赛"并不在其中。历史总是惊人的相似,2008年奥运会四年后刘翔再次"退出",而耐克再次"开战"。耐克奥运营销团队短暂错愕后,这个24小时作战的团队迅速回到各自的位置上,有人调出了原先预想的"跑得不理想"的方案,并在此基础上做修改。据耐克体育(中国)有限公司传播总监黄湘燕回忆,整个过程花费了5~10分钟。15分钟后,耐克官方微博"Just Do It"发出:"谁敢拼上所有尊严/谁敢在巅峰从头来过/哪怕会一无所获/谁敢去闯/谁敢去跌/伟大敢"(图3-16),"让13亿人都用单脚陪你跳到终点"。这则微博发出的24小时内,被转发13万次,并收到26 000多条评论。

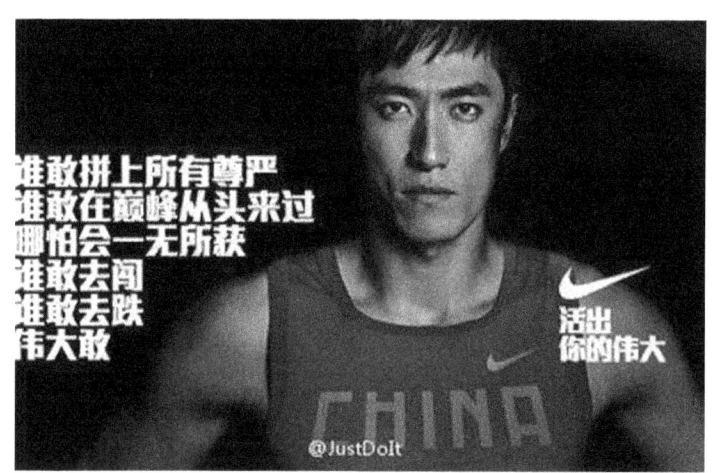

图3-16 耐克伦敦奥运会上关于刘翔事件的广告

事实上,在刘翔事件之前,8月6日晚发生的陈一冰事件,耐克的广告也获得了国人极大的关注和点赞。在伦敦奥运会的男子吊环决赛中,我国选手陈一冰以金牌的表现却只获得了银牌,当时观看比赛的中国观众以及奥运转播的中国解说员等都为陈一冰感到惋惜。但是就在陈一冰比赛结束的半小时后,耐克的官方微博上出现了陈一冰的吊环图片,文案是"没有绝对的公平,但有绝对的伟大"(图3-17),同样被称为"耐克体"。微博另配文字是"伟大不需要通过裁判来鉴定,他在你我的心中已赢得伟大,伟大的

'赢'牌"#活出伟大#。这瞬间点燃了网民的情绪，引起了网民的共鸣。该微博发出25分钟，转发量达2万次。

其实陈一冰并不是耐克的代言人，因此耐克关于陈一冰的图片并没有出现他本人的全貌。奥运会历来都是各大体育品牌广告争斗的"杀场"，当年陈一冰是李宁品牌代言人，穿着安踏的领奖服，在361度赞助的央视直播下吸引大量关注，但结果在微博的事件传播中却被毫不相干的耐克以迅速和巧妙的文案抢尽了风头。

图3-17 耐克伦敦奥运会上关于陈一冰事件的广告

4. 病毒传播广告策划

讲到病毒式广告，首先要了解什么是病毒式营销。病毒式营销的概念最早由贾维逊（Steve Jurvetson）及德雷伯（Tim Draper）在1997年发表的《病毒营销》一文中提出，并且初步定义为"基于网络的口碑传播"。[①]我国网络营销专家冯英健教授认为：病毒营销并非真的以传播病毒的方式开展营销，而是通过用户的口碑宣传网络，信息像病毒一样传播和扩散，利用快速复制的方式传向数以千计、数以百万计的受众。[②]

病毒式广告是网络广告和病毒式营销的结合体，即采用病毒式营销手段的网络广告。病毒式广告策划即如何帮助广告主策划一个或几个系列的广告，在移动互联网平台上，通过用户的社交网络，能够如病毒一样自主传播，从而取得较好的传播效果，实现广告目标并达到宣传品牌的目的。病毒式广告有文字、图片、视频以及活动等多种形式，它的特点首先在于以提供有价值的传播内容为核心。新颖的内容是引发用户兴趣的前提，是让用户主动参与传播实现口碑传播的保证。第二点即充分利用社交媒体，采用多向传播的方式。一部分目标消费者接收到产品或者服务的信息后，再通过移动社交平台将其传递给其他消费者，利用社交关系网，目标消费者变成了企业的信息免费推广者，便捷快速的传播平台使得广告变成了一个不断倍增的增长模式，多对多的网状传播的病毒式广告的传播效果达成。第三点在于要利用公众人物的号召力和感染力，借助社

---

① Steve Jurvetson & Tim Draper: Viral Marketing, The Netscape M-Files, 1997.
② 冯英健：《网络营销基础与实践》，北京：清华大学出版社，2004年。

交媒体中的意见领袖产生新的推力,吸引更多人的持续关注。移动互联网迅猛发展的背景下,传播范围广且传播效率高的病毒式广告已经成为广告界的营销潮流。

案例

"ALS冰桶挑战"公益病毒传播

2014年8月中旬一场名为"ALS冰桶挑战"(图3-18)的公益活动在社交网络迅速蔓延,并由国外传入中国,这一广告活动是为了给肌萎缩侧索硬化症患者(ALS)募款,活动规定,被邀请者可以在24小时内接受挑战,在网络上发布自己被冰水浇遍全身的视频内容,然后该参与者便可要求其他人来参与这一活动。也可选择不参与,就为对抗"肌萎缩侧索硬化症"的公益项目捐出100美元。"ALS冰桶挑战"由国外一名运动员发起,吸引了微软的比尔·盖茨、Facebook的扎克伯格以及苹果公司的库克等科技界大佬纷纷加入。2014年8月18日传入国内后,通过微博平台,我国科技界名人腾讯CEO马化腾、360CEO周鸿祎和小米董事长雷军等人也都加入其中。同时,娱乐圈的各路明星纷纷加入该活动,有了名人的带领,此次活动病毒式传播的效果极为成功。

一桶冰水+社交媒体+名人圈子+短视频+公益,这五大要素成为此次活动病毒式扩散中的核心要素,它一反传统的"叫卖"式广告,即用户被动接受广告的传统广告形式,用极具创意的广告内容吸引用户注意力,用户主动参与的热情被激活后便在社交媒体上搭建传播平台,利用名人圈子的快速传播效应,用简单的短视频作为传播媒介,这几个要素结合使得广告信息用最低的成本,在最短的时间内达到最大的传播效果。另外,此次病毒式广告中公益的成分使得其从商业营销的末端跳出来,ALS病症已经被更多的人所了解,同时也募集到了足够多的款项,此次病毒式广告也被赋予了更多的正能量与新意义。

图3-18 参与ALS冰桶挑战的组图

5. 微信朋友圈的信息流广告策划

微信于2011年1月21日上线,截至2016年3月微信注册用户已突破9.27亿,2017年已突破10亿。据腾讯2019年第一季度财报数据显示,微信和WeChat的合并月活用户数为11.12亿，同比增长6.9%。①目前微信已经是亚洲地区乃至全球用户群体规模最大的移动即时通信软件。

作为覆盖我国90%以上的智能手机的一款手机应用，微信已成为中国人生活中不可或缺的日常使用工具。大量用户的集聚也意味着在微信平台进行广告传播的价值不断提升，2015年1月"宝马中国""可口可乐""vivo"智能手机的广告信息率先出现在不同用户的微信朋友圈里，一经推出便引发广大用户的热议。

微信良好稳定的发展势头使朋友圈广告成为广告主非常看好的广告投放渠道。微信朋友圈广告有两个重要的优势：其一在于微信可以使用大数据分析实现广告的分类投放。微信基于大数据的挖掘和分析可以实现较为精准的广告投放，根据用户不同的社会属性定制个性化广告内容。其二在于微信"熟人"互动效应有助于广告传播。微信朋友圈是基于熟人关系的通信社交媒体，这种"熟人社交"可以拉近广告主与受众的心理距离，建立起品牌和消费者的信任度和好感度，更好地提升广告的传播效果和价值。

6. 互动广告策划

互动广告是指打破传统产品"广而告知"的传播模式，通过趣味互动体验的植入，让消费者彻底参与其中，实现信息接收与反馈双向沟通，使消费者成为二级传播源，最后成功地将品牌植入消费者心智中的一种广告活动。②广义的互动广告也包括传统的互动广告，但由于现在互动广告在移动互联网平台应用得更广泛，因而本书中的互动广告指的是网络互动广告。

互动广告诞生于以双向互动为显著特征的Web2.0时代，在Web3.0即移动互联网时代，信息高度聚合，用户随之得到更深度的细分与整合，在此基础上，广告主利用多种传播平台和表现形式与用户进行互动，借此强化并维护用户关系。近几年，互动广告因为拥有有效、精准的特性而备受追捧，以下列举两种当下十分新潮、充分利用了移动互联网平台特征的、十分受广大广告主和受众青睐的互动广告。

（1）H5互动广告策划。

H5广告的"H"是英文HTML的简称，全称为HyperText Markup Language，中文直译为"超级文本标记语言"，是一种基于互联网的标记语言。从1994年由万维网发明至今，已逐渐成为网页编程的行业规范。每一个网站都是基于HTML语言制作的，H5是万维网联盟于2014年9月正式推出的新版本，有更多的交互和功能，最大的优点之一是在移动设备上支持多媒体，H5开启了一个新传播时代。2014年刷爆微信朋友圈的H5小游戏"围住神经猫"让H5顿时火了，广告主们意识到H5页面能够在移动终端互动传播使它成为最适合做互动广告的形式之一。比如，2014年4A广告公司W+K的阿姆斯特丹分公司在HTML5网站推出的新年祝福互动广告，通过摇晃手机便可以收到新年祝福的字样，还配有精致的下雪的效果（图3-19）。

H5广告就是指利用HTML5技术在网络社交媒体中实现的带有特效、互动体验和声效的Web广告页面，以及与HTML5技术相关的所有社交媒体的互动广告。移动互联网

---

① 数据来源于中商产业研究院，http://finance.eastmoney.com/a/201905161124741384.html，20190516.
② 中国蓝色创意集团、跨界创新实验室：《谷歌互动广告活动展示传播活力》，载《国际广告》，2008年第11期.

时代的到来使得用户的习惯发生变化，移动终端成为获取信息、社交互动的主要平台。H5在广告行业的应用，因为其丰富的交互形式，给用户或消费者带来了更好的体验。H5广告策划就是如何围绕广告目标策划吸引消费者参与的H5广告，H5广告策划首先要注重内容的创新，内容的革新让大众在感知上觉得更新颖、更具趣味性，同时更愿意参与和体验，也因此为品牌赢得了大众更多停留和关注的时间。同时，精炼的文字、高品质的设计、与调性相契合的音频以及隐形的技术，这些都是H5广告策划需要考虑的问题。

（2）AR互动广告策划。

AR广告的"AR"是英文Augmented Reality的全称，中文名为"增强现实"或"混合现实"。AR技术是利用摄像头、传感器、实时计算和匹配技术，将真实的环境和虚拟的物体实时地叠加到同一个画面或空间而同时存在，从而让用户身临其境地对产品进行模拟使用，或者将现实生活与虚拟世界进行完美结合。[①]AR广告策划也就是策划如何利用AR技术来制作产品或品牌广告，吸引消费者参与体验，与消费者达成互动与沟通，进而促进产品销售或品牌的认同度的提升。如，哈根达斯AR增强现实应用"等待两分钟，口感更好"。当用户使用该款应用的时候，将摄像头对准任意哈根达斯的商标，便会出现一个虚拟的人物演奏优美的小提琴曲（图3-20）。这位虚拟的音乐家将会为用户演奏两分钟，据哈根达斯相关人员解释，两分钟可以让冰淇淋达到一个最佳的入口口感。

图3-19　W+K新年H5广告

图3-20　哈根达斯AR"等待两分钟，口感更好"

---

① 广告新大陆：AR技术+手机应用Vida，飞象网，http://www.cctime.com/html/2013-5-31/20135312142151207.htm.

AR技术被《时代周刊》列为当前最具活力和前景的十大技术之一。据市场调研公司Digi-Capital给出的一组数据，到2020年，AR/VR行业的总收入将达到惊人的1200亿美元。爆发式的增长来自于这一技术的广泛应用和全新的体验，AR无疑会在这个智能时代进一步改变我们的生活。基于此，可以看出，虽然AR技术门槛高，需要强大的金钱和技术支持，但是利用AR技术与智能设备结合而制作广告其价值潜力不言而喻，它将会成为互动广告的未来。

7. 原生广告策划

2012年7月硅谷风险投资家创始人弗雷德·威尔逊（Fred Wilson）在OM-MA全球会议上提出，新的广告形式将存在于网站的"原生变现系统"。这是原生广告的说法第一次被提出来。作为一种新的广告类型，原生广告从2012年被提出来后一直很受追捧，但是对于原生广告的定义目前众说纷纭，并没有一个统一的标准。我国著名媒介学者喻国明教授的说法是："内容风格与页面一致、设计形式镶嵌在页面之中，同时符合用户使用原页面的行为习惯的广告，被称为原生广告。"[①]一般来说，原生广告是将广告与内容有机结合，广告本身就是内容的一部分；广告与传播媒介的风格及内容保持一致，与受众的语境保持一致，不损害受众体验。原生广告是一种"润物细无声"的广告方式。

综合国内外学者的研究，以下从广告内容、广告形式、媒体属性、传播方式四个方面来解释原生广告的概念。从内容上讲，原生广告用具有创意性的广告内容替代了传统的生硬的旗帜广告，是在内容营销理念的指导下进行的具有趣味性、话题性、相关性、实用性的广告，易于被消费者记忆并自主进行二次传播。从形式上讲，原生广告是一种多平台和多种呈现形式融入用户体验的广告，网站、社交平台、APP都是传播平台，广告主洞悉消费者习惯，结合不同媒体平台的风格设计广告，在进行精准投放的过程中能做到不干扰其他消费者。从媒体属性上讲，原生广告的本质属性，即以社会化媒体为主导，通过"融入用户体验"实现原生化，建立付费—自有—免费媒体的聚合媒介架构。最后从传播方式上来讲，原生广告是通过社会化媒体的用户参与共创价值。

原生广告的分类也有很多，有将品牌故事变为大众新闻的新闻类原生广告，在网络平台呈现电视级品质的视频类原生广告，打造原生频道完成用户引流的频道类原生广告，用品牌理念深度诠释、软性体现的新闻专题类原生广告，巧妙借势玩转共鸣营销的事件类原生广告，利用全媒体解读品牌精神激发用户思考的全媒体类原生广告，利用大数据挖掘用户价值实现多维度传播的应用类原生广告，广告与原生内容无缝链接满足企业和用户双向需求的信息流类原生广告，以上都是十分常用的原生广告类型。比如，有道词典原生广告特别设置了信息流，精心制作了不同的栏目。有道词典信息流中的"动听音乐"栏目的内容都是由网易音乐提供的英文歌曲，同时提供乐队、歌词等等，并插入一个更多好音乐的链接，喜欢英语又喜欢听英文歌曲的有道词典用户下载网易云音乐的比以前翻了一番。在为宝马汽车服务时，有道词典通过在"心灵英语"中，结合每日一问，推送和宝马有关的问题，在这个推送上线的第一天，回答问题的人就超过了

---

① 喻国明：《镶嵌、创意、内容：移动互联广告的三个关键词——以原生广告的操作路线为例》，载《新闻与写作》，2014年第3期。

10万。

总之,在移动互联网时代,传统媒介与网络新媒介互相共生。广告策划既可以基于某种类型的媒介进行策划,也可以整合多媒体进行策划。当下,对于一个品牌的传播很难纯粹以传统媒介为主,而更多地转向移动的、互动的、新兴的社交媒介。

第五节　广告策划的程序与原则

广告运动是科学性的、系统性的、目标性强的一种营销传播活动。广告策划的目的是实现企业或品牌营销传播的目标,获取市场竞争的优势,建立品牌的认知,培养消费者对品牌的忠诚度,提升企业或品牌的美誉度。为了实现广告策划的目标,广告策划在实际运行过程中必须依照一定的程序来进行,也需要遵循相应的原则。

一、广告策划的程序

作为一项系统工程和一个思维工程,广告策划已经形成一套成熟的工作流程。下面分别从两个方面来介绍广告策划的程序。[①]

一方面是从广告公司工作程序来看,广告策划的程序是指广告公司从客户手中接到广告任务之后的工作步骤,一般程序如下:

(1) 组建广告策划团队。

该团队成员包括以下几类人:项目主管、策划人员、市场调查人员、文案人员、广告艺术设计师、媒介策划人员和公共关系人员。项目主管一般由广告公司的总经理、副总经理、创意总监、策划部经理等人担任。其对整个广告策划项目富有全局统筹、规划、协调的责任。策划人员一般由广告公司正副主管和业务骨干来担任,主要负责广告策略思想的提出与广告计划的编写。市场调查人员必须熟练使用各种调查方法,尤其是基于大数据的各种新型的调查方法。文案人员负责该广告策划中的文案工作,包括撰写广告正文、标题、新闻稿等。广告艺术设计师负责该广告策划的广告创意的创作与艺术表现。媒介策划人员必须与传统媒体及各类型的新兴媒体建立良好关系,熟悉媒介效果评估的各种方法,编制广告媒介投放的方案。公共关系人员需要与媒体及政府保持良好关系,策划公关活动的方案,品牌若发生危机需要及时采取相关的危机处理方案。

(2) 商讨和制定广告战略与广告策略,进行具体的广告策划工作。

首先要确定本次广告策划的目标和指导性原则。在深入调查的基础上,项目组开始讨论实现广告目标的具体策略,如广告的诉求主题策略、广告的媒介策略及促销策略等。

(3) 撰写广告策划书。

这是广告策划工作的成果,也是整个广告活动的行动纲领。

(4) 向客户提交广告策划书,并经双方商讨再进行修订和调整。

---

① 饶德江:《广告策划与创意》,武汉:武汉大学出版社,2015年。

广告策划书必须经过广告客户的认可方可进行广告的制作、投放与发布等实施阶段。

（5）将广告策划方案交由各职能部门具体实施，并监督实施的情况。

策划项目组要监督创意、设计部门是否将广告创意成功地转为适合不同媒介的广告作品，同时需要督促媒介部门按要求科学合理地购买和组合媒介资源，如果发现问题需要及时作出反应和查漏补缺。

（6）向广告主提交广告策划效果评估书。

运用第三方监测数据，分析通过本次广告运动所取得的广告效果，总结本次广告策划的经验与存在的问题。

另一方面是从广告策划的内容和要素来看，广告策划的程序如下：

（1）确立广告策划的目标。

任何一个广告策划活动都必须拥有确定的、统一的目标，广告策划的目标通常与广告营销的目标和品牌传播的目标存在紧密相关性。不同的广告主在不同的传播阶段，其广告策划的目标存在很大差异。对于新品牌来说，广告策划的目标主要是提升该品牌的知名度，也就是让消费者知道这个品牌有什么特点与功能。对于市场中的知名品牌，广告策划的目标就是加强品牌与消费者之间的亲密关系，树立差异化的品牌形象，传播独特的品牌个性，增强品牌资产。比如可口可乐近些年在中国市场的广告目标与其营销战略目标是一致的，就是实现可口可乐的本土化与年轻化。所以在可口可乐的广告中会看到很多"中国元素"，比如福娃、中国结、年年有余（鱼）等。

（2）开展广告策划的调查。

在广告目标明确之后，需要通过广告调查来确立传播的战略与诉求策略。广告调查是广告运动成功开展的前提。正如"没有调查，就没有发言权"一样，没有调查，就无法进行科学的广告决策与规划，更无法实现广告效果。广告调查主要包括行业现状调查、竞争对手调查、广告主的产品与品牌调查、消费者调查、媒介使用习惯与行为调查。

（3）确立广告传播战略。

广告战略目标决定着广告策划的基本方向，对其他广告策略制定与执行具有很大的指导和统帅作用。广告传播战略的选择是在对品牌的竞争态势、发展目标及企业的自身经济情况综合评估后做出的一种选择。在制定广告战略目标时，要遵循整体性、可执行性和集中性的宗旨，广告战略目标必须符合广告主整体的营销目标和品牌发展目标。同时，广告战略目标要明确、切实可行、能够实现。

（4）确立广告诉求主题。

广告策划的核心任务是确定广告"说什么"的问题，也就是在广告中要告诉消费者或用户什么内容，广告的主题内容必须与众不同。一般来说，广告到底"说什么"与广告的目标也存在紧密关系。如果广告策划的目标是提升产品的区隔度，那么广告必须告诉目标消费者该产品独特的卖点。比如王老吉的广告说的内容是"怕上火，就喝王老吉"，将它定位于预防上火的饮料，这就和碳酸饮料、茶饮料及果汁饮料进行了区隔，同时又给王老吉赋予了一种独特的功能。如果广告策划的目标是树立品牌形象，那么广告主题可能与某些价值观与主张联系在一起。比如，浪琴是瑞士的一款高端手表品牌，它在广告中告诉目标消费者的内容是"优雅个性"。

（5）确立广告创意及不同媒介的创意表现。

在广告策划中，确立了广告主题之后，需要将这一主题具体化、形象化，也就是通过创意生产的方式体现该主题。广告主题的创意表现是广告策划实施的一个重要的环节。广告创意表现通常与特定的媒介存在紧密的关系。比如，益达《酸甜苦辣》的微电影广告首先是在电视媒体上投放，由于该广告具有完整的电影情节，但电视广告常见的投放规格只有5秒、15秒和30秒，无法投放完整的微电影广告，只能将该微电影广告拆分成4个不同的部分来投放，刚好设置成酸、甜、苦、辣4个部分，情节上设置悬念，环环相扣，吊足观众的胃口，吸引观众继续关注该广告。在网络视频上，该广告则可以作为完整的微电影来欣赏。当下，以抖音、快手为代表的短视频非常火爆。越来越多的广告主创作与拍摄了一些竖屏短视频广告投放。竖屏短视频与传统的宽屏短视频的视觉呈现存在较大的差异，即使同一个广告主题在制作竖屏广告或宽屏广告时，拍摄的视角处理也不尽相同。另外，即使是传统的杂志广告与户外广告也有因其独特的媒介载体的特质而创造出的博得眼球的绝妙创意。比如奥兰多迪士尼曾经做过一个户外广告（图3-21），该广告的主题是想告诉大家来迪士尼可以探索奇迹。如何表现这个主题呢？该广告以迪士尼的代言人米老鼠作为主角，广告中只展现了米老鼠的头和脚，而它的身体是由两个神秘的盒子组成，上面写的文案是"where the magic happens"，也就是吸引观众去迪士尼打开神奇的盒子，开启神秘与探险之旅。

图3-21　奥兰多迪士尼的户外广告

（6）制定广告媒介投放策略。

广告创意确定之后，要选择哪些媒介进行刊播和投放？制定合理的媒介组合策略，对于广告传播效果的实现特别重要。好的创意，必须通过合适的媒介平台传播出去，目标消费者才能看到或听到该广告，进而对相关的产品与品牌留下一定的印象。在移动互联网时代，很多产品的媒介投放都是基于移动的网络平台，比如在微博、微信等社交媒体投放广告。近些年，短视频平台异常火爆，很多广告主选择抖音、快手、火山等短视频平台投放广告。至于选择何种媒介投放广告，要进行科学的媒介策划。

（7）广告策划的预算。

预算是广告策划能够顺利实现的重要保障，没有合理的广告预算，再完美与绝妙的创意都无法实现。"巧妇难为无米之炊"，没有广告预算，广告创意便无法制作，广告也无法在媒介平台上投放。当然，必须根据广告主自身的情况做出科学的广告策划的预算，既不能预算太多，导致资源的浪费，也不能预算太少，以致无法有效地实施广告活动。

（8）广告效果监测与评估。

任何一次广告策划都要追求最大化的广告效果，没有效果的广告活动，广告主是不愿意买单的。所以，广告效果的监测与评估对广告目标的实现尤为重要。一般来说，为了保证广告效果监测的公正性，广告公司会邀请第三方来进行广告效果的监测与评估。广告效果的监测与评估要注重连续性，要保证客观、真实。每一次广告效果的监测与评估都可以为广告主下次广告运动提供参考。

二、广告策划的原则

广告策划的原则如下：

（1）经济性原则与道德性原则。

一般的商业广告都是企业广告主付费的商业活动，广告主追求最大化的经济利益是无可厚非的。但是，广告策划在追求经济利益的同时，一定不能忽视道德性原则。广告策划的广告活动及广告作品属于社会主义文化的重要组成部分。广告文化属于消费文化，这种消费文化对于社会消费的心理、价值观以及行为都可能产生不同程度的影响。有些广告文化是直接影响社会心理与社会价值，而有些广告是潜移默化地影响社会心理与价值。因此，广告策划坚持道德性原则尤为重要。坚持道德性原则主要体现在：第一，广告信息和广告表现必须真实，必须符合我国相关的广告法律法规。第二，广告策划必须坚持正确的价值导向。在新时代，广告策划要弘扬社会主义核心价值观，要传播正能量的思想与价值观念。广告策划要尽量摒弃暴力广告与低级趣味的色情广告，增强广告的人文关怀，赋予广告新时代的正能量气息。比如，广告策划可以将"中国梦"与"我的梦"和中国某个品牌的梦相结合。例如，梦之蓝的广告语：一个梦想，两个梦想，三个梦想，千万亿个梦想，中国梦梦之蓝……一个人的梦，一个民族的梦都是鲜活而独特的中国梦，只有每个人成就了个人的梦想，每个企业成就了自己的梦想，中国才能成就大梦想。当企业追求和国家价值取向相融，便是一种完美的契合。

（2）创新性原则与实效性原则。

广告的目的是吸引消费者关注，达成消费者认同，进而促进消费行为。如何实现广告目标？毫无疑问，企业和品牌需要创新性的广告创意。创新性原则是广告策划需要坚持的重要原则。广告策划的创新性原则主要包括广告定位的创新、广告策略的创新、广告创意内容的创新。

广告创意是通过构思、创造意境来表现广告主题。广告创意的生命力就是创新，可以说"没有创新，就没有创意"。

由于广告策划存在很强的目标性，广告策划必须坚持实用性，只有实用的、可执行的广告策划才能顺利实现广告目标。广告策划坚持实用性必须注意以下两点：第一，广告策划必须重视策划目标的可实现性。商业广告是企业的一种投资，广告策划不能脱离企业的实际，否则再好的广告策略都只能是纸上谈兵，无法实现落地。企业的广告投资要考虑广告目标策略的需要，但必须从自身的实力出发来考虑，所以在决定广告目标、拟定广告计划时，要进行可行性论证，从实际情况出发决定广告实施方案。在广告策划中应重视可执行性研究，提高广告策划的实效性和实用性。第二，广告策划的每个环节、每个步骤、每个方案都是具体可执行的、能够实际操作的。

（3）系统性原则与灵活性原则。

广告策划是一个完整的、系统性的思维工程。广告策划遵循系统性原则存在着其内在逻辑的必然性，主要体现在两个方面：一方面，广告策划是企业营销策划的有机组成部分，是企业营销策划的分支系统，因此必须服从并服务于这个大系统，使企业营销组合中的各项策略相互协调和发挥作用。另一方面，从广告活动的全局来看，广告策划居于核心地位，具有统帅作用。也就是说，广告运动中的广告调查、广告战略、广告策略、广告创意与表现、广告媒介安排和广告效果测定等处于广告策划的一个系统中。广告策划过程中的这几个环节是紧密相连的，不是各自独立、没有关系的。

广告策划遵循系统性原则，就是要协调广告活动中各要素与环境的关系，讲求整体的最佳组合，从全面着眼，通盘规划和组合。把广告策划作为一项系统工程来进行，重点应该协调四个方面的关系。一是广告与产品及品牌的关系，广告要服从于产品与品牌，传播产品的特性与功能，塑造品牌的个性，增强消费者对品牌的认同。二是各媒体、各种促销手段的关系应该互相配合，实现整合传播。三是广告的内容与表现形式之间的关系，形式必须服务于内容，内容通过创新的形式来表现，二者需要实现有机的统一。四是广告与外部环境之间的关系，广告要适应市场环境、政治经济环境，并利用好外部环境中的有利因素，实现广告目标。因而，在广告策划中，要从系统的概念出发，注意每一个因素的变化可能引起其他因素的变化及产生的影响。

但是，在坚持系统性原则的同时，广告策划也应该讲求灵活性原则。灵活性原则要求广告策划根据企业或品牌不同的发展阶段，做出相应的调整。同时，针对同一个品牌在不同地区做广告策划时，需要灵活地调整其广告策略与创意表现。另外，随着新媒介平台的层出不穷，广告策划的内容需要灵活调整，以适应新的媒介平台来传播。

事实上，广告策划的系统性原则与灵活性原则不是相互对立的，而是紧密相连、互为补充、互相渗透和相辅相成的，因为系统性原则不是固定不变的公式，更不是僵化呆板的教条，系统性本身就显示了有机体的生命力。而灵活性原则就是强调广告运动所影响的消费者不是抽象的或固定不变的整体，就是强调广告运动并不是脱离社会的政治、经济和文化环境孤立存在的，它与系统性原则是一致的、统一的。

（4）科学性原则与艺术性原则。

科学性是广告策划的重要原则。广告策划的科学性主要体现在以下几个方面：①广告策划是建立在科学的市场调查基础之上的，需要借助各种科学的调查方法。没有科学的调查，便不可能有科学的广告策划。在大众媒介时代，广告调查主要使用社会学的一些方法，包括问卷调查法、深入访谈法、电话访问法等。在移动互联网时代，广告调查基于海量的大数据基础，通常会使用大数据的方法来进行调查与分析。②广告策划需要科学的广告战略策划，广告战略策划是在对广告主自身及竞争情况进行全面、客观的分析之后，做出的科学的广告战略。③广告策划的顺利实施需要科学的媒介策划。没有合理、科学的媒介投放组合，广告策划的目标也无法顺利实现。④广告策划需要实施科学的效果评估。广告效果的评估有利于检验广告目标是否实现，同时也为广告策划的活动做一个科学的总结与分析。

广告策划除了坚持科学性，还需要坚持艺术性。广告创意是即便戴着枷锁也要轻舞飞扬，这个枷锁就是广告的商业效果，而富有艺术性的创意可以促使广告轻舞飞扬。广告创意的对象是每一个活生生的生命个体，他们都有自己的思想与灵魂，广告创意若要打动他们的心灵，必须有艺术的思维。广告创意若没有艺术性，便失去了灵性，广告就变得很枯燥，就无法吸引目标消费者的眼球。

总的来说，好的广告是科学性与艺术性的结晶，因而广告策划必须坚持科学性与艺术性。

案例

See You Again，加德满都——百度全景尼泊尔古迹复原行动

2015年4月25日14时11分，尼泊尔发生了里氏8.1级地震，首都加德满都等地的古建筑群遭到了严重损毁。作为佛教发源地的尼泊尔首都加德满都有很多古老的广场建筑、宗教庙宇，但90%都在此次大地震中坍塌了，对于世界文化遗产来说，这次遭遇可以说是灭顶之灾。地震过后，世界各地的人们都在想方设法为古迹的复原和重建施以援助，人们都希望能再次见到地震前那个宁静、完好的加德满都。

5月29日，联想Tech World大会在北京举行，中国互联网公司百度集团CEO李彦宏分享了百度在人工智能方面的探索，并对外宣布发起"See You Again，加德满都"百度全景尼泊尔古迹复原行动。这个复原行动简单说就是百度开辟了一个专门的图片上传渠道，通过众筹的方式，在短时间内收集全世界游客在尼泊尔拍摄的照片资料，并通过百度地图全景技术对遭到损坏的尼泊尔古迹进行数字化三维还原，让还没来得及亲眼看到的用户也可以一睹这些历史建筑曾经的辉煌。整个复原行动百度调动了各方技术团队搭建底层技术根基、构建产品框架，并进行设计和制作。另外，整个项目用户端形态被定为H5，这就使得复原行动的传播更多地利用移动互联网社交平台，实现点对点的熟人分享传播。

在恢复加德满都古迹时，为了解决将2D图片还原物体3D原貌的问题，百度使用了一项名为照片游的技术，这项技术对各项技术的要求非常高，目前全世界也只有百度和谷歌两家公司可以实现。复原古迹的实现，首先需要用户上传自己拍摄的关于某个景点不同角度、不同时间、不同特征的照片；然后百度将通过基于人工智能的图像技术对海量照片进行筛选和三维建模，把平面还原成空间；接着，通过智能游览路径规划算法，百度将基于还原的建筑模型生成一条最佳游览路径模拟真人游览；最后利用照片渲染技术，对某些缺失的角落进行修补插入虚拟照片。百度表示，用数字化方式重建一座建筑

物，需要500到1000张从不同角度、在不同天气条件下拍摄的照片。收集的照片越多越准确，甚至可以复原不同时间的风貌，并通过人工智能技术将这些照片合成古迹原貌。这些静态照片可以用于产生3D视频，让网络用户可以从地震前观光者的视角来欣赏这些景点。

从技术角度来看，"照片游"涵盖了大数据分析、三维建模、智能路径规划、图片渲染等多项前沿技术，利用网友拍摄的各个方向和角度的照片恢复出真实场景的每个细节，通过机器视觉技术筛选用户上传照片中的无用和重复照片，人工智能和深度学习技术用于将照片自动拼接成3D模型，并进行路径规划和图片渲染，最后通过大数据分析计算出该场景的拍摄热点分布和最佳展示路径，进而由离散静态的图片自动生成连续动态的三维效果视频。

图3-22　加德满都——百度全景尼泊尔古迹复原行动宣传广告

"See You Again，加德满都——百度全景尼泊尔古迹复原行动"上线仅8天，主要宣传H5和PC端的页面浏览量超过20万，收到来自海内外网友上传的尼泊尔古迹相关照片42 108张，成功对尼泊尔地震损毁的8座古迹进行数字化复原；收获行业内外一致好评，网友零差评；国内外媒体积极联系百度对相关技术进行报道；案例中所呈现的商业实效性、社会公益性、科技创新性、专业权威性及全球影响力，也成功打动国内外评审专家，称其为技术引领的数字化驱使下"实效"营销的有效融合。2015年10月25日，艾菲大中华区颁奖典礼在西安举行，"See You Again，加德满都——百度全景尼泊尔古迹复原行动"项目斩获艾菲大中华区全场大奖。图3-22为加德满都——百度全景尼泊尔古迹复原行动宣传广告。

从这个案例可以看出,"复原"加德满都,是坚信"技术改变世界"的百度的一项创新尝试。它有很多实施的难度,例如在技术上,公关驱动的技术项目执行难度大,需要调动各方技术团队搭建底层技术根基、构建产品框架,并进行设计和制作;在公众参与性上,尼泊尔古建筑的数字化还原需要大量图像数据资料,通过众筹方式可以实现短时间内的图像收集,却无法保证众筹本身的成功,若公众参与不足,项目失败风险大;在传播渠道上,项目的用户端呈现形态为H5,微信封闭的生态使得项目的传播更多地建立在点到点的熟人关系上,而非点到面,但是项目恰逢五一假期,媒介推广渠道及声量受限;在传播时间上,地震具有突发属性,产品需要开发周期,而传播则需把握黄金期,项目的实现与传播存在严重矛盾。以上每一项挑战对于项目能否落地都有着至关重要的影响,在执行过程中,都要逐项解决。但"复原"加德满都总体上是一项百度利用广大受众,将之联合起来参与活动的非常成功的公益营销活动。百度"全景照片游"技术涵盖了大数据分析、三维建模、智能路径规划等多项前沿技术。通过大数据分析,百度"全景照片游"技术能够从各个方向、角度的照片中,计算出该照片场景的拍摄地点分布和最佳展示路径,进而由离散静态的图片自动生成连续动态的三维效果视频,以恢复真实场景的每个细节。该技术在全球范围内仅有百度、谷歌掌握。百度表示,他们希望通过这个项目让更多的人知道百度的技术,同时,也希望百度的技术能够走进人们的生活,科技改变生活,科技可以让全世界还没来得及亲眼见到加德满都历史文化古迹的人们在虚拟空间里更清晰地看到这些已有数百年历史的古老建筑。这个完全不带商业意图的项目让全世界看到了技术人的人文情怀,也让百度在全球历史古迹保护工作方面写下了浓墨重彩的一笔。

讨论题

1. 如何看待广告策划的品牌传播目标?
2. 如何看待广告策划的创新性原则?
3. 如何看待广告策划的道德性原则?
4. 请找一个病毒式广告策划的案例,谈谈该广告是如何开展病毒式传播的。

第四章

广告调查与分析

> **学习要点**
>
> 无论是在传统大众媒介时代，还是移动互联网时代，广告调查都是广告策划的前提和基础。本章需要掌握的知识点有：①理解广告调查在广告策划中所起的作用，不要过分迷信广告调查的数据。②掌握文献调研法、观察法、问卷法、实验法、深入访谈等传统的调研方法。③了解在移动互联网时代，开展线上与线下整合的调查方式。④了解大数据在广告调查中的作用及其应用。

第一节 广告调查与分析：广告策划的基础

《孙子·谋攻篇》有云：知己知彼，百战不殆。对于连接品牌与消费者的广告来说，知己，就是要了解品牌的定位与形象，了解产品的特性与功能；知彼，就是要了解市场环境、目标消费者以及适合的媒介载体等等。而要做到"知己知彼"，离不开广告调查。广告调查是广告活动的开端和前奏，也是广告策划的基础。企业通过广告调查获取市场、产品、消费者以及媒体等的信息，并对这些信息进行整理和分析，以此为依据更好地进行营销决策，开展后续的广告活动。

广告调查是指伴随着广告活动所进行的一切调查活动，从广告活动的过程看，包括广告主形象调查、竞争者情报分析、市场环境调查、消费者调查（如消费行为与习惯、消费心理、消费需求等等）、广告作品调查、媒介使用与投放调查以及效果调查。[①]本节所讲的广告调查侧重于在广告活动前期进行的调查，即产品的特性与市场需求调查、广告环境与媒介载体调查，还有非常重要的消费者的基本情况、消费观念、行为习惯调查等等，通过系统地收集相关资料，并据此进行分析、提出建议，更好地为策划、实施广告活动服务。

被誉为"广告教父"、奥美公司的创始人——大卫·麦肯兹·奥格威（David Mackenzie Ogilvy）在《一个广告人的自白》中这样说，"我从在普林斯顿随伟大的盖洛普博士做调查工作开始了我的职业生涯。之后我当上了广告文案撰稿人，据我所知我是

---

① 刘静：《广告调查：教学思路与方法的探索》，载《上海工程技术大学教育研究》，2002年第4期。

唯一一个从干调查起家的'创意'高手"。这表明"调查"是"创意"的依据，也是整个广告策划活动的基础。在复杂多变的市场环境中，哪一部分人是品牌要争取的目标消费者？他们需要什么？想要什么？他们最经常接触哪些媒体？又有怎样的媒介使用习惯？了解这些，是完成一个广告策划的基础步骤和重要前提，而广告调查的目的正是通过专业的调查方法获取这些信息，帮助广告策划做出合理的决策。

从广告主的角度来说，各大企业每年都会将大量的资金投入广告策划、促销活动与媒体投放中去，他们不仅期望广告可以带来更高的销售额，也期望广告能增加品牌的曝光度，在消费者心目中塑造出鲜明的品牌形象，让更多人记住、了解自己的品牌。高额的广告费用迫使广告主必须先了解市场和目标消费群体，以达到更加有效的广告效果。

在市场调研方面，不得不提在这一方面表现十分出色的宝洁公司。宝洁公司早在1925年便成立了市场调查部门，负责产品研发、消费者行为调查、消费者心理研究、广告创意测试与广告媒体投放等调查。宝洁市场调查部门在实践运作中形成了自己的特点：①为了保证调查的客观性，宝洁的市场调查部门与业务部门分开，独立于业务部门。②为取得更快、更精准的资料，宝洁的市场调查部门常常投入大量的时间与金钱开展调查工作。③在研究方法上，宝洁市场调查部重视量化与质化研究相结合的调查。据有关部门统计，中国每卖出两瓶洗发水，就有一瓶来自宝洁公司。这巨大的商业成功，正体现了宝洁市场调查的力量。1985年，大部分中国人都在用肥皂洗发，却无法很好地解决头屑问题。宝洁市场调研部观察到消费者对于新型洗发产品的需求，将宝洁的洗护发产品最先带入中国。这样的决定，让中国的消费者见到了海飞丝、沙宣、潘婷、飘柔等今天耳熟能详的品牌；也是基于对消费者的洞察，宝洁带着"改善生活"的理念走进了中国的千家万户。在移动互联网时代，宝洁公司依然特别重视调查，目前它的市场调研依然走在行业前列。宝洁充分利用各种数据资源，分析生意机会，为公司和品牌发展提供指导；同时，装备了各种先进的消费者研究的高科技武器，例如眼球追踪、脑电波探测、人工智能等等。值得一提的是，如今宝洁市场调研人员会和消费者进行深入的访谈交流，甚至同吃同住，以了解消费者需求。

一个成功的广告活动，需要把最打动消费者内心的广告内容，通过最适合的媒体，传递给最需要的人群，想要真正在广告的各个方面做到"精准适当"，依赖的正是广告调查。如果说广告策划是整个广告活动的核心与指导，那么广告调查是广告策划的第一步，也是广告策划能否成功实现广告目标的重要前提。

广告调查对于整个广告活动甚至品牌的营销策略的影响都是巨大的，但想要完成一个深入、全面的广告调查，并对策略进行正确的指导并不容易。可口可乐就曾经跌入调研陷阱。20世纪70年代中期以前，可口可乐是美国饮料市场上的霸主，市场占有率一度达到80%。然而，70年代中后期，百事可乐迅速崛起。面临对手的步步紧逼，可口可乐决定做出改变。1982年，可口可乐决定在全国10个主要城市进行一次深入的消费者调查。可口可乐设计了"你认为可口可乐的口味如何""你想试一试新饮料吗""可口可乐的口味变得更柔和一些，您是否满意"等问题，希望了解消费者对可口可乐口味的评价并征询对新可乐口味的意见。调查结果显示，大多数消费者表示愿意尝试新口味的可口可乐。

可口可乐的决策层以此为依据，决定放弃传统口味，开发新口味可乐。不久，就推出了比老可乐口感更柔和、口味更甜的新可口可乐。为确保万无一失，在新可口可乐正式推向市场之前，可口可乐公司又花费数百万美元在13个城市、邀请近20万人进行了口味测试，结果让决策者们更加放心，六成的消费者回答说新可口可乐味道比老可口可乐要好，认为新可口可乐味道胜过百事可乐的也超过半数。至此，可口可乐不惜血本协助瓶装商改造了生产线；为配合新可乐上市，可口可乐进行了大量的广告宣传。1985年4月，可口可乐在纽约举办了一次盛大的新闻发布会，邀请200多家新闻媒体参加，依靠传媒的巨大影响力，新可乐一举成名。

刚上市的一段时间，有一半以上的美国人品尝了新可乐。但让可口可乐的决策者们始料未及的是，越来越多的老可口可乐的忠实消费者开始抵制新可乐。对于这些消费者来说，放弃传统配方就等于背叛美国精神，有的消费者甚至扬言将再也不买可口可乐。可口可乐公司每天都会收到来自愤怒的消费者的成袋信件和上千个批评电话。迫于巨大的压力，可口可乐决策者们不得不做出让步，在保留新可乐生产线的同时，再次启用具有近100年历史的传统配方，生产让美国人视为骄傲的"老可口可乐"。耗时两年、斥资数百万的前期调研，最终却让可口可乐掉入了"调研陷阱"。究其原因，可口可乐的调查重点完全放在了"口味"上，而忽视了消费者心理，更忽视了自己品牌一直以来传递的情感与价值。由此可见，想要广告调查真正成为广告策划的"指路明灯"，不仅要在调查中采用科学的方法，更要在调查前期做好方向的规划，了解不同的影响因子，多层次、全方面地考虑调研问题。下面介绍广告策划实施之前的调查。

广告调查需要对企业的营销环境进行整体的、深入的调查。企业的营销环境指的是影响企业的市场营销管理能力、决定其能否有效地发展与维持与其目标顾客的交易关系的外在参与者和它们的影响力。营销环境主要由宏观环境调查与微观环境调查组成。[①] 宏观环境指影响企业市场营销微观环境的巨大社会力量，包括人口、经济、自然、科技、政治、法律、社会文化背景等等。微观环境调查是指对企业所处的动态的市场环境进行分析与调查。市场环境包括市场的规模、市场的构成、市场的特性与市场的竞争特点等。微观环境调查所涉及的主体包括企业自身及企业的供应商、顾客（消费者或用户）、竞争者和广泛的公众。同时，还需要对企业或品牌所处的媒体环境进行分析与调查。

一、宏观环境调查与分析

一般来说，广告策划的宏观环境调查与分析常用的是"PEST"分析法。

P指政治（politics）环境的分析，主要分析当下总体的政治环境，或者广告策划时间段可能遇到的具体的政治事件。比如，我国的"一带一路"发展倡议对广告策划会产生巨大的影响。"中国梦"对广告策划及传播也会产生不同层面的影响。有些品牌直接将"中国梦"融入广告传播中。

E指经济（economy）环境的分析，一个国家总体的经济环境对企业的发展存在重大的影响，企业在进行广告策划时会依据经济环境来做相关的决策。一个企业的品牌广告

---

① 陈建中、吕波：《营销策划文案写作指要》，北京：中国经济出版社，2011年。

年度投入多少和经济环境密切相关，尤其是与该行业来年的整体增长趋势直接相关。如果该企业所处行业的销售额保持稳步增长，那么该企业的广告投放费用也会相应增加。当然，如果该行业是风险投资所青睐的新兴行业，那么该企业也会采取积极的广告投放战略。

S指社会（society）环境的分析，社会环境包括很多因素，主要有文化的、消费的、时尚的、人与自然的关系等各个层面。经过40年的改革开放，我国大部分民众的消费观念从早期迷信国外品牌，到现在相信与支持中国品牌，这表明国民消费观念在变化。中国的文化环境也在发生变化，尤其是中国传统的文化受到绝大多数消费者的追捧。事实上，中国的传统文化与特色社会主义的文化对广告的策划都会产生一定程度的影响。另外，近些年我国倡导环保节约型社会，这种文化环境也会体现在企业的广告策划中。

T指技术（technology）环境的分析，技术对于一个企业与品牌的发展尤为重要，很多品牌的广告策划直接与技术相关。比如，2020年我国将大范围普及5G技术，那么很多企业在产品设计与广告传播中都与5G技术进行关联。华为的5G技术发展比较成熟，HUAWEI Mate 20 X（5G），HUAWEI Mate X等在广告传播中都以5G技术为卖点。

二、目标市场调查与分析

目标市场调查与分析是市场营销的一个重要组成部分，它建立在市场细分的理论基础之上。市场细分（market Segmentation）的概念是美国市场学家温德尔·史密斯（Wendell R.Smith）于20世纪50年代中期提出来的。它是指营销者通过市场调研，依据消费者的需要和欲望、购买行为和购买习惯等方面的差异，把某一产品的市场整体划分为若干消费者群的市场分类过程。每一个消费群体就是一个细分市场，每一个细分市场都是由具有类似需求倾向的消费者构成的群体。

一般来说，市场细分应遵循以下原则：

（1）根据地理位置来细分，主要可以依据不同的国家、地区、气候等情况来细分。不同地理位置的市场构成情况会存在差异，比如，对于空调产品来说，中国北方市场与南方市场对空调产品的需求是不同的。

（2）根据人口统计情况来细分，主要可以依据消费者的年龄、性别、职业、收入、教育、家庭类型、国籍、民族等来细分。比如，啤酒消费者以年轻的男性消费者居多；婴儿用品的消费对象是有孩子的家庭，主要购买对象是孩子的妈妈，因此在婴儿用品的广告中通常可以看到妈妈与宝贝互动的场景。

（3）根据消费者心理来细分，不同社会阶层的消费者拥有不同生活方式，其消费心理也存在差异。有些消费群体追求物美价廉，讲究性价比；有些消费群体追求高端、精致的消费；有些消费群体喜欢追求个性和与众不同。

（4）根据消费者的行为来细分，每个不同群体的消费者其消费行为也存在差异。有的消费群体是理性购买行为，而有些消费群体是冲动性购买行为。在品牌忠诚度方面，有些消费者是忠诚度极高的品牌粉丝，而有些消费者是折扣型消费者。

在广告策划过程中，要对企业产品或品牌的目标市场进行细分，找到明确的目标市场，进而确定精准的目标消费群体。市场细分与市场定位密切结合，市场细分不仅需要找到明确的目标市场，还需要在目标消费群体心智中建立细分市场，让目标消费群体感受到该品牌的独特性与差异性。

三、消费者调查与分析

1. 消费者特征与用户画像

在传统媒介时代，对于消费者的调查是开展广告策划的前提。广告主只有清楚了解消费者是哪些群体，拥有什么特征，才能开展广告策划。消费者特征调查的内容包括性别、年龄、职业、收入、社会阶层、爱好与兴趣等。在移动互联网时代，可以使用大数据技术对消费者或用户进行动态的画像，也就是用户画像。用户画像能帮助广告主清楚其用户到底是哪些人。只有清楚消费者是一群什么样的人，才能做出针对消费者喜好的精准的广告。

2. 消费者购买动机与行为调查

（1）马斯洛需求理论。

美国心理学家亚伯拉罕·马斯洛于1943年在《人类激励理论》中提出人的需求层级理论。书中将人类需求像阶梯一样从低到高按层次分为五种，分别是：生理需求、安全需求、社交需求、尊重需求和自我实现需求。也就是说，每个人首先要满足的是生理需求，其次是安全需求，再次是社交的需求，最后是受人尊重和自我价值实现的需求。比如，汽车品牌在广告传播中诉求的需求是差异化的。宝马汽车广告诉求"驾驶的乐趣"，强调的是自我价值的实现；奔驰汽车广告诉求豪华与尊贵，强调的是受人尊重的需求；沃尔沃汽车广告却诉求"安全"，安全是汽车用户最核心也是最基本的需求，自然也吸引了一大批消费者。

（2）消费者购买动机分析。

一部分消费者为什么买A品牌的产品？另一部分消费者为什么买B品牌的产品？每个消费者的购买动机都不一样。企业必须调查消费者购买其品牌的动机，或者不购买其品牌的原因，这样才能在广告策划中做出针对性的方案，吸引更多用户来购买自己的品牌。另外，有的时候在市场调查中难以获得消费者真实的购买动机，因为购买动机是心理深层次的，有些消费者不愿意透露其购买动机。但行为是真实的，通过分析消费者的购买行为，也可以帮助广告主进行广告策划。

3. 消费者生活方式的调查与分类

（1）VALS生活方式分析方法。

20世纪80年代，阿诺德·米歇尔（Arndd Mithchell）对大约1600户美国家庭进行全面询问后，把消费者放于9个生活方式群体的系统中，也称为VALS类型（表4-1）。VALS是英文Values and Lifestyle Survey的缩写，即价值观及生活方式调查。VALS系统已被200多家公司和广告代理商运用于行销实践中，但由于人们行为差异性的变化、媒体选择的多样、生活方式和价值观念的变化，VALS在90年代成为无效工具，SRI国际公司开发出VALS2，将美国成年消费者划分为现代者、实现者、成就者、享乐者、信任者、奋斗者、休闲者、挣扎者等8个细分市场。

（2）中国消费者生活态度模型。

学者吴垠基于中国消费者的大样本调查，结合国内外研究成果和中国具体情况推出具有理论基础和应用性的中国消费者结构范式。将中国消费者分为三大不同的形态派别和14个分群。（表4-2）①

表4-1　VALS生活方式划分消费者群体

生活状态分类	生活方式群体	描　述
需求驱使类（need-driven）	求生者（survivor）	绝望、压抑，为社会所抛弃的"处境不佳者"
	归属者（belonger）	敢于为摆脱贫困而斗争的处境不佳者
外部控制类（outer-directed）	归属者（belonger）	维护传统、因循守旧、留恋过去和毫无进取心的人，这类人宁愿过那种"顺应型"的生活，而不愿有所作为
	竞争者（emulator）	有抱负、有上进心和追求地位的人，这类人总希望"出人头地"
	有成就者（achiever）	能够影响事物发展的领袖们，他们按制度办事，并享受优越的生活
内部控制类（inner-directed）	我行我素者（I-am-me）	年轻，自我关注，富于幻想的人
	经验主义者（experiential）	追求丰富的精神生活，希望直接体验生活会向他提供什么的人
	有社会意识者（socially conscious）	具有强烈的社会责任感，希望改善社会条件的人
内外部控制类（outer & inner directed）	综合者（integrated lifestyle）	心理成熟、能够把各种内向型因素和外向型因素中的最佳部分有机结合起来的人

表4-2　中国消费者生活态度模型划分

形态派别	分　群	描　述
积极形态派	理智事业族	事业成就欲望极强，饮食生活超过社会平均水平。男性占7成，党政机关/事业单位干部、企业管理人员，大专及以上文化程度、高收入者倾向性高
	经济头脑族	经济IQ型，消费经济意识强，货比三家，对金融投机具有冒险性。家庭观念弱。男性占6成以上，年龄分布较均衡。企业管理人员、自由职业者，大专及以上文化程度、中高收入者倾向性高

---

① 吴垠：《关于中国消费者分群范式的研究》，载《南开管理评论》，2005年第2期。

续上表

形态派别	分群	描述
	个性表现族	家庭观念一般，行为倾向随心所欲，注重饮食、生活享乐。男女比例基本平衡。年轻人群占4.6成，个体户/自营职业者、自由职业者，中等教育程度者倾向性高
	经济时尚族	经济水平有限，消费行为相对谨慎，但是，生活意识趋向求新求异。对喜欢的品牌忠诚度最高并喜欢尝试新的（国外）品牌，认为名牌可以提高身份。注重健身，男女比例基本平衡，工作特征倾向性不明显，中等教育程度者倾向性高
	求实稳健族	生活追求实际，更喜欢自主性行事。注重平面媒体信息，对广告不注意，特别对名人广告持反对态度。购物比较注意包装说明。喜欢用现金，富余的钱存入银行。饮食比较讲究，注重工作稳定。男女比例基本平衡。党政机关/事业单位干部、中低收入者倾向性高
	消费节省族	对消费十分谨慎，购物"货比三家"，理财行为保守。食物消费主要满足于生理层面的需求，购物时不太注重品牌，娱乐主要是看电视，工作为谋生。男女比例基本平衡。企业一般职工、初等教育程度者倾向性高，党政机关/事业单位干部、专业人员、企业管理人员倾向性低
求进务实派	工作成就族	比起金钱，更重视追求工作成绩，经常有冲动行为，情感行为积极，有娱乐活动。喜欢购买具有独特风格的产品。注重广告、健身，成就欲强。女性占6成，年轻人居多。专业人员，大专及以上文化程度、中等收入者倾向性高
求进务实派	平稳求进族	工作并非仅是谋生手段，生活态度趋于追求金钱以外的表现或变化。男女比例基本平衡。党政机关/事业单位干部、专业人员，大专及以上文化程度、中等收入者倾向性高
求进务实派	随社会潮流族	随社会潮流，个性主观性较弱，易受他人影响。男女比例、年龄分布较均衡。工作特征倾向性不明显
求进务实派	传统生活族	重视家庭生活，消费态度较为积极，行为趋向集团性。女性占6成，工作特征倾向性不明显
求进务实派	勤俭生活族	对平面信息及广告关注度有限，有长时间看电视行为，存有投机发财的心理意识。女性占6成，55～64岁者占3.5成。工作特征倾向性不明显。初等教育程度、中低收入者倾向性高
平稳现实派	工作坚实族	工作是谋生的手段，生活实实。愿意多花钱购买高质量的物品，注重广告。拥有自己的房子才会觉得稳定，对股票概念具有冒险兴趣。男女比例基本平衡。大专及以上文化程度者倾向性高
平稳现实派	平稳小康族	行为稳重、实际，对平面媒体几乎没有阅读习惯。拥有自己的房子才会觉得稳定。男性占6成以上，个体户/自营职业者、自由职业者，中等教育程度、中等收入者倾向性高

续上表

形态派别	分群	描述
	现实生活族	生活态度倾向传统意识，经济收入水平较低。品牌意识方面更愿意购买国产品牌，购物比较注意包装说明。男女比例基本平衡，55～64岁者占3.4成。党政机关/事业单位干部倾向性略高，中等教育程度、中低收入者倾向性高

4. 消费者媒介使用习惯的调查

消费者媒介使用习惯的调查可以为广告投放做参考。媒介使用的调查主要包括的问题有：消费者最经常接触哪些媒介？消费者经常关注媒介哪些信息或节目？消费者如何接触这些媒介节目与内容？消费者接触媒介的频次如何？在移动互联网时代，要特别调查消费者对一些网络平台与社交媒体的使用习惯。同时，还要调查消费者是否也同时使用部分传统媒介。

四、产品调查与分析

1. 产品特征分析

产品特征包括产品的性能、质量、价格、材料、生产工艺、外观和包装等。产品的性能即产品的性能有哪些，最突出的性能是什么，哪些性能符合消费者要求，哪些性能还不符合消费者要求。产品的质量即产品的质量是高还是低，或者是一般；消费者对产品的质量评价如何，是否满意；产品质量是否能够进一步提高。产品的价格即产品的价格在同类产品中属于什么层次？价格和质量是否能够匹配？消费者对产品价格是如何认知的？产品的材料即产品的原材料如何？消费者对产品的材质的认识如何？产品的生产工艺即产品通过什么样的工艺进行生产，是否先进，消费者是否喜欢这种工艺？产品的外观和包装即产品的外观和包装是否和质量、价格、形象符合？外观和包装是否能够吸引消费者？外观和包装是否有缺陷？

2. 产品生命周期分析[①]

产品生命周期理论是美国哈佛大学教授雷蒙德·费农（Raymond Vernon）于1966年在其《产品周期中的国际投资和国际贸易》一文中首次提出的。费农认为：产品生命是指市场上的营销生命，产品生命和人的生命一样，要经历四个阶段，包括引入期、成长期、成熟期、衰退期。广告主可针对产品各个不同的阶段而采取不同的营销组合及传播策略。

3. 产品定位分析

定位（positioning）原本是市场营销学中的一个概念，最早于1972年由艾·里斯（Al Reis）和杰克·特劳特（Jack Trout）提出，产品定位、市场定位、品牌定位和文化定位等相继成为企业经营的热点问题。产品定位是企业对选择怎样的产品特征及产品组合以满足特定市场需求的决策。产品定位是对市场定位的具体化和落实，以市场定位为基础，

---

① 胡钰、胡洪力：《产品生命周期理论对企业战略管理的启示》，载《商业时代》，2006年第2期。

受市场定位指导，但比市场定位更深入和细致。McGir指出："在市场上给你的产品定位，这样你就可以将自己的产品与那些竞争品牌区别开来。你的产品就可以到达顾客那里，就像你获得了某种专利一样。给产品寻找一个位置并将它固定在这个位置上面。定位就可以告诉顾客你的产品代表着什么，你想让消费者如何衡量产品的价值，产品的位置简洁地告诉顾客产品的真面目。"也有学者指出："进行产品定位，需要对消费者和竞争者进行综合分析。"产品定位要通过设计产品的特征使其区别于其他产品。产品定位实质上是从产品差异的角度出发讨论定位问题。①

总之，产品定位分析的核心是要找到独特的、差异化的定位，这种独特的定位可以从产品的特点与功能出发。产品定位分析的关键是将产品定位于消费者的心智，与竞争对手进行区隔，产品可以成为某个方面的第一。比如第一个非可乐是"七喜"，第一个互联网手机是"小米"，第一个纸尿布品牌是"帮宝适"，第一个登上月球的手表是"欧米茄"，等等。在分析产品定位之后，找到适合的消费者心中的"第一"，将这种"第一"形成广告诉求，传播给消费者，将有利于形成市场竞争优势。

五、竞争对手调查与分析

古语说得好，"知己知彼，百战不殆"。广告策划中对竞争对手的深入与准确分析，有助于制定更具有市场竞争性的广告战略与广告策略。

首先要明确竞争对手，哪些是直接的竞争对手，哪些是次要的竞争对手。在此基础上，对竞争对手整体情况进行深入分析。主要包括竞争对手的经营历史、财政信贷情况、市场规模、市场覆盖率和市场占有率、销售增长率、销售渠道及分布、产品特点与功能、生产原料供应、技术开发情况等。

其次，需要深入分析竞争对手的传播战略、广告定位与诉求。分析竞争对手品牌广告的核心诉求与传播方式，也就是要了解主要竞争对手的广告定位是什么，广告创意是什么，请哪些名人代言。比如，百事可乐品牌曾经就在分析可口可乐广告传播的基础上，策划出了与可口可乐不同的广告，将百事可乐定位于年轻人，诉求为"新一代的选择"，才促使百事可乐能够与可口可乐分庭抗礼。

另外，还要调查竞争对手的广告投放与广告花费的具体情况。广告费用可通过其在不同媒介平台上的广告投放的数量大概计算得出。深入分析竞争对手选择了哪些媒体与移动互联网平台做广告，如何进行媒介组合与广告投放。对竞争对手的广告投放的分析，可以为本品牌广告策划提供参考。

第二节 传统广告调查方法

随着我国经济水平的不断提升，市场经济的日渐成熟，消费人群的更加细分，市场调查在企业制定战略的过程中占据着越来越重要的位置。广告调查更是如此，为了帮助

---

① 蓝进：《试论市场定位、产品定位和竞争定位之间的关系》，载《商业研究》，2007年第10期。

广告主更好地制定广告战略、进行广告策划，首先就要进行细致深入的广告调查。广告调查的方法有很多种，各自适用范围不同。按照调查的访问对象来划分，有消费者调查和非消费者调查；按照调查分析的方法来划分，有定性调查和定量调查；按照时间维度来划分，可分为横剖调查和追踪调查。在进行广告调查的过程中，要对各种方法的特点进行了解，根据调研的具体任务和要求，灵活应用、组合不同的方法，以高效准确地获得所需要的信息。

一、文献调查法

文献调查法与实地市场调研（搜集原始资料的方法）是相辅相成、相互依存、相互补充的。文献调查是对已有的资料进行收集整理，因此可以在短时间内获得大量的信息材料。另外，因为资料已经形成了成型的文档，整理起来也相对容易。这种方法很大程度上节省了人力、物力、财力的支出，成本相对较低。但文献调查也有其问题：首先，二手资料在时间上存在一定的滞后性，当时的调研、访问报告等结果对当前情况的参考价值有限；其次，由于是按照原来的调查目的进行搜集整理，二手资料不一定能够充分满足此次调研的实际需要。

（一）文献调查资料的来源

1. 企业内部资料

企业内部资料包括企业的业务资料、统计资料、财务资料以及积累的其他资料，如平时剪报、调研报告、顾客意见和建议、同业卷宗及有关照片和录像等等。

2. 企业外部资料

企业外部资料的收集包括以下几种渠道。

（1）外部机构调查资料。

①国家统计部门以及各级、各类政府主管部门公布的有关资料。国家统计局和各地方统计局都会定期发布统计公报，定期出版各类统计年鉴，内容包括人口数量、国民收入、居民购买力水平等，这些均是很有权威和价值的信息。此外，计委、财政、工商、税务、银行等各主管部门和职能部门也都设有各种调查机构，定期或不定期地公布有关政策、法规、价格和市场供求等信息。此类信息综合性强、辐射面广。

②各种经济信息中心、专业信息咨询机构、各行业协会和联合会提供的信息和有关行业情报。这些机构的信息系统资料齐全，信息灵敏度高，为了满足各类用户的需要，它们通常还提供资料的代购、咨询、检索和定向服务，是获取资料的重要来源。

③有关生产和经营机构提供的商品目录、广告说明书、专利资料及商品价目表等。

④各地电台、电视台提供的有关信息。近年来全国各地的电台和电视台为适应形势发展的需要，都相继开设了各种专题节目。

⑤各种国际组织、学会团体、外国使馆、商会所提供的国际信息。

（2）国内外有关的书籍、报纸、杂志、网络等资料，这些文献内容会涵盖各种统计资料、广告资料、市场行情和各种预测资料等。

（3）国内外各种博览会、展销会、交易会、订货会等促销会议以及专业性、学术性经验交流会议上所发放的文件和材料。

（二）文献调查具体步骤

首先，应当确定市场调查的目的以及必要的调查内容，拟订调查计划并进行相关的人员培训；其次，查明可利用的资料档案内容及其来源，展开资料收集工作；再次，依据调研的目的对资料进行过滤与筛选，评估资料的实用性并作必要的摘要；最后，对资料进行整理、分析，做到融会贯通，并制作调查报告。

二、实地市场调研

实地市场调研是相对于文献调查而言的，指在周详严密的架构之下，由调查人员直接向被访问者搜集第一手资料的方法。在一些情况下，文献调查无法满足调研目的，资料不够"鲜活""精准"，这时就需要进行实地市场调研来获得第一手资料。

实地市场调研最常用的方法有三种：观察法、访问法和实验法。此外，还有统计法、全面调查、个案调查、抽样调查等方法。在进行实地市场调研时，在道德层面上，要有保密意识，注意对参与者提供的信息保密，特别是参与者的一些个人信息，如电话、邮箱等等，切不可售卖被访者的个人信息以谋取利益；在实际操作的层面上，要明确调查目的，界定清晰所要调查的问题，注意调查程序的合理性、调研结果的实效性，不能把调研工作仅仅看成设计问卷、选定样本、进行访谈、得出结果，最终却无法提出具有建设性的意见，导致广告调查并没有真正发挥其应有的作用。

1. 观察法

观察法是调查者到现场，对正在发生的市场行为或状况进行直接或间接的观察和记录，以获取相关信息的一种方法。这种方法不需要向被调查者直接提问，而是在被调查者不知情的情况下，调查者凭借自己的直觉，对消费行为、现场状况进行观察、旁听，并采取一定的方式，如利用摄像器材进行记录。观察法包括直接观察法、间接观察法和比较观察法。

观察法的优点是提供了真实客观的消费行为记录，但它只能反映事实发生的经过，其发生的动机和原因则要依赖调查者的细致观察与深入分析。另一方面，观察法需要大量观察员到现场进行长时间观察，调查时间较长，调查费用支出较大。因此这种方法在实施时，常会受到时间、空间和经费的限制，比较适用于小范围的微观市场调查[①]。

2. 访问法

访问法是将拟调查的问题，以当面、电话、邮件、书面等形式向被调查者提出，进行询问，以获得所需资料的调查方法。

面谈访问：是调查者与被调查者面对面接触，通过有目的的谈话获取所需资料的调查方法。面对面的交谈可以使对话题的探讨更加深入透彻，同时访问具有非常强的直接性和灵活性，所获得的一手材料也相对更加精准。但这种方法需要消耗更多的人力物

---

① 韩光：《市场调查方法的对比研究》，载《中国市场》，2015年第27期。

力,且对调查者的个人组织能力、沟通交流能力有更高要求,总体来看适宜小范围的、相对繁琐和复杂的产品测试。

电话访问:是通过电话向被调查者询问相关问题以获得资料的一种调查方法。电话访问相对于面谈访问更加方便快捷,也更容易实施。电话这种"不当面"的方式,使受访者的心理负担相对较小,但是访问被拒绝的可能性也相对较大,因为被访问者只需要挂断电话,访问就会被迫中断。另外,对于部分受访者来说,接到电话访问会有被打扰和电话号码被泄露的感觉,因此会有一定的抵触情绪,这就要求调查工作人员的礼貌以及对情况的说明。

留置问卷访问:调查者将问卷当面交给被访问者,并提前说明调查的目的和要求,受访者自行填写调查问卷,约定时间调查者再将问卷进行回收。这种方式调查问卷的回收率相对较高,且受访者有充分的时间在仔细思考后填写调查问卷,问卷反映情况的真实度也更高。

3. 实验法

实验法是在设置好的实验场所、状况下,对所研究对象从一个或多个因素上进行控制,以测定这些因素间的关系的方法。其目的是查明原因和结果的关系。实验调查法是在一种真实的或模拟真实环境下的具体的方法,调查结果具有较强的客观性和实用性,当然前提是严格控制实验条件,选择具有代表性的实验对象,得到科学可靠的实验结果。

实验法可以主动进行试验,并较为准确地观察和分析某些现象之间的因果关系及其相互影响;也可以探索在特定的环境中不明确的市场关系或行动方案;实验结果具有较强的说服力,可以帮助决定行动的取舍。但市场中的可变因素难以掌握,实验结果不宜相互比较[①]。

4. 统计法

统计法是利用统计理论对现成统计资料进行分析,以了解市场及销售变化情况。统计法更多的是一种理性的、客观的、数学的调查方法。统计法一般有趋势分析和相关分析两种。

趋势分析:将过去不同时期中同类指标的数据、资料加以累积,得出其变化趋势和变化规律,再把这个方向加以合理延伸,推测未来的发展方向。

相关分析:相关关系是一种非确定性的关系,而相关分析主要研究不同变量之间是否存在某种依存关系,以及如果存在相关关系,这两个变量之间的相关方向和相关程度。

5. 全面调查

全面调查又称普查,是对调查对象的全体进行系统的、全面的、无一遗漏的逐个调查。但这种方法并不是十分适合当前多元化、多层次的经济环境,主要用于收集那些不能或不宜通过其他调查方法取得的比较全面而精准的统计资料。

6. 个案调查

个案调查是在全体调查对象的范围内选取个别或者少数对象进行的调查。个案调查

---

① 韩光:《市场调查方法的对比研究》,载《中国市场》,2015年第27期。

具有较高的灵活性；同时，由于调查对象较少，个案调查可以对调查对象进行全面、深入、系统的调查研究，既可以探索调查对象的历史发展，也可以追踪其将来的变化轨迹。个案调查的局限性在于，个案的调查对象不一定是典型的，缺乏代表性，不一定能反映"共性"和"一般"。另外，个案调查对调查人员的专业知识、素养等要求都更高，要求调查人员能横向、纵向全面分析个案，得出一般规律。

个案调查通常有重点调查和典型调查两种方式。

重点调查是在全部调查对象中选取一部分重点对象进行调查，以获得统计数据。所谓"重点"，或者在整体中处于十分重要的地位，或者体量占据总体的绝大部分比重。采用这种调查方式，能够以较低的人力、物力和时间成本，较快地掌握调查对象的基本情况。

典型调查是在对调查对象进行初步的筛选与分析后，有意识地选择一些具有代表性的典型单位进行深入细致的调查研究。典型调查的调查对象较少，成本较低，运用灵活。调研过程中需要注意典型案例的选取，要真正具有代表性，不能以偏概全。

7. 抽样调查

抽样调查是从全部调查研究对象中选取一部分单位进行调查，并据此对全部调查对象进行估计和推断。虽然也是非全面调查，但是通过科学的抽样，依然能够从调查结果得到反映总体情况的信息资料，推断整体的特征与性质。抽样调查方法适应面广、准确性高、实效性强，是一种普遍使用的调查方法。根据选取样本的方法，抽样调查可以分为随机抽样与非随机抽样。

随机抽样：按照随机的原则抽取样本，即调查对象总体中每个单位都有同等被抽中的可能，是按照机会均等的原则进行的抽样调查。随机的原则可以使样本中调查对象的分布情况有较大可能性接近总体的分布状况，因而使样本能够较好地代表总体。随机抽样可分为简单随机抽样、分层随机抽样、系统抽样以及整群抽样。

简单随机抽样是在总体单位中任意抽取一个或多个单位作为样本，样本的每个单位完全独立，每个单位被抽中的概率相等。简单随机抽样是最基本的抽样方法，在选择样本时不带有任何目的或要求。在调查中经常采用的方法是抽签法和随机数表法。

分层随机抽样是在抽样前先将总体单位依据某些特征或性质分成若干层，再采用简单随机抽样的方法，在各层中抽取样本。这一方法适用于总体单位内部差异较大、分层明显的调查对象，能够尽量减小抽样误差。

系统抽样时，首先将总体中各单位按一定顺序排列，根据样本容量要求确定抽选间隔，然后随机确定起点，按照等间隔抽取样本。这一方法抽出的样本单位在总体中是均匀分布的，且抽取样本一般少于纯随机抽样。

整群抽样时，首先将总体中各单位归并成若干个互不交叉、互不重复的集合，称之为群；然后以群为单位抽取样本。

非随机抽样：抽样不遵循随机原则，而是按照调查人员的主观选择或其他条件来抽取样本。这种调查方法简单方便，适用于进行探索性研究，但无法根据样本对象得出的结论来推断整体的特征。非随机抽样包括方便抽样、判断抽样、定额抽样以及固定样本连续抽样。

方便抽样是根据调查者的方便，随意抽选调查单位的一种抽样方法。

立意抽样又称判断抽样，是调查者根据自己的主观判断，从总体中选择出那些最能代表总体的单位作为样本。当调查者对自己的研究领域十分熟悉、对研究总体也比较了解时采用这种抽样方法，可获代表性较高的样本。

定额抽样也称配额抽样，是将总体依某种标准分层或群，按照各层样本数与该层总体数成比例的原则分配样本数额，然后抽取样本。定额抽样与分层随机抽样很接近，最大的不同是分层随机抽样的各层样本是随机抽取的，而定额抽样的各层样本是非随机的，是在额度内由调查人主观选择的。

固定样本抽样是把选取的调查对象作为固定样本，对其进行长期的连续调查。

第三节　整合线上线下广告调查

1994年4月20日，中国实现与国际互联网的第一条TCP/IP全功能链接，被国际正式承认为拥有全功能互联网的国家。在短短20多年的时间里，"蓬勃生长"已经不足以形容互联网的发展，"颠覆与重塑"才是互联网对整个社会生活方方面面的真切影响，这其中，当然也包括广告调查领域。

互联网对广告调查的影响体现在以下三个方面：

从技术的角度来说，互联网以及相关核心技术的发展，使得广告调查的方式方法，具体运作过程如信息的收集、分析与利用等发生了深刻的变化，这些变化是以技术为驱动的。

从信息的角度来说，互联网的海量信息对于广告调查来说是"机遇与挑战并存"。这一方面源于调查中的信息相关性问题，即与传统的非网络方式相比，调查人员在互联网上搜索和获取决策信息更加便捷，但这些信息未必都是有效的。比如，搜索引擎可以同时提供成千个匹配的搜索结果，却不能保证这些结果可以为调查人员的目标提供高质量的相关信息，反而充斥着大量的广告与无用信息。另一方面是因为信息使用的时间制约问题。时间制约的一种反映是随着互联网的广泛使用，人们对生产力期望值提高，随着信息及通信资源的日益普及，人们对工作质量的要求也提高了。与之相联系的，是对调查者期望值的提高。时间制约的另一种反映是网络信息越多，被淘汰的信息也越多。信息在网络环境中公布与传送极其方便，这就在很大程度上缩短了许多信息的使用周期[1]。

从媒介的角度来说，互联网的发展改变了消费者媒介接触的习惯，广告调查一方面利用用户新的媒介使用习惯来获取相关的消费信息，了解消费者的需求；另一方面，也要根据形势的变化，为广告选择更好的媒介投放渠道。

在互联网特别是移动互联网迅猛发展的背景下，广告调查也在不断地调整与改变，线上广告调查与线下广告调查各有其优势与局限，只有整合两种调查方式，才能真正发挥广告调查"指路灯塔"的作用。

---

[1] 时启亮：《基于互联网的市场调研现状与前景分析》，载《商讯商业经济文荟》，2005年第5期。

一、线上广告调查的特点

相比于面谈访问、留置问卷等传统的广告调查方法，互联网时代利用网络进行的广告调查正在被愈加广泛地应用。线上广告调查具有以下特点：

（1）实效性。

从技术层面上，网络传输信息的速度很快，调查内容可以及时传递给消费者，消费者也可以及时给予反馈。从用户层面上，线上广告调查多数为开放式问卷等方式，用户可以随时参与、随时填写。

（2）互动性。

互动性体现在很多方面，部分调查用户填写后可以马上看到阶段性结果。此外，用户不仅可以对现有产品进行评价，还可以对尚处于测评阶段的产品提出意见与建议，使产品不断完善、最终形成。典型案例便是小米，从MIUI开始，小米就让公众尤其是发烧友参与开发，定期发布新版本供用户使用，开发团队根据反馈意见不断改进，如此一来，既完成了产品的前期调研，也形成了第一轮的口碑传播。

（3）便捷性。

便捷性是对于调查者和被调查者双方的，调查者不必亲自到达现场进行访问或留置问卷，只需要在网上进行操作，而被调查者同样只需要一台联网终端，就可以快速方便地进行意见反馈。

（4）覆盖面广，成本较低。

网络可以跨越地域限制，在要求的范围内能够实现尽可能大范围的调研。另外，采用线上广告调查的方式，如在网上发放问卷，通过统计分析软件进行信息的整理和分析，极大地节省了人力、物力、财力。

二、线上广告调查方式

随着技术的发展，线上广告的调查方式也在不断增多，这里把线上广告调查方式整理为三大类：第一类是传统广告调查方法的"互联网化"，即进行广告调查的方法并没有本质上的变化，只是把线下渠道变成了线上渠道，如之前进行面对面的问卷发放，现在变为在网上进行问卷发放；第二类是通过数据收集与挖掘手段进行广告调查，即通过"大数据"来了解用户需求与市场动态，进而有针对性地进行广告投放；第三类是通过搜索引擎进行广告调查，这里并不是指用搜索工具来简单地搜集二手资料，而是通过引擎收录数、竞价排名广告商数等来对行业或竞争对手进行分析。以下对这三类线上广告调查方式进行详细介绍。

1.传统广告调查方法的"互联网化"

传统广告调查方法中有收集一手资料的，也有收集二手资料的，当信息收集渠道变为互联网时，也是如此。

（1）网上收集二手资料。

互联网上有海量的信息与资源，上网查找二手资料可利用搜索引擎；访问相关的网站，如各种专题性或综合性网站；利用相关的网上数据库。互联网上的信息资源可谓

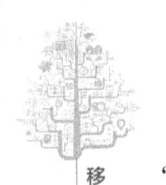

"浩如烟海",但其准确性、权威性、时效性却需要调查人员认真考量,"海量"的网上资源,还需要通过严格的筛选才能成为真正"有用"的参考信息。

(2) 在线问卷调查。

在线问卷调查即通过网络发放调查问卷,收集第一手资料。可由企业自己上传问卷,当用户访问相关网站时弹出对话框,请求用户参与调查;也可以委托专业公司进行,向相关的讨论组发去简略的问卷,并附上问卷链接。毫无疑问,在线问卷极大地节省了人力与时间成本,但由于通过网络发放,用户的填写意愿可能较低,且填写十分简单,回收问卷比例较难保证。

(3) 在线专题讨论。

这一方法相当于小组座谈会的互联网化,可通过BBS、社交媒体小组来进行。首先确定目标市场,识别目标市场中要加以调查的讨论组,然后确定可以讨论或准备讨论的具体话题,登录相应的讨论组,通过过滤系统发现有用的信息或创建新的话题,让大家讨论,从而获得有用的信息[①]。

(4) 邮件列表收录法。

邮件列表通常被人们用来发布信息,或者进行网络上的互动交流。邮件列表的使用方法简单便捷,调研人员可利用电子邮箱来制作邮件列表。邮件列表中收藏了大量的用户信息,可将信息同时传达给所有的用户。另外,某些公司为了维护客户关系,会定期向客户发送一些有用的邮件和电子期刊,及时整理邮件列表中的信息也是收集资料的有效途径[②]。

2. 通过数据收集与挖掘进行广告调查

随着互联网特别是移动互联网的发展,要了解用户的行为,已经可以不向用户询问,而是寻找用户留下的"痕迹",这些"痕迹"就是数据。Google Adwords关键词工具、Google Adwords点击量工具、百度指数、微信微博社会化媒体数据、网站投票调查等等都是进行数据收集与挖掘的工具,这些数据可以帮助广告主找到他们的目标消费者,实现广告推送的"一击即中"。关于通过大数据进行广告调查的相关内容,将在后文详细阐释,这里不再赘述。

3. 通过搜索引擎进行广告调查

可通过访问竞争对手的网站了解其基本情况进行竞争对手调查。同时,也可以通过竞价排名广告商数量以及搜索引擎收录数来了解行业竞争状况,如谷歌和百度关键词搜索出现的竞价排名广告商是行业竞争程度的表现,因为出现在竞价中的广告商都是愿意真金白银抢占位置的,他们通常已经做了一些市场调研工作,其代表了这个行业有一定的客户需求和较高利润[③]。

除此之外,搜索引擎广告本身也包含了广告调查的内容。

搜索引擎广告是基于人们对搜索引擎的依赖和使用习惯,在用户进行关键词检索

---

① 赵海兰:《网络时代的市场调研》,载《科技信息(学术研究)》,2008年第26期。
② 王影:《网络市场调研的方法及步骤》,载《中外企业家》,2015年第18期。
③ 王婧:《互联网环境下数据收集和市场调查的特点》,载《商》,2014年第21期。

时，将相关的产品或服务的广告内容传递给目标消费者。搜索引擎在信息和用户之间构建起了一座高效能的桥梁，它满足了信息爆炸时代的用户需求，因此它可以在短时间内聚集数量庞大的用户。搜索引擎广告使得用户能够十分容易地找到自己需要的产品或服务信息，也使企业有了向目标消费者传递信息的明确渠道。事实上，搜索引擎广告在推送出来时，就已经完成了一次广告调查，"搜索关键词"这一行为成功找出了有潜在需求的消费者，后续才能够实现有针对性的、精准的广告投放。但是，对于纯粹搜索内容而无消费需求的用户来说，此类广告无疑会令人产生一定的反感。

三、线上线下广告调查的整合

线上调查与线下调查各有优势，也各有弊端。线上调查快速便捷、成本较低，但也面临着如网络信息安全与用户隐私；网络调研技术有待完善；调研对象偏年轻、地域集中，不具有普遍代表性等问题。线下调查的短板则更为明显，相比于线上调查，线下调查实施难度大、成本高、覆盖范围有限，但面对面的交流访问可以深入细致地了解消费者的心理及其做出某种选择的原因；实验法则可以对消费者的整个消费行为进行观察，利用自己的视觉、听觉去体验消费者的消费感受，获得宝贵的一手材料，这些都是线上广告调查无法做到的。沃顿商学院营销学教授埃里克·布莱特劳（Eric Bradlow）曾表示"虽然像沃尔玛这样的大公司，花了很多时间做分析和数据挖掘，但是他们也没有放弃消费群体的民族特性研究、消费调查以及消费心理学研究等。在我看来，你既不能轻视对消费者的跟踪分析，但也不能忽视这一点，那就是，没有什么比了解消费者的心理更重要，相比前者，后者更难做到。"

因此，在互联网时代，要完成一次成功的广告调查，必须做到线上调查与线下调查的整合。网上调查为虚拟调查，数据量巨大，信息分散性大；网下调查为深入分析，把收集到的资料与数据进行筛选、整理，经过分析后得出调研结论，给后续的广告策划以指导。

提到"线上与线下"的合作，不得不提沃尔玛与Facebook的合作。在2011年，全球第一大零售商沃尔玛（Wal-Mart）与Facebook共同宣布两家公司达成合作伙伴关系。沃尔玛在Facebook设立名为"我的本地沃尔玛"（My Local Walmart）的页面，使全球Facebook用户能够随时了解自己居住地附近沃尔玛零售店的位置、商品供应以及最新折扣优惠信息。[①]

对于大型超市来说，居住在附近的居民正是其要大力争取的目标消费者，而鉴于购物者经常在Facebook等网站上向好友征求购物意见，沃尔玛等零售商需要努力扩大它们在社交网络上的存在感，这一方面是针对目标消费者有的放矢地推送广告，实现精准营销；另一方面，这也是沃尔玛同网络零售巨头亚马逊展开市场竞争、在线上布局的需要。

沃尔玛首席营销官斯蒂芬·奎恩（Stephen Quinn）表示："在以前，顾客可以进入沃尔玛店中向负责人咨询以购买打折产品。而此次沃尔玛与Facebook合作，将使得这种传

---

① 《沃尔玛推SNS营销：向Facebook用户发促销信息》，http://tech.qq.com/a/20111011/000262.htm，2011，10.

统沟通方式规模化发展。由于沃尔玛商店能够与本地用户沟通，使我们能够提供更能满足用户需要的商品。"通过与Facebook的合作，沃尔玛加强了与用户的互动体验、内容营销与服务。

第四节　大数据广告调查方法

"我们要抛弃那些无意义的营销渠道，和消费者进行更直接的沟通。"宝洁全球品牌主管Marc Pritchard如是说。①2015年12月，宝洁公司（Procter & Gamble）宣布将把北美大部分的媒体采购和规划项目移交给宏盟集团（Omnicom Media Group，OMC），这也意味着宝洁与合作将近20年的法国阳狮（Publicis）正式分道扬镳。宝洁这次在品牌广告方面的大动作，可看出其在营销策略方面的调整。如何通过时下最热门的广告策略手段，让旗下的洗发水、纸尿裤、洗衣液卖得更好，如何更多地利用大数据分析、精准营销、社交媒体等传播方式来提高业绩，在面对移动互联网时代的消费者时，这几乎是每一个品牌都要思考的问题。宝洁公司首席财务官John Moeller表示，"我们减少了40%左右的广告代理商，节省下3亿美元的代理及制作费用，并将这部分节省下来的开支投放到下一财年其他更为行之有效的广告策略中，包括数字营销及社交媒体"。

宝洁此举，首先自然是为拯救低迷销售额的"自救行动"中的一环，削减品牌、控制广告预算、更换广告代理公司；但从宝洁的选择中，也不难看出其对广告和营销新的期待——精准投放、直接沟通、高效互动，注重大数据的力量。

一、大数据的特点及作用

在今天，大数据对人们来说已经不是一个陌生的概念，正相反，这是一个言必称大数据的时代。早在20世纪80年代，阿尔文·托夫勒（Alvin Toffler）在《第三次浪潮》中便提出大数据概念，并将大数据称为"第三次浪潮的华彩乐章"。美国麦肯锡公司是最早利用大数据进行商业活动的公司，麦肯锡称："数据，已经渗透到当今每一个行业和业务职能领域，成为重要的生产因素。人们对于海量数据的挖掘和运用，预示着新一波生产率增长和消费者盈余浪潮的到来。"国外研究大数据的先河之作《大数据时代：生活、工作与思维的大变革》，阐述了大数据时代的三点变革："非随机样本，而是全样本""忽略精确性，关注混杂性""淡化因果关系，关注相关关系"。而在业界，大数据"4V"特征得到了广泛的认可——第一，数量（volume），即数据巨大，从TB级别跃升到PB级别；第二，多样性（variety），即数据的类型与来源繁多，不仅包括传统的格式化数据，还包括来自互联网的网络日志、视频、图片、地理位置信息等；第三，速度（velocity），即处理速度快；第四，价值（Value），即商业价值高，但价值密度低。除了主流的"4V"观点，也有人用"3S"描述大数据的特征，即大小（size）、速度（speed）和结构（structure）。

---

① 《宝洁业绩下滑 传统营销之殇？》，http://money.163.com/15/1219/02/BB5QILHJ00253B0H.html，2015，12。

综合上述观点可以发现，大数据首先是体量巨大的数据，这些数据在零散状态下利用价值有限，但当它们经过挖掘与整合，形成数据链条时，就会发挥出巨大的价值。它可以展示每一个用户的完整消费过程以及潜在的消费需求。沃顿商学院营销学教授芭芭拉·卡恩（Barbara E. Kahn）表示，"大数据可以帮助市场调研者更好地检测和发现消费者的消费行为和原因"。她指出，"最终的目标是要利用大数据跟踪消费者的整个消费轨迹——从最初的消费冲动、权衡阶段，到最终的购买阶段，再通过市场调查发现消费者之所以没有购买的原因、是在哪个环节出现了问题，而营销人员又可以如何解决"。

大数据带给我们的是更好的"消费者洞察"，并对消费者进行"画像"。大数据的量化研究，配合调查人员对被调查者行为和心理的深度分析，能够更好地聚焦每个个体，描绘出用户的消费路径，并找出影响每一类用户路径的关键原因，从而"对症下药"，将潜在消费者转化为真正的消费者。在利用大数据洞察消费者需求方面，沃尔玛一直在积极布局。沃尔玛打造了全渠道零售战略大数据系统的"社会基因组"——通过收集每个顾客的网店、门店、社交网络等信息，拼接出用户的消费行为。例如，沃尔玛曾经通过大数据云计算，发现两家电子产品连锁店顾客的购买意向正在发生转移，从中低档产品向高档产品变化，于是沃尔玛及时调整不同种类商品的库存，创造客户需求，销售业绩因而提升了40%。

"用户画像"是伴随着互联网和电子商务的快速发展产生的一个概念。消费者在网上的浏览、点击、留言、评论等碎片化的行为轨迹，或直接或间接地反映了消费者的性格、习惯、态度等信息，是制定广告策略的重要依据。而这些碎片化、立体性、整理存储在数据库中的数据，能被企业用来完整地重构消费者的需求。[①]大数据通过为用户精准画像，更为精准地感知用户在消费过程中的复杂行动、情感表达和行为倾向，根据用户行为偏好改变沟通策略与营销策略。

二、大数据对广告调查的影响

从学科的角度看，大数据承袭了更多统计学的特质，通过对数量巨大的数据做统计性的搜索、比较、聚类、分类等分析，找到数据之间的关联，因而更关注数据的相关性（亦称关联性），这种关联可能是简单的正向相关，可能会通过进一步的研究认定是因果关系，甚至可能通过相关性发现甚至之前都不存在的新关系[②]。因此，相比于传统广告调查强调的因果关系逻辑，大数据广告调查强调的是一种相关性。企业在运用大数据时，不再是按照"从数据到信息再到知识和智慧"的传统研究思路，而是试图寻求"从数据直接到价值"的捷径[③]。

大数据对广告调查的影响具体体现在以下几个方面：

（1）去除抽样环节，对全样本进行分析。

---

① 张鹏、刘译璟：《为消费者画像》，载《销售与市场（渠道版）》，2013年第9期。
② 韦薇、王迪：《大数据时代的市场调查》，载《商业文化》，2014年第32期。
③ 维克托·迈尔-舍恩伯格、肯尼思·库克耶：《大数据时代：生活、工作与思维的大变革》，盛杨燕、周涛，译，杭州：浙江人民出版社，2013年。

在传统的广告调查中，由于时间、成本等种种限制，很难对整体进行直接测量，而经常采用科学的抽样来推测整体。基于大数据的广告调查使得直接调查母本成为可能，调查对象多样、完整、客观。除了对整体的把握外，大数据也使得研究每一个独立个体成为可能，并据此对每个用户进行最具针对性的营销和广告。

（2）价值中立，不介入调查对象。

基于大数据的调研基本不介入调研对象的行为，而是以观察者的视角呈现结果。作为消费者，我们的行为在大数据的网络中无处藏匿，电脑上Cookie会精确地记录你在何时何地浏览过什么商品，手机上LBS可以实时定位，大数据真实客观地记录着我们的行为。但值得注意的是，这种客观性是一种理想状态，即使大数据模式中的筛选环节包含了数据清洗、不完全数据填补、数据纠偏和矫正，也无法完全保证样本中不存在假数据、脏数据或重复数据[①]。

（3）与社会化媒体、搜索引擎等联合使用。

大数据真正火爆起来是在移动互联网时代，它的发展离不开智能终端、社会化媒体、搜索引擎等互联网应用的发展，也正是在它们的配合之下，大数据才能最大限度地发挥价值，场景化营销、搜索引擎广告、原生广告等新的广告形态，都是这些技术交互融合的结果。

（4）数据分析可视化呈现。

相较市场调查模式的传统实证分析方法论，大数据模式下的数据分析有其独到的思维，它更关注个体标签与用户画像，并重视对未来发展做出预测与期望。在技术发展的今天，大数据分析结果的呈现方式更加多样，注重可视化。大数据的结论不再过多关注原因分析与建议，而是基于个体特征的群体进行标签化的描述。

三、大数据广告调查设计

大数据背景下，由于研究的样本量、研究的相关关系都发生了变化，研究调查设计也相应地发生了变化。中央财经大学的刘青将传统路径与大数据路径下调查方案设计的异同做了如下归纳与整理（表4-3）。[③]

表4-3　传统路径与大数据路径下调查方案设计的异同

	传统路径	大数据路径
调查名称	调查内容名称	调查内容名称
调查目的	结合实际分析，注重因果性	结合实际分析，注重相关性
调查内容	有较多局限性	限制范围较窄
调查方法	定性或定量方法	获取数据的方法为主

---

①② 王迪、何知非、韦薇：《大数据时代的市场调查刍议》，载《新闻传播》，2015年第11期。
③ 刘青：《试论大数据背景下市场调查设计之变》，载《企业科技与发展》，2015年第13期。

续上表

	传统路径	大数据路径
调查对象和范围 （抽样方案）	调查对象依据人口统计特征界定； 传统统计学的抽样方案设计	调查对象依据行为方式界定；全样本； 不需要复杂抽样方案设计
资料整理和分析方法	传统统计学分析方法	基于精密算法的结构化、 非结构化数据分析
调查日程和人员分工	耗时长，体力消耗大	用时短，脑力消耗大
调查预算	视具体情况而定	初期高，随着技术普及而降低
其他说明	遵守用户信息保密协定	用户信息泄露风险性加大

由表4-3可以看出，大数据背景下调查对象量级的剧增以及大数据调研内在逻辑的变化，使得具体的调研设计也发生了很大变化。调查对象和调查内容方面，移动终端、社会化媒体的迅速发展，使得人们的衣食住行、种种消费行为都被记录下来，既能从整体上区分出不同特征的群体，又能从个体上分析每位用户的消费链条；数据分析方面，如何处理来源复杂、形式多样的海量数据是一个核心问题。刘青认为，面临的问题有二：一是数据结构问题，即如何把视频、音频等资料转化为可以统计、计算的数据；二是面对海量数据，目前的统计软件无法有效运转，如何有效提取变量，统计异态数据等都是面临的挑战。总体来说，大数据处理水平有限。最后，在人力、时间成本方面，大数据突破了时空限制，更实现了实时获取用户信息，调研周期大大缩短，相比于实地调研，金钱、时间、人力成本都有下降。但想从大量数据中发现规律和用户的潜在需求，依然对调研人员的数据分析能力和市场嗅觉提出了很高要求。另外，大数据广告调查使得个人信息安全隐患增加，个人隐私的范围也相对缩小。

四、大数据广告调查的实际应用

在大数据背景下，"精准"是广告投放的重要诉求；也正是移动互联网和大数据技术的发展，使得"精准"广告投放成为可能。调查方可以数据为依托，帮助广告主选定特定人群作为目标消费者，实现广告内容、投放媒介与目标消费者的精准匹配。当前，在前期的调研环节，最经常获取并加以利用的用户信息主要有三类：用户属性信息、用户行为信息以及基于动态行为的用户意向预估信息，以下将按照这三类信息进行划分，结合具体案例分别阐述大数据广告调查的实际应用。

1. 用户属性信息

用户属性信息包括用户个人基本信息和相关材料、IP、日志、Cookie等。很多社交平台、应用类客户端都需要用户进行账号注册和登录，在进行注册时，个人的基本情况（如性别、年龄、地区、社交关系甚至是个人兴趣和偏好等等）、电话号码、电子邮箱都能够被掌握。微信朋友圈广告就是一种基于用户信息的广告投放。2015年1月，第一批朋友圈广告悄然上线，却瞬间引爆话题，首批投放的宝马中国、vivo智能手机与可口可乐等品牌也引起广泛热议。腾讯方面表示，微信会根据一定的算法进行广告投放，这些广告会优先展示给一批"在朋友圈活跃度高"的用户，同时位于一线城市的用户居多。目前，已经有KFC、保时捷、海飞丝、欧莱雅、巴宝莉、穿越火线官方FPS手游等多个品牌投放了朋友圈广告，除了"图片+文字"的形式，也出现了短视频广告。随着微信朋友圈广告的不断成熟，其投放的目标人群也越来越精准。

2. 用户行为信息

用户行为信息即用户在浏览网站或使用客户端时的一系列行为，包括搜索行为，定位地理位置，把商品加入兴趣列表、加入购物车、移出购物车、购买、参与优惠活动、评价，在社会化媒体上参与讨论、与好友互动、分享等等一系列行为。

在电商领域，对用户行为信息的应用尤为典型。以亚马逊为例，用户在使用亚马逊网站的过程中，很多行为都会被记录，亚马逊根据这些"痕迹"，不断勾画出每个用户的特征轮廓和需求，例如，根据用户在网页上搜索、购买的商品，来进行相关推荐，告知用户"购买此书的人还购买了……"信息。同时，亚马逊还会挖掘影响用户购买行为的因素，并根据用户特征制定精准的营销策略。如果韩寒的新书上市了，如何做一期邮件推广营销呢？首先，从购买行为数据中筛选出曾购买了韩寒写的书的用户，再加上在网站上关于"喜欢韩寒还是郭敬明"的投票中选择韩寒的用户；随后，分析这些用户的共同特征，为他们定制适合的促销方式。举例来说，假如用户的购买行为数据显示，他们选择最便宜送货方式的比例要比其他需求用户的比例高，这说明这群用户对于运费价格比较敏感。那么，这次推广的目标人群和主题便可以确立了——韩寒新书（免运费）！当然，这一切还没结束。目标用户收到邮件后，是否打开了邮件，是否点击了邮件中的链接到达促销产品的页面，这些行为都会被记录下来。对整个促销推广活动而言，这样可以统计活动的效果，为下次评估类似促销活动提供历史依据；对个体用户数据收集而言，可以用来统计这个用户对于特定主题和特定促销方式的接受程度，据此来决定有类似的主题或者促销方式是否还发邮件给这个用户[1]。

3. 基于动态行为的用户意向预估信息

在信息爆炸、选择多元的今天，消费者的选择越来越难以预测，这就要求调研人员在前期收集消费者的显性数据，更要通过消费者的已有行为来推测其潜在需求。

Netflix是美国一家网络流媒体服务商，2013年，随着一部现象级美剧《纸牌屋》的播出，Netflix也被越来越多的观众所熟知。而这部剧，正是一部基于大数据制作出的作品，从题材到导演再到主演的选择，背后都有庞大的数据支持。《纸牌屋》"毫无意外"的走红，也在影视制作行业内部掀起了一场关于"大数据如何让艺术变得可预测"的讨论。

Netflix在全球有3000万用户，每天产生3000万次播放，400万次评分，300万次搜索，同时还有其他诸如地理位置数据、播放设备信息、观看频率、速度等种种信息，庞大的用户群每天在Netflix上产生各种行为，形成了一个巨大的数据库。

《纸牌屋》是Netflix第一次战略性地运用大数据。在《纸牌屋》上映前，Netflix做

---

[1]《亚马逊整合用户行为数据实现精准营销》，http://www.poluoluo.com/jzxy/201003/80380.html，2010，3.

了10个版本的预告片，每个版本都是根据用户之前的观影习惯推荐给不同的用户。例如，如果你是凯文·史派西的粉丝，推荐给你的就是他的特辑，如果你看过许多女性做主角的影片，你看到的就是一部女性为主的特辑。该剧第一季推出后两周内，有10%的Netflix用户观看了全剧，80%的观影者给出"好"或者"超好"的评级。第一季播出后，Netflix美国用户增加了200万，全球新增用户100万。根据The Altantic Wire，新增的300万用户的收益就已经追回了Netflix在《纸牌屋》上的投资。

作为一家视频网站，Netflix的目标是保证用户能在合适的时间找到合适的视频观看，所以，哪些数据是真正有用的，能够告诉Netflix用户的喜好、帮助网站做出最佳推荐至关重要。Netflix淡化了用户评分、预测评分等"显性信息"的作用，将重心放在一些"潜在信息"的收集上，如用户喜欢看什么，接下来又会看什么。公司的产品开发副总裁Todd Yellin认为，传统的做法是用户表示喜欢看国外电影或者纪录片，公司就给他们推荐这类影片。但实际上，很多人在网上发表评论相当随意，而在实际观影中做出的选择却大相径庭。随着用户越来越多地在线观影，他们"实际上看了什么"比他们的评级更重要。

现在，Netflix开始追踪用户是如何下拉页面、他们会点击哪里、哪些推荐是他们会忽略掉的，甚至还会追踪用户看一个视频时的速度以及用户是否会在一周的某一天看特定类型的影视剧等，根据用户的习惯给他们做推荐。

根据用户的一些行为，预测用户的选择，通过数据来做出"一定会受欢迎"的作品，这既是大数据带来的福音，也是对调查人员通过数据挖掘内在的能力的极大考验。

随着技术的发展，调查者获取数据的种类和来源将越来越多样，比如跟踪人们的眼球在电脑屏幕上的运动轨迹，利用眼动仪来发现人们最先关注哪些区域，在哪一区域停留的时间最长；或在人们逛商场时，通过手机来跟踪他们的购物模式等等，这些数据会帮助广告主更细致透彻地了解消费者，精准地进行广告和营销活动。

事实上，大数据与市场调查的整合不仅在实践中发挥了巨大作用，也在理论研究上开启了新的篇章。2008年，雅虎研究院资深研究员Andrei Broder首次提出了计算广告学（computational advertising）的概念，他认为计算广告学是一门由信息科学、统计学、计算机科学以及微观经济学等学科交叉融合的新兴分支学科。作为一门新兴学科，计算广告学在继承传统广告学核心理论的同时，为了应对科学技术发展带来的新问题和新观念，将计算主义理论和方法应用到广告学研究。计算广告学以追求广告投放的综合收益最大化为目标，重点解决用户与广告匹配的相关性和广告的竞价模型的问题。

案例

东风裕隆——DMP助力大数据营销

2016年，东风裕隆推出了优6SUV、新纳智捷5、锐3等全系车型，亟待在海量的人群中寻找到这三款车型各自对应的目标受众。基于此，东风裕隆找到了数字营销公司互动通，希望能够运用DMP（data management platform，数据管理平台）的数据支持，更准确地分析目标受众，更有效地实现广告投放，为品牌创造更高的价值（图4-1）。关于互动通的具体执行过程，可以大致归为以下几步：

首先，借助hdtDMP为东风裕隆搭建了专属的DMP数据库，通过分析用户的基础信息，为用户建立多维度标签，准确定位每一车型的目标人群，并按对每波投放进行相关人群、核心人群、潜在人群三种不同维度的具体划分，确保每波投放都能够精准触达目标人群。另外，在投放期间，互动通还利用重定向技术找回有效人群及潜在人群，针对性地进行人群定向投放。

其次，注重分析东风裕隆专属DMP的数据，从中洞察目标受众的行为习惯的同时，也对投放进行实时优化和迅速调整。如通过数据分析得出匹配新纳智捷5的人群标签偏社会类和偏享乐类，但在具体投放中发现社会类标签的人群CTR[①]偏低，到达率偏低，因此选择暂时停止社会类标签的投放，并对应增加享乐类标签的投放，最终CTR有效提升了61%。

再者，运用搭建的DMP，配合hdtDXP与hdtOTV在优质媒体上向目标人群进行广告的精准投放，增加用户无须点击跳转，即可完成试驾信息的填写。此举不仅简化了信息收集的程序，吸引了更多人的关注和尝试，而且在无形之中也将一部分目标受众顺势转化成了潜在顾客，实现了较好的广告转化效果。

从最终的投放效果来看，通过专属DMP的搭建，东风裕隆精确地定向到了三款车型各自对应的目标人群。iFocus端与hdtDXP端、hdtOTV端曝光量与点击量均超出预估值，TA%、CTR与试驾量均大大提升；仅5—7月期间的投放，hdtDXP端点击率便超出预估值38.1%。由此可以看出，随着互联网时代的来临，基于大数据的精准营销所能够发挥的作用越来越关键，所体现的重要性也越来越显著。因此，选择合适的DMP不仅能够帮助企业更好地作出品效合一的商业决策，而且还能使蕴藏在数据背后的巨大价值得到彰显。

[①] 百度百科的定义是：CTR（Click-Through-Rate）即点击通过率，是互联网广告常用的术语，指网络广告（图片广告/文字广告/关键词广告/排名广告/视频广告等）的点击到达率。

图4-1 2016年DMP助力东风裕隆大数据营销宣传广告

讨论题

1. 广告调查在广告运动中产生的作用有哪些?
2. 广告策划中的广告调查主要涉及哪些方面?
3. 消费者调查与消费者洞察存在什么关系?
4. 大数据技术对广告调查产生了哪些影响?

第五章

基于整合品牌传播的广告战略策划

> **学习要点**
>
> 本章重点论述基于整合品牌传播的广告战略策划，需要弄清整合营销传播理论以及整合品牌传播理论的核心内涵和贡献，明确如何确立广告目标战略，并进行广告战略的选择与评价。

第一节 从整合营销传播理论到整合品牌传播理论

移动互联网时代的到来为品牌传播及营销传播带来了极大的改变，环境的变化使得传统营销传播理论的局限性显现，品牌的内涵和品牌传播发生转变，企业和消费者的角色也有了变化。在这个基础上，过去的营销理论为适应Web3.0时代的新特征，必须要有变化与革新。如今的品牌传播变成了一种移动化、生活化、社交化的营销方式，依靠便捷的移动终端技术的发展，迅速在消费者的现实生活中全面渗透，与消费者建立稳定的品牌关系。本节主要对传统的整合营销传播理论如何发展到如今的整合品牌传播理论进行梳理，并分析探讨两种传播理论的核心内涵以及理论贡献。

一、移动互联网时代整合营销传播理论的挑战

"整合营销传播是一个业务战略过程，它是指制定、优化、执行并评价协调的、可测度的、有说服力的品牌传播计划，这些活动的受众包括消费者、顾客、潜在顾客、内部和外部受众及其他目标。"[①]整合营销传播是在传统大众媒介时代被提出来的，其传播根据是消费者对产品的认知和使用、购买方式，传播目标是对消费者进行劝服，使消费者对产品功能有一定的认知，这决定了整合营销传播活动本质上只是一种广告策略，并没有品牌意识，品牌在整个营销过程中只是一种虚无的印象，其本身无法在传播中发挥作用。在消费者眼里，品牌并没有实质性的意义，只以推销产品为目的的广告传播并不能实现真正意义上与消费者沟通。

---

① 唐·E.舒尔茨，等:《整合行销传播》，北京：中国物价出版社，2002年。

移动互联网时代的到来对于整合营销传播理论的继续发展是一个巨大的挑战。Web3.0时代的传播环境发生了巨大变化，消费者从被动的受众变为了主动的用户，媒介平台从以单向传播为主变为多向传播，产品品牌的接触点发生变化，移动互联网平台成为广告信息传播的主力平台，这些改变使以产品功能诉求为核心的整合营销传播十分不适应。虽然整合营销传播整合了多重传播手段和传播渠道帮助企业实现营销，但它也只是提出了"如何传播"，却没有解决"传播什么"的问题。而且如今的移动互联网时代媒介特征发生了很大变化，社会化媒体的发展使用户有了全新的传播信息的平台，已不仅仅局限于传统的大众媒介了。这就决定了掌握了主动权的用户不再只满足于仅仅对产品停留在功能认知的阶段，他们通过移动互联网参与线上活动，随时随地分享信息，与企业进行互动交流，这也就决定了企业必须要从以产品为核心转向以用户为核心。而到了营销3.0阶段，用户的最高需求层级即精神需求更是成为企业在进行品牌传播时要注意的关键点，用户与企业实现价值共创成为这一阶段的核心。由此看出，诞生于传统大众媒介时代的整合营销传播已经不再适用于移动互联网时代，它必然要受到新的传播环境带来的挑战和冲击。

二、整合品牌传播理论的创新

在移动互联网时代，我国学者段淳林在借鉴已有理论的基础上，提出了整合品牌传播理论（IBC）。她指出，舒尔茨的整合营销传播理论把单独的营销因素看成一个整体，并借助于多重传播手段和多渠道的传播方式，如广告、公共关系、促销、消费者购买行为、员工沟通等，以完成或实现与顾客之间建立良好关系的营销目标。但是这一理论并没有把与顾客建立良好的品牌关系作为整合营销传播的核心问题，也没有把品牌关系确定为整合营销传播的核心价值追求。这就意味着营销传播主体的缺失。[①]张金海指出："当下的整合品牌传播不可能只是传播工具的整合，还应该是一种深度的'价值整合'，是一种以价值为核心的关系整合，即通过'价值共创'与'价值共享'，使品牌拥有者与品牌使用者形成一个价值取向与价值认同高度一致的'价值共同体'。"舒咏平教授认为："我们需要立足信息社会的必然取向——在传播中建构品牌、建构信誉、建构供销双方利好之价值，如此品牌传播导向的营销则是水到渠成。"[②]

由于IBC与IMC产生的时代不同，媒介环境、传播形态与营销环境都存在差异，导致整合品牌传播与整合营销传播存在诸多差异（表5-1）。在整合营销传播时代，人们是一个个分散的消费者，被大众媒体当作目标来进行相关的营销传播。而在移动互联网时代，绝大部分人已经成为社会化消费群体。社会化消费群体的特征是，不是以独立个体的方式存在，而是以价值观作为核心的相互联系的消费群体的方式存在，消费者以社会化网络为纽带形成价值共享的关系网。段淳林教授指出，移动社交化不是移动智能终端和社交化应用的简单相加，而是线上社交网络与线下社交网络的高度融合。社会化消费群体理所当然地成为整合品牌传播的主体，这是IBC理论和IMC理论的本质不同。因

---

① 张金海、段淳林：《整合品牌传播的理论与实务探析》，载《黑龙江社会科学》，2008年第5期。
② 段淳林：《整合品牌传播：从IMC到IBC的理论建构》，北京：世界图书出版公司，2014年。

而，整合品牌传播的本质是以满足消费者需求为核心的双向沟通，其主体是社会化消费群体。同时，整合品牌传播理论明确提出品牌应传播其核心价值，文化精神价值是品牌核心价值的精髓。①

表5-1　IBC与IMC的差异

整合营销传播（IMC）	整合品牌传播（IBC）
同质化大众	社会化消费群体
大众媒体传播为主	移动社会化媒体传播为主
追求双向沟通	寻求价值共创
利益关系为导向	价值关系为导向
追求经济价值最大化	追求社会价值
单一传播	战略组织传播

整合营销传播主要的传播媒介是大众媒体，消费者通过大众广告接触品牌，品牌传播的路径是从消费者认知、态度到购买倾向最终建立品牌忠诚度。而整合品牌传播是以数字媒体特别是移动社会化媒体传播为主的，这种连接线上和线下活动的社会化媒体，使消费者行为从以线上为主向线下融合转变，社会化媒体成为消费者的第一信息接触点。整合品牌传播建立在移动互联网平台，与消费者进行随时随地的互动，消费者不仅从被动参与变成主动参与，更成为参与品牌传播互动与品牌价值共创的主体，共同参与品牌价值的传播。整合营销传播的目的是实现与品牌利益相关者的利益最大化，而整合品牌传播的目标是进行价值整合，实现品牌价值的最大化。整合品牌传播理论构建的是从品牌经济价值到社会价值的体系，即突破经济价值上升到社会价值，实现经济价值、顾客价值、企业价值与社会价值的整合。整合营销传播组织机构主要是第三方广告公司，但整合品牌传播建立的是战略组织传播体系，是从战略组织管理的高度，统领与整合企业组织与第三方专业机构的内外部资源，保障品牌传播资源的统一性管理与一致性战略传播。整合品牌传播的战略组织传播要求企业内部建立包括首席品牌官（CBO）、品牌传播总监、品牌经理人、品牌策划师的战略品牌管理架构。②

另外，就整合层面来说，整合品牌传播与整合营销传播也存在较大差异。整合营销传播理论强调的是多种传播方法和传播工具的整合，而整合品牌传播理论强调的是技术平台的整合、价值与价值观的整合、战略整合、跨媒体整合和跨界整合。技术平台的整合又包括云计算技术、大数据、LBS技术、AR技术等新旧传播技术的整合。价值整合是基于企业内部的一种思考，是由内而外的思维方式，是从品牌的知名度、联想度、美誉度到忠诚度的价值构建过程。价值观整合是对品牌的核心价值观、消费者价值观、社会价值观的一致性整合，其目的是品牌终极目标即品牌忠诚度与无形社会美誉度的构建。战略整合是以企业组织为主导，整合品牌战略、经营战略、市场战略，从传播的一

---

①②　段淳林：《整合品牌传播：从IMC到IBC理论构建》，2版，北京：世界图书出版公司，2016年。

致性与统一性，提升与塑造品牌形象，实现品牌价值最大化。跨媒体整合建立在数字技术与移动通信技术的基础之上，包括时间与空间两个层面，在时间维度上整合不同传播阶段的信息、资源及消费者的需求等；在空间上针对品牌与消费者沟通的广度进行整合。跨界整合指品牌传播过程中整合媒体、政府、学界以及业界的多方力量，各方组织或机构在品牌传播过程中都能体现出相应的价值贡献。

三、整合品牌传播理论的模式构建

1. 以价值共享为核心的AIVSA模式

1898年，美国著名广告学者E. S. 刘易斯提出AIDMA法则，即attention（注意），interest（兴趣），desire（消费欲望），memory（记忆），action（行动），在营销界、广告界影响甚远，这一模式在信息匮乏的社会阶段被提出来，是广告主主导广告信息传播进而影响消费者决策的模式。2005年，日本电通广告公司提出了新的AISAS模式，针对消费者获取信息方式的主动性增强这一特点，加入了两个"S"，即search（搜索）和share（分享），这两个"S"都是与互联网高度关联的信息传播方式。整合品牌传播理论在AIDMA和AISAS的基础上，结合移动互联网时代数字媒体平台特性和社会化消费群体的特征，创新性地构建了AIVSA模式，即attention（引起注意），interest&Interaction（兴趣与互动），value（价值认同），share（信息分享），action（消费行动）。AIVSA模式更符合移动互联网时代消费群体的消费行为产生的过程，目标消费者只有产生价值认同，才会去社交圈进行信息分享，分享信息之后才会产生新的传播行为。AIVSA模式是一个动态的过程。从时间横向维度上看，消费者的行为阶段可以分为五个阶段；而从消费者价值认同的纵向维度上看，消费者行为包括价值认知、价值认可、价值认同、价值共鸣四个阶段。这两个维度同时存在，影响消费者行为，是AIVSA模式动态性的根本原因。AIVSA模式反映了对消费者行为性质的认识和观点。[1]整合品牌传播理论主张，在价值整合时代，品牌价值已经从经济价值上升到社会价值的高度，价值整合的过程就是将以品牌核心价值为主的价值观与企业价值观、社会价值观进行整合，实现品牌核心价值系统的普适化，最终使品牌成为某种社会价值的特定符号，被消费者和其他社会群体广泛认同。如IBM公司有一个名为"City One"的游戏，让玩家体验现代城市面临的能源、金融、零售、交通、安全等问题，其关怀地球和维持地球可持续发展的形象得到了社会认同。[2]

2. SoLoMo媒体与整合品牌传播模式

2011年2月，KPCB风险投资公司合伙人、北美创业投资教父John Doerr提出social（社会化）、local（本地化）、mobile（移动化）三者结合的SoLoMo媒体，它是社会化媒体与移动互联网、智能移动终端紧密结合催生的一种传播媒体发展趋势。段淳林教授提到："对于整合品牌传播的实现，SoLoMo模式的最大意义是建立基于位置的社会化网

---

[1] 段淳林：《整合品牌传播：从IMC到IBC的理论建构》，北京：世界图书出版公司，2014年。
[2] 佘世红：《IBC：移动互联网时代对IMC的创新》，载《销售与市场（评论版）》，2014年第11期。

络，实现了虚拟空间和现实世界的融合，起到构建传播平台和传播渠道的作用。"① 因此，整合品牌传播模式是以AIVSA模式中体现的消费者行为模式为基础，以SoLoMo媒体为主要平台进行的一个广告信息传播模式的建构。基于SoLoMo媒体的整合品牌传播模式包括消费者洞察、传播创意点的实现、跨媒体整合和传播评估与引导四个部分。首先从精神个体的角度对消费者的心理需求特征及其媒体接触点进行分析，然后围绕传播目标实施传播创意点，接着配合传播创意点的具体执行，以实现以传播沟通为目的的多种媒体整合（其依据是消费者接触点），最后通过传播跟踪和整体评估方式对传播活动进行评估，并对消费者信息传播进行引导，以期出现预期效果。②

第二节　品牌核心价值与广告目标战略的确立

广告策划与创意的实现有两个必经步骤：第一步是确立广告目标战略，第二步便是在此基础上展开接下来的广告策划与广告活动。因此，若要顺利展开广告策划与创意的整个活动，确立一个明确的广告目标战略是非常核心和关键的。盲目进行广告实践最终会导致广告策划人自身都无法明确广告究竟要达成什么样的目标，无法计算广告花费的成本，更无法对广告进行效果的测量。由此可以看出，没有目标战略的广告活动好似空中楼阁，始终不是一个完整的并且能落地的广告战略策划。广告战略是广告活动的全局性和长远性的指导思想和基本方法，一般是指在进行详尽的广告调查和消费者分析、市场分析、广告主体分析之后，确立广告目标以及实现广告目标的战略。

一、营销导向时代：营销目标指导广告目标战略

广告从一开始就是作为市场营销的工具出现的，广告的目的应该是配合完成企业一定时期的营销目标。②在营销导向时代，广告主通过广告传播来改变、强化消费者的态度或观念，鼓励、吸引消费者购买，以此配合产品、终端、人员促销等，最终达到促销目的，因此这一阶段的广告目标战略是以营销目标为指导的。在以卖方市场主导的传统大众营销时代终结后，整合营销传播时代到来，为了达到营销目的，广告主制定营销目标指导广告目标战略的步骤是首先进行市场细分，把一个或几个细分市场作为目标，为每一个市场制定产品开发和营销方案，把营销努力集中在具有最大购买力和购买兴趣的买主上。此后，随着主流细分市场的饱和及产品生命周期的缩短，营销的目标性、细分化程度进一步提高，在最初的目标营销基础上又分化出了对位营销、微观营销、一对一营销等方案，它们满足了不断变化更新的市场形势需要。③

1. 营销目标的基础：市场细分与目标市场的选定

市场细分即按照购买者所需要的个别产品和营销组合，将一个市场分为若干不同的

---

①② 段淳林：《整合品牌传播：从IMC到IBC的理论建构》，北京：世界图书出版公司，2014年。
③ 丁邦清：《广告策划与创意》，北京：高等教育出版社，2011年。
④ 饶德江：《广告策划与创意》，武汉：武汉大学出版社，2003年。

购买者群体，并界定它们的特征和个性，然后将若干细分市场按照不同的标准进行聚合，选择一个或者几个准备进入的聚合市场作为广告的目标市场。之所以要进行市场细分，是因为一个大的市场就是由许多小的市场构成的，每个细分市场都是从消费者的角度，根据消费者的特征和需求来划分，市场细分是建立在消费者心理和行为研究的基础上。具体如何进行市场细分呢？广告人通常按照地理、人口、消费心理和行为来分类。按这四个变量分类可以对几乎所有的消费者做一个充分的描述，然后按了解到的特征进行营销组合，这样最终的传播效果才会好，广告主因此才能获得有效的反馈。也可以按照使用率变量划分，例如重度使用者、中度使用者、轻度使用者。另外，还可以按照用户身份变量划分，分为专一/半专一品牌用户、折扣用户、知晓未尝试用户、尝试拒绝用户及泛产品用户。这些细分方法为企业提供了很多不同的深入了解消费者的方式，哪里有消费者需求，哪里就有目标市场。

根据前文的定义，按照消费者特征进行市场细分之后，接下来就要在市场细分的基础上确立目标市场。目标市场一旦确立，就必须制定相关的营销战略和传播战略。将若干细分市场按照不同的标准进行聚合，选择一个或者几个准备进入的聚合市场作为广告的目标市场。市场聚合是企业将具有相同购买习惯的消费者，依据其购买潜力和利润潜力重新将他们聚合成一个稍大的细分市场作为企业的目标市场。总的来说，市场细分为目标市场的选择提供基础和依据，只有先对市场进行细分，才能准确判定出企业的目标市场。

2. 营销目标的途径：整合广告策略

目标市场确定后，广告目标战略进入针对目标市场确立具体的广告目标以实现企业销售目标的阶段。广告目标可以分为行动目标和传播目标。从广告所能达到的效果而言，可以用"广告目标金字塔"来表现，要达到促进购买的效果，需要经过知晓、理解、信服、欲望、行动五个步骤。随着整合营销传播的出现，多种广告渠道的出现使得"广告目标金字塔"的实现有了更多的途径。舒尔茨的整合营销传播理论把单独的营销因素看成一个整体，并借助于多重传播手段和多渠道的传播方式如广告、公共关系、促销、消费者购买行为、员工沟通等，整合广告策略以完成或实现与消费者之间建立良好关系的营销目标。但是从消费者对产品的认知、使用和购买行为等消费者行为层面出发的创意，使得整合营销传播在具体实施的时候依然停留在产品功能及属性的诉求层次，本质上依然是由内向外的传播，整合的对象只停留在与消费者行为紧密联系的营销工具上，品牌的核心价值没有得到传递和共创。[①]

因此，在营销导向时代，以营销目标指导广告目标战略的优势在于目标市场的确定和广告策略的整合，劣势在于仅仅以销售推广为目的的广告目标战略并没有将品牌的作用发挥出来，品牌无法真正在传播过程中发挥价值，也就没有真正意义上实现与消费者的沟通。

---

① 段淳林：《整合品牌传播：从IMC到IBC的理论建构》，北京：世界图书出版公司，2014年。

二、整合品牌传播：广告目标战略以品牌核心价值为归依

广告服务于营销的功能使得人们常常把广告目标与销量联系在一起，但广告目标并不等于销售目标。[①]正如舒咏平教授所说："营销本质上是工业社会的思维和产物，虽然营销比产品导向的推销确实进步不少，但归根结底是在工业社会结构中，即工业产品的销售本质并没有发生变化。"[②]在移动互联网时代，品牌已经不再仅仅只是存在于消费者心中的一个印象。"广告目标金字塔"发展为从品牌知名度的提升到品牌认知度提升，再发展到品牌美誉度提升，最终发展到品牌忠诚度的提升。广告目标的侧重点不应该是线性的、直接的销量目标，而应该以品牌核心价值为归依。整合品牌传播理论进一步对整合营销传播理论进行延伸，广告策略整合时代发展到品牌整合时代，整合的内涵不仅仅是数字媒体平台与大众媒体的整合即传播工具或策略的整合，而应该是围绕品牌的核心价值，从品牌战略的高度上升到消费者参与、价值认同与品牌精神价值的整合。

1. 从营销目标到品牌核心价值

传统营销时代是营销目标指导广告目标战略，而这种指向是以销售目标为导向，没有长期的品牌规划，广告也是以实现短期的营销目标为宗旨。移动互联网时代，消费者被动身份转变，数字平台的发展使其能够主动参与品牌传播互动与价值共创，广告传播的重点不再仅仅是产品诉求，而发展成为品牌价值诉求。在这个环境下，究竟该如何进行广告目标战略的制定呢？基于整合品牌传播的视角，进行广告目标战略的策划已经发展为以品牌的核心价值为归依，以品牌核心价值指导广告目标战略的制定。

品牌与消费者的沟通是随着营销目标的变化而变化的，整合营销传播中的品牌传播与沟通着重于产品卖点，企图从产品的功能性和品牌的差异性上与消费者沟通。根据段淳林教授的观点："品牌传播与沟通的核心应是基于产品功能性价值、情感性价值、社会性价值和精神性价值的动态传播过程。"[②]因此，可以说真正触动消费者内心的不是简单的产品属性或者感性诉求，而是精神价值观。消费者通过购买某一品牌的产品而对该品牌的核心价值有了精神上的认同，和品牌价值产生了高度的共鸣，这实际上是一种价值观的沟通，这种价值观沟通是真正以消费者为出发点的沟通。从营销目标到品牌核心价值，体现了广告传播目的的升华，品牌主不再以推销产品为目标战略，而是通过使消费者对品牌核心价值产生认同，最终实现品牌与消费者生命意义的联结。

2. 品牌核心价值的本质

整合品牌传播时代，广告目标战略归依于品牌核心价值，建立了与消费者最深层的联系。那品牌核心价值的本质究竟是什么呢？

从消费者的角度而言，品牌并不是一般的消费品，也不是一个符号或标志，品牌核心价值应该是消费者精神生活的一部分。一个品牌中所蕴含的独特的内涵和价值与消费者自身的人生价值追求达到同一，品牌因此成为一种独立的精神个体的身份。消费者对品牌的追求实际上是一种对自我价值的追求，品牌是消费者自我实现的媒介，也是表

[①] 丁邦清：《广告策划与创意》，北京：高等教育出版社，2011年。
[②③] 段淳林：《整合品牌传播：从IMC到IBC的理论建构》，北京：世界图书出版公司2014年。

达自我意义的方式和途径。从整合品牌传播过程而言，品牌核心价值是黏结品牌各要素的"黏合剂"。品牌核心价值使企业、消费者、品牌能够得以联结。对企业来说，可以依靠品牌增强竞争优势并实现长久盈利；对消费者来说，在满足自身消费需求的同时与品牌实现价值共创也是一种自我实现。在这个过程中，企业、消费者、品牌三者实现了共赢。最后从社会的角度而言，品牌核心价值是一种文化精神价值。段淳林教授在《整合品牌传播》一书中描述到："品牌所承载的价值观是一种文化性精神价值，是指根植于特定文化的精神价值，具有特定文化的典型特征。品牌核心价值是聚焦的文化精神价值，是一种积极、正面的价值取向和价值追求，其超越产品所能表现的物质需求和生理需求，体现消费者发展性的价值需求，是对消费者钟爱的精神价值观的演绎与诠释，具有强大的包容性和整合优势。"①

三、广告目标战略的核心因素

1.品牌价值影响广告目标战略

品牌价值是一个综合的、多层次的、抽象的，且具有动态性的哲学概念。面对不同的主体、不同的消费环境、不同的企业发展环境，品牌价值都有不同的需求层次，不同的品牌价值也影响着广告目标战略的制定。按照一般的说法，品牌价值包括品牌功能价值、品牌情感价值、品牌经济价值、品牌社会价值等。段淳林教授在《整合品牌传播》一书中提出，一个品牌价值整合模型贯穿品牌发展的各个层次，即品牌价值分为四个递进的层次，分别是经济价值层、顾客价值层、企业价值层和社会价值层。这四层价值是一个持续发展的动态过程，每一阶层都有适合其发展特点的广告目标战略。品牌的经济价值是品牌的首要价值，是可以使消费者产生购买行为，为企业带来利益的无形资产。企业若以经济价值作为指导，那广告目标战略就要以利用其产品占领当前市场、潜在市场、未来市场作为核心，通过不断扩大市场占有量而提升投资回报率，最终实现企业的经济价值。品牌的顾客价值是以顾客关系建立品牌形象，为品牌带来持久稳定的顾客群，使品牌永葆生机。这就要求广告目标战略要从消费者出发，加强消费者对品牌的认知，影响消费者的态度和行为。品牌的企业价值是致力于在激烈的竞争环境中建立强大的产品、服务品牌和公司品牌，因此广告目标战略的核心在于使消费者能够对品牌和企业背后的价值观产生认同感，这一品牌价值的目的是使企业能够长久稳定地发展壮大。最后是品牌的社会价值，这是企业的最高价值，让品牌成为一种精神价值和文化载体，因此广告目标战略要以传播品牌核心价值为重心，使其成为消费者的价值观并随着其社会行为不断传播，在实现品牌价值的同时使其成为社会价值。

2.品牌定位的差异化决定广告目标战略

事实上，品牌的定位目标也指导着广告目标战略。品牌定位是指建立一个与目标市场有关的品牌形象的过程和结果，是勾画品牌形象和其所提供的价值的行为，以此让细分市场的消费者理解和认识该品牌区别于其他品牌的特征。②品牌定位的目的在于将产品

---

① 段淳林：《整合品牌传播：从IMC到IBC的理论建构》，北京：世界图书出版公司，2014年。
② 余明阳、韩红星：《品牌学概论》，广州：华南理工大学出版社，2008年。

转化为品牌，以利于潜在用户的正确认识。品牌定位的一个原则是差异化原则，只有挖掘出与其他品牌的差异点，与其他品牌区别开来，才能吸引消费者的目光。那品牌定位究竟该如何实现差异化的定位呢？不同的品牌定位下广告目标战略又有何不同呢？品牌的定位方法有很多，包括首席定位、比附定位、USP定位、市场空当定位、消费群体定位、对比定位等等，品牌定位的差异化决定了广告目标战略的制定。例如首席定位，若一个品牌定位要做行业的第一，做一个强势品牌、领导品牌，那么该品牌的广告目标战略必须是积极的、进攻型的。还有市场空当定位，市场空当定位是指企业寻求市场上尚无人重视或未被重视或未被竞争对手控制的位置，使自己推出的产品能适应这一潜在目标市场的需要。[①]这实际上就是一个发现蓝海市场的过程，为了挖掘潜在市场的需求，在制定广告目标战略时需要敏锐的市场观察力，品牌主也要有大胆创新的精神。

3. 品牌不同的发展阶段影响广告目标战略

品牌在不同发展阶段，广告目标战略也会受影响，这时要根据品牌成长周期的不同的阶段性特点制定合适的广告目标战略，才能实现最终的广告目标。根据"广告目标金字塔"，品牌在不同发展阶段的广告目标依次是打响品牌知名度、提高品牌认知度、增强品牌美誉度、培养品牌忠诚度。在初创期的品牌主要着重点是产品，保障产品品质是品牌在这一时期的主要作用。因此广告目标战略的重心在于提高消费者对品牌的认知，打响品牌知名度，进而提高产品销量，占领市场份额，为未来市场的开拓打好基础。第二阶段是品牌发展期，品牌进入逐渐脱离产品的阶段，品牌的作用不再是提高消费者认知，而是引发消费者对品牌的反应，走进消费者的心里。因此这时的广告目标战略要以消费者为中心，品牌传播的重心落在建立顾客关系的层面上，以影响消费者态度和行为为目的。第三阶段是品牌成熟期，这时品牌已经发展到与企业的形象联系在一起了。广告目标战略的重点在于企业文化的建立和推广，在消费者心中建立统一的企业品牌形象。最后一个阶段是品牌质变期，品牌致力于实现企业、顾客与社会的共赢，因而广告目标战略的制定围绕品牌的经济价值、顾客价值、企业价值、社会价值的整合发展。

第三节　广告战略的选择

有了明确的广告战略目标之后，企业或广告主需要以广告战略目标为核心，并以实现广告目标为方向，选择和制定广告战略。广告战略策划的前提是分析企业内外部因素。在战略选择的过程中，有四个主要考量因素，有传统意义上的根据市场营销战略来选择，从产品生命周期出发来选择，还有移动互联网环境下的根据品牌发展战略来选择以及从企业竞争的角度进行选择。另外，影响广告战略的选择的要素还有企业本身的经济实力，企业领导人风格、态度与认知以及企业所处的行业。

---

① 余明阳、韩红星：《品牌学概论》，广州：华南理工大学出版社，2008年。

一、根据市场营销战略来选择广告战略

根据市场营销战略来选择广告战略指的是：企业进行市场细分之后，广告目标战略得以确立，接下来便可对细分过后的不同市场的营销战略及营销组合确立相应的符合其特点的广告战略。市场营销战略的类型主要有无差异性营销战略、差异性营销战略、集中性或密集性营销战略，因此广告战略也是在这个基础上进行选择。

1. 无差异性广告战略

无差异性广告战略是指针对统一的市场，采用统一的市场营销组合而制定的广告战略。这一广告战略的特点在于企业把整个市场看作一个统一的无差别的大市场，据此推出一种产品，采用一种价格，分销渠道也保持相同，因而在广告策略以及最终呈现的广告宣传与设计上也都是保持统一。无差异性广告战略的优点是以生产观念或推销观念为指导思想来进行的，因此能够明确清晰并快速地打入市场，给消费者留下深刻印象。缺点是没有区分出消费者的差异性，无法满足不同消费者的多样化需求，单一的广告战略没有针对性，消费者对企业的信任感难以稳固。特别是如果遇到同类产品的竞争对手企业，激烈的竞争会迫使其不得不改变战略进行有针对性的广告诉求，不然很难抓住挑剔的消费者的心。在营销1.0时代，这一广告战略十分常见。

2. 差异性广告战略

差异性广告战略是指将整体性的大市场分为不同的细分的小市场，然后企业根据这些不同的目标市场的特点采用不同的市场营销组合；每一个细分市场要设计出不一样的产品，采用不同的价格，同时分销渠道也要有差异；最后在广告策略以及最终呈现的广告宣传与设计上，每个细分市场都是具有差异性的，采用多样的广告设计与宣传，利用多种广告媒体，以满足不同消费者的差异化需求。差异性广告战略的优点是相比无差异性广告战略，它区分出消费者的差异性，并且有针对性地满足不同消费者的多样化需求。这一战略是在科技迅速发展、市场不断扩大、同类产品的竞争对手企业不断发展的背景下产生的，激烈的竞争和生存压力迫使企业必须改变战略进行有针对性的广告诉求。当然差异性广告战略也有缺点，对整体市场细分后所进行的不同的广告策略需要企业做多样的广告设计，并且还要在不同的媒体平台进行宣传，这无疑增加了一大笔广告费。采用差异性广告战略的时候，企业需要平衡好广告收益和广告支出的比例，尽量用最少的支出取得最大的广告宣传效果。美国可口可乐广告公司在日益激烈的竞争环境下也不得不寻求改变，开始采用"国际品牌本土化"，即差异性广告战略。采取的措施主要有生产多种瓶装和罐装的可乐，每一种产品的形式和价格都越来越多样化，在广告制作上也使用了不同的广告主题进行宣传。

3. 集中性或密集性广告战略

集中性或密集性广告战略是指企业针对一个或几个细分市场，集中企业全部资源为其服务，进行专业化的生产和销售，因而广告的设计和宣传也是集中在几个小的细分市场上。集中性或密集性广告战略的特点在于它与无差异性广告战略和差异性广告战略都不同，这两种广告战略都是以整个大的市场为目标，不管有没有细分市场，企业都是从

整体的大市场出发的。但是集中性或密集性广告战略追求的不是在大市场上占据较小的份额,而是在较小的细分市场上占有较高的份额,企业把主要精力集中放在几个主要的关键性的细分市场上,满足个别细分市场的特殊需求,有利于企业产品在该细分市场取得优势地位,提高企业的市场占有率和知名度。这一广告战略的优点在于它的营销目标集中,企业能够深入了解市场需求的变动,能充分发挥企业优势,利用有针对性的营销组合策略节约生产成本和营销费用,并且生产的专业化程度高。它的缺点在于目标市场过于狭小,市场发展潜力不大,而且产品过于专业化会导致企业的长远发展受到限制,一旦强大的竞争对手介入以及替代品出现都会给企业带来极大的威胁。适合使用这个广告战略的企业不是可口可乐这类型的大企业,而是资源有限的中小型企业,使用集中性或密集性广告战略有利于他们将有限的资源放在最具优势的、最合适的市场中以获取最大的利益。

二、从产品生命周期出发来选择广告战略[①]

1. 引入期——建立良好的第一印象

在产品引入期,由于其刚投放市场,尚未引起消费者注意,因而在广告战略上要侧重于尽快在消费者头脑中建立良好的"产品第一印象"。大卫·奥格威曾经说过:当你为客户策划时,一开始就要假定客户永远经营这种产品,并以此为立足点,高瞻远瞩地为他们的品牌树立起明确突出的性格。他这种见解是很深刻的。在引入期,广告主必须花费大量的广告经费来达到建立市场领导地位的目的,力争在成长期就获得较大的市场份额。但是总体来说这一时期一般趋向于缓慢发展状态,因为建立和管理分销渠道,使产品在市场中顺利开始热销需要花费较长的时间。产品投入期的广告预算要与广告战略相适应,以保证其产品在规模声势上的效果。

2. 成长期——侧重宣传独特卖点

在成长期,产品已经在市场上销售一段时间,其竞争对手相应较多,这时的广告战略要侧重于宣传产品的独特卖点,并通过这种宣传巩固厂名和商标的声誉,取得市场优势地位。产品愈优秀,效果愈好,别人仿制的可能性就愈大,必须充分估计仿制品在市场上的冲击力和威胁性。同样,为其所做的广告愈优秀,影响力愈大,仿制品也就越容易借助于这些影响力,借势提高仿制产量。因此,成长期的广告战略必须考虑到能最大限度地遏制仿制品。这种遏制除了广告经费、规模声势等方面外,还力求广告本身有一两手独特的东西是竞争者和仿制者无法借用的,使产品能够稳步立足于市场,这时候的广告战略选择有着关键性的意义。

3. 成熟期——加大品牌宣传力度,着重向顾客突出差异化特点

在产品成熟期,产品已经进入旺销的阶段,消费者开始大量购买,广告的推销效果也就较为明显,容易"立竿见影"。这时的广告战略应侧重于劝说老顾客继续购买本产品,并劝说潜在消费者试用本产品,尽量通过广告挖掘潜力、提高销量。在此阶段,企业一般应当加强自己的促销力量,加大品牌宣传力度,着重向顾客突出差异化特点,常

[①] 饶德江:《广告策划与创意》,武汉:武汉大学出版社,2003年。

常使用USP策略。由于此时产品营销已形成某种"传统",所以广告经费预算要精细,尽可能节省而又能达到理想的效果。让广告基本上起到维持这种"传统"的作用,是这一时期的广告策划的基本战略。

4. 下坡期——侧重宣传价格优惠和售后优质

在产品下坡期,产品的竞争焦点已从功能、质量方面转移到价格、服务方面,因而广告战略的侧重点应放在宣传价格优惠和售后优质服务方面。但是必须充分分析企业自身情况及竞争对手的情况,审慎行事,因为宣传价格优惠有一种潜在的危险性。企业竞争对手之间为了争取顾客,确保自己的市场优势,竞相降低价格,无疑也就是在不断削减自己的利润,这种"拉锯战"的结果是把双方都赶进了死胡同,导致两败俱伤。明智的广告战略策划是审时度势,如果本身是高位次企业,而且足以承受因降价而引发的利润损失,那么可以着重宣传价格优惠,但要注意价格战给品牌形象带来的负面影响。如果本身与竞争对手相比是低位次企业,而且不能承受因降价带来的利润损失,那么就应该转移阵地,伺机而动,另谋新策,而不是孤注一掷硬拼价格战。

5. 衰退期——维护企业良好形象,等待新一代产品出现

在产品衰退期,产品已逐步失去市场,正在被其他产品所取代,因而这一时期的广告战略,重点不能再放在宣传产品本身上面,而应该着重宣传商标,通过广告维护企业的良好形象,保持企业的良好声誉,等待新一代产品出现。广告战略制定者应该有一个明确的观念:广告战略是企业整个营销战略的一部分,从全局和整体看,一种产品走向衰退,绝不是商标也走向衰退,更不是企业走向衰退。相反,企业要利用这一商标开发新产品,跨越现在,赢得将来的更大发展。

三、根据品牌发展战略来选择广告战略

1. 品牌初创期:提高消费者认知

品牌初创期是指一个新品牌刚刚被塑造的时候,这时产品在各方面的性能都尚未稳定,产品的市场占有率不高,品牌还未形成其自身的鲜明特征。在这个阶段,广告战略重点应该是提高消费者认知。通过对产品的性能和属性做广泛的大规模的推广介绍,以及有特色的产品包装设计来提高产品知名度,刺激消费者购买,促进产品销量。在品牌初创期,产品知名度的提升与品牌知名度的提升同时进行,品牌与产品高度关联,品牌的主要作用是区分产品生产商、保障产品品质。品牌第一炮的打响可以在消费者心中形成一个对该品牌的清晰的认知,品牌迅速被认识和接受也可以为之后企业与消费者建立长期的关系打好基础。

2. 品牌发展期:建立顾客关系

品牌发展期是指产品销售取得一定成功,品牌有了一定的知名度的时候,进入打造品牌认知度的时期。这时消费者对于产品以及品牌已经熟悉,产品的影响力和品牌的声量都逐渐加强,品牌逐渐脱离产品。这一阶段广告战略需要考虑的重点在于如何与其他同类品牌进行竞争,使品牌的声量能够继续累积,这就要求企业与顾客建立关系,突出品牌形象的塑造和推广,使顾客形成品牌偏好,在诸多同类品牌中选择自己的品牌。品牌的市场渗透率不断加深,消费者重复购买率不断提高,品牌就能稳定发展。

3. 品牌成熟期：输出企业文化

品牌成熟期是指产品的销量已经达到最大值，品牌的市场占有率也趋于稳定。品牌的知名度和认知度都得到稳定发展之后，品牌美誉度打造和企业文化的塑造就成了这一时期广告战略最重要的任务。成熟期虽然是企业品牌发展比较稳定的时期，但并不意味着竞争的减弱。品牌地位的确立使得消费者对品牌有更高的要求，稳定的消费者对品牌的赞美和认同会吸引更多潜在消费者。另外，这一阶段品牌与产品的关联度已经减少了很多，更多的是与企业文化的融合，品牌要开始成为企业形象的外在表现方式。这不仅可以起到稳固消费群体的作用，还可以吸引其他强势企业的合作，对于品牌主而言，这一时期是企业发展壮大、品牌价值更上一个台阶的关键时期。

4. 品牌质变期：树立品牌社会价值

品牌质变期是指品牌的作用进入实现企业、顾客和社会共赢的最高阶段。这一时期企业基本已经发展到非常稳定的阶段，因此广告战略不再仅仅以经济价值作为标准，而是更注重品牌带给消费者的价值意义。企业的社会责任要求企业必须超越把利润作为唯一目标的传统理念，强调在生产过程中对人的价值的关注，强调对消费者、对环境、对社会的贡献。当企业的社会责任对外宣传时，会形成一种CSR符号，累积在品牌价值上，这就是品牌的社会价值。[1]

四、从企业竞争的角度来选择广告战略

在市场经济中，任何一个企业或者品牌都不可能垄断一个市场。市场上，多个甚至众多的品牌之间，为争夺消费者、争夺市场份额，开展着激烈的竞争，因此企业之间的竞争也会影响广告战略的选择。而在与其他企业进行竞争之前，首先要明确竞争对手是谁，准确把握竞争对手的定位，清楚了解竞争对手的营销情况以及竞争对手的广告战略，知己知彼才能百战百胜。竞争环境下的广告战略按照企业在竞争环境中的地位可以分为竞争力强的领导企业和竞争力较弱的新兴企业的广告战略，领导企业采用的是强势型广告战略，新兴企业采用的是挑战型广告战略。

1. 领导企业：强势型广告战略

对于领导企业来说，其产品和品牌的发展已经基本稳固，他们在市场中拥有较大的竞争力，因此在进行广告战略选择的时候可以采用强势型广告战略，以一种"明争"的直接竞争的形式，从竞争对手的弱点出发来展示自身品牌的强项。例如宝马和奔驰这两大汽车品牌就经常直接展开竞争。在宝马百岁生日那天，奔驰发去一条"祝福"广告："没有宝马的那三十年，奔驰有点无聊。"表面上这是一条生日祝福，但实际奔驰想表达的意思是自己的地位领先宝马30年，这是无法改变的。而随后，宝马立刻也发布一条广告以示回击："君生我未生，我生君已老。"意思是"我还很年轻，奔驰却已经过时啦"！这样的带有挑衅意味的十分强势的"明争"型广告战略也只有有实力的大品牌才能够驾驭，若没有实力的小品牌之间或者竞争实力悬殊较大的大品牌和小品牌之间采用这样的广告战略，或许消费者并不会买账。

---

[1] 段淳林：《整合品牌传播：从IMC到IBC的理论建构》，北京：世界图书出版公司，2014年。

2. 新兴企业：挑战型广告战略

对于一个后起的新兴企业来说，要在激烈的市场竞争中找到自身的发展空间，获得一席之地，保守求稳的广告战略并不能让其脱颖而出，只有向比自己强大的市场领导者进行挑战才有机会求生存。而在挑战的过程中，要充分发挥自身优势，认清竞争对手的劣势，理性把握竞争形势，不能空有一腔热血而盲目挑战。例如联合利华公司推出清扬洗发水的时候，深入分析了中国去头屑洗发水的市场，发现去头屑洗发水是所有功能洗发水市场中份额最高的，同时该市场当时只有一个"领头羊"品牌，就是宝洁的海飞丝。联合利华做好了让清扬洗发水直接挑战海飞丝的准备，采取了挑战型广告战略，快速打开了清扬洗发水的市场知名度。这个案例中，联合利华不是一家新企业，但清扬是个新的洗发水品牌。还有一个案例，就是年轻人熟悉的小米手机，它是2010年创立的，小米手机进入市场的时候，当时中国市场有两大国外霸主品牌：苹果与三星，国内的品牌号称"中华酷联"：中兴、华为、酷派与联想，小米作为手机市场的"新兵"，它采取了"性价比"的竞争战略，也就是做最好的手机，卖最便宜的价格，后来这种竞争战略成为小米企业价值观的核心：永远做感动人心、价格厚道的好产品。

五、其他因素

除了以上四种主要的影响因素之外，企业本身的经济实力，企业领导人风格、态度与认知也会影响广告战略的选择，可以分为进攻型/积极性的广告战略和保守型/防御性的广告战略两种。例如格力品牌早期在以"铁娘子"著称的董事长董明珠的强势带领下，品牌战略和广告战略均是硬派作风。有人用"董明珠走过的地方不长草"来形容她凌厉强悍的行事风格，因此董明珠个人的形象也影响了格力的企业品牌的打造，格力进攻型/积极性的广告战略使其成为空调行业的龙头老大。另外，企业所处的行业同样会影响广告战略的选择，对行业背景、现状以及发展趋势进行理性分析更有利于正确广告战略的选择。就目前来说，电子产品、快速消费品、房地产等行业都选择积极性的广告战略。一些工程类的行业、BTB的企业投入的广告非常少，属于保守型的广告战略。

案例

可口可乐广告传播"中国本土化战略"

1979年中美正式建交之后可口可乐公司立刻进驻中国市场，成为美国第一个进驻中国的跨国公司，努力在中国人心目中建立可口可乐饮料领导者的印象，这一时期主要是将可口可乐的英文广告配上中文解说，比如1980年的"这就是可口可乐"，1985年的"可口可乐添欢笑"都是同一时期的美国本地广告翻译，之后可口可乐计划在传播中突出中国民族特色。2000年春节，可口可乐公司推出"舞狮篇"。龙是中国传统吉祥物，舞龙更是中国传统节日的庆典节目之一，表明可口可乐开始抛掉"美国味道"，亲近中国传统。2001年新年，可口可乐继"大风车""舞狮"广告之后又一次专为中国市场推出"新年贺岁广告"。春节可口可乐的泥娃娃阿福贺新年的外包装让人记忆犹新：双双怀抱可口可乐的金童玉女，笑容可掬，在新年热闹的市场上显得十分亲切醒目；而另一款是十二生肖的新包装：一套十二生肖的易拉罐（据说是全球首次中国主题的一套纪念品）。具有浓郁本土特色的包装，是可口可乐公司首次在全球运用中国文化设计的具有收藏价值的纪念性包装。在一套12听装可口可乐包装上印制了生动可爱的十二生肖卡通形象，包括"魔术龙""正义猫""柔道狗"等。"可口可乐的广告并不宣扬美国叛逆开放的文化，而是顺应中国文化的精髓，将代表中国人心声的和谐统一文化作为新的中国的'可乐文化'。"①

2016年春节，可口可乐不仅创作了福娃猴年的平面广告（图5-1），也创作了电视广告，名字叫《失踪的可口可乐》。创意情景是：年夜饭就要开始，阿福阿娇发现家里似乎缺了些什么。原来是同一屋檐下的一家人缺少真正的互动交流，他们各自忙着手上的事，并没有积极响应妈妈的号召聚到餐桌前。于是，阿福阿娇决定做些什么。他们一起将开启年夜饭最重要的东西——一瓶可口可乐汽水藏了起来，没有了它年夜饭将无法开始。这个调皮的行动让全家人总动员起来，齐心协力寻找失踪的可口可乐。最终，一家人找回了失踪的可口可乐。但更重要的是，在寻找可口可乐的过程中还找回了欢笑和其乐融融的温暖气氛，这些才是新年最不可缺少的东西。

图5-1　可口可乐2016年猴年福娃平面广告

2019年春节前夕，可口可乐推出全新福娃形象，并与支付宝合作，助力新年扫福活动，可谓掀起了一次全民狂欢。农历春节来临之际，可口可乐的新年活动也如约而至，可爱的福娃"阿福""阿娇"重磅回归，再次为大家开启了一拨全新年末狂欢。可口可乐福娃扫描：用户只要打开支付宝AR扫一扫，进入"扫福娃，赢惊喜"活动，对准支付宝提供的可口可乐福娃进行识别即可进入红包页面（图5-2）。

---

① 林升梁：《跨文化广告传播学》，厦门：厦门出版社，2011年。

图5-2 2019年可口可乐春节AR扫描活动图

可口可乐已更新为新年包装，经典瓶身上添加了福娃图片。本身可口可乐的红色包装就符合农历新年的颜色，再加上这一对可爱的小福娃，就与中国的农历新年更加契合了。而瓶身的福娃图片不仅好看，还暗藏了黑科技，只要拿出手机打开支付宝的AR功能，扫描瓶身福娃，就能参与到可口可乐的"扫福娃赢好礼"活动，手机页面会显示出两位福娃的拜年动画，可口可乐也会在这个时候为大家送上祝福。不要以为这就结束了，其实惊喜才刚刚开始，接着用户就会获得可口可乐送出的神秘大奖，除了现金红包外，奖品还涉及视频会员、电影券、流量券、外卖券等等。在可口可乐的官方微博话题#扫福娃赢好礼#与#就要年在一起#下，网友交流的也是热火朝天，大家纷纷晒出自己的奖品，分享喜悦。[①]另外，在春节期间，可口可乐还推出了非常喜庆的福娃图片（图5-3），不同的广告图片为福娃设置了不同的场景：听音乐、看烟花、剪纸、跳跃，将传统文化与现代时尚文化融入福娃的生活，让消费者感受到福娃不是传统的、无趣的、过时的，而是与时俱进的、可爱的、带来福气的形象，增加了目标消费者对可口可乐的好感。

---

① 凤凰网：《可口可乐福娃已上线 开启一波儿全新年末狂欢》，http://hn.ifeng.com/a/20190128/7192980_0.shtml.

图5-3 可口可乐福娃组图

讨论题

1. 你认为哪些因素会影响广告战略的制定?
2. 请谈谈广告战略选择的主要类型有哪些。
3. 移动互联网时代,你是如何理解广告战略与品牌核心价值关系的?

第六章

移动互联网时代广告策略的制定

> **学习要点**
>
> 本章重点讨论如何基于消费者洞察确定广告策略。需要掌握的知识点有：①广告战略与广告策略的关系；②广告策略包含哪些内容？③基于消费者洞察的广告主题策略的制定。

第一节 广告战略与广告策略的关系

广告战略与广告策略都十分重要，但很多时候人们却并不把这两个概念加以区分，甚至直接混用。实际上广告战略更为宏观，具有指导性，而广告策略则相对具体，是某一阶段、某一环节的具体谋划。下面将结合案例，分析广告战略与广告策略的关系。

一、广告战略制约广告策略，广告策略服从于广告战略

广告战略是企业广告传播中的具有指导性的、方向性的纲领。在广告活动中，广告策略是在广告战略的指导下，根据市场情况、竞争情况、产品自身情况，对广告产品、广告市场、广告内容与方式、广告媒体、广告时空等进行分析，并针对具体的环节进行筹策与谋划。广告战略与广告策略是全局与局部的关系。广告战略对广告策略有制约作用，广告策略必须服从于广告战略的指导，为实现广告战略目标服务。脱离广告战略，广告策略就无从制定；即使制定出来，也无法体现其价值。

下面通过派克钢笔的案例来分析广告战略对广告策略的影响。乔治·派克在1888年创立了派克笔公司，以"拔萃之作，智者之选"的理念致力于制造"更好的笔"，派克钢笔在工艺设计与制造技术上的不断开拓创新，开启了世界高端制笔领域的新纪元。派克笔最初的目标是大学生和专业人士，但后来派克笔受到了文艺界、政界甚至国家元首级人物的青睐，派克笔被认为是笔中贵族、卓然出众，它不仅是一支钢笔，更成为身份和地位的象征。但20世纪中期，派克钢笔遭遇了严峻的挑战，来自贝罗兄弟发明的圆珠笔"实用、方便、廉价"，迅速抢占了大部分市场。这时派克钢笔做出了一个错误的战

略决策，进军中低端市场，并且是把"派克"这个承载着众多象征与价值的品牌直接安在了每支售价仅为3美元的钢笔上，定位混乱带来的后果是灾难性的，派克一贯的品牌形象严重受损，不仅没有顺利打入低端笔市场，还使高端笔市场的市场份额大幅下降。不论采取怎样的广告策略，这一战略的失误就已经导致了方向的失误，错误的市场定位，使得已经培养起来的目标消费群体大量流失。

值得庆幸的是，在很短的时间内，派克公司就纠正了自己的错误，重塑品牌形象。大幅削减钢笔产量、把价格提高了30%、增加广告预算，大力宣传派克钢笔作为社会地位象征的形象，这一系列的措施取得了成效。1960年，派克公司获准成为英国王室书写用具的独家供应商，派克钢笔成了伊丽莎白二世的御用笔；1962年，派克公司采用美国首批火箭的部分材料制成特别版派克钢笔，卖给世界各地的重要人物；1987年，派克公司隆重推出百年纪念笔，成为收藏家梦寐以求的珍品……可以看到，后续一系列的广告策略，都是在派克钢笔"定位高端市场"的战略指导下制定的，只有服从于正确的战略，广告策略才能真正发挥其价值。

二、广告战略依存于广告策略，广告策略体现广告战略

广告战略对广告策略的依存与广告战略对广告策略的制约是相互联系的，广告战略目标的实现，必须通过一个个广告策略，经过一步步努力才能成功，离开了相应的广告策略，广告战略只能是空中楼阁，一纸空文。而广告策略必须体现整体的广告战略，在广告战略的大框架之下再进行发挥。

广告战略和广告策略在思路、具体的制定方法上都有一致性，都是一种谋略计划，因而就各种大小不同的范围来说，它们的区分只是相对的。比如，对企业一系列产品总的广告运动来说，应该有一个整体的广告战略；而就其中某一个产品的广告运动而言，也有其广告战略，而这个产品的广告战略对于企业整体广告战略来讲，则具有策略的性质。但是，在同一个确定的范围内，广告战略和广告策略的区分是确定的。

三、广告战略整合广告策略

广告策略作为各个环节、各个阶段的具体策略，是零散的，需要广告战略的整合来将他们变成一个有机的整体。如果说广告策略是各个零件制作的工程图纸，那么广告战略就是将这些零件组合起来的工程图纸。以下介绍一个电影广告传播的案例来分析广告战略如何整合广告策略，最后取得传播的成功。

2011年，有一个不太知名的导演拍了一部小成本电影，名字叫《失恋33天》，却出其不意地在国际大片的围攻中杀出重围，获得了票房和口碑双丰收。

《失恋33天》电影广告传播的战略是：

（1）精准科学的目标受众的定位——80后、90后的大学生和白领群体。

（2）广告传播的目标：提升该电影在目标对象群体中的影响力与口碑，进而助推电影票房的提高。

（3）媒介传播战略：放弃了传统的电视、报纸、杂志等宣传渠道，转战社会化媒

体,实现精准营销,同时整合线上线下资源,最大限度地与目标群体进行互动。

《失恋33天》电影广告策略是:

(1)电影传播的内容策略定位于"失恋物语"。

在宣传早期,负责团队在几大城市寻找失恋青年,请他们讲述失恋的故事,并将其拍摄成为系列视频"失恋物语"。通过普通人讲述普通人的失恋故事,以感动更多的普通人。营销团队在3个月内,奔赴7个城市,拍摄"失恋物语",一方面通过新浪官方微博征集自愿参与拍摄的普通人,一方面借助影片的广告客户珍爱网,在其会员中寻找合适的人选,一边拍摄,一边推广,并且根据实时互动,确定拍摄内容和角度。随后,电影预告片和"失恋物语"系列视频通过视频网站和社交平台进行传播。线上通过微博平台不断加强失恋主题宣传,通过戏外宣传制造口碑效应,同时注重粉丝的反馈和意见,第一时间与粉丝互动。当然,营销活动并不仅限于线上,通过线上征集视频拍摄主角,在线下完成拍摄,同时以线下拍摄活动影响线上传播和关注,形成传播的良性循环。

(2)微博宣传——横向纵向组合传播。

在微博渠道组合上,横向采用官方微博、草根微博和明星微博共同宣传,广泛撒网;纵向借助各类微博应用,比如微博投票、微博活动、微博小插件等,组成一个微博矩阵,然后分别以图片、文字、音乐、视频等形式进行传播。一时之间,微博上随处可见关于失恋的话题和关键字。

(3)"失恋博物馆"——热点话题落地。

在举行关机仪式之后,营销团队启动"失恋博物馆"。"失恋博物馆"是推广团队的成员之一陈肃对《失恋33天》视频官网提出的概念。陈肃认为,"叫官网宣传味太浓,叫'失恋博物馆'更有噱头"。除了大量的影片宣传素材,他们还把在微博上征集到的分手信物、失恋后的心情感受、疗伤歌曲等放到"失恋博物馆"营造气氛。

(4)电影的上映策略:选择"世纪光棍节"。

作为一部失恋题材电影,该电影选择了在2011年11月11日上映,六个"1"被网友称为"世纪光棍节",关注度本身就非常高,这一天上映非常契合目标受众"渴望爱情、但没有爱情也要好好的"的心态。

就这样,在正确战略的指导下,通过对一系列广告策略的整合与实施,《失恋33天》这部投资不足1000万元,加上宣传发行费用,总投资大约1500万元的电影,票房却超过3亿元,将三部好莱坞大片《猩球崛起》《铁甲钢拳》和《惊天战神》甩到了身后,成为真正的黑马。

总的来说,广告战略与广告策略都是整个广告活动的重要环节,在一次广告活动开始之前,首先要完成的是广告战略的制定,随后就是具体广告策略的制定。广告策略的制定是在广告战略指导的前提下对广告运动不同时期、不同层次的各个环节进行预先的谋划。因此,广告战略和广告策略均是对广告运动的整体思路的谋划,不同的仅仅是涵盖的范围:广告战略是针对整体广告运动而言的,广告策略则针对整体广告运动的某个具体环节[①]。广告策略要服从和体现整体广告战略,而广告战略要对具体的广告策略进行整合。

第二节 广告策略的内容

广告策略是实施广告活动的基础,广告策略运用得当与否决定着整个广告活动的质量与效果。广告策略中包含了产品、市场、媒介等诸多要素,丢掉其中任何一个方面都将使广告策略失去完整性。当然,在具体广告策略实施过程中,可能是几个单一策略并用,或者在一个主导策略下辅之以若干辅助性策略;也可能在某一阶段重点采用某一策略,但这并不妨碍策略的完整性。因为广告策略通常是连续实施的,广告活动与活动之间具有连续性。[②]

常见的广告策略有五大类,包括广告产品策略、广告市场策略、广告表现策略、广告媒介策略和广告实施策略。广告产品策略主要指产品的定位、产品的价格、产品的特征等,产品策略核心是要找到该产品与其竞争者产品的重要差异。广告市场策略包括确定市场的目标群体、确定目标市场的区域等,广告市场策略的核心是找到细分市场,冲出"红海"市场的竞争,寻找到"蓝海"市场,形成差异化的市场竞争优势。广告媒介策略是在广告战略的统筹之下,选择最合适的媒介或媒介组合,把广告信息传递给受众,其目的在于用最少的投入,获得最大的广告效益。媒介策略在后文会具体分析,以下重点分析广告表现策略与广告实施策略。

一、广告表现策略

广告表现策略分为以下几类:

(1)一般性与独特性表现策略。

一般性表现策略不强调其与竞争产品的差异,只说明商品的特长,适用于创新性商品或某项功能非常强大的商品。独特性表现策略即USP独特销售主张表现法,在广告设计或广告语中,表现出其与其他品牌的差异,强调自身独一无二的特点。

(2)品牌形象表现策略。

这种表现策略突出表现在平面广告、视频广告之中,通过名人、模特、商标人物或普通人的代言,将品牌形象具体化、生动化。

(3)商品定位表现策略。

商品定位方法在上一节中已经有了详细阐述,在企业确定商品定位之后,通过哪些形式将这一定位表现出来,如何把这一定位传到消费者心目中去并维持住,采取的表现手法是否与产品定位相匹配,这些是制定策略阶段要讨论的问题。包括以表现产品的象征性来定位,如衡水老白干的广告,请到胡军为其代言,胡军的形象一直是豪爽、霸气

---

① 饶德江:《广告策划与创意》,武汉:武汉大学出版社,2003年。
② 蒋旭峰、杜俊飞:《广告策划与创意》,北京:中国人民大学出版社,2006年。

的，而其广告语也是"衡水老白干，喝出男人味"；以表现产品的使用者来定位，通过在广告中指出消费群体，而吸引他人模仿这种消费行为；以表现产品利益来定位，突出产品为消费者带来的物质上或精神上或价值上的利益和好处；以表现产品观念来定位；以表现产品竞争来定位，一种是直接与竞争对手的对抗，另一种则是"甘居第二"，依附第一的知名度来引起消费者的关注。

（4）其他表现策略。

其他表现策略包括比较性表现策略，通过与其他产品的功能、结构、质量等方面的对比，来突出自身优点，但不可对其他商品进行贬低甚至诋毁；共鸣表现策略，多为在日常生活场景中表现广告内容，广告中人物行为也多为日常生活体验，使得消费者在经历类似场景时会联想起相关商品；情感表现策略，在广告中表现出人们的某种情感，把这种情感传递给消费者；感官刺激表现策略，采用刺激性的、情绪性的、有视觉冲击的表现手法，对消费者进行强烈的感官刺激。

二、广告实施策略

当广告策划变成具体可行的广告实施策略，就要考虑何时推出广告内容，以何种方式推出，因此在广告实施方面有时间策略和空间策略两大策略。

广告时间策略是对广告发布的时间和频率做出的统一安排，例如是集中发布还是有计划地、不间断地进行发布；是否根据销售的淡季旺季、节假日节点发布相关内容的广告；在产品上市前进行广告宣传还是广告与产品同步上市；等等。部分商品的销售会呈现出明显的区域性，因此要求在不同的区域，广告活动也应"因地制宜"，即做到广告的位置、范围与目标消费者所在的地理区域重合，即采用广告的空间策略。广告空间策略不仅应与显在目标市场所在地吻合，也要考虑对潜在目标市场的挖掘。

广告策略作为广告活动的基本环节之一，具有非常重要的意义。首先，广告策略是实现广告目标的手段，也是广告战略转换为实际广告活动必不可少的环节；其次，广告策略是完成广告策划与创意的基础，成功的广告活动依赖于广告策划与创意，而广告策划与创意的开展依赖于广告策略。广告策划与创意作为一项决策活动，需要经过分析问题、拟订方案、对比选择等过程，而方案的拟定取决于广告策略的多寡与质量的好坏。没有广告策略，广告策划与创意活动只是无的放矢，盲目进行；广告策略是企业实施广告竞争的利器，企业竞争客观地存在于经营活动的各个环节，为了获得竞争的胜利，各个企业都在寻找事半功倍的有效方法，广告策略中的各种策略性手法为广告竞争提供了制胜的利器；广告策略是对目标完成程度的检验，广告效果之好坏直接影响着企业的经营活动。广告策略的运用是否得当，将直接影响广告目标完成的程度。市场情况不同、竞争情况不同、商品情况不同，其适用的广告策略也各不相同，运用得当，定能取得预期效果；反之，只能事与愿违。广告策略不适当，甚至会引起投入越多，效果偏差越大的状况。

第三节 基于消费者洞察的广告主题策略

广告战略和阶段策略确定了广告运动的方向,在大方向的指引下,广告主题就要解决广告具体"说什么"的问题,随后,广告媒介策略解决"在哪说"的问题,而广告创意解决"怎么说"的问题。那么作为"内容统领"的广告主题,构成要素有哪些?如何确定一个好的广告主题?广告主题又有哪些要求呢?

一、广告主题

对于整个广告运动而言,广告主题就是其中心思想,不同的是,一个好的广告不应让消费者抽丝剥茧、层层解读地"总结"出这个中心思想,而是以最好的形式,简单明了准确地把它"呈现"在消费者眼前。广告主题贯穿整个广告运动始终,是广告的核心所在,起着提纲挈领的作用。因此,必须对广告主题予以高度重视。

有学者认为,广告主题就是大卫·奥格威"承诺、大大的承诺,乃是一个广告的灵魂"中的那个承诺,即广告主题是在广告中对消费者提及的承诺,承诺产品给顾客带来的实际利益或是心理利益。有学者认为,广告主题是广告的中心思想和核心;也有学者认为,广告主题是广告为达成某种目的而要说明的基本观念,或者是针对消费者的某一特定需求的独特主张。这些观点事实上都抓住了广告主题概念的核心,只不过表述不同。从前人对广告主题的概念的描述中可以总结出广告主题有两个特点:①根据广告目标进行广告主题的提炼,同时广告主题要达到广告目标;②广告主题是广告的中心和灵魂,是要表达给消费者的中心思想。由此可对广告主题的概念做出界定:广告主题是针对要达成的广告目标而提出的最直接的、中心性的表达或主张。

广告主题策划要根据企业及产品的情况,确定一个鲜明的主题,通过创意的表现形式向消费者表达出来。在进行广告主题策划时,需要使广告主题满足以下要求:①目的性。即广告主题要实现广告目标的诉求,切实达到良好的传播效果。②显著性。一个好的广告主题应当最大限度地吸引消费者的注意力,引起消费者的共鸣。③明晰性。即要做到广告主题明确、表达清晰、通俗易懂,能够在几分钟甚至十几秒内快速而准确地把相关信息表达出来。广告主题需要让消费者一看即明,不需要做过多的思考就能留下印象。④刺激性。广告主题要在感官上给予消费者刺激,以达到吸引消费者注意力、留下深刻印象的目的。⑤一致性和连贯性。即同一时期内,针对某一产品或某一系列产品不同形式的广告,广告主题应该是一致的,或不发生根本性的变化。整合营销理论强调"用一个声音说话",同一个广告主题在这样一个媒体多元、信息海量的时代,能够避免主题过多带来的信息混乱,减少其他信息对诉求点的干扰,从而加强诉求点的有效性。通过不同形式的重复,也可以加深消费者对商品以及品牌的印象。⑥协调性。即广告主题与商品及企业的形象协调,与企业的商标、名称相联系,以便形成固定的形象记忆和概念。⑦独特性。独特性是从广告战略、广告策略到广告主题、广告创意都要重视的一点，独特的广告主题无疑会给消费者留下深刻的印象，帮助广告主与其他竞争对手区分开来。

（一）广告主题策略的核心要素

想要了解如何制定广告主题，首先要了解广告主题的三要素：广告目标、信息个性和消费心理。这三要素分别从企业、商品和消费者的角度对广告主题的策划做出了要求。

广告目标是广告主题的出发点，广告主题是针对要达成的广告目标而提出某种基本观念和表达，要能反映广告目标。只有将广告目标这个要素融入广告主题，广告目标才能与广告效果产生真实联系。信息个性又可称为商品销售重点或广告诉求焦点，是商品与同类竞争品相比较而言突出的区别性特点，信息个性是从商品本身出发的、构成广告主题的要素。信息个性既可以从自然特点所显示的个性去挖掘，也可以从社会特点所显示的个性去挖掘。另外，广告主题必须选择适合消费者心理的诉求方式，使消费者在广告主题中体会到产品与自身利益的密切联系。一个好的广告主题应当引发消费者的心理共鸣，产生诉求力量。

挖掘这三个要素的融合点，实现三个要素的和谐统一，才能完成一个好的广告主题策划。

（二）广告主题策略的思考维度

1. 从产品特征出发确定广告主题

（1）产品的成分特征，例如潘婷乳液修复系列的广告，强调产品本身含有"浓郁PRO-V维他命原，滋养深入发芯"，实现秀发"内在强韧、外在柔亮"；又例如雅芳新活再生系列广告，强调产品"萃取海洋原生质＋修复因子"。

（2）产品的生产过程特征，包括生产过程、生产条件、生产环境、生产历史等，例如某些牛奶、奶粉或是啤酒品牌，会展示其生产各个环节和流程，如乐百氏纯净水的"27层净化"。

（3）产品的外观特征，例如苹果的macbook air超薄笔记本，就在广告中展示这是一部"信封装得下的超薄笔记本"。

2. 从产品的用途和用法来确定广告主题

（1）基于产品用法确定广告主题，例如白加黑感冒药的广告——"白天吃白片不瞌睡，晚上吃黑片睡得香"；奥利奥的"扭一扭，舔一舔，泡一泡"。

（2）基于产品使用的实际价值确定广告主题，例如汰渍洗衣液的广告，集中展示强大的去渍效果，把一件很脏的衣物洗得非常洁白，以突出其"有汰渍、没污渍"的效果；又如王老吉的广告主题是"怕上火，喝王老吉"。

3. 从产品或品牌定位来确定广告主题

例如沃尔玛定位于天天平价的超市，它的广告主题是"Everyday low price"；小米手机定位于年轻人，它的广告主题是"为发烧而生"。

4. 从消费者对产品的关心点和期望出发确定广告主题

例如蓝月亮在2015年推出的新产品"机洗至尊",其广告主题是"机洗泵时代",强调高能量配方和创新大容量泵头设计,从解决消费者使用传统洗衣液时难以掌握用量的问题出发,重点表现新产品"一次一泵"非常方便的用量设计,同时节省、环保。

二、基于消费者洞察的广告主题策略

前面已经介绍了一个好的广告主题应当满足哪些要求,可以从哪些角度来确定广告主题。通过总结可以看到,从消费者的角度出发,了解消费者的心理、社会关系、需求和消费行为等等,是确定广告主题的重要部分。换言之,要基于消费者洞察进行广告主题策划。那么应当怎样基于消费者洞察确定广告主题呢?

首先,需要了解什么是消费者洞察。洞察的英文单词是"insight",解释为"see through clearly",即透过表层发现事物更深入的原委。消费者洞察不同于局限在数据与记录的消费者调查,而是一种动态的消费者跟踪研究,是对消费行为相关的人性、文化、心理、情感、态度的深刻认识,是对人群动机的解释,包括了解消费者为什么会购买产品、为什么愿意重复消费、为什么还会有相当比例的消费者不再买该产品等诸如此类的问题[①]。消费者洞察需要深入到消费者内心,了解消费者真正需要什么、"心中的声音"又是怎样的,表达出消费者的心声,触动消费者引起共鸣。奥美广告公司认为,消费者洞察要做到"relevant & unexploited",它需要有明显的相关性,让更多消费者"感同身受",同时需要无人触及过,让消费者感到"终于有人说出了我的心声"。

相比于消费者调查,消费者洞察更能准确地把握消费逻辑,在品牌营销与传播方面起到重要作用[②]。当然,这并不表示消费者调查不重要,而是这二者是从不同层面上对消费者的把握。消费者调查是一种表面的、浅层次的、显在信息的收集、整合与研究,消费者洞察则要更多地考虑心理因素、社会因素、人文因素等等因素的影响。"洞察"更意味着一种体验,一种站在消费者立场上的思考,是对消费者消费行为和偏好驱动力的获取。

消费者洞察可以从两个方面来进行:一是分析消费者现有需求;二是挖掘消费者潜在需求。

消费者现有需求一般是实用需求。实用需求是与基本的功能和物质利益相联系的需求,多为生活中的必需品。当消费者为实用需求所驱动时,其选择行为一般比较理性,需求的偏好顺序相对可以明确定义,具有实用的判断产品价值的标准,如优质、可靠、便于维护等。

消费者潜在需求一般是享受需求与情感需求。享受需求是来自消费者获得愉悦、尊重与地位以及表现自我的愿望,商品不是生活中的必需品,消费者购买商品是为了获得愉悦的享受。与享受需求相联系的购买决策具有一定的主观体验和情绪化色彩。消费者很难对自己的偏好顺序做出准确的界定,偏好的稳定性较低,很容易受到广告和营销活

---

① 李志英:《消费者洞察在广告传播中的价值体现》,载《艺海》,2010年第9期。
② 冯沁妍、汤志耘:《浅析消费者洞察对品牌营销及传播的作用——以可口可乐2010年网络营销方案为例》,载《新闻界》,2011年第2期。

动的影响。情感需求与享受需求密切相关，情感需求是将人看成不是在社会中孤立存在的，在社会关系中，每个人都有情感诉求，需要与他人进行交流和沟通，最能打动人心的，往往就是这些情感诉求，如亲情、友情、爱情等等。

洞察消费者的内在需求就是要发现其情感的需要，让品牌作为情感沟通的重要介质。品牌的价值不仅仅局限于消费者的个体消费价值，而在于成为其与社会上相关系的人的沟通纽带。洞察消费者需要发现其主观价值，也就是消费者对产品的感受、联想和象征意义的挖掘，这种价值存在于人心中并激起消费者的共鸣和释放消费者的情感。例如德芙的系列广告，通过表现巧克力丝滑的口感，加上广告中男女主人公之间的故事情节，来营造一种浪漫、轻盈的氛围。品牌附加的无形价值使消费者产生满足感，因此要从情感层次发掘商品与消费者的连接点，运用文化的魅力来释放消费者的感情，与消费者进行深度沟通。

这里可以回顾可口可乐的广告语，在可口可乐的百年历史中，更换了48次广告语，对于大众来说或许最熟悉的是"Open Happiness（畅爽开怀）"，而在2016年可口可乐的品牌升级运动中，这一广告语改为了"Taste the Feeling（品味感觉）"。事实上，无论是"畅爽开怀"还是"品味感觉"，都是从情感的层面上寻求与消费者的共鸣。又如，2015年迪奥真我香水广告请到奥斯卡影后查理兹·塞隆（Charlize Theron）为其代言，相比于商品本身，广告更强调其代表的一种优雅、自信的气质，无须沉湎于美丽的过去，忠于自我、不断探索，率性而自由，迎接新的生活。广告通过展示这样一种气质与追求，使得消费者潜意识中将这种自信、光彩的女性形象与迪奥真我香水联系在一起，形成了独特的品牌个性。

值得注意的是，以产品销售为目标的广告主题必须为消费者提供利益承诺，且这个承诺要明确、独特、有意义、可信，且要防止广告主题与人们的情感、品味、乐趣等利益冲突。在选择承诺时，有一些具体的方向，如选择能解决销售难题的承诺、选择和消费者关心点相切的承诺、选择最能体现产品信息个性的承诺等等。但以提升品牌形象与增进品牌和消费者关系为目标的广告主题必须深入洞察消费者的情感需求，创作出能够引起消费者情感共鸣的广告主题。

当然，在移动互联网时代，消费者洞察表现为对"用户"的洞察。用户泛指使用某种技术、产品或服务的使用者，相比于消费者，用户又有着一些不同的特点，例如有着更强的互动性和社交性；排斥硬广告，更易接受口碑传播；乐于分享、能够形成自己的传播圈；更加注重用户体验，重视界面设计、使用的方便程度等等。当然，消费者洞察的基本方法依然有其适用性，但在此基础上，基于对用户新的需求和新的心理特征的洞察做出决策也十分重要。

一个成功的广告主题策划，一定是洞察消费者心理和需求，能引发消费者共鸣的。可以看到，百事可乐猴年情怀广告"把乐带回家之猴王世家"就是一个十分成功的案例。2016年是猴年，同时也是1986版《西游记》30周年，在这个时间节点，百事可乐请到六小龄童，拍摄了这部讲述章家四代与猴戏的微电影，给全国观众带来了一场情怀大戏。不得不说，六小龄童版的《西游记》和六小龄童扮演的孙悟空都是中国观众，尤其是80后、90后的集体记忆，曾经86版西游记更被称为暑期四大神剧之一，逢暑假必播放，足见其影响力。

整个微电影从"溯源"开始，讲述了猴王世家"代代传承"的故事。从曾祖父"活猴章"到祖父"赛猴王"，再到父亲"南猴王"，猴王世家百年来为中国传统艺术、传统文化的发扬光大，为人民群众的精神娱乐生活做出了巨大的贡献。微电影中，也毫不避讳地展现了生活的苦难和命运的残酷，"我从没想到有一天会从二哥的手里接过金箍棒"，但更展现了一种坚持与强韧，一句"苦练七十二变，才能应对八十一难，演戏如此，人生也亦然"，让无数人为之动容。微电影后半部分顺势推出了百事可乐的品牌主张，"我们把快乐一代一代地传下去，是为了更多的人把快乐带回家"，把快乐带回家，把百事可乐带回家。一支微电影，把个人、社会、艺术、文化、传承以及商业串联在了一起。

百事可乐一直倡导年轻精神，这一次却基于精准的消费者洞察，通过"怀旧""传统""传承"等元素的运用，完成了一次漂亮的品牌营销，引发了消费者广泛的情感共鸣，很多网友都表示看完"泪目了""满满的回忆"，并自发地进行转发、评论，实现了非常好的二次传播。"百事可乐"甚至成为微博热搜，相关微信号也进行了很多相关推送，可以通过微指数和百度指数来看到其热度（图6-1、图6-2）。

图6-1 百事可乐新浪微博热词指数

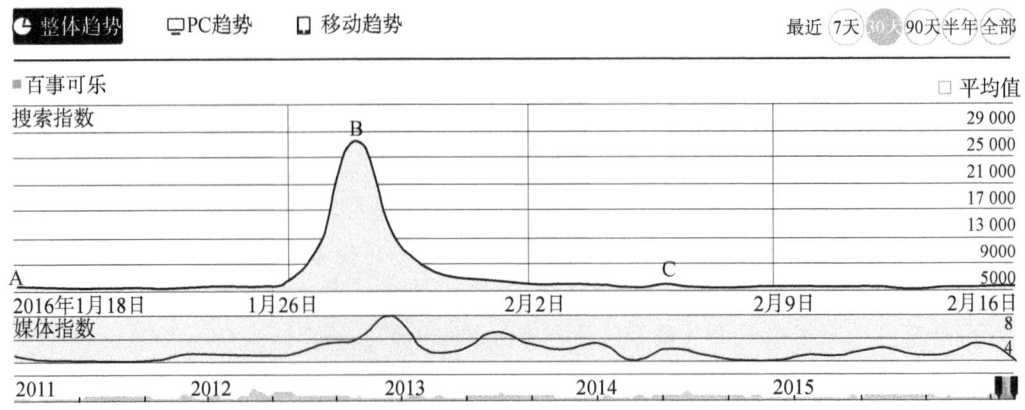

图表6-2 百事可乐百度搜索指数

另外不得不提出的一点是，在这支广告获得大范围传播前，另一个话题也在社交媒体上引起热议，那就是"六小龄童春晚节目被毙"，随后六小龄童声明不存在节目被毙，因为并没有接到央视春晚的邀请，这则消息一出，网友更加表示不能理解，甚至有网友表示"看六小龄童扮成美猴王嗑两个小时瓜子都愿意"，新浪微博上更是有人发起了"你支持六小龄童上春晚吗"的投票。在这样的背景下，六小龄童本身已经成为热议关键词，不论是否有意为之，这都为百事可乐广告的传播进行了舆论预热，更是迎合了消费者的情绪和心理。通过新浪微博的热词指数可以看到这一话题和百事可乐广告的热词趋势走向有一定的一致性（图6-3）。（"六小龄童"这一热词的第二个峰值出现在2月7日，也就是除夕，这里不再予以讨论。）

图表6-3 热词趋势对比

同样是"2016年贺岁片"，腾讯做的也十分出彩。腾讯猴年春节贺岁片名为《让爱更近一点》，在互联网+遍及大小城市和三百六十行的时候，人与人之间的交流仿佛已经离不开智能手机，特别是微信。这一次，腾讯将广告主题锁定在互联网时代下，父母与子女通过手机进行情感交流时常被忽略的细节琐事。借助微信红包与QQ红包的社交属性，解读出互联网在拉近人与人关系时所扮演的重要角色。广告中出现的场景，是很多80后甚至是90后非常熟悉的，爸妈开始用各种表情包来聊天、早晚准时转发三两篇鸡汤文、老爸会上传老妈跳广场舞的小视频、通过朋友圈了解你的工作近况、发微信红包和QQ红包、用自拍杆玩自拍，他们有些出乎意料地越来越潮，他们学习新的社交工具，努力学着年轻人的表达方式，但一句"他们努力地赶时髦，为了让他们的爱，离我们更近一点"，让很多在外奋斗的年轻人感动不已。这些熟悉的场景，让用户产生了很强的代入感，仿佛就是父母与自己的那些日常，而后的抒情又直击人心，令人泪目（图6-4）。

图6-4 腾讯2016猴年春节贺岁片组图

腾讯的主要用户自然不是那些已经年过六旬七旬的老人,但这些人的子女,却是腾讯庞大的用户群。腾讯抓住了两代人之间使用微信、红包等来交流沟通的一些细节,这些细节甚至有的是被年轻人在网上吐槽过的,例如总是收到爸妈的转发朋友圈感到有点厌烦,而这则广告要告诉我们的是,父母努力追赶潮流,是他们表达爱的另一种方式。事实上,这一点也是年轻用户一直感受得到的,然而之前并没有人把这一情感诉求明确地提出来,现在,在"过年""回家""团聚"的时间节点,这种关于亲情的表达无疑是最动人的。"有你,红包才有意义"更是说出了很多人想对父母说,却没有说出口的心声。腾讯的年度贺岁片也是一次基于消费者洞察的、十分成功的广告主题策划。

案例

多芬:你,远比想象的要更美

这是一则激励了很多女性的广告,联合利华旗下的品牌多芬(Dove)邀请受FBI特训的罪犯肖像艺术家Gil Zamora为众多女性画像，首先，在完全看不见彼此的隔离状态下，Gil根据7位女性对自己五官和外形的描述为她们画像；之后，Gil再为这7位女性完成另一幅肖像，但第二幅画是根据当天见过她们的陌生人的描述来完成的；最后Gil把两张画放在一起进行对比，并且展示给受访对象。有趣的是，女性对自己的描述和看法与陌生人眼中的自己相差很大，陌生人描述下的画像更加美丽、自信，看起来更加开朗和快乐。这则广告希望告诉人们，"你是否真的那么不足？不，你，远比你自己想象的要更美丽"。我们都有一些小小的自卑，对自己的这里或者那里不是很满意，但事实上，"我们花费了太多时间在修正已经很完美的事物上，我们应该花时间在我们真正欣赏的事物上了"。这则广告获得了2013年戛纳国际创意节钛狮全场大奖、影视单元金奖和平面单元金奖等奖项。

多芬于1957年在美国诞生，这是一个象征着希望、快乐、和平以及所有积极事物的名字，自诞生以来一直以全球突破性护肤科技呵护每一位女性的真实美丽。多芬推崇的美是自然的，是由女性自己积极创造的，可以带给自己自信，并且是由内而外散发出来的。多芬的美是自我定义的、有思想的美，它的美不仅仅是外在的，更是内在的。

这则广告很好地把产品能够带给消费者的利益承诺与消费者情感诉求结合在一起，对于品牌来说，多芬产品能够为女性带来温和、自然的呵护，而其"简约而真实的美丽理念"一直强调的是美丽的定义不应当局限于狭隘的标准，每个女性都是一个充满个性的特殊存在，真正的美丽存在于不同的外形、身材、年龄和肤色中，而多芬，正是致力于激发女性深层次美的潜能，让其享受呵护、宠爱自己的过程，让美真实呈现；对于消费者来说，女性自我发现自己的美好，获得别人的认同，是一件感到幸福快乐的事，也是一个逐步建立自信的过程，这也是这则广告最打动女性消费者的所在。

案例

金典任意门：在旅行中遇见真正的自己

2015年十一长假前期，微信朋友圈出现了这样一条广告，一组风光各异的旅游景点图，根据目标群体的不同，精准投放在不同消费者的朋友圈中（图6-5）。

图6-5 伊利金典旅游景点广告

在十一长假这个时间节点，这样一组照片无疑强化了用户"世界那么大，我想去看看"的想法。事实上，这是伊利金典有机奶的一次营销活动，朋友圈投放的广告只是其中一步。金典在对市场、消费者、媒体圈、购买者进行透彻洞察后，推出了一系列活动，在目标消费者中引起了很好的反响。伊利金典牛奶诞生于2006年，作为伊利液体奶的首个高端副品牌，自上市起，金典便秉承着奉献最佳品质的理念，致力于打造中国"最好的牛奶"，而金典有机奶是其系列产品之一。

1. 洞察消费者，找准痛点

每天穿梭在水泥丛林之中，习惯了两点一线的工作生活，习惯了劳碌、疲惫和安于现状，这时提出"你还记得真正的自己是什么样子的吗"这样一个问题，无疑会让很多人陷入思考。对于很多人来说，曾经的梦想、曾经希望的生活、曾经希望自己成为的人，都已经被现实生活磨平。这时让他们再一次发现自己，特别是"在旅行中发现自己"，是一个感动而浪漫的话题，这是令人向往的，却也有点难以实现。曾有网友评论说，对于被工作束缚住的上班族来说，"不要说一场说走就走的旅行，连一次说走就走的下班都没有"。因此，对于普通消费者，特别是上班族来说，什么对他们最重要？——金钱与自由消费时间。准确判定普通消费者的痛点后，金典准备从他们内心开始，引爆一场营销。

2. 创意互动装置，引爆市场

金典的营销引爆点，是一台SOHO建外的"自动贩卖机"。

说起贩卖机，很多人第一个会想起的品牌就是可口可乐，可口可乐把幸福分享作为营销主题，以贩卖机为载体，进行了一系列的互动营销。例如可口可乐曾设计了一个不但会吐出额外可乐，还能吐出比萨饼、花、动物气球的贩卖机，这些东西会给人带来快乐和幸福的感受；可口可乐还曾设计了一个把投币口设在很高位置的贩卖机，和朋友通力合作，就能用一瓶可乐的钱买到两瓶，这一创意获得了2011年戛纳直销类金奖；同样的方式，不同的情感传达，情人节当天，可口可乐设计了一个爱情贩卖机，情侣在贩卖机前拥抱、亲吻，就可以免费获得两瓶可乐。对于这种有趣又温情的互动营销，消费者有较强的参与意愿，并愿意主动传播。

金典的"贩卖机"也是这样的一个互动装置，叫作任意门，它打造的是不同的旅游场景，消费者打开这扇门，会出现随机的旅游胜地场景——它们全是境外旅游点：满眼绿意的亚马逊丛林，苍茫旷远的阿拉伯沙漠，白雪皑皑的南极雪景，落日残阳的非洲旷

图6-6 伊利金典"任意门"互动图

野。而最让人惊喜的，是这些场景当中，有你的身影存在，就如同你已经置身丛林或者沙漠当中。根据你的动作，场景中的豹子、企鹅、鹦鹉等动物会做出不同的反应，甚至这些旅行场景中也有阴晴雨雪的天气变化，极大地增强了现场感和真实感（图6-6）。

但是，互动装置毕竟受到地域限制，很难形成现象级的口碑扩散。如何才能把游戏玩大点？于是，朋友圈的异国景点刷屏出现了。

3. 线上传播，扩大影响

金典有机奶选择了三条线上传播路径：朋友圈广告、公众号、微博。

朋友圈广告就是图6-5中展现的四张图，这四张图和线下"任意门"的场景是对应的；而公众号与微博方面，依赖各路大V、达人的营销力和号召力，实现口碑传播。

当线上媒体终端与线下任意门形成闭环，彻底激活了消费者"来一场说走就走的旅行"的欲望，那么问题来了：现在时间有了，想法有了，钱呢？

4. 人性中的胜利

在这场金典造势的营销中，充斥的人性便是：免费出行旅游。因此，勘察完有购买欲的消费者的人性诉求，金典搭建了与购买者人性相对接的福利：大奖与红包。

这场营销中，金典的智慧在于：从消费者洞察出发，找准消费者情感诉求，同时也找准痛点；继而由点及面，辐射到市场；与此同时，金典站在媒体角度，将线上线下结合，进行双重引爆，彻底激活人性的诉求和欲望，让他们最终自愿加入活动中来。

一系列的洞察，将人们的欲望和参与感盘活，再通过集结一大把异业物料、赠品促销资源和手段，将人们梦寐以求的想法付诸现实，"贩卖梦想"，是从"金典"到"经典"的决定因素，而此次洞察与营销，也为同行乃至跨界营销提供了很好的借鉴。

附

移动互联网时代消费者生活形态

"互联网+"、O2O、大数据应用、互联网金融、移动健康医疗、P2P、众筹、数字营销、智能硬件、VR技术、原生广告、DSP平台……随着移动互联网的快速发展，这些词语对我们来说都不陌生，已快速地渗透进我们的生活。2016年《南方周末》的新年献词这样写道，"慢慢地，你习惯了视线水平向下45度或更多，习惯了拇指上下左右5厘米距离的游走。这样两个再简单不过的姿势能够产生的联想，可能是一餐饭、一场电影、一张车票、一件电器，也可能是一间房、一部TAXI、一次远足……"的确，我们太多的生活方式都已经彻底改变，或正在被改变中。曾经我们阅读报纸、杂志了解信息；曾经我们走进餐厅看菜单点菜；曾经我们在路边招手打车，而现在，这一切都可以通过一部手机来完成。"这是产品的时代，是一个强调变化远超以往的时代。"我们生活在这样一个时代，亲眼见证着、亲身体会着移动互联网的迅猛发展所带来的变化，或许我们自己都不记得，"曾经除夕看春晚，现在除夕摇红包"这样的改变，是何时发生的。

网络环境的逐步完善和手机上网的迅速普及，使得移动互联网应用的需求不断被激发。有报告显示，2015年，基础应用、商务交易、网络金融、网络娱乐、公共服务等个

人应用发展日益丰富,其中手机网上支付增长尤为迅速。截至2015年12月,手机网上支付用户规模达到3.58亿,增长率为64.5%,网民使用手机网上支付的比例由2014年底的39.0%提升至57.7%。网络支付企业大力拓展线上线下渠道,运用对商户和消费者双向补贴的营销策略推动线下商户开通移动支付服务,丰富线下支付场景。此外,其他领域的应用热度同样不小,2015年,1.1亿网民通过互联网实现在线教育,1.52亿网民使用网络医疗,9664万人使用网络预约出租车,网络预约专车人数已达2165万。互联网的普惠、便捷、共享特性,已经渗透到公共服务领域,也为加快提升公共服务水平、有效促进民生改善与社会和谐提供了有力保障。

网民数量的持续增长和网上需求的不断多样,推动着企业做出相关反应。有报告显示,截至2015年12月,34.0%的企业在基层设置了互联网专职岗位,24.4%的企业设置了互联网相关专职团队,13.0%的企业由决策层主导互联网规划工作。在中国网络零售市场快速发展的带动下,企业开展网上销售、采购业务的比例均超过30%,销售规模增长迅速。在营销推广方面,移动营销也成为重要渠道。在开展过移动营销的企业中,微信营销推广使用率达75.3%,成为最受企业欢迎的移动营销推广方式。此外,移动营销企业中建设移动官网的比例为52.7%,将电脑端网页进行优化、适配到移动端,是成本较低、实施快捷的移动互联网营销方式之一。

一、生活形态

"生活形态"这一概念最早由心理学家阿德勒(Alder)在1927年提出,他认为生活形态是一个人在每一行动中所表现出来的、极其独特并因人而异的各种动机、特性与价值的团集物;1963年,威廉·莱泽(William Lazer)将"价值观与生活形态"的概念引入营销学领域,并提出生活形态是消费者的生活活动(activities)、兴趣(interests)、意见(opinions),简称"AIO";1978年,Arnold Mitchell基于1600户美国家庭进行调查研究,设计出第一代VALS(values and lifestyles,即价值观和生活方式体系)系统,通过人的需求、态度、情感等将消费者进行群体划分;随着社会的发展,人们行为差异化的扩大,选择更加多样,VALS已经不能够很好地描述消费者,1989年VALS修改为VALS2,2002年VALS2发展成为VALS™,VALS™将消费者划分为8个类型,相比于VALS系统过多地依赖人口统计特征变量,VALS™具有更广泛的心理学基础,更加强调对活动、兴趣方面的调查。虽然VALS™系统是基于美国消费者开发出来的,但其在欧洲和日本市场也得到了应用,并结合不同实际获得了进一步的发展。不论是AIO、VALS,还是后续发展的VALS2和VALS™,归结起来都是研究人的行为和心理,通过发现和描述人们的生活形态,对市场进行细分定位。

简而言之,生活形态是在多种因素作用下表现出的生活模式。生活形态研究包括:对不同生活形态下的消费族群的生活观、消费观和传播观进行研究,从而发现和解读"需求密码",为目标族群(目标消费群)定位、品牌定位和品牌概念设计提供科学依据的研究方法[①]。移动互联网的迅猛发展,冲击着人们原有的生活模式,极大地改变了人

---

① 梁庆海:《基于生活形态的厨房电器发展与设计研究》,南京理工大学博士论文,2008年。

们的日常工作与生活，从商品的生产到消费、从信息的获取到传播、从众多行业的颠覆到重塑，方方面面的变化无不印证着"科技延伸媒介，媒介更新人文，人文重塑商业规则"。因此，只有了解了移动互联网带来的这些改变，才能在新的环境下，更好地进行广告与营销活动。

二、移动互联网时代消费者的生活、消费与传播观念

移动互联网是一个多学科交叉、涵盖范围广的研究课题，移动互联网业务也是多种业务的综合体，它催生了创新性的产品和商业模式。创新的技术与产品，例如通过手机摄像头扫描商品条码并进行比价搜索、利用重力感应器和陀螺仪确定目前的方向和位置等等，内嵌在手机中的各种传感器能够帮助开发商开发出各种超越原有用户体验的产品；创新的商业模式，如风靡全球的 App Store + 终端营销的商业模式，以及将传统的位置服务与 SNS、游戏、广告等元素结合起来的应用系统等[①]。

以下从生活观、消费观、传播观三个角度来分析移动互联网时代消费者的生活形态。

1. 生活观

生活观主要指消费者的生活态度和心理以及对事物的根本看法，包括工作观、学习观、休闲观、家庭观、交友观、爱情观、健康观、流行感受等等。移动互联网从技术层面出发，最终带来的却是思维和价值观的巨大变化。①"娱乐至上"的话语体系。"有两种方法可以让文化精神枯萎，一种是让文化成为一个监狱，另一种就是把文化变成一场娱乐至死的舞台"，虽然尼尔波兹曼在《娱乐至死》中批判的对象是电视，但反观当下，移动互联网背景下娱乐化倾向不减更增，调侃、反讽、恶搞、解构，手机屏幕上的嬉笑怒骂，却实实在在地使公共话语成为"娱乐的附庸"。政治、社会、文化、教育和其他公共事务领域的内容，都不可避免地被移动互联网的表达方式重新定义，许多公共事件最后变成了段子手的狂欢。但不可否认的是，用户的注意力极易被这种娱乐化的表达所吸引，也会用娱乐化的方式进行二次传播。②时间被"碎片化"，理性思考能力日渐趋弱。移动互联网强调"随时随地"，从一方面来说，它帮助人们充分利用起碎片化的时间，如等车时、地铁上，人们都可以用手机看视频、玩游戏；但另一方面，它也强行切割了人们的时间，随时随地地刷微博微信、浏览网页或应用、获取信息和阅读的碎片化，使得人们深入思考问题的能力下降。③"拟态环境"作用加强，虚拟与现实的界限更加模糊。由于移动互联网时代信息海量涌来，且能够实时推送，加上图片、视频等方式的应用，使得媒体所构建的拟态环境越来越接近真实环境。一方面我们作为大众没有条件去了解和把握全部的客观世界，随着信息量的剧增，挑选、鉴别和判断的难度也在加大；另一方面，多样便捷的媒介也让我们更加依赖其所塑造的拟态环境，并依据媒体对拟态环境的描述，对真实世界作出反应。

2. 消费观

消费观主要指消费者的消费活动偏好和行为，如对某些商品的购物习惯和购物心

[①] 吴吉义、李文娟、黄剑平，等：《移动互联网研究综述》，载《中国科学：信息科学》，2015年第1期。

理、需求强度；对热门休闲活动的需求强度和消费指数，也包括一些理财观念和"弃旧观念"等。移动互联网时代，移动终端特别是智能手机成为消费者最重要的接触点，成为消费者接触品牌、了解品牌、完成购买、反馈评价的重要载体。智能手机的不断普及和各类应用的层出不穷，也为消费者的消费观带来了如下改变。①消费行为不受时空限制，随时随地进行消费活动。目前，"网购"对于大多数消费者来说已经成为一种购物常态，"双十一""双十二"购物节的规模和力度足以见其发展；而手机购物则是新的发展趋势。不论是老牌电商，还是新兴电商，都在奋力抢占移动端入口，甚至不计成本地大打价格战，究其原因，是消费者在移动端进行消费的习惯的形成。例如，女性消费者愿意在手机上浏览和选购服饰、鞋包、化妆品等商品，正是抓住这一点，配合广告和营销活动，唯品会、蘑菇街等女性电商在移动端都取得了不错的成绩。②追求便捷、高效的消费体验。移动互联网时代，消费者追求及时、快速、便捷的消费，正如腾讯QQ浏览器的品牌主张——"我要的现在就要"，这也正是众多85后、90后、00后的消费主张。最典型的例子便是O2O，随着移动终端、在线支付、数据算法等环节的成熟，O2O这一模式蓬勃发展，上门餐饮、上门生鲜、上门蔬果、上门按摩、上门美甲等各类O2O层出不穷。线上下单，线下服务，O2O与各类生活场景的联系日渐紧密，逐渐成为消费者日常生活的一部分。由于资本追捧、盲目创业等原因，O2O热潮中，有着虚假繁荣和泡沫的成分，随后，一些需求并不旺盛的O2O开始倒闭，这也是市场的选择。③共享经济时代来临，消费者身份更加多样。"共享经济"从狭义来讲，是指以获得一定报酬为主要目的，基于陌生人且存在物品使用权暂时转移的一种商业模式。这其中主要存在三大主体：商品或服务的需求方、供给方和共享经济平台[①]。随着出行类应用Uber和房屋租赁平台Airbnb的迅速崛起，共享经济开始受到广泛关注，其本质是整合线下闲置的商品或服务，以较低的价格提供给有需求的用户。共享经济的发展离不开移动终端、线上支付、LBS等技术的发展，服务提供者和需求者都接入移动互联网，平台则提供动态定价机制和互相评价机制。共享经济可谓"生而逢时"，除了技术的支持，其理念也得到了越来越多人的认可。共享经济使得人们不再局限于需求者的身份，只要拥有闲置的、可用来共享的商品或服务，也可以随时转换成供应方。

3. 传播观

1948年，拉斯韦尔提出了经典的传播过程五要素，即谁（who）、说什么（what）、通过什么渠道（in which channel）、对谁（to whom）说、取得什么效果（with what effect）。以下将基于这一经典模式来探讨移动互联网背景下的传播观。

从传播主体来说，移动互联网降低了媒介的门槛，使得话语权不再掌握在少数精英手中，而是人人皆可发声，更能够随时随地发声，微博大V、微信自媒体平台的兴起，就是典型例证。从传播内容来说，移动互联网无疑带来了海量、多元的传播内容，内容的形式也更加多样，除了文字，更有声音、图像、GIF、视频等等。此外，解构式、娱乐化的话语表达增多。从传播渠道来说，由于受众媒介接触习惯的改变，手机已经成为非常重要的媒介渠道，而手机上的各类应用，如各类社交应用、手机新闻客户端等等，

[①] 资料来源：《共享经济深度研究报告（一）：从共享到经济》，http://www.woshipm.com/it/222516.html，2015，10.

已经成为用户获取信息的主要来源。因此，不论是传统媒体、门户网站还是自媒体，都在积极布局移动端，抢占流量。在传播对象方面，由于拉斯韦尔的模型是单向传播的路径，受众被动地接受信息，而移动互联网时代的特点是多向传播、公开互动，用户既是接受者，也是传播者，每一个个体都可以实现一对一或一对多的传播。在传播效果方面，首先，传播效果更加即时直观。由于信息能够实时推送、即时反馈，传播效果有较为直观的表现。其次，二次传播效果显著。移动互联网非常强调社交性、互动性，这种社交和互动往往会带来二次传播，即第一次传播活动中的客体或客体中的一部分，自动成为传播主体，将相关信息以舆论或其他形态继续传播下去。在移动互联网时代，二次传播的形式更加多样，内涵也更加丰富，如网友的转发、评论，甚至把相关内容剪辑成视频或做成表情包。二次传播是非强制性的，却往往能够达到更好的传播效果，例如很多小成本制作影视剧，就因为网友自发在社交媒体上进行转发、推荐等，从而获得了极高的关注度和点击率。

 讨论题

1. 如何理解"广告战略是做正确的事，广告策略是正确地做事"？
2. 广告策略的制定应该注意哪些因素？
3. 如何理解"从消费者洞察的角度来确定广告主题策略"？

第七章

移动互联网时代的广告创意概述

> **学习要点**
>
> 本章重点介绍移动互联网时代广告创意的基本原理，需要掌握的知识点有：①广告创意含义在移动互联网时代的拓展；②广告创意思维类型的划分；③广告创意的原则。

第一节 广告创意含义的拓展

"创意"一词在英语中有两种表达方法，其一是creative，其二是idea。从英语语义的角度来分析，"创意"应该也包含两个方面的意思：一是指创造、创作、创新或创造力，对应的单词是creative，这也就是广告公司的"创意总监"的职位英文用"creative director"的由来。另一层含义是指点子、概念、想法等，对应的单词是idea。但是到底什么是广告创意，如何界定广告创意？我们认为，不同的时代、不同的人可能会有不同的答案。同时，广告界对广告创意的认识和理解也是一个不断演变的过程。

一、"创意革命"时期不同的创意观念

在20世纪60年代，世界广告中心美国广告界出现了"创意革命"。三位伟大的广告人——李奥·贝纳、大卫·奥格威和威廉·伯恩巴克对广告创意都做了不同的阐释，并且也在广告创意实践中独树一帜。奥美广告创始人大卫·奥格威说："我不认为广告是一种娱乐或艺术，我认为它是资讯的传播媒介。当我写一则广告时，我不希望你觉得它很有'创意'。我倒希望你觉得它很有意义而去购买那产品"。[①] 因而大卫·奥格威举起了"广告创意科学派"的大旗，认为广告创意最重要的任务是销售，广告创意主要来源于科学的调查研究。DDB广告公司的创始人威廉·伯恩巴克对广告创意的看法则与大卫·奥格威截然相反，他尤为崇尚广告的艺术创新，并将调查研究视为妨碍创作的绊脚

---

① 大卫·奥格威：《奥格威谈广告》，洪良浩、官如玉，译，呼和浩特：内蒙古人民出版社，2000年。

石。① 同时，他曾多次明确强调："我认为广告上最重要的东西就是要有独创性（original）与新奇性（fresh）。"② 毫无疑问，威廉·伯恩巴克扛起了"艺术派广告"的大旗。"创意革命时代"另外一位广告大师李奥·贝纳是芝加哥广告学派的代表，他认为广告创意具有天然的戏剧性的魔力。尽管他没有明确表示广告创意是科学还是艺术，但他明确指出："怎样找出关于商品能够使人们发生兴趣的魔力，以引起他们的兴趣，并能极为迅速地导引他们得出应该买得那种东西的结论，实在是另外一种艺术"。③

总的来看，美国"创意革命"时期广告大师们对广告创意的看法虽各有不同，但他们在自身的广告生涯中都创作出许多经典的广告案例。

二、大众媒介时代对广告创意的界定

由于广告业是个充满挑战和创新的行业，因而学界关于广告创意的含义的界定的表述也有所不同。邦尼·L.德鲁安尼与A.杰罗姆·朱勒认为广告创意在品牌和目标受众之间建立一种关联性，并以意想不到的方式提出销售的卖点（selling idea）。④ 也就是说，一个好的广告创意存在三个层面的含义：第一，广告创意必须在品牌与目标客户之间建立一种关联性；第二，广告创意必须展现销售创意；第三，广告创意必须是意想不到的，出奇制胜的。

武汉大学饶德江教授在《广告策划与创意》一书中从策略和艺术两个维度总结了对广告创意的理解。其一是从广告战略、策略上来理解广告创意，这种观点认为"策略即创意，创意即策略"，策略正确，创意的增量越大，品牌的跳跃能量就越高；策略失误，创意的增量越大，品牌受到的伤害相应也越大。其二是从广告活动特征上来理解广告创意，这种观点认为广告创意以艺术创作为主要内容，其核心是塑造广告的艺术形象。通过案例的分析和总结，饶德江教授给广告创意所下的定义为：从广义上说，广告创意是对广告战略、策略和广告运作每个环节的创造性构想；严格地说，广告创意是表现广告主题，并能有效与受众沟通的艺术构思。⑤

在蒋旭峰、杜骏飞主编的《广告策划与创意》中没有明确对"广告创意"进行定义，而是重点介绍广告创意的地位和规律。同时，蒋旭峰、杜骏飞指出："一般来说，创意只是意念，是深具创想的有关产品、广告、促销的有效意念。但有时我们会发现，当其足够凝练之时，创意本身即是产品、广告或促销的化身。此时我们易于将创意与广告实体混为一谈。与其说创意是一种意念，倒不如说它是一种意识，一种源自人的觉悟、经验、认知深处的专业意识。"⑥

上海师范大学金定海、郑欢教授在《广告创意学》中将广告创意定义为为达成传播上的附加值而进行的概念突破和表现创新。他们认为从广告的创意过程来看，广告创意

---

① 张金海：《20世纪广告传播理论研究》，武汉：武汉大学出版社，2002年。
②③ 丹·海金司：《广告写作艺术》，刘毅志，译，北京：中国友谊出版公司，1991年。
④ 邦尼·L.德鲁安尼、A.杰罗姆·朱勒：《Creative Strategy in Advertising》，大连：东北财经大学出版社，2008年。
⑤ 饶德江：《广告策划与创意》，武汉：武汉大学出版社，2006年。
⑥ 蒋旭峰、杜骏飞：《广告策划与创意》，北京：中国人民大学出版社，2008年。

分解为四个基本方面：概念、文字、画面和用来承载广告信息内容的媒介。概念是用全新的方式对产品或服务的阐释，是广告传播的信息构成；文字与画面创造受众视觉感受的崭新层面，表现广告概念，增进产品或品牌与目标受众的关联；而媒介是广告到达目标受众的路径，是目标受众与广告的接触点，是实现广告沟通的平台。广告创意的附加值可能是功能性的，但更多呈现为一种人文价值的象征：它定域于消费者的想象，描绘产品消费的意象空间，对消费者的生活乃至人生问题给予消费解答；它抚慰受众心灵，平衡人际关系，促进社会生活方式的改变和受众生活品质的提升。①

我国著名广告人丁邦清根据自身多年的广告实战经验，也编写了一本《广告策划与创意》，他对广告创意的简单概括是："广告创意就是根据市场分析、广告目标和广告策略，创造出广告的核心关键词，并围绕着这一核心关键词进行具体的、形象化的广告诉求和表现的创造性的思维活动。实际上，就是在广告策略解决了为什么说、对谁说、说什么之后，解决广告'怎么说'的问题"。②

以上是目前已有的广告策划与创意教材中关于"广告创意"概念和界定的几种主要观点，这几种对广告创意的概念的界定尽管语言表述上有所不同，但其本质都有共同之处，主要表现在：①广告创意是一种创造性的思维活动，或表现为艺术形象的构思，或表现于概念的突破和表现的创新，或表现为形象化的广告诉求。如蒙牛牛奶在广告创意中设计了"奶人多多"的艺术形象，拉近蒙牛品牌与儿童及青少年的情感。又如王老吉凉茶在广告创意中开创了一个独特的"怕上火，就喝王老吉"凉茶新概念。②广告创意的目标都是达成与消费者的沟通。这种沟通的形式或从产品理性功能出发，或从情感和文化的角度出发，或建立某种独特的形象和个性，或传播某种价值、理念和信仰。大众熟知的舒肤佳香皂品牌在广告创意中很多时候使用理性的方式与消费者沟通，告诉一家之主的妈妈们，使用舒肤佳香皂可以让自己心爱的孩子免于细菌的干扰，它的一句"有效除菌护全家"的广告语让无数妈妈都会选择舒肤佳香皂。然而，有很多品牌的成功却是在广告创意中传递一种精神和价值。如耐克品牌一直强调运动的精神，一句"Just do it"的广告语激励了无数年轻人"想做就做"敢于拼搏的精神。

三、移动互联网时代广告创意的延伸

毫无疑问，如今深处移动互联网时代，信息生产和传播的方式都发生了颠覆性的改变。尽管我们不是技术决定论者，但技术对信息传播和广告传播带来的巨大变化，我们不能视而不见。在移动互联网时代，新的移动的、数字的技术对广告产生的冲击和影响大体也存在两种观点：一种观点认为"传统广告已死"，在这种观点的支持下，那么传统的广告创意的概念也全部被颠覆。另一种观点主张在移动互联网时代，只是广告传播的渠道、传播的技术发生了改变，广告的核心没有改变，那么广告创意的核心概念也没有被颠覆。正如前文所说，我们认为应该拥抱和迎接移动互联网技术对广告带来的改变，但是绝不主观地断言"传统广告已死"，因为就目前来说，没有所谓的严格意义上

---

① 金定海、郑欢：《广告创意学》，北京：高等教育出版社，2008年。
② 丁邦清：《广告策划与创意》，北京：高等教育出版社，2011年。

的"传统"和"现代",传统和现代只是一个相对的概念,何况目前所谓的传统媒介与移动的、数字化的PC媒体和手机媒体是处于相对融合的阶段。移动互联网时代广告确实发生了翻天覆地的变化,移动化的、数字化的、互动化的新技术正在促使我们思考现在的广告创意到底与传统的广告创意有什么差异。笔者认为,移动互联网时代的广告创意与传统大众媒介时代的广告创意的差异主要表现在以下几个方面:

(1)广告创意产生的主体更加多元。

在移动互联网时代,每个人都可以成为自媒体中心,每个人都可以利用自己的碎片时间来传播信息,每个人也可以根据自己的兴趣来编写品牌和创意的故事。由于在移动互联网时代,品牌与消费者和用户的互动比以往任何时代都要及时、快速,广告主为了增强其所拥有的品牌与消费者和用户之间的黏性,会想方设法地利用各种策略和手段促使消费者和用户成为广告创意的创造者。时下,社交媒体与自媒体平台产生了大量的"用户生产内容",而用户生成的广告创意也越来越多。因而,在移动互联网时代,广告创意的生产和制作并不一定局限于广告人,普通的用户通过自己制作广告微电影、广告小视频等各种广告形式也有机会成为"广告人",广告创意产生的主体更加多元化。

(2)广告创意的形式更加多样化。

移动互联网时代与传统大众媒介传播时代信息传播最大的不同点是:互动化、移动化、即时化和去中心化。在传统大众媒介传播时代,由于受到广播、电视、杂志、报纸媒体本身传播形式的限制,广告创意传播的形式也存在着严格的限制。拿电视媒体来说,由于电视广告时段价格昂贵,且在一个特定的时间段不能播放较长时间广告,一般的电视广告创意时间都是5秒、15秒和30秒规格的,一分钟左右的电视广告少之又少,而且其播放的时间也不是在重要的广告时段。由于电视广告播放时间的限制,对电视广告创意内容的故事性会存在一定程度的消解和误读。而移动互联网时代,新兴的移动的、互动的网络媒体和手机媒体则突破了传统电视广告创意传播形式的限制。目前在移动互联网平台上,各种微电影的广告已经成为主流,不仅能够传播品牌的知名度,更重要的是能够突破传统电视广告创意的故事的叙事,通过更丰富的情节、更饱满的人物性格,在一个微电影的故事中让品牌展开与用户的对话,增强用户对该品牌的情感。如益达口香糖桂纶镁与彭于晏的微电影广告,让无数年轻人为主人公的爱情故事所牵动的同时,也不知不觉中形成了在饭后来两粒益达口香糖的消费习惯。除了微电影广告外,与传统的广告创意相比,移动互联网时代出现的新的广告形式有:搜索广告、SNS社交广告、微信广告、微博广告、H5广告、原生广告等。在移动互联网时代原生广告的出现是对广告创意形式的创新。原生广告的出现和发展是适应互动的移动互联网传播媒介的一种新形式。原生广告超越了传统广告创意的形式,使广告看上去不是广告,让用户愿意阅读和分享原生广告中的产品和品牌的信息。

(3)广告创意传播的平台更加多元化和整合化。

移动互联网时代出现了海量的互动的、社交的传播平台,因此广告创意传播的媒介平台更加多元。在传统大众媒介时代,一个视频广告创意主要是通过不同的电视台来播放。而目前,一个视频广告创意不仅可以在不同的电视台播出,还可以在这些电视台的PC端和移动端的网站上播出,同时还可以在各类视频网站播出,如优酷视频、爱奇艺视频、百度视频、新华视频、凤凰视频、新浪视频、网易视频、小米视频和酷6网等。同样，在大众媒介时代，一般的平面广告创意只能在一些报纸和期刊上传播，而目前任何一个平面广告创意都可以复制到不同的PC端和移动端的网络平台上去，可以在微博、微信、百度贴吧、天涯社区等不同的网络传播平台上刊登。由于移动互联网时代传播信息的海量化与传播信息平台的多元化，广告主对广告创意的传播整合的重视度也越来越高。在移动互联网时代，对广告创意传播的整合是谋求最大化的广告传播效果的一个重要手段，只有对传统媒介、PC端和移动端的不同平台进行合理的整合，才能有效地传播广告信息，促使用户对品牌产生统一的认识和形象。

综上所述，与传统大众媒介时代相比，移动互联网时代的广告创意发生了巨大的变化：广告创意产生的主体更加多元，广告创意产生的形式更加多样化，广告创意传播的平台更加多元化和整合化。由于移动互联网时代的广告创意的主体非常多元，不同主体创作的广告创意其传播的目的不一定只是从产品的销售或品牌的提升角度出发。比如一个普通网民对某个品牌创造的传播视频，他的目的可能只是想表达自己的认识和情感，获得其他网民的认同。因而，从广义的角度来说，移动互联网时代的广告创意作品是指创作主体对某个产品、服务或品牌创作的具有一定创新思维的视频、文字、图像的集合体。尽管移动互联网时代的广告创意存在这些变化，但我们认为，广告创意的本质并没有彻底改变。广告创意的目标依然是达成与消费者或用户的沟通，广告创意依然是一种创造性的思维活动。因而，从狭义的角度来说，广告创意是为了表达广告主题，达成品牌与消费者或用户的沟通而进行的一种创造性的思维活动。

第二节　广告创意的思维方式

思维，是人类思想的维度。哲学家柏拉图曾说："思维是灵魂的自我谈话。"科学家爱因斯坦指出：思维世界的发展，在某种意义上说，就是对惊奇的不断摆脱。可见，思维方式在哲学和科学领域的重要性。在广告创意的过程中，思维方式的选择显得尤为重要，不同的思维方式会产生风格迥异的广告创意。有效广告创意的产生是建立在创意思维的基础之上。

一、人类一般的思维过程

不同的思维方式意味着看待问题、分析问题和解决问题的方式不同，更重要的是思维方式的不同会产生不同的价值观念和生活方式。影响人们思维方式的因素有很多，包括文化背景、生活经历、宗教信仰等。《心理学纲要》中指出：从狭义的角度来理解思维是指理性认识，即人脑对现实世界的能动的、概括的、间接的反映过程，是人类认识活动的高级形式，同时思维也是人脑对现实事物间接的、概括的加工形式，以内隐或外隐的语言或动作表现出来。① 作为认知的一种高级形式，人类思维的过程具有普遍性，都是对客观的关系、联系的多层加工，旨在揭露事物内在的、本质的特征。人类思维最基本的过程源于人脑对信息的处理，包括分析、抽象、综合、概括、对比等系统而具体的过程。②

（1）分析：分析是把一个事件的整体分解为各个部分，并把这个整体事件的各个属性都单独地分离开的过程。

（2）综合：综合就是分析的逆向过程，它是把事件里的各个部分、各个属性都结合起来，形成一个整体的事件。

（3）抽象：抽象是把事件共有的特征、共有的属性都抽取出来，并对与其不同的、不能反映其本质的内容进行舍弃。

（4）概括：概括是以比较作为前提条件的，比较各种事件的共同之处以及不同之处，并对其进行同一的归纳。

二、思维方式的经典理论

20世纪以来，众多社会学者和心理学家对人类的思维方式都做了非常深入的研究。以下简单介绍思维方式的一些经典理论。

1. 事实型思维和价值型思维

20世纪初，德国社会学家马克斯·韦伯（Max Weber）提出人类有两种思维方式：一种是客观的、理智的、以事实为依据的思维方式；另一种是定性的、本能的、以价值为依据的思维方式。事实型思维方式的人喜欢把观念分解成细小的组成部分，然后对各个部分进行深入分析，以发现最佳的解决之道。他们一般比较倾向于线型思维，喜欢事实和数字。而价值型思维方式的人喜欢依据直觉、体验、想象、价值观和道德观来进行决定。他们更容易接纳矛盾、冲突和变化。

2. 硬思维和软思维

罗杰·冯·奥克将人类思维分为硬思维和软思维。硬思维指逻辑、推理、精确、连贯、工作、事实、分析和具体证明等概念；软思维则指一些更无形的概念，如象征、梦想、幽默、含糊、游戏、幻想、预感等。硬思维通常强调直接的、逻辑的联系，而软思维存在多种可能，甚至具有一定的模糊性，但延展性更大。事实上，硬思维与事实型思维联系比较紧密，而软思维与价值型思维具有较强的关联性。

3. 逻辑思维和直觉思维

20世纪70年代末，美国心理生物学家罗杰·渥尔考特·斯佩里（Roger Wolcott Sperry）博士发现，每个人都存在两种思维，一种是逻辑思维，一种是直觉思维。左脑半球控制着人的逻辑思维，而右脑半球控制着人的直觉思维。这种理论依据左右半球对信息加工方式不同，左脑负责意识，进行线性、有序的语言思维；右脑负责空间想象和全方位思维，往往是直觉、感知的、非语言的。这就解释了为什么有些人喜欢数字，偏

---

① 克雷奇，等：《心理学纲要》，周先庚，等译，北京：文化教育出版社，1981年。
② 金定海、郑欢：《广告创意学》，北京：高等教育出版社，2008年。

于理性，擅长逻辑推理，而另外一些人却非常感性，充满想象。艺术家和诗人的右脑应该是非常发达的，而科学家和法学家的左脑应该是十分发达的。对于广告创意人来说，不仅要善于分析，而且还要注重对右脑功能的开发，提升创意人的想象力，激活创意思维，发现独特的灵感。

4.思维多样性理论

20世纪80年代，社会学家艾伦·哈里森和罗伯特·布拉姆松将思维划分成五种类型，主要有综合型、理想型、实用型、分析家型和唯实论型。事实上，这种分类是建立在马克斯·韦伯事实型和价值型分类基础之上的，他们指出分析家型和唯实论型思维方式符合韦伯的事实型思维的分类，而综合型和理想型思维方式符合价值型分类。

附：

左右脑理论[①]

美国心理生物学家斯佩里博士通过著名的割裂脑实验，证实了大脑不对称性的"左右脑分工理论"，他因此于1981年荣获诺贝尔生理学或医学奖。该理论发现，正常人的大脑有两个半球，由胼胝体连接沟通，构成一个完整的统一体。在正常情况下，大脑是作为一个整体来工作的，来自外界的信息，经胼胝体传递，左、右两个半球的信息可在瞬间进行交流（每秒10亿位元），人的每种活动都是两半球信息交换和综合的结果。大脑两半球在机能上有分工，左半球感受并控制右边的身体，右半球感受并控制左边的身体。左半脑主要负责逻辑理解、记忆、时间、语言、判断、排列、分类、分析、书写、推理、抑制、五感（视、听、嗅、触、味觉）等，思维方式具有连续性、延续性和分析性。因此左脑可以称作"意识脑""学术脑""语言脑"。右半脑主要负责空间形象记忆、直觉、情感、身体协调、视知觉、美术、音乐节奏、想象、灵感、顿悟等，思维方式具有无序性、跳跃性、直觉性等。斯佩里认为右脑具有图像化机能，如企划力、创造力、想象力；与宇宙共振共鸣机能，如第六感、透视力、直觉力、灵感、梦境等；超高速自动演算机能，如心算、数学；超高速大量记忆，如速读、记忆力。右脑像万能博士，善于找出多种解决问题的办法，许多高级思维功能取决于右脑。把右脑潜力充分挖掘出来，才能表现出人类无穷的创造才能。

三、创意思维的类型

前文对人类一般思维方式过程和已有的思维方式经典理论进行了介绍，那么，在创意实践中，我们到底会用到哪些思维类型？以下介绍几种创意人在实践过程中经常使用的思维类型。

---

① 资料来源于百度百科，https://baike.baidu.com/item/%E6%96%AF%E4%BD%A9%E9%87%8C%E5%B7%A6%E5%8F%B3%E8%84%91%E5%88%86%E5%B7%A5%E7%90%86%E8%AE%BA/11037596，20181206。

1. 发散思维和聚合思维

在20世纪50年代，社会学者提出发散思维和聚合思维的学说。发散思维又叫辐射思维、求异思维。它要求根据已有信息，从不同的角度、不同的方向思考问题，从多方面寻求多样性答案。与之相反，聚合思维又称收敛思维，主要指为了解决某一个问题而调动已有的知识、经验和条件去寻找唯一的答案，为了获得正确的答案要求每一个思考步骤都指向这个答案，其着眼点是由现有信息产生直接的、独有的、为已有信息和习俗所接受的最好结果。

事实上，在创意实践的过程中，发散思维和聚合思维具有互补的作用。在广告创意诉求还没有确定的时候，创意人需要利用发散思维进行天马行空的想象，思维要散得尽量开阔，尽量让想象走得更远，想象走得越远，创意的能量就会越强。当然，创意人利用发散思维寻找到闪光的点子时，要利用聚合思维围绕这个点子进行深入分析和联想。例如，当你在思考为某个品牌的饮料做广告创意时，第一步可用"发散思维"打开想象空间，你会存在以下疑问：这个品牌的饮料除了可以饮用，还可以用来做什么？它可以说话吗？它可以有自己的成长故事或爱情故事吗？它可以拥有自己独特的形象和个性吗？当你的想象趋向成熟之时，第二步可利用聚合思维来构思这个品牌饮料的故事。比如可口可乐公司的酷儿饮料，1997年诞生于日本，2001年来到中国，因为Q萌的形象，受到小伙伴的欢迎。可口可乐公司为酷儿创造了个性化的形象和故事。酷儿英文名Qoo，它的年龄：保密，反正就是不想长大，它的特点：每次喝完饮料，都会满足地说一声"Qoo"；它的心愿：做妈妈信任、小朋友喜欢的小伙伴，和他们一起酷一下！卖萌、可爱是酷儿最显著的特征，但酷儿不只是会卖萌，它还是个运动健将！酷儿饮料的包装上它在踢足球、开帆船、游泳、骑行……是不是很酷炫！生动多样的包装形式，将给小伙伴们更多充满乐趣的选择！酷儿有很多生动好玩的故事，酷儿最爱的事就是喝酷儿果汁，然后说"Qoo"，并且两个小脸蛋都红了。图7-1是酷儿在海滩上享受日光浴，吃着美味的食物，喝着酷儿，这种生活是很多年轻小伙伴都向往的啊！图7-2展现的是"小酷儿游大世界"，酷儿随着热气球飞起来了，与彩虹、白云为伴，鸟瞰世界，这也是年轻消费者梦寐以求的啊！酷儿的这些广告贴合了儿童和年轻消费者的心。其实利用发散思维还可以为酷儿创作更多的故事，但聚合思维要求酷儿的故事符合其品牌的个性，不能够脱离或违背品牌的个性。酷儿是一个面向年轻人的饮料品牌，可爱、萌、爱玩是酷儿的天性。

图7-1　酷儿在海滩享受日光浴

图7-2　酷儿在玩热气球

2. 抽象思维和形象思维

抽象思维又称逻辑思维，是人们在认识活动中运用概念、判断、推理等思维形式，对客观现实进行间接的、概括的反映过程。形象思维是依靠形象材料的意识领会得到的理解思维。从信息的加工角度说，可以理解为主体运用表象、直感、想象等形式对研究对象的有关形象信息以及储存在大脑里的形象信息进行加工（包括分析、比较、整合、转化等），从而从形象上认识和把握研究对象的特点。① 在广告创意实践中，抽象思维和形象思维共同发挥作用。一般来说，创意人在经过详细的调研和市场分析之后，会通过抽象思维确定一个广告创意的概念，之后创意人需要将这个抽象的概念形象化，通过想象的视觉形象来表现这样一个抽象的思维。

3. 顺向思维和逆向思维

顺向思维一般是指人们按照从上到下、从小到大、从左到右、从前到后、从低到高等等常规的序列方向进行思考的方法。这种方法平时用得最多，也是人类最基础的一种思维方式。如美国陆军部的一则征兵广告："当了兵有两种可能：一个是留在后方，一个是送到前方。留在后方没有什么好担心的，送到前方又有两种可能：一个是受伤，一个是没有受伤。没有受伤不用担心，受伤的话也有两种可能：一个是轻伤，一个是重伤。轻伤没有什么可担心的，重伤也有两种可能：一个是能治好，一个是治不好。能治好就不用担心了，治不好也有两种可能：一个是不会死，一个是会死。不会死的话不用担心，死了嘛……也好，因为他已经死了，还有什么好担心的呢？"这则征兵广告利用顺向思维的方式非常巧妙地分析出在美国当兵存在的最坏的可能性，这种最坏的可能性就是死亡，而通过分析侧面反映死亡的可能性还是很低的，因为即使当兵有可能会留在后方，即使上了前线，也有可能不受伤，即使受伤了也有可能被治好，而且可能成为英雄，即使最坏的可能性在战场上牺牲，也是国家的英雄和烈士，当然广告最后说，如果真的到了最坏的结局，死了还有什么好担心的呢？这样一个从顺向思维分析出发，以理性诉求说服人的广告在一定程度上降低了美国很多热血男儿对当兵的恐惧。

顺向思维运用在广告创意中一般是从广告所传播的产品本身出发。比如，我们经常会在电视上看到一些纯粹介绍产品的设计的广告，介绍的过程常常是以从上到下或从左到右或从外到里等顺向的方式来展开。另外，顺向思维也会运用在广告创意故事的叙述中，随着时间或空间来展开产品或品牌的相关故事叙述。比如在美林·香槟小镇"7天创镇记"平面广告创意中利用"上帝7天创造世界"的故事来类比美林·香槟小镇如何在7天创造一个美丽、有浪漫气息的艺术小镇。该广告创意以时间的顺向思维来展开，将7天在巴黎香槟区旅游的感受与美林·香槟小镇的特点相结合，营造美林·香槟小镇的巴黎浪漫的艺术生活气质。

---

① 金定海、郑欢：《广告创意学》，北京：高等教育出版社，2008年。

> 案例

美林·香槟小镇"7天创镇记"平面广告（图7-3～图7-9）[①]

标题：巴黎。香槟。温榆河

第1天　晴　风力3～4级　车速140迈

行程：从巴黎到亚丁——香槟区

还没进入香槟区，我就已被路边香甜的空气和自然的景色灌醉了！

在距巴黎20分钟的地方我停了下来，看到分布在高速公路旁的一排排低层漂亮房屋。它们很和谐地和周围的树木融合在一起。

——2000年旅法手记

巴黎—高速路—香槟区

CBD—高速路—美林香槟小镇

同样的高速路，同样的畅快里程，同样离尘不离城的——诗意生活。

◇ 天竺区——北京第1代私家成熟高尚生活区。

◇ 温榆河——北京最富阳光水意的生活栖息地。

◇ 美林香槟小镇——天竺核心区。西距温榆河仅500米。门前京顺、机场2大高速路专线直通CBD。

图7-3　美林香槟小镇"第1天"平面广告

标题：只允许五分之一的地面生长房子

第2天　晴　风力3～4级　步行

行程：汉斯—未名的自然小镇

没有任何人工斧凿的痕迹，这个法国小镇就像天然生长在这块土地上一样，所有的房子都是自然排列的，却又冥冥中有一种秩序。

---

① 资料来源于"中国广告人"网站，http://www.chinaadren.com/html/file/2005-3-4/2005342347385750.html，2016-02-01.

美林香槟小镇，应该像香槟区的自然村镇一样天然。

——2000年旅法手记

◇ 0.46超低容积率，18.3%超别墅建筑密度，只允许五分之一的地面生长房子。

◇ 自然，错落，三叶虫式总规布局，再现葡萄原乡小镇天然意趣。

图7-4　美林香槟小镇"第2天"平面广告

标题：简约，建筑的第一秩序

第3天　晴　风力3~4级　车速140迈

行程：从巴黎到亚丁—香槟区

法国给我印象最深的建筑不是在巴黎，而是在巴黎去往香槟区的路上。

优秀、资深的设计师都知道——最容易学到的是法国建筑的浮华，最难做到的是法国建筑的简约。

——2000年旅法手记

◇ 留法设计师担纲设计，原质感立面，完全现代简约设计美学。

◇ 别墅罕有"剪力墙"结构。无梁、无柱，空间更高，更实用。

◇ 双拼别墅、联排别墅、叠拼别墅，13种户型彰显大家风范。

◇ 私家花园，上下露台，地下私人会所，豪华全功能主卧。

图7-5　美林香槟小镇"第3天"平面广告

标题：自然，最伟大的园林设计师

第4天　晴　风力3～4级　步行

行程：葡萄农场

在自然界，你找不到一条直线。

没经过人工修剪的葡萄架，被马车打磨了上百年的鹅卵石，还有那些天生就站在那的杨树、梧桐树……也许，自然才是最好的园林设计师。

——2000年旅法手记

◇ 51%豪奢绿化率，生命、时间双广场，亚丁风车园林，花园私有最大化！
◇ 75000平方米流水园林，缓坡入水设计，栈桥，白沙滩，再现自然原生水趣。

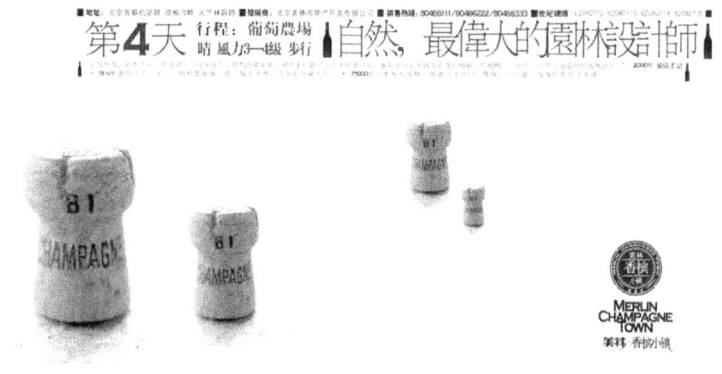

图7-6　美林香槟小镇"第4天"平面广告

标题：运动的乐趣，让每个人成为朋友

第5天　多云　风力1级　车速60迈

行程：农田舞会　小镇酒吧

在法国香槟小镇，劳动的乐趣让每一个人都成为朋友。

在美林香槟小镇，运动的乐趣让每个人都成为朋友。

——2000年旅法手记

◇ 4200平方米，铁架结构、玻璃幕墙、现代风格运动主题会所。
◇ 内设穹顶泳池、壁球、乒乓球、网球、桑拿、健身等高档运动场所，运动的乐趣无所不在。

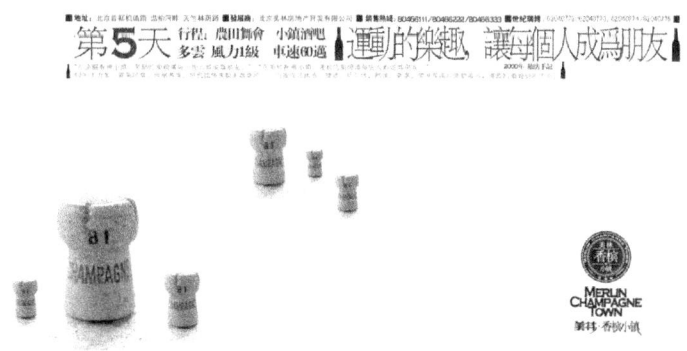

图7-7　美林香槟小镇"第5天"平面广告

标题：懂得生活，更懂得挑剔

第6天　多云　无风　车速120迈

游览计划：香槟大道　酒窖

在香槟区，每800粒葡萄中只有一颗能被用作香槟的原料，而一瓶上等香槟需要4000粒这样的葡萄。

上等的香槟来自对原料的严格挑选，上等的生活来自对细节的反复打磨。

——2000年旅法手记

◇ 品质由内而外，演绎香槟细节精神。

◇ 全精装空间。

◇ 人性化中央除尘系统。

◇ 新加坡政府最新安防系统。

◇ "宝路"高科，8路控制，多种模式。

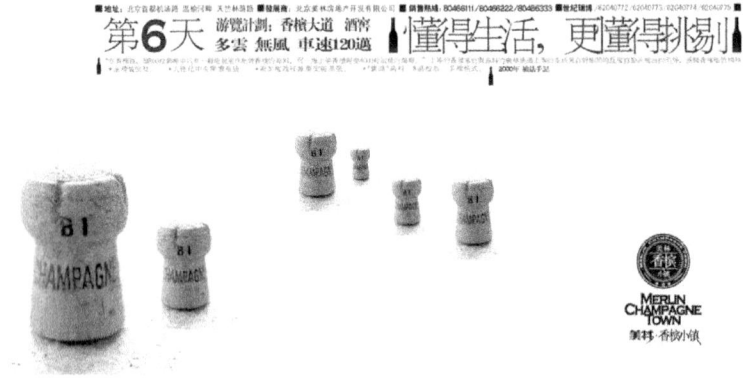

图7-8　美林香槟小镇"第6天"平面广告

标题：生活，带签名的艺术

第7天　晴　风力5级　船行

行程：马纳河谷　巴黎

今天，连上帝都休息了！我也决定放弃思考，像法国人一样尽情享受生活。

每一瓶香槟的标签上都留有设计师的签名，所以，每一个饮用香槟的人都应该懂得珍惜。

——2000年旅法手记

◇ 美林香槟小镇占地面积：15万平方米，建筑面积：9万平方米。

◇ 仅限286位懂得生活、懂得珍惜的生活大师！

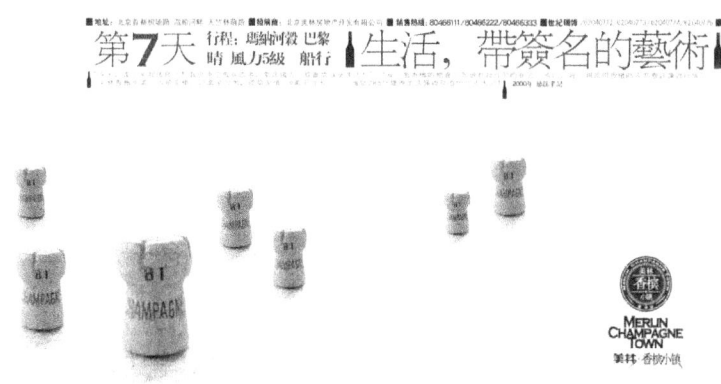

图7-9 美林香槟小镇"第7天"平面广告

顺向思维在广告创意中尽管很常见，但是顺向思维具有很强的常规性，容易形成习惯性的思维定式，在有些时候可能会影响创意思维的开发和突破。逆向思维与顺向思维相反，它是一种反常规、反传统、反顺向的思维方法。即针对目标"倒过来"思考问题，从事情的反面来考虑，从而会收到意想不到的效果。事实上，很多叫好又有效的广告创意都是来源于逆向思维的思考。逆向思维在广告创意中的运用常常是不拘一格的，有时逆向思维是将社会约定俗成的观念、行为或价值颠倒过来。有时逆向思维是对原有品牌广告创意的完全颠覆。有时逆向思维可能是从广告创意的视觉表现上突破传统。以下通过案例来分析逆向思维在广告创意中的集中运用。

1. 对社会约定俗成的观念和行为进行逆向思考

图7-10是20世纪70年代，英国健康教育公益机构为了保护女性健康、提倡避孕时做的一个公益广告，该广告让一个中年男子怀上了孩子，男子左手托着自己的腰部，右手搭在凸起的肚子上，一脸茫然失措的样子，该广告不仅引起了观众的注意力，也使男性换位思考如果自己怀上了孩子，该怎么办？这则广告通过逆向思维引起了社会的关注。图7-11是一个提倡怀孕妈妈多喝牛奶的公益广告，广告中没有出现喝牛奶的动作，

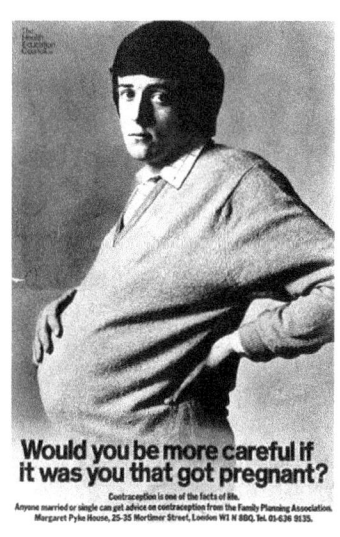

图7-10 英国倡导避孕的公益广告

图7-11 "牛奶胡须"的公益广告

而是通过"牛奶胡须"的方式来表现喝牛奶可以给孩子带来强健的体格，胡须原本属于男性所有，把"牛奶胡须"放到怀孕妈妈的身上是一种逆向思维，一句"Where's your mustache?"的文案增添了广告的趣味性，也提高了该广告的注意力。

2. 李奥·贝纳运用逆向思维，大胆将万宝路"变性"

1854年万宝路从一家小店起步，1908年在美国正式注册Marlboro商标，1919年才成立菲利普·莫里斯公司，但一直在行业里默默无闻。1920年代的美国是"迷惘的时代"，经过第一次世界大战的冲击，许多青年人都自认受到了战争的伤害，并且认为只有拼命享乐才能冲淡这种创伤。他们或在爵士乐的包围中尖声大叫，或在吞云吐雾之中麻醉自己。无论男女，嘴上都会异常悠闲雅致地叼着一支香烟。妇女们非常在意自己的红唇，她们精心地化妆，"伤心欲绝"地谈恋爱。她们挑剔衣饰颜色，感慨红颜易老，时光匆匆。万宝路决定抓住这个机会抢占女性市场，"Marlboro"其实是"man always remember love because of romantic occasion"的缩写，意为"男人只因浪漫而牢记爱情"。广告口号是"像五月的天气一样温和"，目的在于成为女性烟民的"红颜知己"。1950年代初，万宝路还特意推出带有红色过滤嘴的香烟，以避免白色的烟嘴沾染女士们的红色唇膏，然而，这一切并未挽回万宝路衰败的命运。

莫里斯公司1954年找到了当时非常著名的广告人李奥·贝纳，希望借助他的策划打开市场。经过对香烟市场进行深入的分析和深思熟虑之后，李奥·贝纳大胆对万宝路实施了"变性手术"，提出将万宝路香烟改变定位为男子汉香烟，变淡烟为重口味香烟，增加香味含量，并大胆改造万宝路形象。产品品质不变，包装采用当时首创的平开盒盖技术，并以象征力量的红色作为外盒的主要色彩。将名称的标准字（Marlboro）尖角化，使之更富有男性的刚强。于是万宝路的广告不再以妇女为主要诉求对象，广告中一再强调万宝路香烟的男子汉气概，以浑身散发粗犷、豪迈、英雄气概的男性为品牌形象，吸引所有喜爱、欣赏和追求这种气质的消费者。

万宝路最初用马车夫、潜水员、农夫等作为广告的男主角，但这个理想中的男子汉，最后还是集中到西部牛仔这个形象上：一个目光深沉、皮肤粗糙、浑身散发着豪气的男子汉，在广告中袖管高高卷起，露出多毛的手臂，手指总是夹着一支袅袅冒烟的"万宝路"香烟（图7-12）。这种洗尽女人脂粉味的广告于1954年问世，给莫里斯公司带来巨大的财富。仅1954到1955年间，"万宝路"销售量提高了3倍，一跃而成为全美第十大香烟品牌，1968年其市场占有率上升到全美同行第2位。这是迄今为止最成功、最伟大的营销策划，由于李奥·贝纳天才般的重新定位，彻底改变了莫里斯公司的命运。

事实上，创意人在实践过程中会在不同的阶段调动各种思维，也就是说在进行广告创意的时候，需要学会综合运用各种思维方式，无论是价值型思维或事实型思维、软思维或硬思维，对创意实践都有很大的帮助。同时，还需要激发左右脑的共同能量，当需要理性分析时，就需要调动左脑的能量；当需要发挥想象的翅膀时，就需要激发右脑的能量。另外，发散性思维是创意过程中重要的思维方式，当我们通过发散思维找到很多闪亮的创意源点之后，也要善于使用聚合思维，将有关联性的创意点集合在一起，进一步丰满创意。抽象思维在创意分析的过程中显得尤为重要，只有善于抽象思维分析的广告人才能在乱象中剥茧抽丝，才能找到消费者真正的诉求。但是抽象思维的诉求在创意

图7-12 万宝路"乡村牛仔"广告

过程中要通过形象思维来表现。一般来说，在现实生活中我们习惯以顺向思维去思考问题和处理事情，当在广告中希望通过理性的、事实的能量与消费者沟通时，在广告创意中不吝使用顺向思维。但是，更多吸引人的广告是来自于逆向思维，因为它体现了创意挑战的能量。逆向思维让创意人创作出更多不寻常的、令人过目不忘的广告。

四、广告创意思维的过程

创意思维就是以独特新颖的方式解决问题的认知过程，是通过个体强烈创新意识的指导，突破旧思路，把现存的信息重新组合，使旧元素组合、扩展与升华，从而得出新概念、新理论、新技术、新产品的高级思维活动。[1]广告创意思维是一种创造新意象、新意念、新意境的思维形式。[2]事实上，广告创意思维是一种多元的、发散性的、综合型的思维方式，它是形象思维、抽象思维、逻辑思维、直觉思维、水平思维、垂直思维、逆向思维等各种思维方式的混合。总之，为了产生独特而实效的广告创意，在广告创意产生的不同阶段会使用不同的思维方式。创意产业经过多年的发展，创意人、广告人以及

---

[1] 金定海、郑欢：《广告创意学》，北京：高等教育出版社，2008年。
[2] 蒋旭峰：《广告创意：思维与技法》，载《南京大学学报（人文社科版）》，1998年第2期。

相关的研究者总结了不同的创意过程的模式。①

1. 创意过程"四阶段"模式

罗杰·冯·奥克根据创意人在不同的阶段所做的不同的工作,将创意人划分为探险家、艺术家、法官和战士。

(1)探险家:在这一阶段创意人必须如探险家一样寻找各种新的信息,关注异常的模式,发掘创意所需要的资料、数据和信息。

(2)艺术家:在该阶段创意人需要试验各种方法,利用各种思维方式,像艺术家一样寻找和创造多个独特的创意思想。

(3)法官:在这个阶段创意人必须如法官一样,公正、合理地评估各种创意思想,明确判断哪种构思是最实用、最棒的。

(4)战士:不是所有的人都能够识别一个好的创意,在最后阶段创意人还必须如战士一样勇敢地克服一切干扰、艰难、险阻和障碍,直至创意概念真正实现。

2. 创意过程"五阶段"模式

Frank Alexander Armstrong在其著作《创意寻踪》中,将创意过程明确划分为五个阶段:

(1)第一阶段是评估形势,事实上就是对创意产生之前的背景分析及相关资料的获取。

(2)第二阶段是明确问题,这是创意过程中非常关键的阶段,要确定创意到底要解决什么样的问题,通过什么样的创意思维能够比较顺利地解决该问题。

(3)第三阶段是利用潜意识,在该阶段要利用潜意识进行发散性的想象。

(4)第四阶段是产生构思,通过想象构思出好几个创意的想法。

(5)第五阶段是判断最佳构思,在这个阶段理性思维和逻辑思维非常重要,通过理性的思考和对比,在几个创意思想中寻找到最佳的创意思想。

另外,著名的广告大师詹姆斯·韦伯·扬(James Webb Young)曾经用"魔岛理论"形象地描述了创意思维的过程:创意正如古代航海过程中,水手不期而遇的珊瑚"魔岛"一样。同时,他将创意思维过程分为五个阶段:

(1)原始资料搜集阶段,这一阶段需要搜集创意所需要的相关资料。

(2)资料分析,该阶段需要对所收集的资料进行归类和分析。

(3)思维酝酿,这一阶段需要进行思维的选择和思维的扩散。

(4)创意顿悟,这一阶段会不经意地产生创意的灵感。

(5)效果测评,该阶段需要把创意放到实际运用中,或者要对创意进行效果的测试。

3. 创意过程"七阶段"模式

Hal Stebbins在国际广告协会世界大会上,在以"创意的课题——变化的世界的文稿哲学"为题的演讲中,将创意产生分为七个阶段:

(1)导向阶段:在该阶段主要是发现事实,并提出问题点。

---

① 饶德江:《广告策划与创意》,武汉:武汉大学出版社,2006年。

（2）准备阶段：该阶段需要收集各种相关的资料。
（3）分析阶段：该阶段需要对收集的资料、关联的素材进行分析。
（4）假说阶段：为了最终选出最佳构思，需要准备几个假说。
（5）孵化阶段：为了模仿头脑中灵感产生的过程，将各种知识事先储存起来。
（6）综合阶段：综合各种知识和想象的片段，并归纳几种创意的想法。
（7）决定阶段：判定作为结果产生的最佳的构思。

附

詹姆斯·韦伯·扬创意生成五步骤[①]

第一步，让大脑尽量吸收原始素材。实际上，收集原始素材并非听上去那么简单。它如此琐碎、枯燥，以至于我们把原本该花在素材收集上的时间，用在了天马行空的想象和白日梦上了。我们需要收集的素材可以分为两类：特殊素材和一般素材。在广告业，特殊素材是指那些与产品和目标受众直接相关的信息。与搜集特殊素材同等重要的，是持续不断地积累一般素材。在收集素材方面有两点实用的建议：第一个建议是，如果你决定花费精力去搜集海量的特殊素材，那么学会卡片索引法很有必要。第二个建议是，建立剪贴簿或文件夹，以整理你积累的普通素材。

第二步，必须开动大脑，把这些资料当成食物，用思维好好咀嚼一番，这样才能被充分吸收，为创意的生成做好进一步的准备。当你在经历这个过程时，将会不可避免地发生两件事。第一件事，一些不成熟、不完整的创意将会涌现，将它们记在纸上吧。不要介意它们看上去有多么疯狂，或多么不明确。这些小小的灵感是创意诞生前的雏形。将这些想法试着用文字加以表达，可以加速这个过程。第二件事，你将会越来越厌倦这项素材"拼贴"的工作。但是，请别太快放弃。在这个过程中，请设法让自己的头脑发挥出第二波能量，而你所要做的，是将这股能量所产生的一个或多个不完整的灵感，写在你的卡片上。

第三步，你不需要做出任何直接的努力，只要把整件事彻底放下，尽量不去想它就行。在这个阶段，你可以将问题交给你的潜意识，让它在你睡觉的时候为你工作。或者你可以转向任何可以刺激你想象与情感的事，去听音乐、看戏、看电影、读诗和看侦探小说。总之，要想办法充分刺激自己的想象力和感知力。

第四步，在你最没想到的时候，莫名其妙，却又妙不可言，创意将会逐渐浮出水面。创意不期而至，当你剃须时、沐浴时，或当你在拂晓半梦半醒时，它甚至会惊扰你的深夜美梦。

第五步，这个阶段是你在创意生成中所必须经历的，堪称"黎明前的黑暗"。你必须把不成熟、刚诞生的那个小小创意，放逐到现实世界中经受考验。当你这样做时，经常会发现它似乎不如先前那样非凡独特，所以，你需要开展一系列工作对创意进行修

[①] 詹姆斯·韦伯·扬：《创意的生成》，祝士伟，译，北京：中国人民大学出版社，2014年。

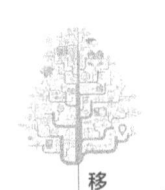

正，让它切实有效。当你这么做时，你将得到一个意外的收获。你会发现，一个好的创意本身就具备"自我扩充"的品质。它会激励看得懂它的人更多地思考，帮助它变得更加完备。

第三节 广告创意的原则

广告创意是广告运动中一个重要的组成部分，广告创意是否成功直接决定着广告效果能否实现。任何一个成功的、被众人津津乐道的广告创意一定不是天马行空随意想象出来的，而是坚持了某些原则创作出来的。了解和掌握广告创意的原则，可以助力创意人顺利创作出真正有效而又新颖的好创意。

一、科学性原则：广告创意的第一原则

科学性原则自始至终指导着广告创意的实践。这里谈到的科学性原则主要包括两个方面的内涵：一方面，科学性原则是指在创作任何一个广告创意时都要坚持从科学的调查或者分析比较、逻辑推理开始，而不是依靠随意拍脑袋来实现。另一方面，科学性原则体现在理性广告诉求之中，理性诉求是广告创意重要的诉求方式之一，广告创意中呈现翔实的数据、理性的态度和科学的严谨。

在美国广告创意史上，被称为"广告教皇"的大卫·奥格威一直坚持科学调查对广告创意的重要性，因而被尊称为"科学派广告大师"。这不仅与其在盖洛普调研公司的从业经历有关，更与科学调查为他带来实效的广告密切相关。他认为，广告是推销技术，不是抚慰，不是纯粹美术，不是文学，不要自我陶醉，不要热衷于奖赏，推销是真刀真枪的工作。因而，他主张在展开新的广告活动以前，必须研究商品，调查以前的广告，研究竞争商品的广告。大卫·奥格威是旅游广告的鼻祖，他曾经为法国、英国、美国和波多黎各做过广告，他在《奥格威谈广告》中谈道："当我们在欧洲展开'来美国观光'的广告方案前，我们利用研究去发掘到底欧洲人想到美国去看些什么，答案是曼哈顿、大峡谷、旧金山、尼加拉大瀑布及西部牛仔。所以这些主题就成为我们广告的重心。"[①]大卫·奥格威在为波多黎各政府做广告时，毫无疑问进行了深入的科学调查，最后将广告主题确定为"现在'波多黎各'对新工业提供百分之百的免税"，这种百分百免税政策对于一些工业企业来说充满了吸引力，该广告很成功，极大地推动了波多黎各地区的工业发展。而大卫·奥格威本人也获得了波多黎各政府极高的尊重，每次他去波多黎各都会享受到皇室般的招待。下文是大卫·奥格威为波多黎各政府所做的平面广告的部分文案：

标题：现在"波多黎各"对新工业提供百分之百的免税

次标题：总督缪拿兹（MUNOZ）说：

---

① 大卫·奥格威：《奥格威谈广告》，洪良浩、官如玉，译，呼和浩特：内蒙古人民出版社，2000年。

"我们不要'逃迁的'工业，但我们确在寻找'新的'与'扩展中的'工业。联邦税法不适用于'波多黎各'，而本邦也提供豁免全部地方税。这就是为什么317家新工厂已经设立在'波多黎各'的原因，这些保障都是美国宪法所赋予的。"

文案：为了提高"波多黎各"生活水准而作的一项戏剧性的邀请，本邦政府现在正在提供美国制造厂和如此压倒性的鼓励，因而已有300家以上的新工厂建立在这个距佛罗里达海岸961英里的充满阳光的海岸上了。最大的鼓励政策是对绝大多数设在"波多黎各"新厂的制造商都给以百分之百的免税。

另一位实效广告大师罗瑟·瑞夫斯也主张广告必须以科学原则去"创造世界"。他认为，创意的成功与否，"实效"是判断的基础。罗瑟·瑞夫斯在科学原则的指导下，提出了具有深远影响意义的"独特销售主张"（USP）理论。罗瑟·瑞夫斯曾经连续15年在美国48个州和数百个独立的群体中，随时随地测试数千人，结果发现了许多惊人的事实。从统计数据中可以看出统计的定律，"就像磨石机，磨得很慢，但磨得很精细。模式逐渐浮现。模式自成原则，原则经反复测试及更进一步观察，逐渐变为广告真实度的定则。"同时，他发现，50年来包装食物的统计资料显示的惊人结果是：在20个广告中，按科学原则创作的广告有10个好的、6个卓越的、2个非常好的、2个失败的；而按"感觉"创作的广告有2个好的、2个卓越的、2个非常好的和14个失败的。这个数据也就证明了按"科学原则"创作广告创意的成功率比依"感觉"创作的广告有效很多。

另外，即使扛起"广告艺术派"大旗的威廉·伯恩巴克一生认为广告是艺术的，奉劝别人不要相信广告是科学，但他在实际的广告创作中也会运用科学的调查来获得伟大的广告创意。比如，威廉·伯恩巴克在为大众甲壳虫服务时，也是进行了深入的产品和消费者研究，最后认定大众甲壳虫是诚实、实惠（价格便宜）、性能可靠的汽车。下文是伯恩巴克为大众甲壳虫创作的"柠檬"广告的文案。该文案在科学调研中获得大众汽车工厂里有3389名工作人员来检查甲壳虫的质量，而每辆甲壳虫需要通过189处检查。

标题：柠檬（图7-13）

文案：这辆甲壳虫没赶上装船启运。仪器板上放置杂物处的镀铬有些损伤，这是一定要更换的。你或许难以注意到，但是检查员克朗诺注意到了。

在我们设在沃尔夫斯堡的工厂中有3389名工作人员，其唯一的任务就是：在生产过程中的每一阶段都去检查甲壳虫（每天生产3000辆甲壳虫；而检查员比生产的车还要多）。每辆车的避震器都要测验（绝不作抽查），每辆车的挡风玻璃也经过详细的检查。大众汽车经常会因肉眼所看不出的表面擦痕而无法通过。

最后的检查实在了不起！大众的检查员们把每辆车像流水一样送上车辆检查台，通过总计189处查验点，再飞快地直开自动刹车台，在这一过程中，50辆车总有1辆被卡下"不予通过"。

对一切细节如此全神贯注的结果是，大体上讲，大众车比起其他车子耐用而不太需要维护（其结果也使大众车的折旧较其他车子为少）。

我们剔除了"柠檬"，你们得到了李子。

图7-13　大众甲壳虫"Lemon"广告

在传统大众媒介时代，广告创意需要坚持科学的原则。而在移动互联网时代，创意人更要坚持科学的原则来获取优秀的广告创意。特别是已经进入随时随地互联的大数据时代，广告创意不是广告人和创意人大脑里的图景，更不是某个创意人的自说自话，而是要坚持科学的原则，从用户与消费者那里获取创意的信息。同时，在移动互联网时代，广告创意的内涵已经延伸，它不只是一个平面广告或一个电视广告，而是集多媒体传播技术于一身的线上和线下互动传播的广告运动或广告事件；同时，这种广告运动超越了单纯产品销售的目的，它更多的目的是传播品牌的价值、社会价值、文化传承及公益的行为。

二、艺术性原则：广告创意的升华

艺术是人类文化的重要支柱之一。艺术的形式各种各样，可以说是包罗万象。有被称为"阳春白雪"的高雅艺术，如中国的诗、词、曲、赋和国画等，西方的交响乐、建筑、绘画、雕塑、戏剧等；有被称为"下里巴人"的多种民间艺术，如各种民间手艺、地方山歌、二人转、民间故事及杂耍等。随着以电视为代表的大众媒体的发展，娱乐大众的艺术表演在媒介平台上不断被呈现。而在移动互联网时代，各种艺术形式通过移动互联网的平台进行广泛、及时的传播。无论是精英阶层还是普通大众，对艺术都有强烈的需求。艺术可以娱乐大众，也可以用来沟通心灵。那么，广告创意坚持艺术性的原则就显得尤为重要了。事实上，艺术性原则是广告创意的升华，广告失去了艺术性就难以真正打动消费者，更无法使其成为人类文化的一部分。

武汉大学饶德江教授指出，广告创意的艺术性原则，可谓与中国传统文化的"为人生而艺术"一脉相通。广告是人与人沟通、交流的活动，艺术是人性、人心、人情的巧妙显现，真正具有艺术性的广告，才能产生独特的魅力，能有效地与消费者进行沟通。[①]

DDB广告公司的创始人威廉·伯恩巴克被认为是艺术派广告大师，他认为只有那些刚刚新鲜出炉、热力四射的崭新意念，才会令人垂涎三尺、胃口大开。尽管他在广告创意实践中也运用调查研究的方法，但他拒绝承认广告是一门科学，而坚持广告是艺术。另一位广告狂人乔治·路易斯曾经与威廉·伯恩巴克共同创作大众甲壳虫"Think Small"的伟大创意。乔治·路易斯是进入美国艺术指导名人堂和创意名人堂中最年轻的一个广告人，他似乎天生就是为了"颠覆"传统广告而来的。他可能是美国历史上最有天分、作品最多的艺术指导，经典作品数不胜数，成为流行文化。他是广告艺术派的坚定支持者，他的伟大著作《广告的艺术》很好地阐明了其广告创意的主张，他甚至肆无忌惮地说："如果广告是一门科学，我就是个女人。"

作为"科学派广告旗手"的大卫·奥格威尽管一再强调科学调研和实效广告的重要性，但他并没有完全否定广告的艺术性原则。他深知广告业需要注入大量的天才。而天才极有可能在不循规蹈矩者、特立独行者与反叛不羁者中产生。而且，他也直言不讳地说："除非你的广告建立在伟大的创意之上，否则它就像夜航的船，不为人所注意。"更为重要的是，大卫·奥格威是品牌形象理论最初的创始人，他认为每一个广告都是商品印象（brand image）的长期投资，丝毫不允许有冒渎印象的行为。李奥·贝纳用广告创意实践回答了大卫·奥格威的品牌形象理论，他创作的万宝路牛仔男人的品牌形象风靡了美国乃至全球很多国家。而大卫·奥格威本人为Hathaway衬衫所创作的"戴黑色眼罩的男人"（图7-14），为广告作品增添了一种神秘艺术感，激发了读者狂野的想象力，获得了极大的关注。

事实上，广告创意史也属于人类艺术史的一个重要组成部分。没有艺术感的广告，就如没有灵魂的生命，它也不可能真正打动消费者的内心。广告人流行的一个话语是"戴着枷锁，也同样要轻舞飞扬"，这个"枷锁"就是商业利润和产品销售对广告创意的控制，而广告人却无时无刻不期待挣脱这种"枷锁"，在艺术的殿堂里邀游，即使存在商业的"枷锁"，广告人也立志做到"轻舞飞扬"。据史料表明，在20世纪20年代的美国广告界，最好的画家在从事广告美术指导的工作，而最好的作家在

图7-14 大卫·奥格威创作的Hathaway衬衫的广告

[①] 饶德江：《广告策划与创意》，武汉：武汉大学出版社，2006年。

从事广告文案的工作。当时广告人在美国受到极高的尊敬,广告也被认为是最时尚的、最艺术的职业之一。毋庸置疑,有些具有艺术感的广告创意作品事实上就是一件件令人赏心悦目的艺术品,比如绝对伏特加酒的很多平面广告都被收入美国的一些博物馆,被当成公共艺术品来供大众欣赏。

案例

"绝对伏特加"广告的艺术世界[①]

1879年,Lars Olsson Smith利用一个全新的工艺方式酿制了一种全新的伏特加,叫作"绝对纯净的伏特加酒"(Absolut Rent Branvin),也就是后来闻名全球的Absolut Vodka。1979年,绝对伏特加首度被引入美国市场。美国Carillon Importers Ltd.在代理绝对伏特加之前,投入6.5万美元做市场调查,得出的结论是绝对失败。消费者觉得绝对伏特加品牌名称哗众取宠,瓶子形状也比较难看,而且人们对这个来自瑞典的品牌心存质疑。

绝对伏特加对此的反应是放弃调查结果,1980年,Carillon公司把创意业务委任给当时年轻的TBWA广告公司纽约办公室。最初为该品牌创建知晓度和流行度的方法是建立在产品的瑞典400年传统文化上。这种广告与美国其他酒的广告十分相像。

然而,时任TBWA纽约创意总监的Geoff Hayes觉得少了些什么。广告的创意太传统、太可预见了,而且缺少证明该产品是一个强势品牌。为什么不考虑用名字和酒瓶的独特来表现质量和时尚呢?TBWA的广告制作小组决定避开"瑞典"(Sweden),而力攻"ABSOLUT"(绝对)这个具有双重意思的字眼。瑞典文"绝对"是品牌名称,英文"绝对"是绝对的、十足的、全然的意思。在呈交Carillon的前3天,Geoff Hayes提出了解决办法。"我一边看电视,一边在纸上画瓶子,我画了一个光环在瓶颈上,并添了一行字'这是绝对的完美',第二天早晨,我把它拿给我的搭档看,他说你无须解释,只要'绝对完美'就够了。突然间,我们意识到我们该怎么做了。"这个创意成了1980年绝对伏特加推出的第一支平面广告"绝对完美"(Absolute Perfection)。它颠覆了以"产地"和"历史"为卖点的传统伏特加营销方法。

在美国,烈酒广告不能使用电视或广播电台媒介。这正是我们看到绝对牌广告只有杂志和户外(广告牌、公交候车亭)两类广告的原因。

树立品牌意识和渴望没有捷径。为了让平面的表现获得的价值和电视广告片效果带来的产品价值一样,TBWA聘请高水平的摄影师对广告的主角——奇特的酒瓶进行完美的摄影,做到感觉荡漾,吸引动人,纸上震撼!精心制作的创意,共同点是集中传达品质信息,并强调概念和执行的单纯。当然,这种制作的完成也花去了昂贵的费用。

品牌要成功,广告不能随波逐流,必须冲破一般酒广告的传统模式;只渲染产品本身的质量远远不够,必须创造它的附加价值,把绝对品牌塑造成时兴的——人人都想喝

[①] 资料来源于麦迪逊邦(微信号:madisonboomchina),编者对其进行了局部修改,创意图片来源于"百度图片"。

的形象。

绝对伏特加自1979年在美国推出后,从最初的12 000箱(1979年)迅速猛涨到300万箱,仅仅用了一年时间!绝对伏特加的广告,也让TBWA在美国广告业打出绝佳的开局。

TBWA提出的广告概念也旨在把绝对伏特加与受众心目中具有重要地位的"名物"融为一体,不断散发出历史和文化的永恒魅力。多年来,绝对伏特加和TBWA坚持在平面广告中采用这种"标准格式"(瓶子加两个词的标题),制作了600多张平面广告,虽然"格式"不变,但表现总是千变万化,"大胆借势,巧妙传名",广告运作的主题多达12类——绝对的产品、物品、城市、艺术、节日、口味、服装设计、主题艺术、欧洲城市、影片与文学、时事新闻等等(图7-15)。1999年,绝对伏特加广告被《广告时代》列入世纪十佳广告的行列。因此,绝对伏特加的广告已经超越了产品本身,成为广告界津津乐道的艺术瑰宝。

绝对的SPA

绝对的香氛

绝对的春天

绝对的亚马逊

绝对的罗马

绝对的北京

| 绝对的玛丽莲·梦露 | 绝对的天堂 |

图7-15　绝对伏特加的广告创意组图

三、创新性原则：广告创意的本质

毫无疑问，任何一个成功的广告创意都是建立在创新的基础之上的。创新是一个民族进步的灵魂。创新更是广告创意的精髓，没有创新的广告就不是一个广告创意。无论创意人是坚持科学性的原创，还是坚持艺术性的原则，事实上，创意人每天的工作最终的目的就是如何寻找具有原创力、吸引力和冲击力的好创意。

20世纪最伟大的艺术派创意大师威廉·伯恩巴克在公司的一次作品讨论会上，对创作同事这样比喻："依赖一套公式或方法来办事，正如烤面包的常理一样，只要顾及和控制烤面包的时间因素，面包便会自自然然，顺顺利利地烤好出来，平平无奇。只有那些刚刚新鲜出炉，热力四射的崭新意念，才会令人垂涎三尺，胃口大开。当然如果你热爱常规，刻意模仿，那么你就如同受了致命伤的士兵，也许你会一直活下去，但你绝对不可能在战场上获得立马横刀的威风。对一件事，抱有自己的立场，你通常会发现面对的是两部分人：'支持你'或'反对你'。但当你对任何事亦无个人立场之时，你将会找不到反对你的人——更找不到支持你的人。一个看来合情合理的广告视觉画面，并不代表这广告一定行得通。熟口熟面的传达方式，最叫人不感兴趣，漠不关心。"这段话对创意人的启发是：广告创意必须是创新的、颠覆性的，作为一个创意人必须要有自己的个性态度。同时，伯恩巴克在不同场合多次斩钉截铁地说："不破除旧规则、旧公式，崭新的广告没有抬头之日。"[1]

欧洲广告大师雅克·塞盖拉在《快乐广告人生》中指出广告创意是一种冒险，而这种冒险就是创新性地实现别人以为不能实现的事。同时，他引用毕加索的名言"任何创作都是场毁灭"，指出"创意是一场战争"，[2] 而这场创意战争就是要毁灭平庸，毁灭陈

---

[1] 百度百科关于威廉·伯恩巴克的介绍，https://baike.baidu.com/item/威廉·伯恩巴克/4894890?fr=aladdin.
[2] 雅克·塞盖拉：《快乐广告人生》，北京：中国友谊出版公司，2000年。

旧，拥抱创新。

创新是广告创意的本质已经得到了广告界和广告人的普遍认同，但关键是如何进行创新？创新说起来是很容易的一件事，而行动起来对于有些人就步履维艰了。当然，世间不会存在没有任何基础的创新，就像一个婴儿不是一出生就会说话一样，婴儿需要多听家人的话语，家人与他多交流，他才会说出动听的语言。所以，创新的第一步是学习，学习广告创意的学生可以从学习大师的作品开始，在学习以往案例中获取创意创作的规律。很多著名的广告人都是从学习其他人的案例开始进行创新的。比如，创意大师雅克·塞盖拉也指出了案例学习的重要性，他曾在书中说："广告既是天使又是魔鬼，既天真又狡黠，既通晓过去又预知未来。要让广告成功，首先应能绞尽脑汁思考，同时反思以往的案例。"[1] 创新的第二步就是在学习基础之上的超越，如何实现创意的超越？雅克·塞盖拉的回答是，创意绝不是一种偶然的游戏，我们的创意概念扎根于先辈留给我们的遗产。文化是创意的源泉，历史是创意的起点。当然，每个广告大师的回答可能存在一些差异，正如"一千个人眼中有一千个哈姆雷特"。笔者认为实现广告创意的创新与思维方式的创新密切相关，前文介绍了一些创意的思维方式，可通过综合运用这些思维方式来开发创新的广告创意。事实上，能否获得创新性的广告创意最终取决于对消费者的洞察、对社会潮流的把握以及对文化和价值、人性的感悟。

当然，广告创意的创新要避免为了创新而创新，如果只是注重广告技术表现的创新，而没有创新的意念，那么这种创新只是穿上了一件华丽的衣服，无法打动消费者，是徒劳无功的。因而，广告创意的创新性必须是能够与消费者和用户产生共鸣的，而不是哗众取宠的创新。

诚然，创新，就是不拘一格；创新，就是突破；创新，就是超越；创新，有时是局部性的，而有时是颠覆性的；创新，有时是价值层面的，有时是产品功能层面的。当然，创新也是实效的，没有实效的创新不是真正意义上的创新。另外，广告创意的创新性是随着地区、文化、媒介技术而不断发生变化的，没有一成不变的广告创意的法则，如果存在的话，那广告创意就谈不上创新了。在传统媒介时代，广告创意的创新性重点是怎样创新地表达一组平面广告，或者怎样创作一个电视广告故事，让受众有耳目一新的感觉。而在移动互联网时代，广告创意的创新有所不同，在社交媒体上传播广告，不仅要创新一个能够与用户产生共鸣的故事或话题，而且还要构建一个互动或再次传播的机会。在社交媒介时代，对广告创意的创新性要求更高，但这种创新性不是局限于某个平面广告的美术表现，而是对用户所关心的事进行创造性的再创意来愉悦用户或引起其共鸣。下面将介绍小米公司在创立之初的"盒子兄弟"的传播案例来分析在移动互联网时代如何进行广告传播的创新。小米是个真正意义上的互联网品牌，它用互联网思维做手机，没有传统的销售渠道，在其传播初期也没有借助大众媒体进行广告轰炸。小米手机似乎一夜之间就在年轻人中"火"起来，有人说小米的成功是"饥饿营销"，有人说小米是"粉丝营销"的成功，不管我们如何总结小米成功的传播模式，至少有一点可以肯定的是小米创新性地寻找到适合自己的传播策略和方法。

---

[1] 雅克·塞盖拉：《快乐广告人生》，北京：中国友谊出版公司，2000年。

> **案例**

小米手机"盒子兄弟"社交广告[①]

小米副总裁黎万强为小米确定了"四两拨千斤"的传播策略,也就是用较少的钱取得非常高效的传播效果。在小米创建初期,小米品牌最大的挑战是如何建立信任度。对于一个全新的品牌,小米确定了以下几个传播重点:①传播明星创业团队,小米创始人雷军毫无疑问是互联网界的明星。②传播供应商的可靠性,小米使用了与苹果一样的供应商。③传播小米产品本身的性能,主要利用实证的"手机跑分"的方式来展开话题。黎万强说小米的传播基本分两条线,一条线是正面通过发布会,与媒体面对面地聊天。另一条线是在社交媒体上传播很多娱乐化的视频和段子。"盒子兄弟"就是其中一个著名的案例。

小米选择公司里一对兄弟,两个不算很瘦的男人加在一起超过了300斤,有点呆呆可爱的样子,将其包装成"盒子兄弟"。最初的作品是让盒子兄弟2人叠罗汉站在小米2代包装盒上,并自嘲说:"我们的手机确实不能砸核桃,但我们的包装盒质量好,站人了都踩不坏。"黎万强表示希望通过这种方式告诉大家小米产品的品质和做事的态度。为了传播"盒子兄弟",达到传播小米品质和态度的目的,小米公司联合创始人黎万强在自己的微博中宣布:3日至9日,欢迎发挥创意,以#小米盒子兄弟#为原型来PS及创建话题,转发数前20名的送32G的SD卡,论坛投票前5名的无敌作品再奖励手机1台。由于图片内容极富喜感,具有十分丰富的"可塑造性",又有小米手机奖励的诱惑,在社交媒体上很快吸引了年轻人关注和互动。本来年轻人对网络PS图片有点乐此不疲,现在有个PS图片赢奖品的机会当然不会错过。活动发布不久,已经有网友积极响应,并带来了"小米盒子兄弟之龙口脱险""小米盒子兄弟快跑""小米盒子兄弟是男人就下五百层"等令人忍俊不禁的恶搞图片。

在小米"盒子兄弟"这个活动中,小米没有聘请明星大腕,没有利用高大上的电视媒介,基本没有什么特别的传播花费,就让众多年轻人知道了"盒子兄弟",并且参与了品牌的互动,小米的品牌知名度也获得了很大的提升。

四、坚持实效与文化伦理兼容的广告创意原则

广告创意是广告运动的核心要素,而广告运动一般都是由广告主付费来开展的,因而广告创意是否有实效性是衡量一个广告运动是否成功的最重要的标志。不管创意人是坚持科学原则,还是艺术原则,创作出了惊世骇俗的广告创意,但如果该创意与所要传播的产品功能、品牌价值或主张没有丝毫关系,如果广告的目标对象不能够理解这样的广告创意,不能够通过该广告让目标对象与品牌之间建立一种好感或信任的关系,那么这样的广告创意便是无效的。百货商店之父约翰·沃纳梅克曾颇有感慨地说:"我知道我

[①] 黎万强:《参与感:小米口碑营销内部手册》,北京:中信出版社,2018年。

的广告费有一半浪费了,但遗憾的是,我不知道是哪一半被浪费了?"这样的感慨后来成为很多广告主的抱怨,绝大部分广告主都认为自己的广告费有一半被浪费了,但是他们有的时候无能为力。在传统大众媒介时代,广告是提升产品和品牌知名度的最重要的方式,他们一方面在抱怨广告费的浪费,另一方面还是要向电视媒体投放数以亿计的广告费。在传统媒介时代,如何尽量少地浪费广告主的广告费,就需要创意人创作能够打动目标群体的实效广告,并且利用尽量科学的媒介组合的方式传播,从而能够触及更多的目标受众群体,实现最大化的广告传播效果。

与传统媒介时代不同的是,移动互联网促使广告的实效性更加容易测量和评估。一方面,大数据技术的发展,促使广告交易更加透明,另一方面也促使广告投放更加精准。目前的RTB实时竞价广告已经成为移动互联网时代广告投放的创新模式。RTB是一种程序化的广告购买方式,通过RTB找到广告主所需要的精准的广告投放目标用户之后,用户对该广告的反应如何,用户是否能够被该广告打动,还取决于广告本身的创意。只有精准定位的目标用户才能够被所送达的广告真正打动,进而产生品牌购买的实际行为,才能实现广告的实效性。

无论是在传统媒介时代,还是移动互联网时代,实效性都是衡量广告创意的最重要的原则。但是实效性不是唯一的标准和原则。除了要坚持广告的实效性之外,广告创意还需要坚守文化伦理和道德的原则。每个国家、民族或地区经过多年的发展,都形成了自己独特的文化风俗和伦理道德。创意人在进行广告创意时一定要注意事先了解当地文化风俗和伦理道德,不能贬低当地的文化风俗和触碰伦理道德的底线。然而在现实中,有些广告主误认为实效性是广告创意的唯一原则,在广告创意中为了博得观众或用户的注意力,不惜触及道德和伦理的底线。这样的广告虽然在短期内博得了眼球,取得了所谓的"关注的实效",但是对品牌长期的发展却是非常大的伤害。

坚持实效性与文化伦理兼容的创意原则,要求做到以下几点:

(1)广告创意杜绝虚假和过分夸张。

虚假广告是社会文化的糟粕,不仅会扰乱正常的、公平的市场竞争,也会破坏社会的基本诚信价值,污染社会的健康文化环境。现实中,有些创意人在做广告的时候,没有开展真正的调查研究,只认为广告就是艺术创作,或者创造一些不存在的概念,这种概念看上去很有吸引力,但却是虚假的。从改革开放初期到20世纪90年代,我国多数广告创意都是在炮制概念,广告主都期望能够以一个"点子"打开市场,赚到巨额的销售利润,但这种"点子"广告往往是无中生有的,曾经被称为"点子大师"的何阳也锒铛入狱了。《中华人民共和国广告法》中明确规定不能制作和发布虚假广告。2014年上海市工商局对上海地区的虚假广告开出了罚单,这些虚假广告包括:①佳洁士双效炫白牙膏:在电视上以台湾艺人小S(徐熙娣)为代言人,宣称"只需一天,牙齿真的白了"。画面中突出显示的代言人使用牙膏后的美白效果,系通过电脑修图软件后期过度处理产生,并非广告牙膏的实际使用效果,构成虚假广告,被工商部门依法处罚款603万元。②健怡牌PM2.5专业防护口罩(卫生用品广告):在产品外包装上宣称"微滤技术升级版,有效阻隔空气中PM2.5颗粒,过滤率99%以上,有效阻隔空气中病毒,病毒过滤率达到99.9%"。而实际检验的结果均未达到广告宣称的过滤率,构成虚假宣传,被工商部门依法处罚款10万元。③五粮液春夏秋冬酒在电视"名酒访"广告中宣称"单箱价格变成了1608……仅限本档直播""欢迎回到我们的直播现场……刚刚导播告诉我们……"等内容。现场直播的场景为虚构，构成虚假广告，被工商部门依法处罚款15万元。①

2015年9月1日，被称为我国"史上最严"的新《广告法》正式实施了，规定了虚假广告的构成条件："广告以虚假或者引人误解的内容欺骗、误导消费者的，构成虚假广告。"该规定将广告内容与客观事实不一致以及广告内容会误导消费者这两种情况均界定为虚假广告。国家级通讯社网站——新华网发布了2015年十大虚假广告。②以下是其中的四个虚假广告案例，多与投资有关。

虚假广告之一：十大传世名画

案件当事人河北信超企业管理咨询公司制作、发布的"国宝十绝——中国十大传世名画"广告，自行或委托广告代理，在多地电视媒体上发布。其内容含有利用虚构的"由国际收藏家协会监制""限量发行""中国梦文化惠民工程"夸大该书画为收藏品且具有较大升值空间，且宣称其书画是"免费赠送"消费者的事实。利用知名艺人侯耀华等人员进行虚假宣传，提升自身产品影响力。经工商部门调查核实，所谓的"传世名画"只是浙江某工艺品厂生产的丝绸制印刷品。其行为误导消费者并进行虚假宣传。

虚假广告之二：金斗寻宝

该广告中使用绝对化用语：中国最有价值的五大文玩投资手串套组；中国第一套最昂贵的红木手串大全；世界前几位的顶级材质；中国第一套正规发行带有国家检测手串套组。

该广告涉嫌虚假宣传：免费赠送，仅收取报关税及加工费1680元；虚构观众打进热线电话抢购中国五大投资手串的场景；以中国木材与制品流通委员会和北京国博文物鉴定中心的名义，联合推出放心收藏活动；将该手串套组与2014年奇楠沉香制手串及2012年香港泰珑手串拍卖价格进行不科学的比较，暗示该手串升值空间大。该广告还宣传该手串能治疗疾病，称该手串套组中的紫檀对于呕吐和气喘等病症有一定的帮助。

虚假广告之三：虎符兵印大阅兵纪念宝玺

广告中说：这九尊虎头宝玺都是由中国知名的九种玉制作的，其中说有一种和田老坑玉，总共加在一起是7.5千克，有巨大的升值空间，赶到大阅兵，现在我们白

---

① 资料来源：《上海工商公布的典型虚假广告案例》，http://news.sina.com.cn/o/2015-03-10/120931589890.shtml，2015-03-10。

② 资料来源：《2015十大虚假广告你见过几个？》，新华网，http://news.163.com/15/0930/04/B4O26PON00014JB5_11.html，2015-09-30。

送。这种天上掉馅饼的事本身就是不可能的。

另外,这个广告有很多涉嫌违法的语言,特别这是一个虚构的事情,说有10尊免费送,谁打进去就给谁,其实如果观众打过去一个电话,他们便会天天追着问其啥时候要。免费的背后是一个5000块钱的工本费。

虚假广告之四:十二幅书画真迹大全套

广告宣称所销售的是中国十二位书画大师传人或再传弟子的作品真迹,一次收藏可能升值千百倍,甚至是下一个亿万富翁,并有文化部颁布的"润格"价为证,十二幅作品免费赠送,只收取装裱费。

经工商部门调查,所谓"大师传人或再传弟子",只是说被某某大师指点过,或者听过某某大师的课,或者自认为与某某大师的艺术风格接近,甚至只是与某某大师及其家人合过影、吃过饭。文化部并未颁布"润格"价,属于内容涉嫌虚假,欺骗和误导消费者。

(2)广告创意必须符合当地文化风俗和伦理道德。

不同国家、民族或地区都有相应的文化风俗、符号象征价值以及伦理道德。东方人的文化习俗、价值信仰与西方存在极大的差异。拿美国和中国比较,很多文化观念存在冲突,特别是西方的广告创意喜欢用"性广告"来博得观众或消费者的注意力。即使在性观念相对开放的西方国家,对于一些过分的性暴露或者利用未成年人代言性诉求广告,也会遭到社会舆论的批评。例如,卡文·克莱牛仔系列广告中的模特看上去只有15岁,穿着非常暴露,而且还摆出具有性暗示的姿势。反对这个广告的声浪来自社会各个角落,包括商业出版物和新闻媒介,指责这些广告具有"儿童色情"的味道,敦促该广告主停止发布这些广告。[1]我国在"性广告"方面相较于西方国家相对保守,因而创意人不能随意在广告创意中公开利用性诉求来吸引注意力。2015年,泰笛洗涤公司在公众网站上传视频,内容为两名年轻女性在运营中的上海地铁2号线上当众半裸更衣,其中配合更衣递送衣物出现"泰笛洗涤"名称。该行为违反《广告法》,妨碍社会公共秩序,违背社会道德,被上海市工商部门依法处罚款47.5万元。[2]

另外,忽视当地特有的文化符号也会对广告创作带来负面的影响。丰田可以说在中国市场拥有多年广告运作的经验,曾经一句"车到山前必有路,有路必有丰田车"成为最流行的广告语。但是,丰田汽车公司个别广告却滥用中国本土的文化符号,忽视了本地人的情绪。例如,《汽车之友》杂志曾经刊登了一则丰田"霸道石狮"的广告(图7-16),大概的创意是:一辆霸道汽车停在两只石狮子之前,一只石狮子抬起右爪做敬礼状,另一只石狮子向下俯首,背景为高楼大厦,配图广告语为"霸道,你不得不尊敬!"这个广告一经刊登,便引起了很多公众的愤慨,一位网友说:"这是明显的辱华广

---

[1] 饶德江:《广告策划与创意》,武汉:武汉大学出版社,2006年。
[2] 《上海工商公布的典型虚假广告案例》,http://news.sina.com.cn/o/2015-03-10/120931589890.shtml,2015-03-10.

告！"①很多网友将石狮子、日本的丰田与卢沟桥事变联想在一起，卢沟桥上就有很多石狮子，而这个广告让石狮子给日本霸道汽车低头，很明显激起多数民众对日本侵华战争的回忆，想想当年的日本对中国确实"霸道"。或许创意人并不是有意而为之，但造成这样的负面理解对于日本丰田的品牌形象产生了巨大的危害。无独有偶，立邦漆也是广告创意的高手，但是其在中国创作的"滑落中国龙"的广告却受到公众和网民的抨击，图7-17是该创意的平面广告，画面上有一座中国古典式的亭子，亭子的两根立柱各盘着一条龙，左立柱色彩黯淡，但龙紧紧攀附在柱子上；右立柱色彩光鲜，龙却跌落到地上。画面旁附有对作品的介绍，大致内容是：右立柱因为涂抹了立邦漆，把盘龙都滑了下来。②尽管该广告创意凸显了立邦漆的功能和优势，但却存在对中国龙的亵渎。西方人对龙的理解虽然与我们不同，但龙是中华文化的图腾，是我们民族的象征，这一点作为创意人没有把握好，自然会引来很多负面的评论。

因而，在广告创意的实践中，既要坚持实效性的原则，也要坚持文化伦理的原则。也就是，要将实效性原则与文化伦理原则互相兼容。真正卓越的广告创意一定是立足于本土文化，放眼于全球文化，并且能够从内心深处打动目标消费群体。

图7-16　丰田"霸道石狮"广告　　　　　　图7-17　立邦漆"滑落中国龙"广告

广告创意的成功是科学性与艺术性的结晶，创意产生必须坚持科学的研究和分析，创意的表现必须升华到艺术形象的阶段，而广告创意的实效性原则是衡量其成功的最基本的原则，但是实效性不是唯一，也不是第一的原则，广告创意的实效性的实现建立在其他原则的基础上。事实上，实现广告创意的实效性需要创意人坚持科学和艺术的创作原则，开展创新性的思维工作，对消费者、用户或生活者进行深刻的洞察，创作出符合当地文化风俗与道德伦理的优秀广告创意，还需要非常科学的媒介组合传播策略，才能够确保广告实效性的实现。

诚然，广告创意是人类最具有创新性的一项实践活动，即是创造性的活动，就应该

---

① 根据《石狮向霸道敬礼"丰田霸道"广告风波始末》资料修改，人民网，http://www.people.com.cn/GB/qiche/1049/2225470.html，2003-12-03。

② 根据《立邦漆广告中"盘龙滑落"画面引起争议》资料修改，北京晨报，http://news.163.com/40923/2/10UB91IH0001122B.html，2004-09-23。

如大文豪苏东坡所描述其文章如行云流水，其行于所当行，其止于所不可不止。而广告创意也大抵如此，既有原则，也无原则。要根据广告创意的实际情况来运用创意的原则。从本质上来说，广告创意只有一个最重要的原则，那就是能否与之要沟通的消费者或用户产生共鸣，无论是坚持科学原则，还是艺术的原则、创新原则和文化伦理原则，能够实现真正意义上的沟通才是最终的目的。

第四节　广告创意的特征

虽然很多广告创意是比较个性化的、艺术化的表现，正如一个艺术作品一样，每个观众或读者对同一个广告创意的解读可能不尽相同，但是无论如何一个能打动目标群体或用户的优秀广告创意都会存在一些共同的特征。关于优秀广告创意特征的摸索自从广告诞生以来便开始了。芝加哥广告学派代表人物李奥·贝纳提出"戏剧性"广告理论，认为任何一个产品都具有与生俱来的"戏剧性"，因而一个好的广告创意要充满产品本身的"戏剧性"。实效广告大师罗瑟·瑞夫斯提出"独特销售主张"理论，他认为每一个好的广告必须有一个明确的、竞争对手没有的或没有提及的、能够打动目标受众的独特的销售主张。科学派广告大师大卫·奥格威提出品牌形象理论，开启了在广告创意中塑造品牌形象的先河。艺术派广告大师威廉·伯恩巴克在广告创意实践中提出了著名的ROI理论，即相关性（relevance）、独创性（originality）和冲击力（impact），他认为一个好的广告创意首先必须与其要传播的产品具有某种相关性，其次这个创意必须是自己独创的，竞争对手不能够模仿的，最后这个广告创意必须要有视觉的冲击力，能够吸引读者或目标群体关注。ROI理论后来成为很多国际广告大赛评价一个好的广告创意基本标准的原型。20世纪70年代之后，营销学者艾·里斯和杰克·特劳特提出"定位"理论，指出每个产品或品牌都必须拥有一个明确的、独特的定位，这个定位是占领消费者的心智。后来定位理论被运用到广告创意中，要求任何一个广告都必须针对特定目标群体，成功的广告创意是将某个概念、功能或价值诉求定位到目标群体的心智中。品牌形象理论经过不断发展延伸出品牌个性理论，品牌个性理论运用到广告创意之中，就要求品牌树立独特的性格，要与竞争对手形成差异化。之后的品牌资产相关理论、整合营销传播理论对广告创意的特征并不产生直接影响，而是从宏观层面影响整个广告运动。

通过分析和总结广告创意史上的一些理论，结合之前学者研究的相关成果，本书总结出一个好的广告创意应该具有以下特征：①明确的目标群体定位；②单纯统一的广告主题；③塑造差异化的品牌形象；④构建独特的品牌个性；⑤表现方式新颖；⑥情感效应构想自然。[①]

---

① 广告创意的特征的第⑤和⑥条参考饶德江：《广告策划与创意》，武汉：武汉大学出版社，2006年。

一、明确的目标群体定位

定位理论告诉我们，这是个定位的时代，任何一则广告都不是"万金油"，广告中的品牌产品总是针对某些特定消费群体，因而任何一个优秀的广告创意必须有明确的目标群体定位。当然，每个品牌通过广告传达的独特定位，占领目标群体的心智，与目标群体建立品牌的关联。广告创意中定位目标群体的方式比较多元，但主要基于消费群体的年龄、性别、价值取向、社会阶层等因素来进行定位。宝马汽车广告定位于那些纵情享受驾驶乐趣的目标群体，奔驰汽车广告定位于那些期望获得尊贵身份体验的目标群体，沃尔沃汽车广告定位于那些视生命安全超过一切的目标群体。下面重点介绍案例是台湾全联超市将广告目标群体定位于实用和节俭主义者的年轻人。

案例

台湾的全联超市：年轻人的经济美学①

随着社会与家庭的逐渐富余，年轻一代的消费观与价值观正在发生改变，对他们来说，节省似乎成了穷的另一个说法，甚至还大肆反其道，开始乐于炫耀自己有多奢侈，多会浪费，来达到炫富的目的。这种年轻人炫富的表现随着互联网的发展愈演愈烈，但也受到了更多网民与用户的吐槽和批判。80后甚至90后的年轻人到底应该如何面对奢侈和节俭的关系，奢侈就一定等于时尚吗？节俭就一定表示贫穷吗？台湾全联超市给出了一个答案：节俭不等于贫穷，而是一种生活的态度。

台湾全联超市与奥美广告公司合作，找来14位路人，拍摄了一组广告，企图用他们的生活经验与心得告诉消费者，节省也是一种哲学，是一种生活方式，更是年轻一代的经济美学。广告共分14个短片，被投放在不同的媒介上。广告创作风格非常单一，就是一句巧妙又易懂的道理配上一个年轻人的陈述。而通过14个形形色色的人物的表现，基于文案的出色洞察，广告就像自己的朋友在劝导一样，更易让人产生共鸣（图7-18～图7-31）。

图7-18的广告文案是："长得漂亮是本钱，把钱花得漂亮是本事。"这个广告创意来源于时下很多女生都把长得漂亮当成老天爷的赐福，认为漂亮就是一笔人生的财富。但那是天生的，事实上长得漂亮只是一个"空皮囊"，能把钱用得漂亮的漂亮女生，才会更出色、更优秀。

图7-19的广告文案是："养成好习惯很重要，我习惯去糖去冰去全联。"这完全是一个销售型的文案，但突出了广告女主角的生活态度，拥有好习惯，不吃糖，不吃冰，去全联购物。

---

① 根据Heron的《年轻人的经济美学：在理想中顾及现实》资料改编，http://www.adquan.com/post-1-30538.html，2015-04-22。

图7-20的广告文案是:"花很多钱我不会,但我真的很会花钱。"这个文案故意利用花很多钱不会与很会花钱的置换,强调去全联消费的人都是很会花钱,很会生活的。

图7-21的广告文案是:"省钱是正确的道路,我不在全联,就在往全联的路上。"这个广告语似曾相识,它似乎模仿了星巴克的经典广告:"我不在星巴克,就在去星巴克的路上。"虽然有点恶搞的意味,但加深了年轻人对全联的印象。

图7-22的广告文案是:"知道一生一定要去二十个地方之后,我决定先去全联。"这个文案突出了年轻人爱旅游的兴趣,但在旅游之前必须去全联购物做准备,该广告自然地将旅行与全联进行了关联。

图7-23的广告文案是:"会不会省钱不必看脑袋,看的是这袋。"这张海报更倾向与男生们沟通,文案中的"脑袋"不是指智慧,主要指颜值,颜值高固然重要,可男人不光要看脑袋,更要看会不会过日子。

图7-24的广告文案是:"美,是让人愉悦的东西,比方说全联的价格。"年轻人都爱美,美确实是让人愉悦,但全联的价格也"很美",该广告妙在将全联的实惠与年轻人的爱"美"进行嫁接。

图7-25的广告文案是:"距离不是问题,省钱才是重点。"该广告海报中一对年轻人穿着都十分酷,但广告告诉我们,别看这对年轻人紧追潮流,特立独行,但他们知道省钱和实惠,他们不怕距离远,省钱才是最重要的。

图7-26的广告文案是:"来全联之后,我的猪长得特别快。"该文案的沟通对象主要是年轻女性,女孩子从小的时候爸妈就给她一个可爱的小猪存钱罐,来全联之后,小猪里的钱越来越多,从侧面表明全联帮女孩子们省钱。

图7-27的广告文案是:"离全联越近,奢侈浪费就离我们越远。"该文案是简洁口号,明确主张全联是实惠的,拒绝奢侈浪费的,如果你也是个节俭主义者,那么就靠近全联,来全联消费吧。

图7-28的广告文案是:"来全联不会让你变时尚,但省下来的钱可以让你把自己变时尚。"该广告中的模特是一名年轻男士,戴着眼镜,为了增强时尚感,还带着圆边的帽子和长长的围巾。该广告告诉年轻人,就是这样一个爱时尚的年轻人,他也经常去全联购物,因为全联虽然不能把他变时尚,但省下来的钱可以把他变时尚。

图7-29的广告文案是:"几块钱很重要,因为这是林北辛苦赚来的钱。"该广告的对象是收入不高的年轻人,对几块钱也是十分看重的,因为要辛苦赚来。全联分析了大多数年轻人都是处于奋斗的状态,因而对钱应该珍惜使用。

图7-30的广告文案是:"真正的美,是像我妈一样有颗精打细算的头脑。"该广告将诉求定位在男人心中的女性美,男人心中的女人到底如何是最美?全联告诉你,男人认为的美是像他妈妈一样会生活,会持家,有一颗精打细算的头脑。

图7-31的广告文案是:"我可以花八块钱买到的,为什么要掏十块钱出来。"该广告也是本着节俭至上的生活原则,同样的产品和质量,实惠就显得非常重要。

图 7-18

图 7-19

图 7-20

图 7-21

图 7-22

图 7-23

图 7-24

图 7-25

图 7-26

图 7-27

图 7-28

图7-29　　　　　　　图7-30　　　　　　　图7-31

全联这次和奥美合作，找到的14个年轻人非常有个性，有自己的时尚追求，也有自己的生活哲学，而这种生活哲学正是全联超市倡导的节俭主义。这个广告虽然在台湾传播，但我们认为对大陆的某些品牌也存在很大启发。

二、单纯统一的广告主题

所谓单纯，就是指广告创意完全围绕着一个主题进行构思，不允许有些许的枝蔓，以免造成干扰。构想单纯，主题就显得清晰、鲜明、突出，容易给人留下深刻的印象。[①]一方面，单纯统一的广告主题是由复杂的广告传播环境决定的；另一方面，单纯统一的广告主题有利于构建品牌统一的形象，真正实现广告传播的实效性，从而达成广告运动的目标。

（1）复杂的广告传播环境与有限的信息接收。

人类自从进入电子媒介时代之后，每天的生活都被媒介信息所包围，人的大脑每天除了要处理其现实生活中人际交往中产生的各类信息，还要处理来自于印刷媒介、电子媒介、户外媒介等各种媒介产生的信息。在移动互联网时代，我们每天接收的信息更是海量的，只要我们睁开眼睛，打开手机，朋友圈就在刷屏；打开电脑，门户网站、社交网站、视频网站、贴吧和社区都生产各种类型的新闻、信息、图片与评论，真实与虚假交织，令人目不暇接。然而，真正能让我们记住并乐意与朋友分享的信息却少之又少。广告与其他的普通新闻信息、突发事件有本质的不同，只要广告一出现，首先就被定义为商业的行为，甚至带有某种欺骗性，读者或观众花在广告上的时间是非常少的，那么如何让广告这种特殊的信息传播能够在如此复杂的传播环境中脱颖而出呢？毫无疑问，广告主题是非常重要的，而单纯统一的广告主题尤为重要。如果一个广告说来说去，观众都觉得莫名其妙，更不愿意继续看下去，那么该广告无疑是失败的。

（2）单纯统一的广告主题有助于传播品牌一致的形象。

20世纪90年代，美国西北大学的唐·舒尔茨教授提出了整合营销传播理论，该理论强调企业必须传播一致形象和统一的声音，才能实现最大化的传播效果。如果广告创意

---

① 饶德江：《广告策划与创意》，武汉：武汉大学出版社，2006年。

时常变换主题，那么消费者就会对该品牌的形象产生错乱，不知道该品牌到底是什么形象，要说什么。如果一个品牌要做百年品牌，甚至更悠久的、可持续的品牌，它必须与其目标群体建立一种纯粹的关系，也就是向目标群体传播统一的声音和一致的形象。比如，百年品牌可口可乐多年以来一直将"欢乐和幸福"传播给其目标群体，最近几年可口可乐的广告语都是"Open Happiness（开启幸福）"。又如，沃尔沃一直以来在广告中强调它是"最安全"的汽车。再如，奢侈品第一品牌LV这么多年来的广告传播主题都集中在对"旅行"的内涵与精神的阐释。可以说，真正伟大的品牌，不管其广告表现形式如何改变，也无论其传播渠道和介质多么丰富、多元，它的广告创意总是围绕着其单纯、统一的核心价值来传播。

以下分析百事可乐近些年在中国春节期间"把乐带回家"的广告主题运动。从2011年底到现在，每年临近春节时，百事可乐都围绕"把乐带回家"来展开沟通活动，这个单纯、统一的广告主题一直没有改变过。

案例

百事可乐"把乐带回家"

众所周知，可口可乐是百事可乐最强劲的老对手。可口可乐把幸福和欢乐传递给人们，它被认为是世界上最正宗的可乐，而百事可乐是挑战者的身份，它发起了激烈的挑战，它在广告中传播自己是"年轻一代"的可乐，因而百事可乐与年轻人之间建立了密切的关系，被认为是年轻人的可乐。在中国市场，可口可乐成功地实现了本土化，而百事可乐也不甘示弱，其从2011年底至今开展的"把乐带回家"的广告运动，取得了非常成功的广告效果。

2011年12月21日，由百事集团斥巨资打造的百事2012贺岁巨制《把乐带回家》微电影在北京举行隆重的首映典礼。这部微电影汇集了百事旗下百事可乐代言人古天乐，乐事代言人张韶涵，纯果乐代言人周迅，并且有张国立、罗志祥的加盟。

影片的人物关系是：张国立是杂志主编周迅、摄影师张韶涵、歌星罗志祥的父亲。影片的故事情节是：在快要过年的一个夜晚，古天乐在火车站邂逅了张国立，他们之间建立了一种莫名的温情关系。古天乐了解到张国立的三个孩子为了事业奔波而没有时间回家与他们的父亲一起过年，他也感觉到了一个父亲对孩子回家的期盼。于是，奇迹发生了，古天乐转眼就化身为百事可乐代言大使，他想尽办法利用百事可乐元素最终让三个孩子回忆起童年，想到家乡的父亲在等待他们，于是三个人都不约而同地回家与父亲团圆。该微电影自始至终都充满着浓浓的温情，主要的情感是父亲对子女之间的爱，而这种爱在过春节的时候最容易被激起。这个故事撩动了人们内心深处"亲情"的琴弦，同时，巧妙地把百事可乐、乐事和纯果乐插到微电影中，也体现了百事食品能给人带来欢乐的诉求。该微电影投放6天共获得854 327次点击，贴片平均点击率高达3.1%；百度导流播放接近1.3亿次，大幅超越同类视频网站，可以说是获得了非常大的成功。该微电影成功的主要原因如下。

诉求对象准确：追求时尚，充满活力的年轻人。这次的微电影以亲情为主题，既与"贺岁"的主旨相吻合，又提醒年轻人，在努力打拼自己事业的同时，不要忘记对亲人的关怀，要有家庭责任感。目标消费群体写真：对于年轻人来说，机会和理想有着无限的空间，他们可以尽情地遐想和追求。他们追求时尚，追求个性化和多样化；也为自己的理想不懈奋斗着，工作中激情四射，生活中充满活力。

诉求主题将百事可乐与"家"关联：该微电影广告的主题是"把乐带回家"。围绕这个主题以叙事的手法将一个温暖的亲情故事娓娓道来，带给受众心灵上的共鸣以及淡淡的感动与喜悦。从诉求方式来说，以感性诉求为主，以讲述故事的方式体现诉求主题。最主要的诉求点在于亲情的温暖，体现了老年人留守的寂寞、年轻人忙于事业而对父母的忽略。当过往年幼的记忆被勾起时，才发现，父母、亲情是在外漂泊打拼的游子最终的归宿。于是放下一切，踏上回家的旅程……在影片的最后，亲人团聚的时刻，"爸，我们祝你大吉大利！""百事可乐！""年年有乐事！"巧妙地把三款百事食品的名称植入春节祝福语中，温情的祝福隐去了商业色彩，令人印象深刻。

符合年轻人的情感叙事：该广告在影片的开头处就有一段话："每个人都希望和快乐不期而遇，有趣的是，我们永远不知道，它会在哪里等我们。"这句话虽然是引出影片中父亲与陌生人古天乐相遇以及随之而来的惊喜与快乐，同时也是年轻人所渴望的不期而遇的快乐。另外，影片其中的情节还设置了三个年轻人小时候的理想故事，他们还是孩子的时候围在餐桌旁有这样的对话："大明星，什么时候给我你的签名啊""姐，别开玩笑了，大总编，到什么时候请我做摄影师啊"儿时的理想长大后都实现了。从侧面体现了年轻人为理想努力奋斗的精神，与百事可乐的企业精神相吻合。同时也使百事的品牌形象深入人心，提高了品牌忠诚度。

年轻人的偶像作为代言人：该影片的故事选择的古天乐、周迅、罗志祥、张韶涵等都是年轻人喜欢和追逐的偶像，他们在故事中所扮演的角色与现实生活中有几分相似。同时，他们在故事中也是本色出演，符合他们各自的气质与性格。

自从"把乐带回家"获得巨大成功之后，百事可乐每年春节都持续着同样主题的沟通活动。《把乐带回家2013》为2012年百事创作的微电影《把乐带回家》的续作，时长22分钟，人物、故事情节也更加丰富。影片涵盖了各行各业的人，因为"回家过年"乘坐一辆客车，却不幸遭遇雪崩，被困在荒无人烟的地方。一群被大雪围困的陌生人团结互助，最后终于成功脱困。比2012年纯粹传播家人之间的情更进一步，在"家"的基础上传达"有爱，就有家；有家，就有快乐"的品牌理念。《把乐带回家2014》比之前的故事更长，主要围绕"乐超市"展开，张国立饰演超市老板"乐叔"，"乐超市"不以赚钱为目的，而是让邻居街坊可以"把乐带回家"。《把乐带回家2015》没有选择百事可乐群星，而是记录了"美猴王"六小龄童如何"把乐带回家"，由于2016年是猴年，中国的观众都希望在春晚的舞台上看到"美猴王"六小龄童的表演，百事可乐抓住这样的机会拍摄了"美猴王"家族及其成长的故事，关键是"美猴王"的表演也给观众带来快乐，这与百事可乐的"把乐带回家"的品牌精神是一脉相承的。

同时，百事可乐的"把乐带回家"活动不仅只是微电影，还在不同的城市进行线上、线下结合互动。下面是百事可乐在2013年春节回家期间在江苏无锡市开展的互动活动。①

百事乐地标：2013年2月1日—2月25日，在无锡市中心的南禅寺步行街游客中心广场设置以"把乐带回家"为主题的百事可乐大型公益地标，在过年期间恭祝无锡市民——百事可乐！

百事乐快拍：2013年2月1日—2月9日，凡在无锡南禅寺步行街"百事可乐地标"处拍照传新浪微博（照片出现百事可乐地标形象），@百事可乐官方微博并@2个好友，将所发微博给现场工作人员看一下即可赢取百事可乐一罐！

百事乐接送：2013年2月3日—2月9日，由百事"乐天使"和百事"新年专线"接送车将务工人员和孤寡老人送到火车站、汽车站；2013年2月14日—2月20日，由百事"乐天使"和百事"新年专线"接送车到火车站、汽车站，将务工人员和孤寡老人送回无锡的家，把百事"爱心"和"快乐"送给需要的人。

百事乐快播：2013年2月1日—2月20日，在无锡市中心的南禅寺步行街"年市"活动期间，在中心广场LED电子屏播放百事可乐"把乐带回家"微电影，向无锡市民传播百事"爱心"和"快乐"正能量！

从2012年春节以来，每年春节将至，百事可乐都会为观众奉上一部精彩的"把乐带回家"的微电影。尽管每年所邀请的明星可能会发生一些变化，这与百事可乐明星代言人策略有关，百事可乐总是会选择当年最受青年人喜爱的明星来代言，先后有很多明星加入百事可乐"把乐带回家"的活动，包括黄晓明、林志颖、蔡依林、杨幂、郭采洁、李易峰、快乐家族等很多明星都有加盟。当然，在明星的选择方面，百事可乐也采取了延续性的策略，张国立、古天乐和罗志祥基本在各个不同的微电影中都扮演了不同的角色。另外，尽管每年百事可乐"把乐带回家"的故事情节会有所不同，但基本都是围绕着核心主题展开，都与"回家"紧密相连，在传达亲人之间的爱的基础上，延伸到邻居之间的友爱，再到人与人之间的大爱（图7-32）。

---

① 百事可乐2013年无锡的活动资料参见《百事可乐"把乐带回家2013"大型公益活动》，无锡新周刊，http://life.thmz.com/col130/2013/02/2013-02-111240090.html，2013-02-11.

图7-32 百事可乐"把乐带回家"系列广告图

三、塑造差异化的品牌形象

大卫·奥格威在20世纪60年代就已经意识到了品牌形象的重要性，他第一个提出任何一个广告都要为建立长期的品牌形象服务。品牌与利益关系人的关系是建立在对品牌形象的感知基础之上的。比如，大多数人都认为可口可乐是乐观的、向上的、给人带来欢乐的国际品牌；小米粉丝认为小米手机是积极向上的、充满活力的、代表青春的年轻人的品牌。一个成功品牌形象的塑造是建立在品牌与其目标群体长期的沟通基础之上的，而广告是品牌与其目标群体最直接、最常用的沟通方式。那么，为品牌塑造差异化的形象就成了一个好广告创意的重要特征。

在广告创意中塑造差异化的品牌形象，要求广告创意中所呈现的品牌形象与竞争对手不同。差异化的品牌形象事实上与差异化的品牌定位有着密切的关联。当竞争对手诉求于产品的功能时，我们的品牌可以从情感诉求出发。当竞争对手诉求于男女之间的情爱时，我们的品牌可以从人与人之间的无私大爱展开诉求。当竞争对手在广告中运用名人代言时，我们的品牌可以选择卡通代言。总之，广告对差异化的品牌形象的构建是建立在竞争分析的基础之上的。

另外，广告对差异化的品牌形象的构建还建立在目标群体喜好的基础之上。任何一个好广告创意的诞生都离不开对其目标群体的深入洞察。目标群体有什么特征，爱好什么，存在哪些心理的需求？在广告创意中要展现目标群体内心的渴求，并开发出能够与其产生共鸣的广告创意。通过这种共鸣的广告所塑造出的差异化的形象，才能够促使其目标群体产生真正的认同。也就是说，好的广告创意并不是为了与众不同而塑造差异化的形象，而是为了达成与其目标群体实质意义上的沟通。

下面重点分析美国运动品牌新百伦在中国市场差异化品牌形象的塑造过程。

案例

新百伦塑造"青春永不褪色"品牌形象

如果从新百伦（New Balance）品牌名称诞生算起，它也有100多年的历史。早在1906年的时候，William J. Riley先生在美国波士顿成立了一家名为New Balance的脚弓支撑器公司，专门定做整形外科的脚弓支撑器和矫正鞋。在20世纪50年代，保罗夫妇从Riley先生手中买下了New Balance公司。自那时起，鞋类制造发展成为公司稳步成长的主要业务。1960年，New Balance出品"TRACKSTER"系列运动鞋，并获得了较好的市场效益。但是，新百伦运动品牌在中国市场的火爆也就是近几年的事，与同为运动品牌的耐克、阿迪达斯相比，新百伦在中国市场的成名似乎要晚很多。事实上早在1989年，新百伦曾以代理的形式进入中国市场，中文品牌名叫"纽巴伦"，只不过那时完全依靠代理商销售产品，在很长一段时间内，在中国没有建立起品牌的知名度和美誉度，内地销售的New Balance几乎都是仿冒品，正牌产品几乎销声匿迹。2003年11月，New Balance重新返回中国市场，成立了新百伦贸易（中国）有限公司。不过在2011年之前，新百伦在中国地区的销售情况很糟糕，整个中国体育运动鞋市场中，耐克、阿迪达斯两大国际巨头加上李宁、安踏、乔丹等十几家体育品牌，整个市场占有率超过了90%，新百伦只能挤压在10%的市场份额中，和其他几十家体育品牌分"一小杯羹"。但是，从2012年到2014年，新百伦在中国内地的门店数量由301家暴增到1600多家，销售额也在两年中达到了三位数的跨越式增长。

一时之间，大街上很多少男少女穿着新百伦的运动鞋逛街，校园里大学生情侣们都穿着新百伦的运动鞋压马路。有人说："如今，拥有一双New Balance的运动鞋已经成为女生们的时尚。"我们认为，New Balance运动品牌在这几年的逆袭与其成功的品牌传播和沟通行为密切相关。新百伦是植入营销的高手，很多影视剧中都有New Balance的身影。比如天王刘德华在2012年主演的电影《桃姐》里穿的就是New Balance运动鞋，百度"华吧"里竟然有粉丝在询问电影《桃姐》中刘德华穿的这双New balance的型号。除了善于利用电影、电视剧进行植入营销之外，新百伦还利用微电影广告成功塑造了其差异化的品牌形象。与耐克、阿迪达斯不同，新百伦运动鞋的广告并没有将创意固定在某个竞技运动范畴，也没有邀请大牌的运动员作为代言人，而是另辟蹊径，走年轻、青春、时尚的路线（图7-33）。

2013年开始，运动品牌新百伦将广告传播主题确定为"青春永不褪色"，并投资拍摄了时尚微电影广告《我的前任是极品》。该微电影广告开场时，男孩躺在白色背景下的浴缸里，细数前任女友的各种极品事件。故事以回忆的形式来展开，男孩的女友是造型设计师，总是喜欢将自己设计成各种造型，并且以各种造型与男朋友约会，为了证明男孩爱的不是她的外表，她变着戏法来测试男孩，有时她把自己变得很丑，有时把自己变得很胖，最恶作剧的是有一次她把自己化妆成了一个小老头，还要求男孩当众亲吻她来证明他们的爱情。当然女孩最习惯的就是替男孩系新百伦的鞋带，只有鞋带系好了，女孩才能安心。终于有一天男孩受不了女孩72变的造型，提出与女孩分手。分手后的日子里，男孩对女孩彻夜思念，发现女孩所有的行为都源于对他的毫无保留的爱，他同时也明白他爱的不只是她的外表。于是，他决定把前任女友找回来的时候，也用了女孩擅用的方式改造自己，将自己乔装成一名乞丐，在他们经常去的一个街头的路边，他们又重逢了，影片的结尾"you and me"的音乐响起，男孩也学习女孩往常的动作，蹲下将两人的鞋带系在一起。该微电影广告抓住了年轻人的心理特点，年轻人在恋爱中，都是非常纯洁的，女孩一般都喜欢测试男孩对她的爱有多深，而这种爱不是建立在外表，而是内心。更重要的是，该微电影以情感与幽默相结合，让人在嬉笑中体会到脉脉真情。同时，影片创意性地将伴侣系鞋带的体贴动作扩展成拴住对方的心，巧妙地将New Balance与微电影的故事进行勾连。因而，该微电影广告在社交媒体中获得了广泛传播，获得了年轻人的喜爱，也将New Balance品牌注入年轻的目标群心中。

2014年，New Balance仍旧延续了"青春永不褪色"的传播主题，又推出一部微电影广告，讲述"华生与夏洛克的爱情"。电影《神探夏洛克》受到年轻人的喜爱，并且有广大的粉丝群体。New Balance借助这个热点，将微电影广告中男女主角命名为"华生"与"夏洛克"。故事中的女孩叫"夏洛克"，擅长推理；男孩叫"华生"，男孩给女孩的任何惊喜，女孩都能够一眼识破，女孩总是能在电影开始15分钟之内猜出凶手是谁，而且女孩还经常故意嘲笑地对"华生"说："我亲爱的'华生'，整条街的智商都被你拉低了。"男主角"华生"对此非常无奈，于是趁着"夏洛克"生日之际，"华生"布下了一个惊天迷局，一个保证让"夏洛克"猜不到的惊喜，即用幻灯动画为"夏洛克"演绎一段幸福浪漫的旅程，最后以达到求婚的目的。最为感人的是，在"华生"眼中，"夏洛克"青春永远不老、永不褪色，而"华生"却伴随时间的流逝，最终走向衰老，这一幕真可谓"执子之手，与子偕老"的海誓山盟。这也是一个赚足年轻女孩眼泪的微电影，很多女孩看过之后，都感动得快流下眼泪了，甚至有女孩表示，这是她见过的最美的求婚。

图7-33　新百伦广告图

毫无疑问，New Balance2013年与2014年的微电影广告是非常成功的（图7-34）。它们都将其目标群体定位于年轻人，广告主题定位为"青春永不褪色"，广告诉求于年轻男女的爱情。这种差异化的主题诉求，塑造了新百伦差异化的品牌形象。在此之前，大多数运动品牌都是与运动、挑战密切相关，似乎与青春和爱情无关。我们看到，耐克倡导"Just do it"想做就做的勇气与力量，阿迪达斯相信"Impossible is nothing"的可能，李宁也相信"一切皆有可能"，年轻人可以"让改变发生"（Make the change），而当运动已经成为常态，运动鞋已经成为生活中的必需品的时候，在穿着运动鞋的时候，并不都是一种挑战或超越的状态，它可能还可以承载其他的意义。新百伦发现了这个新的意义空间，也就是系上New Balance运动鞋的鞋带，就代表男孩女孩海誓山盟、心心相印。New Balance正是利用其独特的传播诉求，让无数年轻人感动，塑造了其别具一格的运动品牌的形象，俘虏了无数年轻人青春驿动的心。

图7-34　新百伦微电影系列广告图

四、构建独特的品牌个性

有学者认为品牌个性是品牌形象的一个重要组成部分。不过，从品牌人格理论的角度来说，假若品牌是一个人，品牌形象就是这个人留给其目标群体的最初印象；而品牌个性则是这个人存在哪些独特的性格，形象大多时候与外表相关，而个性与一个人的内在心理和行为相关。有的品牌可能在广告传播中塑造了统一的品牌形象，这个形象与竞争对手也是有差异的，但这个形象可能没有独特个性。因而，我们认为，品牌的个性是品牌形象的延伸，也是品牌形象更为重要的内核，更是其与竞争对手形成差异并吸引其品牌目标群体的关键元素。毫无疑问，独特品牌个性成为一个优秀的广告创意必备的特征。

每个人的个性都千差万别，有人沉稳，有人活泼；有人浪漫，有人严谨；有人爱热闹，有人喜安静。那么，品牌的个性如何来构建呢？首先，品牌个性的构建与品牌定位密切相关，品牌定位的目标群体的个性即是该品牌的个性。一般来说，如果一个品牌定位于较年轻的目标群体，那么该品牌的个性应该是活泼可爱的；如果一个品牌定位于较年老的目标群体，那么该品牌的个性应该是严谨、可靠的；如果一个品牌定位于时尚群体，那么该品牌个性应该是张扬的、超脱的、时尚的。其次，品牌个性还与其所处的行业密切相关。一般来说，处于时尚行业的品牌，其品牌个性应该倾向于前卫、时尚和大胆。对于运动行业的品牌来说，大多数品牌将其个性定位于挑战、超越、冒险，不过也有别具一格的个性定位，如新百伦运动鞋将品牌个性锁定为青春和时尚。对于金融行业的品牌来说，大多数品牌的个性确定为可靠与稳健。再次，品牌个性与其竞争的环境也存在一定的关联。品牌个性是一个品牌区别于其竞争对手的重要元素之一。一个品牌在确定自己个性之前，需要对其竞争对手进行认真分析，了解竞争对手的品牌个性是什么，思考如何与竞争对手形成明显的差异，树立自身独特的个性。

诚然，一个品牌的个性被认同不是一朝一夕的事，它需要品牌持续与其目标消费者进行个性化的沟通。广告是建构品牌个性的一个重要方式，现在的广告已经超越了传统的单一的平面广告或视频广告，而是一种整合的沟通。这种沟通在移动互联网时代更加快速、便捷，互动更多，沟通的渠道也更加多元。我们认为，整合沟通的内容，无论是视频的、文字的、还是图像的，都是广告创意的一部分，因为这些沟通内容只有注入创意的力量，才能够达成真正意义上的沟通。

案例

MINI如何利用创意成就时尚个性的品牌基因？

MINI车在今天看来，是时尚、个性的代名词，小小的MINI Cooper总是能立马吸引人们的眼球。MINI车诞生于1959年，起初只是为了减少耗油而设计的紧凑车型，深得家庭主妇的喜爱，被称为"主妇车"。但为了增强MINI车的竞争力并且扭转市场形象，MINI经过了一番改造，提高了性能，并参加了众多的拉力赛，出乎意料的是，小小的MINI在20世纪60年代赢得了25次以上大大小小的拉力赛冠军，大大提升了MINI车在汽车市场的地位，在消费者之中获得极高声望，打破了消费者对于"小"的担忧，成为世界范围内广受喜爱的车型。2000年，宝马收购MINI，自此MINI车开启了新纪元。[①]

MINI不仅依靠在拉力比赛中的出色表现，而且其也是广告沟通的高手。通过创意性的广告沟通，树立了MINI独特、时尚、与众不同的品牌个性，进而使MINI超越了普通汽车的价值，使BE MINI成为目标群体所信仰的一种生活方式。

1. MINI成功的电影植入广告

MINI非常善于运用电影植入式广告，通过电影植入，MINI成为众多人心中时尚的小汽车。2003年上映的好莱坞大片《偷天换日》在全球具有很大市场影响力，MINI在该片中的出色表演让观众铭记在心，MINI时尚的外形、小巧便捷的身躯给观众留下了良好的印象（图7-35）。另外，MINI还加入了英伦幽默片《憨豆先生》（图7-36），憨

---

① 该案例的部分资料由华南理工大学2013级新闻与传播学院广告学专业学生李天词收集，特表示感谢。

豆先生深受男女老少喜爱，当憨豆先生坐在MINI车上，尽管幽默的他给我们带来喜感，但是不知不觉中也让我们爱上了可爱、时尚的MINI。通过电影植入广告，MINI迅速成为一种时尚符号、文化标识，被称为"车轮上的时尚"。

图7-35 《偷天换日》中的MINI

图7-36 憨豆先生与MINI

2. "死党万岁"，凸显MINI个性

死党就是那些你生命中的挚友，他们陪你哭、陪你笑、陪你聊天、陪你瞎闹。他们是世界上除了父母外最关心你的人，有了他们，就多了一份温暖。死党就是死党，即使分开再久，一见面，依然有满满的话题可以聊，就好似你们一直在一起。2013年，MINI便借助"死党"的名义向全世界发出了"死党万岁"的呼喊，要你和你的死党一起NOT NORMAL。为此，MINI专门推出了以"死党万岁"为主题的广告传播运动，包括视频传播与系列平面广告的传播。

在"死党万岁"的电视广告中，整个故事伴随着一首欢乐、轻松的音乐，讲述的是主人公从出生开始，爸妈是驾着MINI车到医院生下他，他在5岁的时候就在MINI车上叫喊"起飞"，整个童年和少年时期都有MINI车陪伴，长大后他有了自己的MINI车，MINI车与他拥有了各种经历，一直到他75岁，MINI车还是他的老伙伴。最后的广告文案是："终生死党"。这个电视广告传播的核心主题就是：MINI陪伴我们成长，是我们的终生死党，并成为我们生活中不可或缺的一部分。除了TVC外，MINI还有一系列的平面作品，大胆喊出"死党万岁"的口号。该系列作品的文案都很个性和精彩，主要文案如下（图7-37）：

（1）"再大也能和你一起孩子气。死党万岁。"
（2）"到哪里，都能捧红你。死党万岁。"
（3）"随时为你的突发奇想开道。死党万岁。"
（4）"和你一日为友，一辈子为盟。死党万岁。"
（5）"没有爷俩，只有哥俩。死党万岁。"
（6）"能和你一起侃大山，也能一起上刀山。死党万岁。"
（7）"无论兜风还是抽风，都顶你。死党万岁。"
（8）"带着你的死党，一起去踏青。"

这系列广告创意表明：MINI的气场很强，到哪里都是被关注的对象，都会捧红你；MINI随时在你身边，一辈子和你做朋友；MINI带你兜风，永远支持你；MINI让你像孩子一样疯狂,和你一起孩子气;哥俩、死党永远在一起,相互支持;死党不仅可以在一起海阔天空侃大山,也可以一起面对困难;在任何时候,都带上死党,无论是踏青还是寻秋。事实上,"死党万岁"的广告创意不仅洞察了MINI使用者的内心,也巧妙地建立了MINI与其目标消费群体之间的紧密关系。MINI爱好者是热爱生活、个性大胆、敢于冒险的人,他们的周围总有一些"死党"陪伴,而MINI宣告它就是任何一个MINI车主最忠诚的"死党"。

图7-37　MINI"死党万岁"系列平面广告

3. 新MINI Clubman:不忘初心的绅士

随着时间的推移,曾经迷恋MINI的粉丝已经变得更加成熟。接着,新MINI Clubman瞄准日渐成熟、拥有家庭的中产消费男士,推出新绅士的概念。新MINI Clubman不再是愤怒的文艺青年,不再宣泄情感。他变得内敛,变成绅士,岁月沉淀了内在修养,这种修养感化了更多MINI使用者。

MINI Clubman的文案是这么写的：

永不违背内心，曾经癫狂的少年，长成了内敛的绅士。其实MINI没变，无非是伴随着时间的衍生，他也应该长大了。有MINI Cooper陪伴的青春，你曾经狂放不羁，目空一切，宣扬真我，发誓改变世界。而年岁积累，你终究成家，在每一个周末，你需要带上妻子孩子，可能还有陪伴孩子成长的爱犬，一起去郊外，去孩子的外婆家。MINI Clubman正是这个阶段的你，你变得沉稳、注重修为，你学会从更全面的维度去思考家庭、工作和交友的关系，因为那将交织成你与他人不同轨迹的生活。就如新MINI Clubman，他不再只是一台好玩的卡丁车，过去我们不在乎这个，但是现在这台车需要为你装下整个家庭的欢乐，他已经为你准备了一个敞亮的全景天窗。让爆棚的幸福感渗过天窗，被阳光和雨水洗礼。就像一个三十而立甚至不惑之年的男人，他可以成为社会的精英被人崇拜，而当他和孩子跳入假日的时光里，他可以顽皮得像是孩子的大哥哥，分享自己童年的喜悦，也极其愿意融入孩子进行时的童年。

还要说的是，他依然是个跑男。1.5T三缸引擎，你可以厚脸皮地理解为"划时代超跑i8同款"，2.0T四缸引擎表达了站稳小钢炮阵营的决心。他在暗示我们，他依然还是MINI，无非他更有能量！

品牌可持续发展战略要求品牌和消费者一起成长，可具体产品怎么做，文案怎么写却鲜有实例，MINI此番为我们做了一次演示。从这篇文案中不难看出，MINI正是针对许多消费者提出的质疑"我有了家庭，MINI不再适合我了"，然而新MINI Clubman的推出，完美打消了这一消费群体的疑虑。新MINI Clubman同样适合成熟男士。作为家庭休闲用车，MINI的快乐可以和家人一起分享，怀旧年轻，并且MINI骨子里的桀骜不驯依旧还在，如此这般的新绅士，会选择MINI Clubman。

有这样一个群体，他们被标记为个性十足、充满激情、天生创意，特立独行。这个群体有一个共同的代名词，那就是MINI；他们还有一个共同的天地，那就是MINI CLUB。

MINI品牌个性建构的案例足以说明广告在品牌个性建构中产生的重要作用。事实上，一个成功的广告必须构建品牌独特的个性，品牌个性必须符合目标群体个性特征，并在传播中获得目标群体的认同，甚至对该个性产生崇拜。品牌个性在持续的品牌传播沟通中，就形成了品牌的核心价值。

五、表现方式新颖

在世界广告创意历史上，曾经有过关于"广告说什么"与"广告怎么说"哪个更重要的争论。科学派广告大师大卫·奥格威坚持认为"广告说什么"比"广告怎么说"更重要，而艺术派广告大师威廉·伯恩巴克则反复强调"广告怎么说比说什么更加重要"。"广告说什么"事实上就是一个广告的主题，正如一篇文章的中心思想与核心的观点，它确实很重要。但是，"广告怎么说"也非常重要，一篇文章的中心思想再好，如果没有合适的表现方式，那么读者也不能够完全理解这篇文章。因而，一个优秀的创意人不需要执拗于争论到底是广告主题重要，还是广告表现方式重要。虽然大卫·奥格威与威廉·伯恩巴克有不同的广告创意理论观点，但是在实践创作中，他们又都是不约而同地寻求最好的广告主题与最精巧的表现方式。

事实上,广告新颖的表现方式属于广告创意的一个重要组成部分。一个优秀的广告创意必须要有新颖的表现方式。新颖的表现方式主要存在两个重要的作用。其一,表现方式新颖的创意能够更好地表现广告主题,传播广告主题的精髓,从而更好地体现品牌的个性。其二,只有表现方式新颖的创意才能够吸引其目标消费群体的注意力,进而才能在目标消费群体或用户心里刻下记号。

那么,在创意过程中,如何才能实现表现方式的新颖呢?事实上,也就是思考创意主题如何用新颖的方式来表达,这个思考的过程就是创意的过程。前文已经介绍了创意思维的一些方法,可利用创意的方法去探寻创意新颖的表现方式。还需要指出的是,创意新颖表现方式的构想与三个因素密切相关。①广告主题会影响创意的表现方式。比如,一个科技产品的广告,它要表达的主题就是传播其品牌在一项科技领域的突破,它的表现方式虽然可以采取合理的艺术处理方式,但不太适宜过于幽默和戏谑。②广告的直接目标对象会影响创意的表现方式,也就是说创意是给哪些群体看,试图打动哪些人。如果广告创意是给没有结婚的女性群体看,创意的表现就可以尽情地凭想象力编织各种离奇的、童话的故事来打动她们。③广告创意的表现方式还与其传播的媒介密切相关。在传统大众媒介时代,广告创意一般是通过电视台、广播电台、报纸、杂志、户外建筑等媒介传播。电视台会严格限制广告时间,所以广告创意不能够叙述一个非常冗长的故事。因而,如何在几秒之内就能够吸引受众的注意力,并充分表现广告主题,对创意人来说是一个极大的挑战。广播广告是通过声音来传播的,新颖的创意表现构想就是要思考如何通过声音的传播产生冲击力和记忆力。报纸广告、杂志广告与户外广告是由平面的、静止的文字和图像组成,这些广告没有视频广告的美妙的声音与动感的姿势,新颖的创意表现构想就是要思考如何让"静止"的平面广告有"动"的力量,如何利用文字和图片表达品牌的个性与精髓,并能够引起人的注意和思考。阿迪达斯有两则平面广告表现方式就非常新颖(图7-38),其中一则广告是为了表现穿上阿迪达斯的运动鞋,跑步的速度就会非常快。怎么样表现这种快呢?如果只是把鞋子摆在平面广告的中央,告诉读者这双鞋子可以使你跑步很快,这种表现方式就很平庸。与"快"相关的事物,我们能有哪些联想呢?我们会想到飞人、跑车、快艇等等,对了,就是快艇!阿迪达斯把它的鞋与快艇建立关联,让阿迪达斯运动鞋变成了快艇。瞧,阿迪达斯运动鞋在水上冲浪,激起了一层层浪花。第二则广告是一个户外广告,广告主题是为了表现阿迪达斯运动鞋的环保性能。如何体现一双运动鞋的环保性能呢?不能只是喊口号,说这双鞋是世界上最环保的。虽然可以列出一些关于该运动鞋的环保数据,但有谁会愿意花费几分钟时间停下来阅读一个户外广告呢?即使有一两个阿迪达斯的粉丝停下来看广告,但是否能看懂相关的环保数据又是一个问题。而阿迪达斯的这个户外广告表现非常精巧,直接让鞋子长满了绿色的藤蔓,一眼看去,满是绿色,这样阿迪达斯的绿色与环保主题就表现得淋漓尽致了!图7-39是宝马MINI的两则户外广告,前面分析了MINI是建构品牌个性的高手,新颖独特的MINI的户外广告是功不可没的。第一则广告是MINI国外的户外灯箱广告,很多品牌在做户外灯箱广告时一般只是放一个大大的LOGO或产品图,而MINI营造了一种驰骋的动感,广告的正中央是一个弧线的白色车道,旁边还有几个优雅美丽的雪人，而MINI更是优雅地待在车道的一端。这个创意给我们的联想是MINI即使在下雪天也表现得很优雅，从侧面暗示了MINI汽车卓越的性能。第二则广告MINI更大胆地将自己与火箭和太空进行关联，红白相间的小巧的MINI驾驶在火箭的躯体上，旁边还有好几个真人扮演的太空宇航员，这样的广告创意足够引起众多路人来围观，一时之间很快成为一个热议的话题。这个广告也从侧面表明了MINI卓越的驾驶动力，同时也凸显了MINI敢于挑战与冒险的品牌个性。

因而，一个好的广告创意必须有新颖的表现方式。创意人在构想广告主题的表现方式时，必须突破常规，力求新颖、独特。只有那种出人意料的、有趣的、新颖的甚至惊人的创意表现方式，才能给人以强烈的视听觉刺激，造成强劲的冲击力。当然，不能一味地追求广告创意的新、奇、特，而忽略创意的主题和品牌的精髓；一个没有主题的创意，正如一个包装华丽没有思想的人，纵使它的创意表现方式如何惊艳，如何具有冲击力，都不可能与其目标群体产生深度的共鸣。

图7-38　阿迪达斯的两则广告

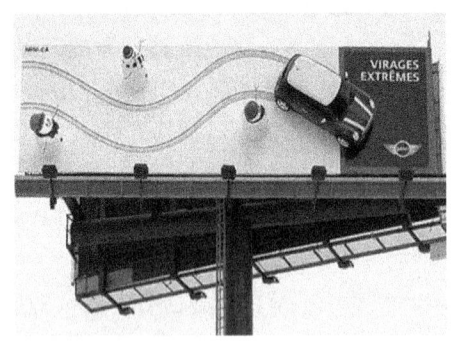 

图7-39　MINI的两则户外广告

六、情感效应构想自然

人与人之间共同的东西是情感，好的广告创意也是通过情感与其目标群体达成深度的沟通。因而，情感诉求便顺理成章地成为最重要的创意方式之一。我们每天通过各种媒介接触各种各样的广告，有一大半以上是基于情感的诉求。但是，并不是所有的情感的广告创意都能够打动我们，现实情况是有些情感创意的广告让我们觉得很虚假，不真实；而也有少量的情感广告能够直抵我们的内心，形成真正的共鸣。

每个人在成长过程中都要经历很多事，也拥有很多不同类型的情感。概括起来，大概包括如下一些情感：①亲情，主要指由于血缘关系而建立起来的一种特殊的情感，这种情感虽然最普遍，但也是最牢靠的情感。亲情主要指家族内上辈与下辈之间的情、父母亲与子女之间的爱、兄弟姐妹之间的情等。②友情，主要指因学习、工作及其他偶然的认识建立起来的较稳固的朋友关系，每个人自从上学开始，就有了同学；工作后，又有了知心的同事。正如MINI的广告主题"死党万岁"就是诉求于友情。这些年"闺蜜"一词突然火爆，很多广告也将其情感锁定在"闺蜜"之间的情谊。③爱情，主要指男性与女性之间互相爱慕与吸引产生的情谊。当一个男孩追求一个女孩被拒绝后，他可能会自信地说出"枝上柳绵吹又少，天涯何处无芳草"。当一个男孩与他的爱人分离时他可能会痛苦地吟诵"今宵酒醒何处，杨柳岸晓风残月"。当一个男孩为了追求事业而不得已与自己的心上人各分东西的时候，他可能会安慰地说出"两情若是久长时，又岂在朝朝暮暮"。爱情是诗歌与小说的永恒话题，也是每个人一生中最刻骨铭心的情谊，更是广告中经常诉求的情谊。④爱国之情，主要指一个人对其诞生与生活的祖国产生自然的认同之情。有一句歌词唱得好，"没有国，哪有家"。一个人对自己的国家也会有种归属和认同情谊。当祖国强大时，会有一种莫名的兴奋与自豪之情；当祖国受到压制与欺凌时，心中会有一种痛苦之情。⑤同情，主要指一个人内心的恻隐之心。当一个人看到或听到一些悲惨的人或事时，自然会产生一种同情之心。⑥陌生人之间的情谊，主要指在不认识的人之间因为某些事而产生的情谊与爱心。这种人与人之间的情谊是人间的大爱，它建立在文明素养的基础之上。事实上，很多成功的广告创意人都是煽情高手，将爱情、亲情、友情等各种情谊在广告中展现。当然，广告的情感效应的表现不只是展现"情"的一面，更多时候创意为了表现张力和冲击力，会制造更多的冲突、对抗甚至是愤怒、憎恨之情。爱的对面就是恨，爱与恨都可能会在广告创意中体现。不过，整体来说，创意人最终是要用"爱"和"情"来进行沟通。

就创意实践来说，如何实现自然的情感效应？笔者觉得应该考虑以下几个因素。

（1）情感一定要真实。虚假的情感肯定会显得不自然。广告创意中的情感真实主要包括三个方面：其一，广告创意故事中的情感表现是真实的，并不是指广告创意的所有故事都是真实的，而是指创意表现中的故事情感的表现存在真实感；其二，广告创意中的故事演绎的人物表演感觉是真实的；其三，广告创意中的人物对产品或品牌的情感是真实的、合理的。

（2）情感表现不能过于夸张。通常很多广告为了突出某个产品多么优秀，广告创意让其代言人对该品牌产生夸张的迷恋和喜爱，这种情感事实上是不自然的。

（3）情感的表现要符合整个创意故事的发展，不能与整个创意故事脱节。

（4）特定情感的表达还要注意广告发布的时机，发布时机选对了，情感的表现就会更加自然。一般来说，快到春节的时候，很多品牌都是以"亲情"来做情感广告，因为春节是亲人团聚的日子。在"情人节"与"七夕"的时候，大多数品牌都会以"爱情"来展开情感诉求的广告。关于爱国之情的表达，品牌要特别注意发布的时机。爱国之情虽然也是一种重要的情感,但大多数人不喜欢把它挂在嘴边,更不喜欢企业利用"爱国之情"来做广告,因为这种广告会让别有用心之人攻击其很矫情。不过,荣威汽车却比较成功地借助"钓鱼岛事件"打出爱国的情感广告。2012年"九一八"纪念日当天,上汽荣威W5推出了全新网络广告,广告文案内容没有丝毫遮掩(图7-40),直指钓鱼岛事件。该系列广告的文案主要有:"960万平方千米没有一寸是多余的""英雄从不退让,无论81年前还是今天""有一种决心叫做绝不退让""有些时候绝不退让已经是我的宽宏大量""这是你的出价,也将是你的代价""中国的版图,容不下他人的企图""6.344和960万同样神圣""不必拥有一辆中国车,但必须有一颗中国心""什么都可以跨越,除了底线",这些广告在网络上推出后,获得了绝大部分国人的共鸣与认同,将上汽荣威W5一直以来渲染的英雄主义情结提升到了极致。

图7-40　上汽荣威W5系列广告

案例

百度微电影《保洁叔的故事》——爱让一切成为可能

2011年6月25日,在一代巨星迈克尔·杰克逊逝世两周年纪念日,百度精心推出了一部名为《保洁叔的故事》(图7-41)的亲情篇微电影。上线之后,该影片在优酷、土豆等各大视频网站的转播和分享轮播,快速得到杰克逊粉丝的广泛关注,进而引起大量网民的关注,引发了众多网民的分享、转发、评论,形成了自主传播,当天便已达到百万浏览量。该片也于2012年微电影金瞳奖中获最佳导演提名。

这部微电影取材自一位年过半百且患有严重视听障碍的保洁员王世金的真实故事。影片主要讲述的是,为了减少与女儿之间的代沟和增进彼此的理解,王世金主动通过网络搜集女儿所喜欢的杰克逊的跳舞视频,试着去慢慢了解女儿的世界,每天都在学习舞蹈的道路上不断探索着。在此过程中，他不仅一点点地贴近了女儿的内心，而且也有机会站上了梦想中的大舞台，让更多的人看到了他以及他震撼人心的舞蹈。

在宏观层面上，影片诠释的是父亲与女儿之间的家庭亲情以及"爱"所带来的无限可能；而在微观层面上，影片则是通过几个关键的搜索框画面以及片尾的数据式对比，突出强调了在成功故事的背后，百度搜索所提供给人们的便利资讯服务及其所发挥的重要作用，进而实现百度品牌的软性植入和巧妙曝光。

整体来看，该影片所呈现的保洁叔王世金因家人的爱而实现梦想的故事，实则也是与百度"平等地成就每一个人"品牌理念的一种高度契合，由此也较好地进行了企业品牌价值的传递与输出，有利于在受众心目中形成良好的品牌形象和构建"爱与平等"的品牌文化。

图7-41　2011年百度微电影《保洁叔的故事》

讨论题

1. 如何理解广告创意过程中的"逆向思维"？
2. 如何理解广告创意的艺术性与科学性？
3. 请找一个广告创意，分析该创意的思维过程。

 第八章

移动互联网时代广告创意产生的方法

> **学习要点**
>
> 本章重点介绍广告创意的产生方法，需掌握的知识点有：①头脑风暴法；②垂直思考法与水平思考法；③思维导图方法；④旧元素新组合法；⑤基于用户体验和分享的创意想象。

在广告创意的实践中，应该使用哪些方法获得最佳的广告创意？ 在传统媒介时代，创意人通常会使用"头脑风暴法"来获取创意的灵感，也会使用"水平思考法"来确立创意的主题，使用"垂直思考法"将创意主题围绕一个方向不断升华。当然，创意人在进行水平思考与垂直思考的过程中，可以利用"思维导图"的方式将思考的创意思路的轨迹记录下来。同时，创意人在探寻广告创意的过程中，可以利用"旧元素新组合"的方法，将不同的元素组合在一起获得新的创意。以上这些创意产生的方法不仅适用于传统媒介时代，也适用于移动互联网时代。另外，在移动互联网时代，"基于用户体验与分享"的创意方法也变得更加普遍。以下将分别介绍头脑风暴法、垂直思考法与水平思考法、旧元素新组合法及基于用户体验与分享的创意方法。

第一节 头脑风暴法

一、头脑风暴法的起源与特征

头脑风暴法又称脑力激荡法、集脑会商思考法。1939年，美国BBDO广告公司负责人亚历山大·奥斯本（Alex F. Osborn）在广告运动中为员工没有创造性的创意而苦恼，他开始主持群体思考会议，发现获得的创意的数量比之前多，创意的质量也都不错。1948年，亚历山大·奥斯本在其著作《你的创意能量》（*Your Creative Power*）中正式提出头脑风暴法。头脑风暴法主要是通过将广告公司内部各方面的人员聚在一起，围绕一个主题和目标，进行头脑风暴，以寻求最佳的广告创意。它依靠的是集体的智慧和

力量，故也有人将其称为集体思考法。头脑风暴法目前应用十分普遍，虽然其最早诞生于广告界，现在很多行业在分析问题或决策时都应用该方法。

头脑风暴的特点是让与会者敞开思想，使各种设想在相互碰撞中激起脑海的创造性风暴，这是一种集体开发创造性思维的方法。该方法的核心是高度充分的自由联想，这种集体自由联想方式可以实现知识互补、思维共振、相互激发，从而产生众多的创意。头脑风暴法主要分为直接头脑风暴法和质疑头脑风暴法。直接头脑风暴法是在群体决策基础上尽可能激发创造性，产生尽可能多的设想的方法。质疑头脑风暴法是对已提出的设想、方案、创意逐一质疑，发现其现实可行性的创意方案。目前，头脑风暴法已经成为创意人获取创意的最重要的方法之一。

二、头脑风暴法实施步骤

头脑风暴法的实施已经很普遍，在广告业界已经形成了一个比较固定的步骤，如下所示：

（1）在实施之前必须精心准备。在会议之前需要确定一个主持人，该主持人对该项目和议题有充分的了解。项目主持人或协调人一般应于会议前几天将会议的主题、举行的时间、地点通知每一位与会者，使其有时间预先思考、准备。会议的议题尽可能明确、单一，最好一个会议围绕一个核心主题来展开，不要纠缠太多问题。同时，与会人员也不要太多，一般以10～15人比较合适，不要超过15人。人员分布不要太集中，应具有广泛的代表性，广告公司的参与者主要包括策划人员、文案人员、客服人员、媒介策划人员、设计人员等。另外，需要提前布置会议现场，座位排成圆形的环境往往比教室式的环境更为有利。

（2）热身阶段。这个阶段的目的是创造一种自由、宽松、祥和的氛围，以便活跃气氛，使大家得以放松，进入一种无拘无束的状态，利于思维。主持人宣布开会后，先说明会议的规则，然后随便谈点有趣的话题或问题，让大家的思维处于轻松和活跃的状态。比如说说笑话、猜谜语、听一段音乐等。

（3）明确问题。主持人扼要地介绍有待解决的问题。介绍须简洁、明确，不可过分周全，否则过多的信息会限制人的思维，干扰思维创新的想象力。

（4）畅谈阶段。畅谈是头脑风暴法的创意阶段，为了使大家能够畅所欲言，需要制订一些规则。主持人首先要向大家宣布这些规则，如果时间允许，可以让每个人先就所需解决的问题独立考虑10分钟左右。随后引导大家自由发言，自由想象，自由发挥，使彼此相互启发，相互补充，真正做到知无不言，言无不尽。可以按顺序"一个接一个"轮流发表意见，如轮到的人当时无新构想，可以跳到下一个。如此循环，新想法便会一一出现。与会人员每讲出一个主意、方案，速记员马上写在白板上，使每个人都能看见，以利于激发出新的方案。经过一段讨论后，大家对问题已经有了较深程度的理解。为了使大家对问题的表述能够具有新角度、新思维，主持人或速记员要对发言记录进行归纳、整理，找出富有创意的见解以及具有启发性的表述，供下一步头脑风暴时参考。

（5）筛选阶段。通过组织头脑风暴畅谈，往往能获得大量与议题有关的设想。至此任务只完成了一半，更重要的是对已获得的设想进行整理、分析，以便选出有价值的创造性设想来加以开发实施，即设想处理。设想处理的方式有两种：一种是专家评审，可聘请有关专家及学员代表若干人（5人左右为宜）承担这项工作。另一种是二次会议评审，即所有与会人员集体进行设想的评价处理工作。通过评审将大家的想法整理成若干方案，经过多次反复比较，最后确定1～3个最佳方案。

总之，头脑风暴法的实施要求会议自始至终都在比较轻松、自由、和谐的氛围中展开，尊重每个与会者提出的构想与建议，欢迎每一种创意的产生与出现，最大限度地调动每一个与会者的积极性，激发其创造力。[1]

三、影响头脑风暴法效果的因素

头脑风暴法在创意实践中取得了很好的效果，但也存在一定的问题，主要是应用者比较容易忽视头脑风暴法的影响因素。影响头脑风暴法实施效果的因素主要有：

（1）主持人的个人素质。

头脑风暴法能否成功很大程度上取决于主持人的素质，一般来讲一个合格的头脑风暴法主持人需要具备下列条件：了解召集会议的目的；思想敏锐，表达归纳能力强；掌握头脑风暴法的原则；善于引导大家思考和发表观点；能自己发表倾向性观点；善于阻止相互间的评价和批评。

（2）与会人员自身的素质。

头脑风暴法与会人员应由下列人员组成：方法论学者——专家会议的主持者；设想产生者——专业领域的专家；分析者——专业领域的高级专家；演绎者——具有较高逻辑思维能力的专家。具体应按照下述三个原则选取：①如果参加者相互认识，要从同一职位（职称或级别）的人员中选取，领导人员不应参加，否则可能对参加者造成某种心理压力。②如果参加者互不认识，可从不同职位（职称或级别）的人员中选取。主持者不应公布参加会议人员的职位，以免造成心理压力。不论与会人员的职称或级别，在头脑风暴会议中都应同等对待。③参加者的专业应力求与所讨论的决策问题相一致。专家中最好包括一些学识渊博、对所讨论的问题有较深理解的其他领域的专家。

（3）环境因素。

良好的环境是头脑风暴法成功的重要条件。选择的会议地点应该具备下列条件：①准备一间安静、光线柔和的办公室或会议室。②严禁电话或来人干扰。③准备录音机把畅谈的全过程录下来。④一块白板以及相应的书写工具，便于记录员记下所有与会人员的观点。

（4）问题的难易程度。

头脑风暴法实施的效果也与所要讨论的问题的性质、范围、难易程度有关，如果问题过于敏感，或者与参与者有利害关系，或者参与者都不熟悉，或者问题范围太大、时间跨度过长，或者问题太难于把握，这些因素必然会对参与者产生影响，使其过于谨慎而不能畅所欲言，从而影响头脑风暴的效果。[2]

---

[1] 饶德江：《广告策划与创意》，武汉：武汉大学出版社，2006年。
[2] 朱新林：《头脑风暴法在管理决策中的应用》，载《商场现代化》，2009年第9期。

四、头脑风暴法的缺点

头脑风暴法自身也存在缺陷，广告界对其批评之声也不绝于耳。日本创意人直条则夫曾经说，批评的焦点主要是它阻碍了独创性的广告人的创意力量，迫使优秀的创意者去迎合其他缺乏创造力的成员提出的平庸的构想。为了将头脑风暴法的缺陷降到最低，有些创意人对该方法进行了改造。

德国的荷立肯提出了一种代替"发言"的头脑风暴法，规定每次会议有6人参加，以5分钟为实践单元，要求每人每次提出三个构想，故又称"635法"。635法（默写式头脑风暴法）一般先由主持人宣布议题，解答疑问，然后发给每个人几张卡片，每张卡片上标有序码1、2、3。在第一个5分钟里，每人对议题填写3个设想，然后把卡片传给另一个人，在下一个5分钟里，每个人又在他的卡片上针对其所提的设想再提3个设想，以此类推，直到卡片传递6次，产生108个设想，再在此基础上形成创意。

与此类似的还有卡片式头脑风暴法，主要采取与会者（3～8人）填写卡片（每人50张）的方式收集构想，然后每个人在会上宣读自己的设想，并回答他人的质询，最后在相互讨论中诱发新构想。[①]

事实上，对头脑风暴法最大的担忧就是害怕阻碍独立思考。很多人聚在一起虽然可以脑力互相激荡，但也很容易抹杀特别有创造性的想法。这就需要在实际执行的过程中，主持人控制好头脑风暴法的秩序，尽量保证与会者之间独立、自由、放松的交流，真正达到集思广益的目的，从而获得最佳的广告创意。

五、电子头脑风暴法

当人类进入计算机时代，传统的头脑风暴法也得到了延伸，一种新的电子头脑风暴法（electronic brainstorming，简称EBS）便产生了。传统头脑风暴的一个问题是大群体通常不会比小群体产生更多的主意，即人数比较多的头脑风暴群体往往是低产的，或者说群体成员边际头脑风暴效率随群体增大是递减的。另一个问题是头脑风暴群体没有相同大小的名义群体产生的主意多（这里的名义群体指的是将主意产生问题提供给互不相知的人，他们分别独立完成该项工作，然后将他们的结果汇集起来的方法）。Diehl和Stroebe认为这个问题主要是群体交互过程中的产出障碍、受评忧虑和免费搭车造成的。Nunemaker等认为当群体增大时，"过程损失"会超过"过程增益"，从而导致大的头脑风暴群体的低产现象。群体决策支持系统（group decision support system，简称GDSS）的发展为传统的头脑风暴法提供了崭新的环境。群体决策支持系统将通信、计算机和决策技术相结合，支持群体会议中问题的形成和求解。GDSS通过消除沟通障碍、提供结构化决策分析技术及系统地指导讨论的模式、时限或内容来达到提高群体决策质量和效率的目的。EBS是GDSS环境下的一个典型部件。EBS环境会打破传统头脑风暴环境下的问题结构、文化规范和规则，改变"过程损失"和"过程增益"的强度和结构，从而

---

① 饶德江：《广告策划与创意》，武汉：武汉大学出版社，2006年。

对主意产生的结果产生重大影响。

EBS对主意产生活动能起到更好的促进作用，这在于它有如下优点：①并行性（群体成员可以将其产生的主意同时输入计算机中而不会受到产出障碍或发表意见时间不均的约束）。②群体存储器（群体成员产生的所有主意可以通过EBS过程存放在服务器的公共文件中，群体成员可以公平方式对其共享）。③匿名（所产生的主意并不附加其作者的姓名，这点包含了名义群体过程的一些特点）[①]。

当然，电子头脑风暴法更适于一些规模较大的现代化企业做决策之前的大脑风暴。对于广告公司来说，使用较多的依然是传统的头脑风暴法，因为广告公司在围绕一个创意做头脑风暴时，参与者的数量是受到一定控制的。广告公司的头脑风暴也不追求创意思想产生的数量，关键看创意的质量，能够吸引消费者与用户，能够与用户形成深度沟通就是好的创意。

第二节　垂直思考法和水平思考法

一、垂直思考法的特点

垂直思考法是指传统逻辑上的一种思考方法。顾名思义，垂直思考法是沿着一个方向垂直向下连续思考，因而它明显的特点是思考的连续性和方向性。连续性是指思考从某一状态开始，直接进入下一状态，如此渐进，直到最终解决问题，中间不会间断。方向性则是指思考问题的思路或预先确立的框架不得随便改变。事实上，垂直思考法是一种深入的逻辑上的思考，它对广告创意的产生具有重要作用。创意人在思考创意的时候，一旦确定了广告创意的主题方向，就可以利用垂直思考法，围绕此广告主题不断深入思考，思考如何更好地表现该创意主题。当然，在确定该广告主题的表现方式之后，还可继续利用垂直思考法，思考如何利用恰到好处的创意形式表现单纯、统一的广告主题，以吸引目标群体的关注，从而打动其内心，与其产生深度的共鸣。

当然，垂直思考法也存在致命的缺点。由于垂直思考法是方向性与连续性的思考方法，它不允许思考的中断。创意人在利用垂直思考法进行创作时，一旦方向错了，就会产生南辕北辙的后果，广告创意则无法体现明确、打动人心的广告主题；即使广告表现做得再棒，也无法与目标群体进行有效的沟通，更无法实现广告运动的目标。因而，为了弥补垂直思考法的缺陷，另一种思考法——水平思考法便应运而生了。

二、水平思考法的特点

在思考管理的实践中，英国剑桥大学爱德华·德·博诺博士提出了水平思考法。水平思考法是针对垂直思考法而言的。水平思考是一种既非逻辑性又非因果性，而是属于

---

① 王刊良、席酉民、汪应洛：《电子头脑风暴（EBS）研究》，载《系统工程》，1994年第12卷第5期。

超越性的思考方法。它可从答案出发来对问题进行思考。水平思考法提倡从常规思路中走出来，寻找新的思路。爱德华·德·博诺博士曾说："大多数的人，过于重视旧知识与旧经验，根据所谓的旧经验，逐渐产生了'创意'。这就是以垂直思考法观察或思考某一件事。这种思考方法，往往会阻碍'创意'的产生。与其利用垂直思考法去产生创意，不如用水平思考法来得有效。水平思考法就是完全脱离了即存的概念，对于某一件事，重新思考与检讨的一种方法。"①

日本广告学者植条则夫在《广告文稿策略：策划、创意与表现》中，归纳了水平思考法的四条原则：第一，找到支配性的构想；第二，寻求各种各样的看法；第三，从垂直性思考的强烈习惯束缚中挣脱出来；第四，有效地利用偶发性的机遇。也就是说，水平思考法有助于创意人找到支配式的构想。当广告创意的主题还没有确定时，我们不能够只是朝着一个方向或一个主题来思考，而要利用水平思考法，尽量将思维打开，寻求各种各样的想法，从不同的维度或主题去思考广告创意。比如，如果要给一个婴儿奶粉做广告创意，一般是从奶粉的购买者婴儿的妈妈出发来进行创意。但水平思考法告诉我们，不仅可以从奶粉的购买者妈妈出发，还可以从奶粉的使用者婴儿的角度来构思创意，尽管两岁以下的婴儿不能够清晰表达，但是创意中可以幽默地表现婴儿自己对某个品牌的需求。婴儿（baby）原本属于广告创意"3B原则"中最重要的一个原则，让不会说话的婴儿自己说话，自己选择，广告创意才显得更加有趣味。当然，还可以从婴儿爸爸的角度来思考创意，就传统思维来说，认为购买奶粉都是妈妈的事，但"奶爸"的作用愈来愈明显，一个初为人父的"大男孩"如何照顾自己的小宝贝，成为一个称职的"奶爸"，其中肯定隐含了很多有趣、充满着爱的故事。另外，还可以从奶粉本身的角度来创意，不是简单地介绍某个品牌奶粉的营养指标和功能，而是让某个品牌的奶粉拟人化，让这个品牌的奶粉成为照顾婴儿的小伙伴，可以为他们之间的关系创作很多有趣的故事。现在的奶粉广告大多是从妈妈的角度出发进行创意的，少数品牌也有请男士代言的，比如张学友、郎朗分别代言了不同品牌的奶粉，但是广告创意只是借助了明星的高知名度来获取注意力，并没有创作有趣的、打动人心的情感故事。在明星代言泛滥的时代，这样简单的广告创意事实上并不能够与其目标群体产生深度的共鸣。

水平思考法的运用要求我们从垂直性思考方法中跳出来，也就是不要总是围绕一个方向纠缠不清。垂直思考法就是指有些人习惯"打破砂锅问到底"，坚持"一条路走到天黑"。但如果所追寻的问题是没有意义与价值的，就应该跳出垂直思考法，"打破砂锅问到底"只是庸人自扰。当我们坚持走一条路时，如果方向错了，那就是南辕北辙，必须果断放弃，寻求其他出路。所以，在广告创意的过程中，一开始时千万不要执拗于某个创意就是最好的，要尽量多问问：这个创意主题是最好的吗？还有没有其他更好的创意主题？可以从哪些角度来构思创意呢？

另外，在创意过程中，要善于利用偶发性创意灵感。尽管我们不主张创意等同于灵感乍现，但好的创意是当你利用水平思考法将思维完全打开之后，在你大脑里储存的各种资料、信息突然在某个时刻（也许是在你的梦中，也许是在你刷牙时，也许是在你

---

① 饶德江：《广告策划与创意》，武汉：武汉大学出版社，2006年。

发呆时）转变成创意的灵感闪现在你的脑海里，这个时候你就获得了一个很棒的创意思想，要抓紧一切时间把这宝贵的创意思想记录下来，不能让这个偶发性的创意灵感跑掉。

三、垂直思考法与水平思考法的差异与联系

水平思考法提出之后获得了很多人的追捧，认为该方法跳出了传统垂直思考法的局限性，对创意的产生具有非常深远的影响。但是，事实上水平思考法与垂直思考法存在其各自的优势。我们不仅要了解二者间的差异，更需要了解在创意实践过程中，二者之间是如何联系产生作用的。

1. 垂直思考法与水平思考法的差异

爱德华·德·博诺指出，水平思考法的技巧之一就是有意识地运用大脑的推理能力。与垂直思考中步步为营的做法不同，水平思考法可以随意选择一个新的位置，然后从这个位置往回推演，努力在这个新位置和起点之间建立一条逻辑路径。如果这条路径是合理的，那么将会找到一个新的创意或方向，而垂直思考无法找到新的创意与路径。如果这个随意挑选的路径最后被证明是不可靠的，这个路径就会被舍弃，对创意的本身不会产生坏的影响，也就是多了一次"试错"的机会。

同时，爱德华·德·博诺还明确指出垂直思考是一种高可能性的思考，而水平思考则是一种低可能性的思考。没有这种高可能性的思考，我们的日常生活将不可能进行下去。水总是从高处流向低处，并在流动的过程中形成河道。垂直思考正是像水一样沿着既有的河道往前流动，并在流动过程中进一步拓宽河道，使之成为未来唯一的河道。但是，我们也可以有意开凿一条新的河道以改变水的流向，甚至还可以在旧河道上筑坝拦水。

另外，爱德华·德·博诺也从总体上归纳了水平思考法与垂直思考法之间的差异，以下选取其中最重要的几条差异进行分析。

（1）垂直思考法是选择性的，水平思考法是生生不息的。也就是说，垂直思考法一般指选择一个路径或方向，而水平思考法的路径或方向很多。

（2）垂直思考法只在一个方向移动，水平思考法的移动是为了产生一个新方向。垂直思考法的思维无论如何移动，都是固定在某个方向之内；而水平思考法刚好相反，每次思维的移动都是为了获得一个新的方向。

（3）垂直思考法是分析性的，水平思考法则是激发性的。也就是说，垂直思考法是围绕一个路径或方向进行详细的分析和解剖，而水平思考法则是激发性思维产生的。

（4）垂直思考法是按部就班，水平思考法则可以跳来跳去。垂直思考法必须一步步沿着同一个方向进行思考，而水平思考法则欢迎跳跃式的想法。

（5）垂直思考法必须每一步都正确，沿着同一个方向进行思考；而水平思考法则不必每一步都正确，即使某个方向有错误，也没有关系。

（6）垂直思考法排除不相关者，水平思考法则欢迎新东西。既然垂直思考法是沿着某个方向或路径来展开思考，那么它一定要将与此路径或方向不相关者排除在外；而水

平思考法则非常欢迎不相关的新路径、新方向或新想法,因为水平思考法是发散性的,就是为了获取更多、更好的想法、路径。

（7）垂直思考法探索最可能的途径,水平思考法则探索最不可能的途径。垂直思考法一开始就认定某个路径或方向是最可能的、最佳的路径或方向,因而才会围绕此路径或方向进行垂直的、深入的思考;而水平思考法则没有固定某个路径或方向,而是处于不断的探索过程中,探寻各种可能的路径或方向,甚至会发掘最不可能的路径或方向。

2. 垂直思考法与水平思考法的联系

爱德华·德·博诺在提出水平思考法之后,并没有完全忽视垂直思考法的作用。他反复强调水平思考法只是垂直思考法的一个补充,他曾经在接受采访时说:汽车有四个轮子,每个轮子都很优质,但是每个轮子单独都不可能起到作用。思维也是这样,我们有逻辑思维,这是一个很好的轮子,但这是不够的。我们还需要有水平思维,我们还需要有感性思维,这是对传统思维方式的一种改变。按照以前的想法,就好像是在玩桥牌,现在改变了规则,开始打扑克,这是与以前不一样的地方。但是这也是一种对以前思维方法的增加。水平思维和垂直思维方式相辅相成,是传统思维模式的一种补充。[①]

事实上,在创意实践过程中,垂直思考法与水平思考法的应用是互相补充的。表8-1反映了水平思考法与垂直思考法的差异,也从反面印证了二者在创意实践过程中的联系。水平思考法是没有固定方向的,或者说存在多个方向,那么在创意源点发现之前或创意主题确定之前,就需要运用水平思考法来打开思维。当思维打开之后,会产生很多创意的主题、方向或路径,这时可以判断少数几个非常独特的主题或方向,运用垂直思考法沿着特定的方向或路径深入下去,不能偏离路径或方向,将这少数几个独特的创意不断进行细化,就会获得很棒的广告创意。因而,我们认为,垂直思考法与水平思考法在创意实践过程中是相辅相成的关系,只是二者在创意过程中运用的时机与扮演的角色不同。一般来说,水平思考法运用的时机是在创意主题或方向确定之前,而垂直思考法刚好与其相反,其是在创意主题或方向确定之后运用;水平思考法在创意产生过程中扮演的角色是确定创意主题、方向或路径,而垂直思考法将确定好的创意主题或方向更加细化,从而形成最终的创意。

表8-1 创意产生过程中水平思考法与垂直思考法的特点

	垂直思考法	水平思考法
方向性	固定某个方向	无固定方向,多个方向
连续性	连续性强	无连续性
逻辑性	垂直逻辑	产生新逻辑
创意思维深度	较深	较浅
创意数量	数量少	数量较多
创意中运用的时机	在创意主题或方向确定之后	在创意主题或方向确定之前
创意中的角色扮演	将创意深化、细化,形成最终创意	确定创意主题或方向

---

① 曾娜:《如何管理思考——专访"世界创新思维之父"爱德华·德·博诺》,载《商务周刊》,2007年第17期。

> 案例

公益广告"蠢蠢的死法"利用水平思考法进行创意

蠢蠢的死法（Dumb ways to die）是澳大利亚墨尔本为宣传铁路安全而制作的一个公益广告，因为当年有979人掉落轨道。为了吸引公众的注意力，该广告创意采用了水平思考法，列举了21种与掉落轨道无关的蠢蠢的死法，配以幽默、小清新的音乐来传播。该公益广告伴随着清新的音乐，告知公众世间有很多蠢蠢的死法，然而掉落轨道是最蠢的死法，最后的旁白响起："在火车周围请注意安全，墨尔本Metro提醒您。"这首公益广告歌歌词如下：

set fire to your hair 放火烧你的头发
poke a stick at a grizzly bear 拿根棍子戳灰熊
eat medicine that's out of date 吃上一堆过期的药
use your private parts as Piranha bait 用私处去钓食人鱼
dumb ways to die 蠢蠢的死法
so many dumb ways to die 好多种蠢蠢的死法
dumb ways to die 蠢蠢的死法
so many dumb ways to die 好多种蠢蠢的死法
get your toast out with a fork 用叉子去（烤面包机里）拿吐司
do your own electrical work 电工活儿你自己来
teach yourself how to fly 自学飞机怎么开
eat a two-week-old unrefrigerated pie 吃一块两星期都没放冰箱的派
dumb ways to die 蠢蠢的死法
so many dumb ways to die 好多种蠢蠢的死法
dumb ways to die 蠢蠢的死法
so many dumb ways to die 好多种蠢蠢的死法
invite a psycho killer inside 把杀人狂请进门
scratch a drug dealer's brand new ride 在毒贩的新车上划道痕
take your helmet off in outer space 在外太空脱下你的头盔
use a cloth dryer as a hiding place 悄悄地躲在干衣机里
dumb ways to die 蠢蠢的死法
so many dumb ways to die 好多种蠢蠢的死法
dumb ways to die 蠢蠢的死法
so many dumb ways to die 好多种蠢蠢的死法
keep a rattle snake as a pet 养只响尾蛇当宠物
sell both the kidneys on the internet 把两个肾都在网上卖掉
eat a tube of super glue 吃上一管万能胶
I wonder what's this red button do 我想知道这个红色按钮是干啥用的

dumb ways to die 蠢蠢的死法
so many dumb ways to die 好多种蠢蠢的死法
dumb ways to die 蠢蠢的死法
so many dumb ways to die 好多种蠢蠢的死法
dress up like a moose during hunting season 在狩猎季节里扮成一头驼鹿
disturb a nest of wasps for no good reason 闲着没事惹一窝马蜂
stand on the edge of a train station platform 站在火车站的站台边缘
drive around the boom gates at a level crossing 开车绕过铁轨前的禁行栏杆
run across the tracks between the platforms 冲过火车站台之间的铁轨
they may not rhyme but they're quite possibly be 它们虽然不押韵却很可能是
the dumbest ways to die 最蠢的死法
dumbest ways to die 最蠢的死法
dumbest ways to die 最蠢的死法
so many dumb 好多种蠢蠢的
so many dumb ways to die 好多种蠢蠢的死法①

　　该歌词列举的21种死法，虽然有点暴力和血腥，但是由于整个广告以动漫的形式来呈现，暴力和血腥感得到很好的弱化，增加了广告的幽默感（图8-1）。由于这21种死法毫不相关，而且有些死法让人确实觉得很搞笑，比如一个人去钓食人鱼，在外太空把头盔脱掉，养只响尾蛇做宠物，吃上一管万能胶，等等。这首广告歌曲虽然长达3分钟，歌词有点小暴力，但由于其幽默的画面与小清新的曲风获得了网民与公众的极大关注。很多女性网民认为该广告又萌又可怕，而男性网民觉得该广告幽默感很强。该歌曲视频在发布的24小时内即飙升至iTunes排行榜前十名，并且在Youtube社交网站上获得近900万的超人气点击量及128 371条好评！

图8-1　澳大利亚墨尔本铁路公益广告"蠢蠢的死法"

---

① 资料来源：《公益广告变网络神曲"蠢蠢的死法"萌到你了没》，扬子晚报，2012-11-25.

第三节　思维导图：创意思维的可视化

一、思维导图理论概况

思维导图又叫心智图，是表达放射性思维可视化的图形思维工具。英国著名心理学家托尼·巴赞（Tony Buzan）于20世纪70年代最早提出思维导图。放射性思考是人类大脑的自然思考方式，每一种进入大脑的资料，不论是感觉、记忆或是想法——包括文字、数字、符码、香气、食物、线条、颜色、意象、节奏、音符等，都可以成为一个思考中心，并由此中心向外发散出成千上万的关节点，每一个关节点代表与中心主题的一个联结，而每一个联结又可以成为另一个中心主题，再向外发散出成千上万的关节点，呈现出放射性立体结构。那么，如何将人类放射性思考记录和保存下来？思维导图就是一种将放射性思考具体化与可视化的方法。思维导图运用图文并重的技巧，把各级主题的关系用相互隶属与相关的层级图表现出来，把主题关键词与图像、颜色等建立记忆链接，最终将大量信息变成有颜色、易记忆、易组织的图画。

托尼·巴赞先生将思维导图分为三大层次：纵向思维、横向思维和发散性思维。在思维导图中，纵向（垂直）思维属于"同一家族"内的思考，其典型的思维特征是由点及线，视觉表现相对比较容易。横向（水平）思维属于"旁系家族"内的思考，超越垂直思维的"同一家族"的思考。发散性思维将从更广的层面来思考，是创意中的灵魂，因为它通过味觉、视觉和嗅觉的三位一体的"灵感思维"，将简单的创意作品或行为上升到了情感交流、情感互动层面。

二、思维导图在广告创意实践中的运用

思维导图"是一种全新的思维方式，结合了全脑的概念，包括左脑的逻辑、顺序、条例、文字、数字以及右脑的图像、想象、颜色、空间整体等"。思维导图的训练是从一个点出发，在大脑中形成概念与联想，由此点出发无限地让自己的思维开始蔓延，让大脑活跃起来，所有的思维导图概念都是由大脑发出指令，激活自己的意识，再由意识来带动潜意识的发挥。在广告创意实践中，思维导图需要确立一个主题概念或关键词。利用思维导图进行广告主题概念放射性思维训练具体步骤如下：

第一，以主题概念为中心，对其进行分析，从消费者的立场洞察他们的心理，与他们一起思考、一起感受，对主题概念进行转化。第二，必须将主题概念（也可以是中心概念图形）画在白纸中央，从此点出发，开辟若干不同路线，把思路打开。此时路线可以被分为三条：一条形象思维、一条逻辑思维、一条情感思维。第三，沿着不同路线开发元素，根据生活经历与常识，将可能产生的元素沿着路线放射并快速记录下来，进而展开捕捉闪光元素的行动。第四，大脑必须高速工作，必须在40分钟左右让思想尽快流

动起来。为了方便思考，以上四点均用文字表述搭架。寻找创意闪光点的过程如同探险家寻宝的过程，只有突破常规，才能出奇制胜。第五，将具有新鲜感的文字或图形元素纳入坐标轴，形成导图的闪光点；或者围绕主题产生新的观点，将几个有趣的闪光点连接起来，使之发展成一个创意雏形，然后进行具体的创意叙事文案及广告语言。①

概括起来，在创意实践中使用思维导图时需注意以下几点：①在确定了主题概念之后，将其放在白纸中央，从白纸中间开始画；②尽可能多地使用不同颜色的笔来画思维图；③尽量用曲线来画，而不要用直线；④最好用图像来表达思想，而少用文字；⑤由核心概念延伸几条主线之后再发散；⑥每条线上最好注明一个关键词。

总之，在广告创意思维的训练中，思维导图可以帮助人们打开想象的思维，调动各种思维方式（包括纵向思维、横向思维和发散性思维），产生众多相关或不相关的话语、创意的片段，最终有助于促进广告创意的形成。

第四节 旧元素新组合的创意方法

一、旧元素新组合的含义

旧元素新组合的创意方法源于二旧化一新法。二旧化一新法是亚瑟·科思勒在研究人类心志作用对创意的影响时提出的。它的基本含义是新构想常出自两个相抵触的想法或两个不相关的想法的再组合，而这种组合是以前从未想到的。也就是说两个相当普遍的概念或想法、情况甚至两种事物，把它们放在一起，会神奇地获得某种突破性的新组合。后来，创意人发现，不只是两个不相关的元素组合在一起会产生突破性的创意，有的时候两个以上的旧元素组合在一起，也会产生令人拍手称好的创意。于是，二旧化一新法便延伸为旧元素新组合的创意方法。

根据旧元素新组合的基本原则，有限的元素通过不同的组合，可以形成无限的新构想。正如我国著名广告人莫康孙所言，百种化学元素经过不同的组合变成了我们每天接触的日用品、食品、工具等；分色印刷的四原色可以组成千千万万的不同色彩；钢琴上的七主调白琴键和五小调黑琴键又演绎着世世代代的音乐名曲。②旧元素新组合的创意方法最主要的价值在于能使创意者把各种不相关的甚至相抵触的事物经过冲突组合而产生另一个更让人注目的创意构想。

二、旧元素新组合创意方法的运用

旧元素新组合的创意方法在广告创意的生产过程中运用十分普遍。可以说，基本上大多数广告创意都来源于旧元素的重新组合。美国伟大广告人詹姆斯·韦伯·扬对旧元

---

① 邓楚君：《"思维导图"在广告设计教学中的应用》，载《美术教育研究》，2012年第6期。
② 饶德江：《广告策划与创意》，武汉：武汉大学出版社，2006年。

素新组合的创意方法进行了深入探讨。他认为，创意的基本原则有两个：其一，创意完全是把原来的许多旧要素作了新的组合；其二，必须具有把旧元素予以新组合的能力。广告人必须有着生活与事件的"一般知识"，将这种"一般知识"与来自产品的"特定知识"加以重新组合，就可以形成创意。而这种对各要素进行重新组合的创意方法就类似于万花筒中所发生的组合，万花筒中放置的彩色玻璃片越多，其构成令人激动的新组合的可能性就越大。同样，广告人在平时积累的旧元素越多，也就越容易利用旧元素组合成新的创意。

在广告创意的实践过程中，旧元素新组合创意法的运用必须注意以下几个方面：①旧元素必须是目标受众所熟悉的。也就是说，在选择创意的旧元素时，一定要选择目标受众比较熟悉的事物或人物，不要选择目标群体不熟悉的事物或人物，导致读者摸不着头脑。另外，创意旧元素的选择会随着地域、民族、文化而发生变化。假设需要选择历史人物进行创意，要依据目标群体的认知情况与接受情况来分析。在国内进行广告创意，应该选择中国的历史名人，如李白、苏东坡等；而在国外情况就不同了，比如在法国进行广告创意，则可以选择雨果、大仲马等。②新组合后也是目标受众熟悉的元素。也就是说，两个或两个以上的旧元素组合在一起，形成新的元素所产生的象征意义，也一定是目标群体能够理解的。如果说胡乱地把熟悉元素组合在一起，不产生任何能够被理解的意义，那么这种新的组合不会产生广告效果，也是徒劳无用的。③新组合后所产生的新元素或意义要能够反映广告主题。在利用旧元素新组合方法进行创意时，不是为了产生好玩的创意而随意将两个甚至更多的元素组合在一起，而是为了更有效地表达广告主题，才将旧元素组合在一起产生新的元素。如果不能够恰到好处地反映广告主题，即使创意的表现非常令人惊奇，也不能算是一个好的创意。④旧元素进行新组合后必须带来趣味性、戏剧性、吸引力、冲击力，给目标受众留下深刻的印象。如果没有趣味性和戏剧性，只是将两个旧元素生硬摆放在一起，就不会吸引目标群体的注意力，更不可能有效地反映广告创意主题了。

因而，旧元素的选择和组合必须注重策略和技巧。旧元素新组合创意法的使用是为了更好地表现广告主题，产生戏剧性的视觉冲击力，体现广告所要传播的品牌的个性。以下分析意大利ESSELUNGA超市的系列平面广告。

案例

意大利ESSELUNGA超市的广告：百变的蔬菜与水果

Esselunga是一家意大利零售连锁店。该公司于1957年由Caprotti家族3兄弟贝尔纳多、圭多、克劳迪奥和尼尔森·洛克菲勒共同创立。它是意大利第一家连锁超市，也是意大利第一家推出网上购物和自产有机产品的超市。

2012年，Esselunga拥有20 000名员工和68亿欧元营业额。公司控制着约9%的意大利食品分销市场。在欧洲零售市场上，它被列为第四大最赚钱的公司。在意大利零售市场上，它是意大利第23位的大公司。Esselunga总部位于米兰，共有144家超市，2014年收入为70.1亿欧元，共有21 135名员工。

世界上的超市有很多，我们周边的超市也有很多。广州的超市有华润万家、百佳超市、新一佳、沃尔玛等。我们经常看到的超市广告就是产品的宣传单，主要的作用是介绍产品和价格。在笔者印象中，国内很少看到超市会创作有吸引力的广告。然而，这家意大利的Esselunga超市却与众不同，它在广告创意界可谓大名鼎鼎。

在前些年，意大利的Esselunga超市便利用旧元素新组合的方法创作了一系列平面广告，这些广告创意获得了非常好的效果。这个系列广告选择的旧元素都是意大利的Esselunga超市的蔬菜和水果，为了表现这些蔬菜和水果的新鲜与可爱，创意人巧妙将其重新组合与改变，赋予这些静态的蔬菜和水果更多动态的姿势和新的意义（图8-2）。比如，将超市里新鲜的提子放在同样新鲜的茄子的顶部，将茄子竖起来，并呈现曲线，让人联想到海洋公园里的海狮正在表演。茄子也可以独自做主角，将四个紫色的茄子切开两侧的皮，将其做成翅膀的样子，4个茄子按照不同远近的距离竖起来摆放，让人联想到憨态可掬的南极企鹅。还有更绝的，就是让花椰菜与胡萝卜进行组合，用两个新鲜的胡萝卜交叉立起来，上面摆放着蓬松的花椰菜的叶子，顿时就产生了戏剧效果，那两个新鲜的胡萝卜仿佛就是美女的两条腿，让人联想到美女在跳舞或者玛丽莲·梦露在翩翩起舞。

另外，Esselunga超市还利用旧元素新组合的方法，大玩文字游戏，用食品来装扮各个历史人物或角色。只要是在意大利人心中比较有名的历史人物基本都被超市里的食物所扮演了。以下按照第一个单词的英文字母的顺序将这组系列广告创意具体组合进行排序，总共有23个创意。由于创意图片比较多，图8-3只收集了其中9个代表性的平面广告。[①]

Alavino =Aladdin（阿拉丁）+ vino（葡萄酒）
Antonno e Cleopasta=安东尼和克利奥帕特拉=tonno（金枪鱼）+ pasta（面条）
Aglio e Olio=Laurel & Hardy=aglio（大蒜）+ olio（油）
Agente00Fette=Agente007（007特工）+ fette（切片）
Aglioween=Halloween（万圣节）+ aglio（大蒜）
Al Capone=20世纪20年代美国芝加哥黑帮头目
Arancillotto=arancia（橙子）+ Lancellotto（亚瑟王传奇中的圆桌骑士兰斯洛特）
Bufala Bill=Bufala（一种意大利的白色干酪）+ Buffalo Bill（水牛比尔）
Baba Natale=baba（一种蛋糕）+ Babbo Natale（圣诞老人）
Banana Butterfly =banana（香蕉）+ Madama Butterfly（普契尼歌剧的蝴蝶夫人）
Cappelletto Rosso= 小红帽（cappelletti: 意大利水饺）
Cristoforo Colomba=Cristoforo Colombo（哥伦布）+ colomba（鸽子）
Cherry Christmas=Merry Christmas + cherry
Fata Zucchina =Fata Turchina（匹诺曹里的蓝发仙女）+ zucchina（小南瓜）

---

① 该案例的部分图片来自"堆糖"网站，http://www.duitang.com/album/63669143/，2016-03-12.

Fichinghi=fico(无花果)+Vikinghi(维京海盗)

Finocchio=茴香=Pinocchio(皮诺曹)

Fico della Mirandola =fico(无花果)+ Pico della Mirandola(意大利文艺复兴时期哲学家)

Giovanni Verza=Giovanni Verga(意大利小说家)+verza(甘蓝)

Insalattila=insalata(生菜)+Attila(匈奴大帝阿提拉)

John Lemon=John Lennon(约翰·列侬)+lemon(柠檬)

Lawrence d'Arabica=阿拉伯的劳伦斯= caffè Arabica(咖啡)

Riccardo Cuor di Melone=Riccardo Cuor di Leone(狮心王：英格兰国王理查一世)+melone(甜瓜)

Vincent Van Coc =Vincent Van Gogh(梵高)+Cocco(椰子)

以上23个创意都是利用旧元素新组合的创意方法，所选择的旧元素都是Esselunga超市所拥有的食物，比如大蒜、蛋糕、柠檬、咖啡、甜瓜、椰子、无花果、香蕉、橙子、金枪鱼、面条、葡萄酒等。这些旧元素经过新组合后，就变成了大家所熟知的历史名人、文化名人或电影名人。比如，让柠檬戴上黑色的墨镜就成了约翰·列侬；让香蕉穿上蝴蝶夫人的衣服，就变成了普契尼歌剧的蝴蝶夫人；让切片吐司系上深蓝色的领结，就变成了007；让水饺戴上小红帽就成了童话中的小红帽；让一种特殊的蛋糕戴上圣诞老人的帽子就变成了慈祥的圣诞老人；让椰子戴上梵高的帽子也就变成了梵高。这就是对旧元素新组合创意方法的妙用！一切旧的元素，只要插上创意人想象的翅膀，新的元素就产生了新的象征意义。

图8-2 Esselunga超市系列广告

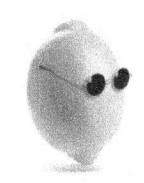

Aglioween Banana Butterfly John Lemon

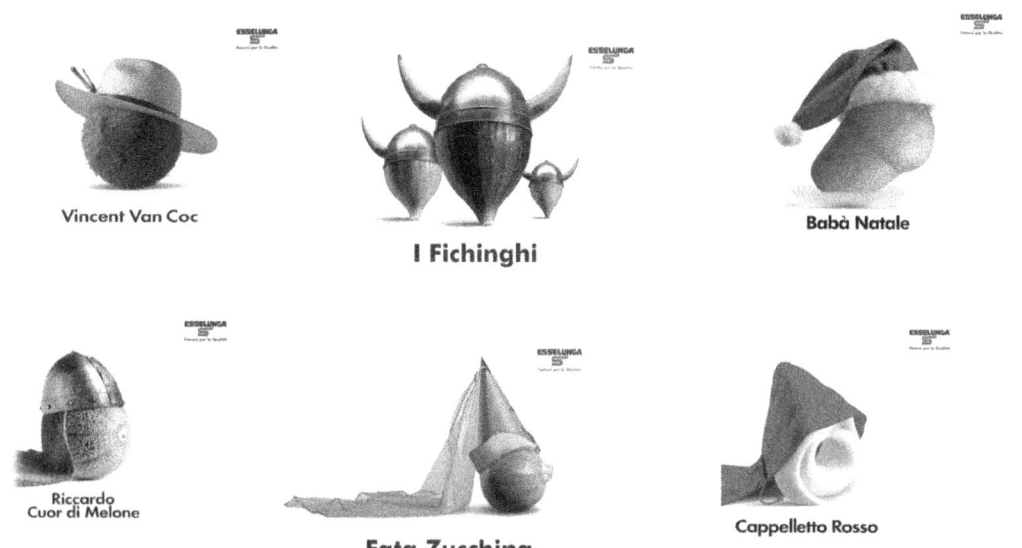

图8-3　Esselunga超市利用旧元素扮演历史名人的系列广告

第五节　基于用户体验和分享的创意想象

除了传统的创意产生的方法之外,在移动互联网时代,创意人的创意更多不是来自"内在的自己",而是来自"外在的用户",也就是创意人的创意更多来自用户的体验和分享,有时广告创意的本身就来自于用户与消费者的互动,也就是说用户与消费者直接参与创意的生产。

一、移动互联网时代的互动广告创意

传统媒介时代,广告都是经过被控制的大众媒介传播平台传播出去,受众观看或阅读了广告之后,没有有效、便捷的互动平台,而导致无法即时、快速地对广告进行反馈或评论。同时,传统媒介广告是单向的传播,广告本身的表现形式互动性不强。在移动互联网时代,广告的互动性比起传统媒介时代具有了颠覆性的改变。首先,移动互联网技术的发展让每个人随时随地都可以通过智能手机的移动端发布相关的信息或评论。只要手机能够上网,当用户在不同的网络媒介平台接触到一个广告之后,只要动动手指,就可以发表评论。移动化的社交媒体、微博平台、微信平台都给用户提供了互动的机会和空间。其次,移动互联网时代互动广告的意识和理念不断增强,多数创意人从骨子里已经形成了创作有趣的互动广告的想法。移动互联网平台理所当然地成了互动广告最大且最为普遍的媒介或载体。

互动广告作为一种广告活动,它必须具备以下四个条件:内容主题、受众、时间、媒介或载体。离开其中任何一个条件都不能构成互动广告。互动广告作为一种广告手段

是符合人类的自然沟通行为的一种双向沟通理念，它区别于传统的广告方式。互动广告的形式有很多种，有线上互动广告、线下互动广告、线下与线上相结合的体验互动广告。比如，目前广告游戏（advergame）是一种为了起到广告宣传作用而设计开发的互动游戏产品，其核心理念是将游戏作为一种广告载体进行开发，使消费者通过玩游戏而接收到广告主想传达的广告信息。广告信息需通过前期的创意策划而确立，在游戏的故事背景、人物和场景设计以及游戏中出现的互动情节、道具物品、人物对话等细节处体现出来。又如，当用户在网络中谈论与广告主、商品、消费服务等相关的话题时，Twitter的广告平台便可以把相关的品牌信息或商品促销信息等植入用户的对话中。

莫梅锋、刘漾榴指出互动广告的整合趋势，他们认为互动广告的整合不仅包括广告传播系统中广告传播主体、广告传播媒体、广告传播形式与内容之间的整合或融合，还包括在不牺牲营销、传播、消费分工带来专业化效率的前提下，用互动广告整合广告主的营销渠道和消费者的购买平台，使互动媒体不仅仅是广告信息传播的管道，更是营销的渠道，还是消费者购买的平台。通过互动，原本分化的营销、传播和消费系统可以整合成为一个融为一体的有机循环体系。随着互动传播技术的发展，传统广告与互动广告之间整合的趋势越来越强。二者之间不是竞争性关系，而是互补性关系，并且谁也不能取代谁。二者的整合可以实现资源共享与互文作用。广告资源的共享与互文作用进而又可以带来新的广告价值和机会。①

总之，在移动互联网时代，广告的互动性比传统媒体时代有大幅度的增强，互动广告成为主流的广告趋势。

二、体验和分享：互动广告的本质

体验和分享是互动广告的本质。互动广告是基于用户或消费者的使用体验和接触体验而展开互动的，没有良好体验的互动广告是不成功的。分享是互动广告效果的延伸，没有分享的互动广告只能产生局部效应，用户或消费者体验过后不愿意分享，说明用户在体验过互动广告之后，发现它没有意思、不好玩或者没有分享的价值，如果具有分享的价值，那么用户和消费者在快速传播的移动互联网时代，一定会将自己的体验分享给朋友。

1. 情感体验：互动广告的驱动力

1999年4月，美国哈佛商学院出版社出版了美国学者约瑟夫·派恩和詹姆斯·吉尔摩合著的《体验经济》一书；2002年4月，该书的中译本由机械工业出版社出版。作者在该书中提出，可以将到目前为止的社会经济形态区分为产品经济、商品经济和服务经济三种基本类型。经济社会的发展是沿着产品经济—商品经济—服务经济的过程进化的，而体验经济则是更高、更新的经济形态。如同服务经济从商品经济中分离出来一样，体验经济也是从服务经济中分离出来的。体验本身代表着一种已经存在但先前并没有被清楚表述的经济产出类型，它作为一种独特的经济提供物将为我们提供开启未来经济增长的钥匙。

---

① 莫梅锋、刘漾榴：《互动广告的整合发展策略》，载《中国广告》，2008年第10期。

所谓的体验是使每个人以个性化的方式参与其中的事件,是当一个人达到情绪、体力、智力甚至于精神的某一特定水平时在意识中产生的美好感觉。体验策划者不再仅仅提供商品或服务,而要提供最终的体验,充满了感性的力量,给顾客留下难忘的愉悦记忆。[①]消费者在体验广告中可以获得个性化的感受,根据受众参与广告途径的不同,体验广告通常分为感觉体验广告、情感体验广告、思维体验广告、关系体验广告、行动体验广告五种。[②]

体验是互动广告的本质,互动广告是基于用户的体验进行设计的,没有体验的互动广告,不能产生真正意义上的互动。情感是人对客观事物的体验及相应的行为反应。在互动体验广告中,用户或消费者的情感体验设计至关重要。情感体验就是将消费者的参与融入设计活动的过程之中,通过营造特定的、互动性的意象空间,为消费者提供全方位、立体式的美好体验的过程。消费者的情感体验是广告创意作品的延伸和再创造,互动式的情感体验使广告和消费者达到深层次的内在沟通和观念碰撞。移动互联网时代的互动广告应该以情感为基础,以体验的方式,潜移默化地将一种理念、生活方式和概念传播给用户或消费者。

2. 移动社交媒体"分享"信息流

在移动互联网时代,传播不再是由上而下,也不是单向的传达,"分享"成为传播最重要的特征。微博、微信、豆瓣、知乎、百度贴吧、人人网等各种移动社交媒体上到处都是"分享"的信息流。有学者指出,对于建立在移动互联网平台上的虚拟社群来说,信息分享的重要意义之一就是建立良好的互动关系,使其成员在信息分享中逐渐形成对社群的忠诚度和信任感,促进信息分享行为的持续发生,维系虚拟社群的长久运转。虚拟社群中的成员共享一套社会规则和共同的语言,拥有与传统社群类似的社会化、提供信息、建立归属感和认同感的功能;虚拟社群的成员之间既可能是匿名的人际互动,也可能是现实生活中人际网络的扩大和补充;虚拟社群联结了网络和现实社会生活,虚拟和真实的世界互相镶嵌。[③]

当下,90后的年轻人更喜欢分享。出去旅游时,看到的美景、吃到的美食、路上的奇遇,转眼间都变成文字或图片,分享到微信朋友圈或微博。读到一篇好的文章,看到一部好的电影,可能也会很快把相关的信息与自己的感受分享到朋友圈。看见哪个大品牌打折做活动,也可能瞬间分享给自己的闺蜜和好友。可以说,分享在移动社交媒体环境下,无处不在。那么,既然在移动互联网时代,分享无处不在,在做创意的时候,也应该时刻从用户"分享"的心理出发,做出的创意要有"分享"的乐趣。如果失去了"分享"的乐趣,创意便没有再次传播的生命。因而,在移动互联网时代,关于"分享"的创意想象显得格外重要。

---

① 约瑟夫·派恩、詹姆斯·吉尔摩:《体验经济》,毕崇毅,译,北京:机械工业出版社,2002年。
② 许敏玉:《广告创意新趋势——行动体验广告》,载《江苏商论》,2011年第1期。
③ 黄丽丽、冯雯婷、瞿向诚:《影响虚拟社群信息分享的因素:多层分析视角》,载《国际新闻界》,2014年第9期。

三、体验和分享：创意想象的来源

在移动互联网时代，创意人可以基于用户的体验与分享来创作广告创意。体验和分享成为广告创意想象的重要来源。在利用用户的体验与分享心理进行创意时，要注意以下几点：

（1）要认真分析用户或消费者的心理，情感体验广告必须以用户或消费者为中心，结合认知心理学原理，以情感体验为基点，提升广告的认知度，才能更好地与消费者进行交互式的沟通，不断加深广告在消费者心目中的认知度、美誉度和信任感，从而达到广告传播的目的。

（2）要注意用户体验参与的便捷性，切忌将体验广告设计得非常麻烦。如果用户或消费者感觉体验一个广告很繁琐，很可能会失去体验的兴趣；而设计巧妙、体验便捷的互动广告就会受到目标群体的喜爱。比如，汰渍洗衣粉曾经创作的一则杂志互动广告非常便捷、巧妙地反映了其广告主题，该杂志广告上的男性正在因为雪白衬衫上的一个污渍而烦恼，但读者很快就发现衬衫上的污渍原来是一个印有汰渍品牌标志的黄色便签，只要读者轻轻一抽，污渍就没有了，这个巧妙的互动广告传达了用汰渍去污就是这么简单的信息。又如，在日韩世界杯期间，日本丰田汽车设计了一种招贴体验广告，该招贴的画面是日本球员的球衫，球衫上面印有丰田的标志和口号，球衫的领口处被精心设计成一个可以剪切下来的圆形，球迷只要将这个圆形剪下来，就可以把这件广告衫套在身上，亲临球场为自己喜爱的球队加油助威。

（3）要尽量创作行动体验广告，这种行动可以是线下的，也可以是线上的。行动体验广告需要用户或消费者客观真实地介入，用户或消费者具体的行为参与是广告创意设计与传播的一个必要组成因素。行动体验广告对用户或消费者产生的冲击力是最强的。当然这种广告创意的创作对于受众而言必须是既轻松简单又乐趣无穷的。比如，中华环保基金会的一则户外广告就将受众的行为和广告的创作结合起来。广告设计者们在红绿灯前的斑马线上铺上一个写真布，上面印有一棵没有树叶的树，在人行横道前放置了一个蘸有绿色环保颜料的海绵垫子，行人在过马路的时候，就会在马路上留下一串串绿色的脚印，构成这棵大树的绿叶。这则户外体验广告很有意思，一些年轻人和小孩为了让大树的绿叶更茂密，甚至特意绕道去那里走。该公益广告没有采取传统说教式的话语，而是采用互动体验的方式，非常巧妙地宣传了少开车、多步行的绿色环保精神，从而获得了非常好的传播效果。

（4）体验互动广告要充满分享的乐趣。"独乐乐，不如与众人乐。"一个人体验通常不是很好玩，约上三五好友一起体验分享，才充满更多的乐趣。

如何让用户能够有兴趣分享呢？创意人需要分析用户或消费者的内在心理和个性特征。同时需要展开想象的翅膀，创造一个用户愿意分享的话题，并且结合线上与线下的传播，让微信朋友圈、微博平台都开始传播和分享这个话题。当然，要想一个话题能够被快速传播，还需要网络大V与一些明星的力量，只要他们在微博和微信朋友圈开始讨论某个话题，很多年轻人也会关注与分享这个话题。以下分析可口可乐创作的"快乐昵称瓶"的广告，该广告是基于年轻人分享心理特征创作的体验互动广告，曾一度引爆年轻人的分享话题，获得了非常好的传播效果。

案例

可口可乐"快乐昵称瓶"：基于年轻人的体验与分享

百年品牌可口可乐一向是品牌经营与传播的高手，在品牌界可以说占据着"独孤求败"的地位。作为传统饮料品牌，在众多高科技产品的竞争中，其品牌价值曾连续13年排在世界品牌之林的榜首，这不得不说是其品牌沟通与传播带来的能量。2013年夏季，可口可乐"快乐昵称瓶"传播案例获得了2013年艾菲奖全场大奖；同时，该案例也入选《21世纪经济报道》携手全球著名品牌机构InterBrand共同举办的2013"中国最佳品牌建设案例"。可口可乐的活动为什么能够如此成功呢？

设置悬念，引人入胜！

2013年5月下旬，社交平台上有人秀出了可口可乐赠送的定制版昵称瓶。许多人都在猜测可口可乐是否会有"大动作"。事后，可口可乐对外透露，这一波是预热，通过给社交媒体上的一些人邮寄快乐昵称瓶来初步了解市场反应。这些人分为四种：可口可乐在社交媒体平台上的忠实粉丝；媒体、代理商；明星、艺人；有影响力的社交媒体意见领袖等。

5月28日，可口可乐分批次发布22张悬念海报，网友的讨论热情被触发，可口可乐选择沉默。5月29日上午10点，可口可乐官方微博高调证实"换装"，并发布了新海报。大量传统媒体质疑与赞扬并存的报道更是为换装的话题添柴加火。

明星加入，提升传播影响力！

可口可乐为"快乐昵称瓶"制造悬念的时候，特别选择了具有众多粉丝的明星。为了达到"有惊喜"的效果，可口可乐并没有事先通知这些会收到礼物的明星，他们收到可口可乐昵称定制瓶之后都很惊喜，许多人都在微博和微信上晒图。比如，5月24日黄晓明就发布了一条微博，声称收到定制自己名字的可口可乐，可乐瓶上面写着"大咖"。歌手林俊杰也在微博中留言"谢谢可口可乐送我有专属名字的瓶子，Special edition Coke bottle with my name, thanks Coca Cola"。除此之外，蔡少芬、汪东城、王心凌、林更新等都纷纷在微博上晒出可口可乐的昵称瓶。明星、名人的加入让可口可乐换装快速成为社交媒体的热议话题。一时间，可口可乐换装的消息遍布微博、豆瓣、天涯、人人网等平台。随后，大量传统媒体也跟进报道。另外，为了提升可口可乐昵称瓶活动在线下的影响力，可口可乐邀请偶像团体五月天代言，并邀请了叮当、严爵、MP魔幻力量组合等助阵，在武汉、南京、成都等九大城市巡回开展"快乐昵称瓶"实体活动，接受个人昵称定制。

70个有趣昵称，抓住年轻网民分享心理

在充分研究了时下年轻人消费文化及社交特点后，可口可乐公司独具匠心地选取了70多个诙谐幽默、极富个性色彩的网络流行称呼，都是对当下男孩或女孩的某种界定。这些昵称有的反映了一种积极向上的追求，比如"有为青年""大咖""才女""梦想家"等；有的反映一种生活方式，比如"快乐帝""吃货""表情帝""月光族"等；有的反映一种气质，比如"女神""纯爷们""小清新"等；有的反映一种关系，比如"闺蜜""粉丝"等；有的则反映网络上流行的不同的群体划分，如"高富帅""白富美""技术男""型男""氧气美女""喵星人"等（图8-4）。可口可乐将这70多个流行的、个性的昵称印在产品标签上，以"分享这瓶可口可乐给××"为号召，瞬间赋予了可口可乐以"社交"的功能，为分享增添了无穷乐趣。一经推出更是一路大卖，在年轻消费者群中获得了热烈反响，迅速成为年轻人彰显个性、与身边好友互赠昵称、分享快乐的新潮事物。

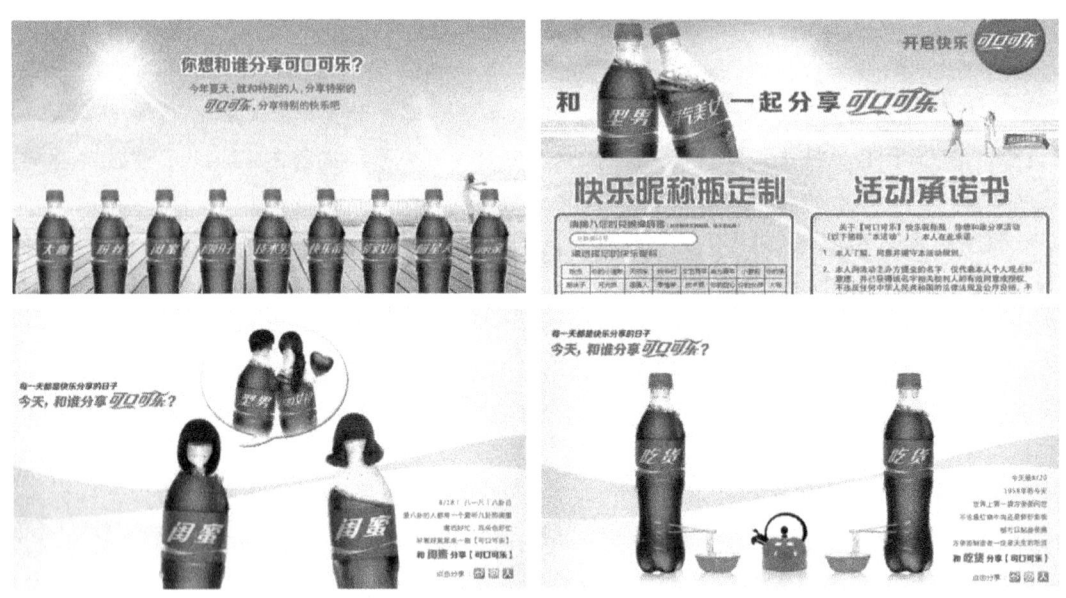

组图8-4　可口可乐"昵称瓶"系列广告

"那些年"怀旧风，借力线上互动

可口可乐昵称瓶活动还在实名社交网络人人网上掀起了怀旧风，借力台湾电影《那些年，我们一起追的女孩》在华语市场的风靡，鼓励年轻人青春重聚，一起开启那些年，开启快乐。用户只要登录人人网，进入可口可乐的品牌主页，即可加入"那些年，我们的同学会"，参与社交互动活动。参与者可以任选角色，他们可以以发起人的身份创建大型同学会，也可以以参与者的身份出席线上同学会，还能与指定好友一起回味过去的时光。同学会的每一位成员都可以获得一个可口可乐昵称标签，并自动加入自己所在的班级的同学会时间轴。在班级时间轴页面上，用户既可以将"线上重聚"后发生的一些新鲜事情记录在班级时间轴内，也可以将过去的回忆、故事上传到时间轴上过去的某个时间，同学们可以在线上共同维护班级时间轴，也是在维护一份真挚的同窗情谊。另外，可口可乐还为重度参与的班级设计了特色服务，也就是为跻身"同学会排行榜"的某个同学举办一场真实的线下同学会。可口可乐约为200位人人网的活跃用户邮寄了符合他们个性与特质的可乐昵称瓶。一张张带有昵称瓶的真实照片和温暖的文字被上传到人人网上，快速得到了他们朋友的互动和分享。该活动取得了非常好的传播效果，可口可乐线上同学会开启短短5天，就吸引了近5万名人人网用户参加可口可乐的同学会，留下的聚会照片有8万多张,可口可乐在人人网上的品牌好友更是增加了6576名(图8-5)。

图8-5 可口可乐在人人网"开启那些年的同学会"

线下体验互动,形成传播高潮

可口可乐还特地带着"考霸"定制瓶来到广东广雅中学,现场为应届毕业生制作属于自己的可口可乐。当天,现场的学生只要在"考霸专场"卡片上写下自己的姓名,把卡片投入专属的"考霸贩卖机"里,稍等片刻就可以获得一瓶印有自己名字的考霸定制瓶。同时,"考霸"可口可乐还出现在广州市第四中学、南海中学、第一中学、黄沙一中,与广东的莘莘学子一起为高考加油助威、摇旗呐喊(图8-6)!

另外,在6至8月期间,在很多城市的各大卖场、购物中心都上演了可口可乐昵称瓶定制活动,同时配合社交媒体的广泛传播,比如在广州,微博@广东太古可口可乐、@可乐生活Color、@羊城地铁报都及时发布关于快乐昵称瓶的活动预告,可口可乐和你约定一起分享专属的快乐!

图8-6 可口可乐"快乐昵称瓶"活动走进校园

"快乐昵称瓶"营销活动不但创新地借助网络流行昵称来引发消费者关注,同时还利用社交媒体丰富的线上资源,整合线下活动,覆盖了几乎全国所有的年轻消费群体。此外,在"快乐昵称瓶"的基础上推出的个性化"昵称瓶定制"活动,再次创造了新一轮热点,消费者可以通过电商、微博、微信、手机APP等网络平台及参与地面路演活动的方式,为自己和亲朋好友定制印有个人名字的专属昵称瓶,进一步加强了品牌与消费者的互动性,为消费者带来了独特的快乐分享体验。可口可乐"昵称瓶"的传播活动取得了非常大的成功。在可口可乐首次推出昵称瓶一个多月后,7月10日上午可口可乐"昵称瓶定制"活动达到了新的高潮。5分钟内,售价20元的定制瓶,订购数攀升到900个。超高的人气使得可口可乐在新浪微博上的订购系统一度崩溃。可口可乐"昵称瓶"活动从5月到8月底贯穿整个夏季,引发了国内网民数亿次的分享。最终,较前一年同期相比这场快乐的分享盛宴为可口可乐同类包装的销量带来了20%的增长,超出预期制定的目标,着实成就了该年度最漂亮的夏日分享季。同时,该案例入选《21世纪经济报道》携手全球最大综合性品牌咨询集团InterBrand共同举办的2013"中国最佳品牌建设案例"。此次评选的专家评委会也给予了该活动高度评价,他们认为"可口可乐今夏的营销案,贴近年轻消费者,深入理解数字时代消费者需求。运用社会化媒体网络,推动消费者主动分享及参与品牌互动,受到广泛关注与好评。通过极具创意的品牌体验方式与年轻消费者沟通可口可乐快乐与分享的品牌精神。"①

我们认为,可口可乐"昵称瓶"传播活动的成功主要是其创意的成功,而这种创意不是从广告人自我的角度出发,而是从消费者与用户的角度出发,以用户的分享和体验为基点。昵称诞生于社交网络,是移动互联网时代流行的一种标签文化,它本身就与社交化的传播方式存在天然的连接;而分享昵称就成为移动互联网时代年轻人乐此不疲的趣事。正如可口可乐大中华区汽水品类市场总监鲁秀琼女士说:"标签文化本来就是中国文化。特别对于当下'80后''90后'甚至'00后'而言,互贴标签是一种认同机制。一方面是有趣,另一方面也是受心理上的存在感和自我认同感影响。""这是可口可乐中国首次在产品标签上,直接运用消费者语言与消费者沟通的案例,这对可口可乐品牌来说是一次大胆的尝试。"

讨论题

1. 请举一个实际案例,谈谈水平思考法与垂直思考法的差异。
2. 请寻找一组创意,谈谈"旧元素新组合"的运用。
3. 请谈谈在移动互联网时代如何利用"基于用户体验和分享的创意想象"来做广告?

---

① 《可口可乐"快乐昵称瓶"荣膺2013"中国最佳国际品牌建设案例"》,网络广告人社区,http://iwebad.com/news/409.html。

 第九章

广告创意的诉求与表现策略

> **学习要点**
>
> 本章重点讨论广告创意的诉求与表现策略，需要掌握的知识点有：①什么是广告创意诉求，广告创意诉求策略分别有哪些；②了解广告创意表现策略的概念及应用的具体方法；③了解如何利用社会话题进行广告创意，包括利用社会话题的两种方式以及广告创意表现与社会话题的融合技巧。

第一节 广告创意诉求策略

广告诉求策略是实现广告表达的重要方法。广告是一种说服性的传播活动，简言之，广告诉求就是指广告说服的方式。[①] 作为广告活动中的重要环节，广告诉求通过特定的、经过加工的符号，向受众传达产品或服务的关键信息或所蕴含的情感，以期影响受众的态度与行为，实现产品或服务的特定目的。

一般来说，广告创意诉求需要遵循三个原则：其一，广告诉求的方式是广告创意的延伸，广告表现要在广告创意的基础上进行变化；其二，广告诉求策略要服从最终的广告目的，即通过采用特定广告诉求方式引起受众注意，产生认知或情感变化；其三，要根据不同产品、媒体、受众的特性，采取不同的广告诉求策略，实现广告效果的最大化。

在广告诉求中，广告内容与意义的完整、正确表达，需要采取特定方法策略，从而使受众认知或行为发生改变，达到广告目的。理性诉求、感性诉求以及理性诉求和感性诉求相结合的方式，是实现广告创意诉求的三种基本策略。

一、理性诉求策略

理性诉求作用于受众的理智动机，通过理性说服，告知受众产品或服务的优势，来达到"以理服人"的传播效果。理性诉求策略一般会依托数据、实验，以实证等方法说

---

① 饶德江：《广告策划与创意》，武汉：武汉大学出版社，2006年。

服消费者。或着重突出产品优势，或全面铺陈产品信息，使受众对其有全面、理性的认知，在实际利益方面满足受众的信息需求，让受众明白"购买或使用这一产品，我能获得怎样的好处"以此来实现广告目的。

在信息传播活动中，理性诉求一般运用在产品广告中，强调本产品与其他产品的差异性或独创性，使受众了解本产品的独特使用价值。理性诉求策略在实际应用中有以下方式：

（1）强调本产品拥有独特的功能差异性。

例如红牛功能饮料在其广告中将"功能饮料"的产品特征传递给消费者："困了累了，喝红牛！"表明红牛饮料可以迅速补充大量物质能量的功能；再如王老吉一句简洁的广告语"怕上火，喝王老吉！"就将王老吉降火的功效清楚地展现出来。

（2）强调本产品使用的差异性。

例如农夫果园向消费者传达"喝前摇一摇"的产品使用方法；奥利奥饼干也有异曲同工之妙："扭一扭，舔一舔，泡一泡"也成了消费者耳熟能详的广告语。

（3）强调产品原料来源的差异性。

例如恒大冰泉强调自身产品的水源地为"吉林省长白山深层矿泉"，因此，"口感和质量与世界著名品牌矿泉水相近，部分指标更优"；再如特仑苏牛奶将其产地命名为"金牌产地"，"特仑苏的专属牧场，正坐落于得天独厚的黄金奶源纬度带之上，享受北纬40度独有的阳光气候，以及海拔1100米之上的优质土壤"强调其牛奶产地的优质性。

（4）强调产品技术的独创性。

在手机新品的广告传播中，常常能见到这样的技巧策略在发挥作用：作为世界上第一款全面屏概念手机，小米MIX全面屏概念手机于2016年10月正式发售。毫无疑问，小米MIX最大的特色来自于其全面屏设计以及全陶瓷机身，高达91.3%的屏占比以及6.4英寸的巨型屏幕也能够满足用户对于大屏的需求。小米在其产品的广告宣传中，以"全面屏"概念为核心，着力强调这一具有重大开创性的产品特征："一般手机屏占比仅为70%左右。而小米MIX，开创性地在6.4"超大屏幕上，屏幕占比达到了91.3%。当你点亮屏幕的一瞬间，200多万颗像素的色彩，开满了整个屏幕，就像科幻电影中看到的一样。"图9-1展现了小米MIX领先的全面屏科技。

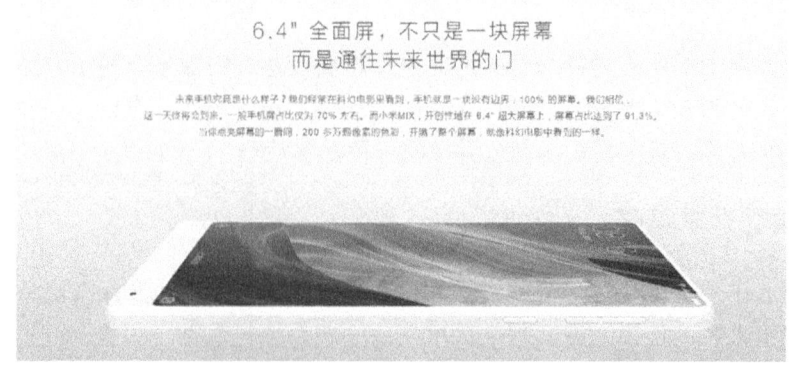

图9-1 小米MIX全面屏手机广告

当今商品市场产品竞争激烈，商品的同质化趋向明显，强调突出产品优势的理性诉求策略的适用范围缩小。但是，在一些优势明显、区分度高的产品的广告宣传中，理性诉求策略仍然有很好的效果，例如新兴产品及科技附加值高的产品。而在日常消费品、中低档产品的广告传播中，理性诉求策略则不太适用。

案例

农夫山泉："我们不生产水，我们只是大自然的搬运工"

"我们不生产水，我们只是大自然的搬运工"，是农夫山泉继"农夫山泉有点甜"之后的又一品牌口号，这句口号朗朗上口，在推出不久就引起了公众的广泛关注，成为农夫山泉强调自身产品核心竞争力的"法宝"。以这一口号为主题，运用理性诉求的方式，农夫山泉又推出了一系列广告宣传片，强调产品的优势。在推出的以"从水源到产品，你不知道的农夫山泉"为主题的广告宣传片中，其文案内容、画面风格紧紧契合主题口号，取得了非常好的传播效果，这则广告是这样写的：

旁白：
从水源到产品，你不知道的农夫山泉
2008年，在长白山的原始森林里
农夫山泉找到了一处罕见的低钠淡矿泉，并将新工厂选址在那里
廖原（农夫山泉工程设备部）：
"我们当时选在这里就说，想把这一方好水以最高的品质做出来。"
旁白：
为了保护水源地的生态环境
农夫山泉付出了很多努力……
登上观景台 你就能看到四季的颜色
即使只身工厂内 你都能听到森林的声音
对每一瓶产品，农夫山泉都有严苛的标准
陈开力（农夫山泉生产运营中心）：
"这条水线，他的标准非常高，可以达到Log6
一百万瓶里面 不许出现一瓶有菌的水"……
旁白：
二十一年来，农夫山泉已在全国优质的八大水源地建立了十五座工厂
从水源到产品，每一座工厂都是对品质的坚守
我们不生产水 我们只是大自然的搬运工

1999年，农夫山泉承诺不生产纯净水，转而向"天然水"产品探索。自那时起，农夫山泉希望依靠"天然水"形成自身产品的特征优势，传播"天然水就是优质好水"的价值认知。

这则广告则紧紧围绕这一价值认知，着力强调农夫山泉"大自然的搬运工"形象，

清晰地告诉消费者农夫山泉所"搬运"的究竟是怎样的水。"水源来自长白山原始森林等八大优质水源地""低钠淡矿泉""水线标准达到Log6""无菌"等词句展现了天然水的品质,而农夫山泉正是在"搬运"这些天然好水。这即是向消费者承诺:农夫山泉瓶装水是优质健康的天然好水。

农夫山泉在这则广告中全面展示了各方面的信息,除了向消费者保证最关心的水源水质问题外,还向消费者告知了瓶装水生产过程的无菌化处理,让消费者更放心地使用产品。全面铺陈的关键信息,使这则广告让消费者清晰地认识到:喝农夫山泉瓶装水,就是在喝天然水。

此外,这则广告全实景拍摄,从工厂航拍,再到流水线拍摄,再到水源地取景,真实展现了农夫山泉的生产面貌,配以一线工作人员的采访和平实的文案配音,更给消费者放心之感(图9-2)。通过这种理性的陈述和拍摄,强化了农夫山泉的产品印象,全面而又不致失去重点,进一步强化了广告的权威性和说服力。

图9-2 农夫山泉视频广告中的两个片段

二、感性诉求策略

与理性诉求策略相对应的则是感性诉求策略,感性诉求又叫情感诉求,作用于受众的情感,将商品与受众的情感连接起来,拉近与受众的心理距离,提升商品的人情温度。采取感性诉求策略的商品,依靠广告表现所传递出的感情,增加产品的附加值,一定程度上讲,受众不单单是为了商品的使用价值而购买或使用产品,也是为了商品在广告中所传递出的情感、情绪而"买单"。

尽管当今已处于物质极丰富的时代,但是情感始终是人与人、人与世界连接的纽带,旨在唤醒人内心的情感、拉近距离的感性诉求策略则越发展示出强健的生命力。

饶德江、陈璐将感性诉求分为两大表现方式,分别为情感表达和情绪表达。[①]情感表达一般诉求于爱情、友情、亲情、民族情、自尊心等来与消费者产生共鸣。情感指的是人对特定人或事物的内心感受,情感表达具有较长时间跨度的稳定性,因而情感表达的方式对受众产生作用的时间也较长。情绪表达通常诉求于人的一切情感——喜怒哀乐来表现。情绪是人内心的变化波动,包括开心、焦虑、恐惧、悲伤、搞笑等,相比于情

---

① 饶德江:《广告策划与创意》,武汉:武汉大学出版社,2006年。

感，情绪则较短暂且容易发生变化，因而广告的情绪表达要在短时间内抓住受众的情绪变化，产生商品与受众情绪上的共振。

区别于理性诉求，感性诉求一般应用于品牌广告中。消费者形成对某一品牌的信任与喜爱，不光依靠过硬的产品质量和企业实力，品牌历史、社会责任感等无形的精神力量更是影响消费者的重要因素，因此，在品牌广告中采用感性诉求策略，使广告成为消费者与品牌的情感连接点，成为一种常用策略。

另外，情感的释放与累积是一个长期的、微妙的过程，消费者形成对品牌的信任与喜爱也不是一蹴而就的，感性诉求应用于品牌广告中，应注意：情感表现要自然，不造作浮夸；情感的表现与产品的植入要自然，不给受众突兀之感；一般使用讲述故事的方法娓娓道来；情感广告主题要与传播品牌的主张具有一致性，符合品牌长期的传播方向及品牌价值观。

案例

华为手机广告《Dream it possible》

《Dream it possible》是配合华为进军海外市场而产生的广告片，这部片子讲述了一个女孩学习钢琴的心路历程，在爷爷的精神支持下，在困难面前毫不退缩，不断努力，最终登上维也纳音乐厅成功演奏的故事。

这部宣传短片时间跨度长达15年，细致刻画了女孩和爷爷之间深深的感情，而音乐是将两人连接的纽带，女孩在爷爷的引导下，自小对钢琴产生浓厚兴趣，从卧室、琴房，再到学校、教室，最后到大舞台，女孩的成长并不仅是音乐造诣的加深，更是对祖孙两人之间的亲情的理解与珍惜，配合背景音乐《Dream it possible》的优美旋律，运用感性诉求的方式，更加展现了梦想、亲情与坚持的力量。

歌词选段：

I will run I will climb I will soar

I'm undefeated

Jumping out of my skin pull the chord

Yeah I believe it

The past is everything we were don't make us who we are

So I'll dream until I make it real and all I see is stars

It's not until you fall that you fly

When your dreams come alive you're unstoppable

Take a shot chase the sun find the beautiful

We will glow in the dark turning dust to gold

And we'll dream it possible

Possible

仔细品味歌词，观众不仅能从中体味出积极而无畏的态度，更能在场景的加持下，感受到亲情给予梦想的力量：相信自己，相互扶持，勇于进取。歌曲和场景两者达到了意义的契合，与华为品牌的理念也不谋而合。

华为，"中华有为"。作为中国领先的电子通信品牌，近年来华为一直探索海外市场的扩大与发展，在这一战略指引下，华为在欧洲、南美地区都取得了良好的市场成绩，受到当地消费者的欢迎。但是，受各种现实因素的制约，华为在市场开拓中也遇到了许多困难，遭到了许多阻碍与艰险。这支广告宣传片所传递出的精神力量，不仅是个人奋斗的成功喜悦，也折射出了华为品牌勇于进取、立志成为全球有影响力的电子通信品牌的企业愿景。同时，这则广告也有许多温情的元素令观众印象深刻：女孩遇到困难时的沮丧、"never stop"的激励、与男孩的邂逅，观众的情绪也随女孩的生活而发生变化。最重要的是，女孩与爷爷之间深深的情感，从小女孩时，再到爷爷去世的那一刻，爷爷一直在陪伴着女孩。在双方的交流、玩耍、通话画面中，巧妙地融入了华为P9手机的画面，将P9手机作为双方情感连接的工具，给华为这一高科技品牌融入了温情的感情要素，打破了高科技产品冰冷的产品和品牌的刻板印象，让华为产品成为陪伴在身边的"情感容器"，取得了非常好的感情传递效果。此外，华为产品出现的镜头较少，仅在女孩和爷爷的日常生活中展现，但丝毫没有减少华为产品在观众心中的印象，同时产品的少量而讨巧地露出，最大程度上减少了观众的反感心态。

总而言之，华为所推出的这一广告短片，成功做到了品牌感情化，放弃传统的铺陈产品优势的老路，用"走心"的方式拉近了与消费者的心理距离。这种企图与消费者进行情感沟通的广告表现方式，是典型的感性诉求策略，将华为品牌赋予了情感价值，展现了华为的品牌生命力与情感力量（图9-3）。

图9-3　华为手机《Dream it possible》广告片段

三、情理结合的诉求策略

情理结合的诉求依据于消费者的购买决策常常建立在感性和理性两种动机之上。在实际应用中，理性诉求策略和感性诉求策略都有各自的弊病，在过程中不能实现传播效果的最优化。因此，许多广告人将理性诉求策略和感性诉求策略相结合，既在广告表现中陈述事实、突出受众利益关切点，又在广告表达中传递温度，实现现实与情感的结合。这样的方式称为情理结合诉求策略。

一般来说，情理结合的诉求策略有以下两种表现形式：

（1）产品的理性功能与情感暗示结合在一起。

例如飘柔洗发水的一则广告中，男主人公（罗志祥）在公交车邂逅女主人公（曾恺玹），偶然间男主人公触摸到了女主人公柔顺的头发，"非一般的柔顺，触发非一般的心动"的广告词出现，一段感情故事就此开始。随后，广告继续介绍飘柔洗发水的产品特征："新飘柔，突破锁效焗油，将滋润因子锁入发丝，柔顺，一触而生"。很明显，这则广告向消费者暗示：飘柔洗发水能让您的头发柔顺；头发柔顺，即能邂逅爱情。将飘柔使头发柔顺的功效与爱情结合在一起，构思巧妙。

（2）感性的观点，理性或实证的表达。

多芬之前推出过一支广告片，名为《你比想象的更美丽》（You are more beautiful than you think），主办方邀请几位普通女性参加活动：一位素描师在完全不了解活动参加者的相貌的前提下，分别听取了参加者和其他人对参加者的描述并绘成素描作品，活动参与者总是倾向于将自己描述得较为悲观，而他人则总能看到参与者美丽的地方，两幅素描作品自然大不相同，活动参与者在看到两幅作品的对比后，心中充满感动，并重拾自信和乐观的态度。多芬以这样的实际的活动和采访方式，证明了"你比想象的更美丽"这一品牌价值观，是运用实证方式证明感性观点的典型例证。

值得说明的是，情理结合的诉求策略也并非最完美的诉求策略。虽兼顾情感表达及理性论述，实现了两者的融合，但运用不当会让消费者产生心理上的不适感，感到所谓的情感表达是商品矫揉造作的硬性植入，反而影响了商品或品牌在消费者心中的印象。

无论是理性诉求还是感性诉求，抑或是情理结合的诉求策略，都需要特定的情景支持，才能发挥各自最大的传播优势。那么，何种状况下才能使用相应的诉求策略呢？

从商品特征角度分析，本商品有没有区别于其他商品的销售主张或品牌的独特性？如果有，则优选理性诉求策略。

从竞争分析角度分析，要与竞争品牌的传播形成差异化态势，竞品若以实际利益吸引理性消费者，那么可以考虑采用理性诉求策略打动人心；反之，则可采取感性诉求策略。

从产品传播的阶段来分析，一般产品进入期较多选用理性诉求策略，期待以实际利益吸引消费者购买或使用。待产品市场认知度提升后，消费者对产品功能有一定理解，则可考虑采取感性诉求策略与消费者进一步深度沟通，实现品牌价值的传播与感情的互动。

从商品分类角度来看，按不同的行业或产品，奢侈品、中低档产品、生活日用品采用感性诉求策略较多，耐用品、高科技产品采用理性诉求策略较多。

无论是感性诉求还是理性诉求，抑或是情理结合的方式，其目的都是实现广告效果的最大化。总之，诉求策略的选择需要灵活，根据实际情况做出正确的选择，才能成为一个成功的广告实践。

> **案例**

"超能"洗衣液广告

随着时代的发展，女性角色不断演变，当今的独立女性已变得越发超能。无论是相夫教子的"贤内助"，还是在各行各业独当一面的"女精英"，女性所迸发出的能量，往往比你想象的更超能。

超能洗衣液于2013年首度推出"超能女人"创意概念，为现代女性发出了新时代宣言，并获得社会的高度认同。"超能"洗衣液邀请著名演员孙俪作为其形象代言人并拍摄TVC广告片，其广告片以"超能女人用超能"为主题，在层出不穷的营销战中，让女性形成鲜明的记忆点，最终形成价值的认同（图9-4）。

其广告文案内容如下：

旁白：
亲爱的，
在大家眼中，你超乎所能，
但别人只看到你的光鲜亮丽，
而我更在乎对你安全的保护。
天然椰子油生产，
超能植萃低泡洗衣液，
易漂清，无残留，
不伤衣物，不伤肤，
呵护每位超能女人，
超能女人用超能。

图9-4 孙俪"超能"洗衣液广告

这支广告片将目标受众锁定在都市白领女性，结合广告画面，文案旁白"亲爱的，在大家眼中，你超乎所能，但别人只看到你的光鲜亮丽，而我更在乎对你安全的保护。"一句话明指对孙俪的关心与体贴，实际上是对广大都市白领女性的照拂与关怀，在高节奏、强压力的社会中，女性白领承受着事业与家庭的双重压力，"超能"洗衣液洞察到了都市白领的情感痛点，结合自身产品特性，从"洗衣"这一小的切入点入手，体现了对其关注人群的关注。

上句广告语表面采取了感性诉求策略，其"温情路线"让人温暖。但下面的广告语则清晰地表明了"超能"洗衣液的实际功效（易漂清、无残留、不伤衣物、不伤肤）和独特的产品特征（天然椰子油生产、超能植萃低泡洗衣液），并在最后给予消费者产品承诺：（超能）呵护每位超能女人。这种温情而不失坚强的话语风格十分契合"超能"洗衣液所需要传达的深层情感。但温情的广告语并未影响"超能"洗衣液产品功效和承诺的表达，显得相得益彰。新颖独特，令人印象深刻。

在此之后，"超能"洗衣液又推出了其新的广告主题"没有你应该，只有我应该"，极具感染力，其中以孙俪领衔，植物学家、歌手、创业者等几个不同角色的女性，把这句话演绎成了自己人生的追求，很励志，也很有激情，其中的"超能"一词也赋予了不同的意义，"天然范"一语双关了产品的天然工艺，同时也在表达女性的天然魅力。与上一只广告片一样，同样取得了良好的广告传播效果。广告文案如下（图9-5）：

图9-5 "超能"洗衣液广告

第二节 广告创意表现策略

广告创意表现又称广告表现，是广告创意的符号组合形式，广告创意表现通过特定表现策略，生动、形象地展示广告所传递的核心内容，从而吸引消费者的眼光，以期影响其消费行为。在整个广告传播活动中，广告创意表现起着承上启下的作用，上承广告创意，下启广告作品，是广告创意通向广告作品的桥梁。

广告创意表现策略是实现广告表现创意的具体技巧，主要包括幽默和夸张策略、设置悬念策略、讲故事策略、对比与类比策略、戏剧性冲突策略、恐惧诉求策略和名人代言策略。

一、幽默和夸张策略

幽默与夸张既是修辞手法，又是表现形式。这种策略依据消费者寻求轻松体验的心理，让消费者在轻松的心理状态下接受广告信息，产生品牌印象。幽默的广告创意表现策略将广告所传递的信息隐藏起来，受众需要透过广告所预先设计的符号与意义的组合，在"会心一笑"或是"捧腹大笑"中接受广告所传递的意义。例如某轮胎所采用的广告语："任劳任怨，只要还有一口气。"这则广告将轮胎拟人化，并以轮胎的视角表现这种品牌的轮胎耐用的优势；再如某一空调品牌所打出的广告语："本品在世界各地的维修工是最寂寞的。"在轻松的语境下，一句话生动地展示了此品牌产品质量上乘、畅销全球的特点，让人会心一笑，印象深刻。

文学家高尔基指出："夸张是创作的基本原则。"在广告创意的表现中，夸张也是十分重要的表现策略。夸张其特点是夸大其词，广告创作者经过细致的产品调研，抓住产品的某个部分或功能，将其放大或改变，从而达到引起受众注意、给受众留下深刻印象的广告效果。例如，图9-6中这则益达口香糖的广告，画面中仅有一个盘子和被咬断的勺子，在右下方露出益达口香糖的标志及文案："The Extra for healthy teeth"（益达，保护牙齿健康）。暗示健康的牙齿甚至可以咬断勺子，让观众会心一笑。

图9-7是一个名为"Catch the animals at night"的动物园广告，此动物园晚间开放，希望吸引游客前来游玩，这则广告用镜头捕捉到夜间动物有趣的生活情境，大家已经在大白天看腻了动物们一本正经的样子，在晚上说不定能看到动物不一样的一面。

图9-6 益达口香糖平面广告

图9-7 某个动物园的夜间开放广告

使用幽默和夸张的策略，会让广告产生令人惊喜的创造力，产生意想不到的广告效果：第一，会使广告轻松诙谐，使消费者产生友好心理，最大程度降低消费者戒备，接受广告信息；第二，间接地推出产品，提升广告内涵和品质，加深公众对产品的印象；第三，从长远来看，可增加广告亲和力，提升产品温度，拉近与消费者的心理距离，从而促进销售。

但是，幽默和夸张的策略是把双刃剑，若用得好，则极具价值。用得不好，则可能会"喧宾夺主"或让人感觉低俗无趣。所以，在实际应用中，广告创意者应注意以下几点：

（1）关切受众实际需求。要将消费者的实际心理特点和幽默、夸张的具体表现形式结合起来，明白不同人群对幽默和夸张的感知与理解程度是不同的。例如针对高端人群，广告要更加具有品味，有深刻的广告内涵；针对农村、小城市的消费人群，结合这一人群直来直往、人情味浓厚的社交特点，在幽默与夸张的表达中可以"极致"一些，幽默与夸张程度更大，更直白鲜明，使受众理解成本降低。此外，幽默与夸张的广告本身就是消费者情感宣泄的窗口，要寻找感情入口，使消费者潜在的焦虑、紧张的情绪得到释放。

（2）忌低俗，提升广告内涵。"低俗"是幽默与夸张广告的大忌，幽默与夸张的广告虽然存在着娱乐因素，但其本身也是广告艺术与创意的表现形式，具有独特的审美特征，是具有长期艺术内涵的作品。低俗的幽默或夸张广告，可能会给受众带来短暂的感官刺激体验，但长远来看，受众最终会抛弃低俗的、毫无价值的广告，进而反感广告中的商品，并对品牌的价值观产生反感情绪，最终损害品牌的长远利益。

（3）要将品牌自身调性与幽默夸张结合。幽默和夸张的表达策略不能适用于任何产品、任何人群、任何品牌。适用与否，跟品牌自身的历史、价值观等有着密切的关联。例如，商务性品牌、奢侈产品，其品牌本身拥有独特的内涵和价值观，应用幽默和夸张的策略则会客观上降低品牌的调性，所以这样的品牌或商品运用幽默和夸张的策略比较少；而日用品等产品则运用幽默和夸张手法更多，其产品与消费者日常生活紧密联系，消费者幽默、夸张的触发点和产品关联度较大。采用幽默和夸张的策略，更能提升日用商品的产品温度，让消费者更倾向于购买。此外，在西方政治广告中也能常常看到幽默与夸张广告的身影，政治家运用这样的方式拉近与民众的距离，更好地为政治服务。

案例

挪威连锁超市Rema1000幽默广告：《Simplicity is king》

Rema1000是挪威最大的连锁超市品牌，在挪威享有广泛的声誉，价格亲民、产品质量上乘是其最大的优势，一直以来，Rema1000坚持低价策略，以消费者的实际需求为导向，为顾客提供超一流服务的新享受。

Rema1000始终以"质量保证下的低价"作为其品牌的核心，以低价亲民的定价策略吸引对价格敏感的普通消费者。因此，Rema1000制作了下面这则广告（图9-8），以幽默的方式表达出了Rema1000低价、亲民的品牌信息。

现今，智能家居已经成为很多家庭的首选，在带来许多便利的同时，智能家居技术的不成熟仍会让人们无奈甚至"崩溃"，广告中的主人公是一个智能家居的使用者，其日常生活中处处离不开智能家居的帮助，甚至关闭火炉、开门关门等简单的事情也依靠智能家居，让人羡慕不已。但是，事情出现了反转：主人公拔牙之后，口齿不清，导致语音指令不能正常表达。回家之后，智能家居不能识别主人的声音，导致主人连门都进

图9-8　Rema1000幽默广告：《Simplicity is king》

不去。一连串指令的错误理解，产生了一系列令人崩溃的错误，使关于智能家居的一切美好就此破碎。而对比主人公的邻居，仅用一把钥匙就轻松将门打开。随后广告词出现：

"Simplicity is king"（简单才是王道）

"REMA1000：Only low prices"（Rema1000：只有低价）

这则广告令人印象深刻，通常来说，智能家居是成功人士的标配，是高质量生活的必需品，但是，这则广告却反其道而行之，以幽默的方式表现了智能家居技术的不成熟所带来的负面影响，最直观的体现即主人公后期处处"崩溃"的表情，这也是这部广告片最直接的笑点。由此，广告让受众感受到：并非拥有复杂技术的服务就是最好的，对于普通人来说，最合适即最好。

二、设置悬念策略

悬念是观众在观看作品过程中出现的一种疑惑、好奇的心理状态。悬念就是要"预示一种十分吸引人的事态，却并不把它立即表现出来"。作为一种常用的广告表现策略，设置悬念也可以引起观众的注意，驱动观众的探索欲望，提高观众对广告的了解程度，在不经意间接受广告所传递的信息。例如下面这则广告：

图9-9中的动物都在向山顶眺望，那么它们究竟在眺望什么？还有什么东西能比它们爬得更高？图中没有给出明确信息，只在图片的右下方给出了答案：越野车！在这则广告中，充分体现出了悬念的力量，激发了受众的好奇心，并且将此品牌的越野车的越野性能充分展现了出来，产生了更深刻的品牌印象。

图9-9 某越野车广告

同幽默与夸张的广告策略一样,设置悬念也有用得不好的风险。因此,在实际应用中,应该注意以下几点:

(1)广告情节和内容要生动有趣,悬念要让受众产生兴趣。情节和内容是受众观看广告的兴趣点所在,如果设置的悬念不能引起受众的兴趣,那么这则广告就已经失败了。此外,悬念可以考虑和社会的关注点相结合,这样能够产生更大的社会关注度。

(2)"悬念"不能一猜即中也不能总猜不中。悬念的设置归根到底是吸引受众关注的一种手段,是通往广告创意者想要传递的广告信息的"桥"。因此,悬念的难度要适当,若是悬念一猜即中,会让人产生无聊的感觉,怀疑广告创意者的创意能力,弱化品牌和产品印象;若是总猜不中,受众就会产生厌烦的心理,放弃理解广告信息,不能达到理想的广告目的。

(3)注意悬念的关键节点。这一点要和上一点结合起来,设置悬念要掌握好火候,不能总是吊着受众的好奇心而不露出答案(产品信息),更不能在悬念设置之后马上告知广告信息,这样都不能取得良好的广告效果。

(4)传播过程中注意互动性。这里的互动性主要指两个内容:一是广告与受众的互动;二是悬念与品牌的互动。广告创意者设置悬念,就是为了让广告和受众之间产生心理上的互动,广告人设置悬念—观众猜测答案—广告告知答案,这一过程就是双方的互动过程。在广告的传播环节,更多的互动性,会对品牌产生兴趣和好感,为广告的有效性增加砝码。此外,要注意悬念要与品牌产生互动关联,悬念要在合适的情况下引出品牌信息,并能在答案的展示中体现品牌的调性或产品的特征。

案例

OPPO Find手机广告:《FIND ME》

2011年6月,央视播出了这样一则类似《盗梦空间》场景的广告:男主人公穿梭在巴黎的街头,总是能在不经意间遇到一位神秘女子,两人相遇后,女人总是重复一句话:"FIND ME"(找到我)。但是,男主人公苦苦寻找却始终找不到女人的身影,只留下一堆问号：女人为什么要让男主人公找到他？两人之间有什么关系？双方是偶然的邂逅还是必然的相遇？一堆谜团吊足了观众的胃口，激发了观众的探索冲动。

图9-10　OPPO《Find me》悬念广告的男女主角

原来，这是我国手机厂商OPPO推出的一套名为《FIND ME》的系列广告片，为其子品牌OPPO Find进行广告传播造势（图9-10）。OPPO Find是OPPO推出的第一款智能手机，为了将广告的影响力最大化，OPPO邀请著名影星莱昂纳多·迪卡普里奥来拍摄这则系列广告片，希望能围绕OPPO Find"智慧 探索"的品牌定位，产生明星与观众之间的密切互动，在短时间内引起广大消费者的关注。

为此，OPPO创造了一系列"探索式广告"：将观众带入一场精心设计的探索旅途，跟随莱昂纳多穿梭在巴黎的街头，寻找随着不断的探索和时间线的推进，更多的视频内容将会在各大平台上呈现出来，而每一支短片都在指向一句话："FIND ME"（找到我）（图9-11）。

图9-11　OPPO《Find me》设置的悬念

随着时间的推移，OPPO依次放出了此系列的五支短片，分别为：《预告片1-公寓篇》《预告片2-踪迹篇》《预告片3-雨伞篇》《正片1-你好篇》《正片2-大桥篇》。五支短片将扑朔迷离的剧情层层推进，激起了观众的探索热情，在网络上引发了众多的讨论和猜测。最终，广告片结尾将OPPO Find的产品信息展现了出来，观众才恍然大悟："FIND ME"所指的是OPPO Find手机。

这是一则十分典型的悬念式广告，将FIND ME的广告主题与产品信息巧妙地融合：

起初由"FINE ME"设置悬念，让观众产生好奇：究竟要找到谁？勾起了观众的求知欲望，看到广告结尾处则明白：找到的是OPPO Find手机。此外，整个系列广告让"探索"成为主旋律，让观众认知到：莱昂纳多在这个神秘的"盗梦空间"所探寻的，不仅是女主人公，更是由求新求变心态所引领的探索与行动，科技和智慧。最后结尾的意义表达，充分展示了OPPO Find的品牌核心诉求，让观众在观看后能品味出这支广告的内涵与意义。

此外，OPPO在传播活动中，十分重视与观众之间的互动，在观看系列广告片之后，观众还可以登录到特定的网站，以莱昂纳多为第一主角的身份继续自己的探索之旅，在虚拟的影像内，观众能够走遍场景的角角落落、与人交流，体验一把盗梦空间中的各种事物，令人大呼过瘾。活动持续期间，网站每三天更新一次，设置特定情节，保持观众的新鲜感和好奇心，形成了线上与广告片的情节呼应，并引发了二次讨论热潮。

三、讲故事策略

讲故事策略是广告创造者设置特定的故事情节，将产品信息融入故事情节中，创造故事性情景，引导观众走进故事中，在故事情节中接受产品信息，深化产品印象。例如下面这则电视台的广告：

医院的重症监护室里，护士正在查房。一个全身无法动弹的病人忽然眨了几下眼睛，女护士赶紧叫来医生会诊。当医生护士一齐围拢在患者的床前，他的手指又轻微地动了几下，像是要表达点什么。医生赶忙将纸和笔递过去，小伙子写下了一行字：不要挡住电视！原来医护人员所站的位置正好挡住了病人看电视的视线，所以他要求大家让开，不要打扰他看欧洲体育台的节目。

互联网时代，讲故事策略的表现形式发生了新的变化，结合互联网技术的进步和受众媒介接触习惯的改变，产生了许多新的故事性策略方式。除传统的讲故事的广告形式外，软文、品牌故事、口碑传播等也成为重要的故事性广告的表达方法。例如台湾奥美早年为某出版公司写过这样一篇经典软文：

我害怕阅读的人

不知何时开始，我害怕阅读的人。就像我们不知道冬天从哪天开始，只会感觉夜的黑越来越漫长。

我害怕阅读的人。一跟他们谈话，我就像一个透明的人，苍白的脑袋无法隐藏。我所拥有的内涵是什么？不就是人人能脱口而出，游荡在空气中最通俗的认知吗？像心脏在身体的左边。春天之后是夏天。美国总统是世界上最有权力的人。但阅读的人在知识里遨游，能从食谱论及管理学，八卦周刊讲到社会趋势，甚至空中跃下的猫，都能让他们对建筑防震理论侃侃而谈。相较之下，我只是一台在MP3时代的录音机：过气、无法调整。我最引以为傲的论述，恐怕只是他多年前书架上某本书里的某段文字，而且，还是不被荧光笔画线注记的那一段。

……

我害怕阅读的人。我祈祷他们永远不知道我的不安，免得他们会更轻易击垮我，甚至连打败我的意愿都没有。我如此害怕阅读的人，因为他们的榜样是伟人，就算做不到，退一步也还是一个，我远不及的成功者。我害怕阅读的人，他们知道"无知"在小孩身上才可爱，而我已经是一个成年的人。我害怕阅读的人，因为大家都喜欢有智慧的人。我害怕阅读的人，他们能避免我要经历的失败。我害怕阅读的人，他们懂得生命太短，人总是聪明得太迟。我害怕阅读的人，他们的一小时，就是我的一生。我害怕阅读的人，尤其是，还在阅读的人。

这则软文不仅以非常巧妙的形式表现了读书的乐趣与益处，还将读书人的"书香"气息展现了出来，更妙的是，全文抓住消费者的恐惧心理，人们害怕落后，所以惧怕读书的人超越他们，文案中并未出现书店的基本信息，但处处暗含着"来买书吧"这样的暗示。

在任何时间，讲故事都对品牌发展有重要意义，任何一个知名品牌，实际上都是在和它的品牌利益相关人讲故事，包括向消费者讲故事、向社会公众讲故事、向新闻媒体讲故事。事实上很多品牌都是通过广告来讲故事。

实际应用中，广告讲故事策略应遵循以下技巧：

第一，要深入了解消费者情感和实际需求。和幽默与夸张的广告一样的是，故事性广告同样可以成为消费者情感宣泄的窗口，消费者是否能够被带入广告的故事情节中去，是故事性广告成败的关键。因此，多与消费者进行交流，可能会找到意想不到的切入点，从而更切合消费者的情感需求。

第二，重点雕琢标题和核心文案。标题和核心文案是决定消费者是否阅读广告的关键，标题若是不能引发兴趣，后面的故事情节再丰富、再精彩也毫无用处。

第三，巧妙设置情节，增强广告可看性和关联度。首先，注意故事与产品的关联性，故事的内容要紧紧与产品或品牌结合，不能生硬结合；其次，故事情节是为产品信息而服务的，要有效率地展现情节，突出主题，不能主次颠倒；最后，故事性广告的艺术要求则是故事精彩、富有吸引力。要在保证前两点的情况下尽力为观众呈现一个精彩的故事。

2013年，习近平总书记在全国宣传思想工作会议上指出："要精心做好对外宣传工作，创新对外宣传方式，着力打造融通中外的新概念新范畴新表述""以中国梦为引领，讲好中国故事"。经过几年的发展，"讲好中国故事"实际上已经成为我国的一种对外传播战略。因此，要注意讲好中国故事与品牌的结合，着力打造融入了中国特征的、具有中国特色的品牌故事。

案例

钻石恒久远　一颗永流传

"A diamond is forever"，一提到这一句广告语，人们就不能不联想到"钻石象征着永恒的爱情"。实际上，"A diamond is forever"这句广告词是珠宝大王戴比尔斯在1939

年所用的广告词，成为当时的经典之作。

1993年，香港的奥美广告公司征集"A diamond is forever"的中文翻译，经过半年的评比，一名大学教师的一句话被选上，于是"钻石恒久远，一颗永流传"这句经典的广告语成功进入中国，并历经超过十年的时间使中国消费者开始广泛接受钻石文化。如今，这句广告语已经成为整个钻石业的"金字招牌"，"永恒""美好"等情感意义仍然被寄托在钻石身上，成为钻石的卖点。

Forevermark（永恒印记）是戴比尔斯（De Beers）集团的子品牌，Forevermark永恒印记完美地诠释了"精选的艺术"，全世界仅有经过精心甄选、不足1%的天然美钻才有资格被印上Forevermark永恒印记。每一颗带有Forevermark永恒印记的钻石从勘探至开采，每一步都得到悉心的呵护，务求让每颗钻石的天然魅力与璀璨光芒尽情绽放。

近期，Forevermark推出"Endlea永恒"系列产品，为了宣传造势，Forevermark专门为其拍摄了一支广告，这支广告以钻石的自述形式，讲述了一颗钻石从发现、开采再到打磨、完善的故事，展现了钻石成为爱情的信物的过程，这支广告的广告词是这样的：

数十亿年来 埋藏于黑暗 只待这一刻

时间孕育品格

让我变得坚强 纯粹

我 在芸芸众生之中等待 终于被发现 被甄选

我 只有我

我真正的美丽终被世人所见

经过这漫长的旅程 我来到这里……

经过漫长旅程方能成就无与伦比

这就是 永恒……

Forevermark 永恒印记

钻石恒久远 一颗永流传

钻石是没有生命的，但是这支广告运用拟人化的手法，以第一视角的形式，让钻石将自己的故事说了出来：经历漫长的等待，经过细致的雕琢，我，终于点亮了她的笑容，成为爱情的见证（图9-12）。短短几句，观众很容易被带入钻石的情境中，在钻石的自述中感受到了"Endlea永恒"系列产品的产品特性：精致、纯粹、高雅、无与伦比，潜移默化中接受了产品信息，激发了购买冲动。

图9-12　Forevermark广告片段

四、对比与类比策略

消费者购买商品,通常是货比三家,随后做出购买决策。对比或类比广告就是把两类不同的商品(也可是同类商品)的产品特征加以比较,通过比较来突出本产品的特点,其主要特征是比较性。

对比或类比广告帮助消费者进行比较,这种策略希望从不同角度、侧面、层次展示各自商品的价值和特点,向消费者直观地展示买什么样的商品能够最大化满足消费者需求。此外,还可以用采取购买行动带来的种种好处与不采取购买行动留下的遗憾进行对比,诱导消费者,激发其购买兴趣。

对比策略和类比策略有所不同:类比广告是把不同的事物(两种或两种以上)之间的共同点进行比较,突出商品的使用价值,例如,佳洁士牙膏广告(图9-13):香蕉使用牙膏前后由黄变白,突出了牙膏的美白功效。

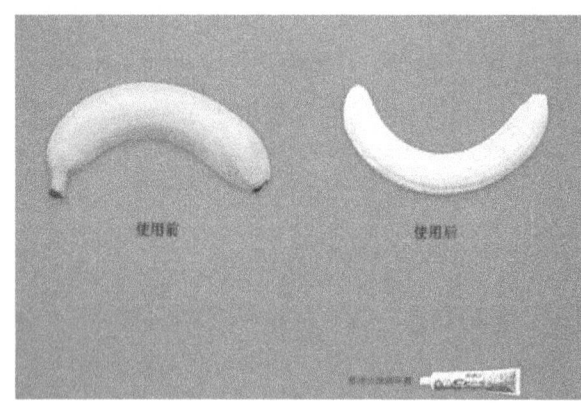

图9-13　佳洁士牙膏广告

而对比广告通常是比较两种事物的不同点,突出本产品相较于其他竞品的优势特点,对比广告通常表现为竞争型的广告,因此也可称为竞争广告。百事可乐和可口可乐是全球饮料市场的两大巨头,作为市场竞争者,百事可乐的定位是从年轻人入手,这一点不难从广告中看出:百事可乐力图树立其"年轻、活泼"的形象,并暗示可口可乐的"老迈、落伍、过时"。在一则广告中,一个小男孩从自动售货机取了两瓶可口可乐放在了地上,然后双脚踩上去,再在自动售货机上按下了位置较高的百事可乐,最后如愿以偿喝着百事可乐离开了自动售货机。

采用类比或对比的广告表现策略,首先要确定好比较对象,比较的对象不能选得过多,一篇广告最好只选择一个或两个比较对象,这样观众的注意力不会太过分散,而将兴趣集中于本产品;其次是要确定比较的内容。不同类商品主要从使用价值、价格上着重进行比较。同类商品主要从质量、功能、寿命、价格、样式等方面进行比较。

竞争性广告在业内被称为"悬崖边上的舞蹈"。若使用不当,不仅不能提高本产品的知名度,反而会对产品或品牌声誉造成负面影响,严重者甚至会触犯法律法规,引发不正当竞争。因此,广告创意者在运用对比式广告时要注意,比较内容要真实客观,不能随意夸大自己,更不能贬低同类产品,越过商业竞争的道德底线。

案例

奥迪AUDI汽车视频广告：四环钥匙篇

奥迪是德国历史最悠久的汽车制造商之一。从1932年起，奥迪开始采用四环徽标，它象征着奥迪与小奇迹（DKW）、霍希（Horch）和漫游者（Wanderer）合并成的汽车联盟公司。

在其推出的一则广告中，奥迪通过对比的方式，表明了奥迪汽车的强大产品品质。

广告场景极其简单：只有一个墙壁的画面，墙壁上有四个挂钩，一句文案随之出现：

"WHAT DO YOU WANT IN A CAR?"（在一辆车中你想得到什么？）

随后，一只手依次将四只车钥匙挂在墙上，分别为阿尔法特罗密欧、沃尔沃、宝马、奔驰的车钥匙。每一次钥匙挂在墙上，都会伴随着文案的出现：

阿尔法特罗密欧：DESIGN?（设计感？）

奔驰：COMFORT?（舒适性？）

沃尔沃：SAFETY?（安全性？）

宝马：SPORTNESS?（性能？）

IN ONE CAR ONLY?（在一辆车中都能实现吗？）

在四只车钥匙全部挂在墙壁上后，四只钥匙环完美地组成了奥迪的四环标志，最后一句文案随之出现：

AUDI：GET YOURS HERE.（奥迪：能给你所有）

这是一则非常生动的创意广告，通过对比，明确地向消费者传达出了广告信息：奥迪车，同罗密欧一样有经典艺术的外形，有沃尔沃那种安全性，有宝马的智能操控性，也有奔驰的舒适性。以极低的成本产生了令人印象深刻的广告效果，让人拍案叫绝（图9-14）。

图9-14　奥迪汽车四环钥匙篇广告

五、戏剧性冲突策略

冲突,在这里的意思为"消费者遇到的实际问题"。在冲突中加入戏剧性的情节或故事,即是戏剧性冲突策略的基本构成。综合来说,戏剧性冲突策略就是以戏剧冲突的故事方式,告知消费者其产品解决消费者实际问题的能力或功效。

在广告中,戏剧性冲突的运用不仅会增加广告的内在张力,使广告的内涵增加,更能以生活情节的方式展现实际问题,增加广告的亲和力。

实际上,戏剧性的冲突,其实也是在讲一个广告故事,一个好的戏剧性冲突广告,要有一定的情节,是要跌宕起伏的,如果其创意情节是平淡的,那么这则广告将无法吸引更多消费者的注意力,从而不能发挥出其广告价值。

有人认为,"冲突是一招致命的战略营销"。在实际应用中,应遵循以下步骤:

(1)发现问题:从消费者需求出发,发现消费者尚未解决的实际问题。
(2)寻找联系:寻找产品功能和实际问题的联系,了解产品是否能够解决问题。
(3)设定创意方案:表现产品与问题的联系。

案例

2019年春节期间《啥是佩奇》火爆全网

2019年春节前,一部名叫《啥是佩奇》的电影宣传片火爆网络,迅速形成病毒式传播,朋友圈、微博中大家竞相转发,处处能见这部宣传片的身影,这部先导片,不仅引发了人们对贺岁片《小猪佩奇过大年》的关注,连这部片子的导演张大鹏也进入了公众的视线。那么,《啥是佩奇》究竟有何魔力,从而引发了全民传播的热潮呢?

《啥是佩奇》讲述了一位大山里的留守老人的故事。临近年关,老人再次拨打儿子的电话,在几句交流中知道了孙子想要一只"佩奇"作为礼物。

啥是佩奇?没来得及回答,手机因信号不好而挂断。自此,老人开始寻找佩奇,闹出了不少笑话:佩奇是一种洗涤剂?佩奇是个人名?佩奇是一种棋?

最后,去北京打过工的老三媳妇告诉他,佩奇是一只猪。是动画片里的,粉粉的,长得就像鼓风机一样。于是,老人开始自己制作佩奇。在大年三十的晚上,全家人一起吃年夜饭,老人拿出了自己带来的特产。最后,他拿出了一只鼓风机做成的佩奇作为孙子的礼物(图9-15)。全家人都笑了。

这是一则非常典型的戏剧冲突类广告,除了生动、有趣的故事情节,打动观众、引发传播的还有那蕴藏在情节中的几组情感冲突,以下看看这则广告是如何勾起观众的感情、引发共鸣的:

首先,《啥是佩奇》直面了有些人有家却不能回的冲突:年关将至,许多广告片将"回家""团圆"作为主题,意图通过温情的家庭团圆场面勾起观众对"过年回家"的向往;《啥是佩奇》也不例外,信号不好的大山,淳朴的村民,接地气的口音与方言更能激起远在外地打工、求学的人们对家的思念。短片中的温情结尾,正是满足了这部分群体的感情需求，在情感上缓解了他们的思乡之情，从而引发这一群体的共鸣。

其次，《啥是佩奇》直面了城乡发展的冲突：老人孤独一人，整天与老房子为伴，大山中的基础设施又比较落后，拨打电话甚至需要天线的帮助，农村发展的相对落后已经不用言说；对比城里儿子家中的陈设布置、所开的汽车，更能显现出我国城乡发展的不平衡。但是，发展状况的差距并不能减弱亲情的羁绊，《啥是佩奇》在结尾处勾画了祖孙三代的和谐场景：一起吃年夜饭、一起看电影，令人感到温馨动容。片中的画面与情节告诉观众：乡村永远是你们最深的根。从而满足了从农村出来打拼的群体的情感需求，展示了冲突解决的圆满场景。

最后，《啥是佩奇》展现了老人的认知、孙子的认知和观众的认知三者之间的冲突：小猪佩奇作为现象级的大IP，深得儿童和年轻人的喜爱，但是老人身在农村，对佩奇一无所知，正是祖孙之间这样的认知冲突引发了接下来的一系列剧情，也正是这样的冲突能够让观众感受到温情、搞笑、感动、思乡的复杂感情，从而引发了观众思考、思念、转发、评论等实际行为。

图9-15 《啥是佩奇》里的佩奇

六、恐惧诉求策略

"恐惧"是一个心理学概念，是人内心中的一种情绪，具体表现为对潜在威胁的担忧与不安，恐惧的形成需要一定的外界刺激。恐惧诉求策略即是通过形成一种刺激，激发出观众对特定事物的恐惧心理，强化观众的担忧情绪，从反面促使观众改变原有的态度与意见，最终改变受众行为。

通常来说，恐惧诉求策略希望达到以下三种目的：

（1）促进商品的购买。例如某眼药水广告中，两位员工正在电脑前工作，画面分别给了两人一个眼部特写，正在使用本产品（眼药水）的女性眼睛清澈透亮，精神状态极佳；而另一位没有使用本眼药水的女性眼睛黯淡无光，精神状态极差。此时画外音出现："疲劳是眼睛的敌人，要保护您的心灵之窗"。

（2）产生深刻的品牌印象。例如台湾中兴百货的广告"打破才能重生"：一只瓷娃娃手里拿着手枪，自己开枪将头打碎，配合恐怖片般的画面与场景，让人产生了恐惧心理，也让消费者以另一种形式记住了中兴百货。

（3）养成态度或习惯。这经常出现在公益广告中，例如某非政府组织倡导人们戒烟

（图9-16），设计了一则平面广告，广告中吸烟者的肺里充满了烟头，直接刺激了重度吸烟者，引发他们对吸烟的担忧，唤醒了他们的戒烟意识。

广告创意者在采取恐惧诉求策略时，要注意"恐惧"的使用不能"无度"，当恐惧诉求到达一定的程度，它的效果就会下降，不能实现原有的传播效果。那么，如何把握好恐惧的"程度"呢？第一，轻快含蓄地表达沉重的主题。给沉重的问题披上轻松的外衣，能够有效减少观众的极度恐惧心理，提升传播效果。第二，巧妙运用艺术元素。点、线、面、色、声音、形状、场景等艺术元素的组合与叠加，能够营造一定的"恐怖"环境，让观众有身临其境之感，提升广告的艺术价值。第三，诉诸幽默，缓解信息的负面效果，提升广告的品位与价值，从而更好地提升传播效果。最后，在采取恐惧诉求策略时，要在广告中明确提出消除"恐惧"的解决方案，这个解决方案即广告的核心传播内容。例如戒烟广告，广告的内容引发了观众对"吸烟危害健康"的恐惧，随后暗示戒烟能够及时止损，保护生命健康，提出了此广告的核心信息：吸烟有害健康，请尽快戒烟！这样，一则完整的恐惧性广告就完成了。

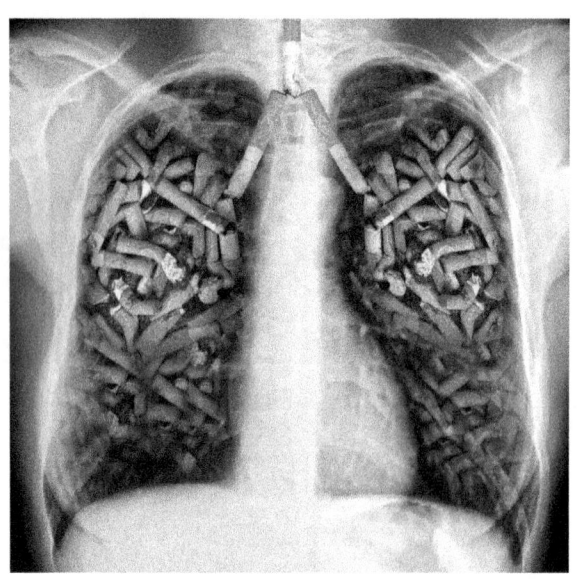

图9-16 一则戒烟公益广告

案例

Keep广告片：成长，就是去寻找下一个害怕

Keep于2019年初夏推出全新的品牌广告片，从运动人群都会面临的"恐惧"入手，小切口切入用户内心。用全新的视角鼓励每个人承认生活中的恐惧，将Keep用户"怕就对了"的挑战精神传递给更多人，而Keep将在这个过程里一路支持、鼓励、陪伴用户，直到他们克服恐惧，感受到运动的酣畅和快乐，实现自定义的成长。

广告讲述了5个普通人与运动的故事，他们把害怕的阻力变成了动力——胖仙女游舒晴害怕别人的目光后选择努力做自己、视障跑者郭育廷害怕没有安全感后突破安全区、骑手郑泽诚害怕速度失控后成冠军、健身狂人刘老头害怕时间后将时间雕刻进肌肉、跳水女孩杜鑫蕊害怕高度后成功学会跳水……这些关于害怕的瞬间，都被凝聚成了一个热血的故事。娓娓道来的故事情节，让观众随主人公们的心境一同波动，害怕面对运动的退缩情绪，在主人公们勇敢迈出第一步后烟消云散，观众情绪在惧怕后得到了尽情释放，广告一经上线便引发了网友的强烈共鸣，微博话题曝光破千万次，既有热爱运动的名人被这次传播所感染，也有众多的普通用户在'怕'的激励下做出改变。Keep在这则广告片中所传递的勇于面对，"自律即自由"的品牌精神也得到了充分的阐述。

比起眼前要面对的现实困难，更值得我们去害怕的，则是可能无法走出的心灵困境。Keep希望每个人敢于用实际行动打破桎梏，击碎恐惧。

七、名人代言策略

近年来，市场竞争加剧，为了突出产品或品牌特征，让消费者快速识别本产品或品牌，名人代言广告得到了迅猛发展。通过名人在广告中的推介，能较快地提升品牌知名度，巩固产品的市场地位，从而实现快速营销的目的。

名人指的是具有公众影响力的人物。名人代言的策略，就是希望将名人影响力转移到产品或品牌上，借名人的影响力增加曝光度，在消费者心中留下一定的印象。同时，名人的社会影响力可能会带来一群"忠实粉丝"，他们跟随或信任自己喜爱的名人，产生冲动消费的趋向，从而促进商品的销售。

从代言人类型的角度来看，名人代言可以分为以下四种：

（1）娱乐明星代言。

娱乐明星代言通常能够为品牌带来巨大的关注度，在短时间内迅速博得曝光度。例如演员胡歌代言荣耀9手机（图9-17）：胡歌在荣耀9发布会上坦言，他代言荣耀，一是因为他热爱摄影旅行，二是他觉得荣耀是国产品牌，值得推崇。同时，胡歌还代言了很多品牌，比如博朗剃须刀（图9-18）。再如优乐美奶茶邀请著名歌手周杰伦为其品牌代言，一句"你就是我的优乐美"火遍当时的大街小巷。

图9-17　胡歌代言荣耀手机

图9-18　胡歌代言博朗剃须刀

（2）体育明星代言。

体育明星的代言一般与产品的用途或特性密不可分。例如我国游泳健将孙杨为伊利奶制品代言，而伊利是我国国家游泳队的乳制品赞助商；NBA巨星韦德成为李宁运动品牌的代言人等。

（3）企业家代言。

企业家往往会为自家的产品代言，一般会产生一种踏实、可靠的品牌观感。例如小米科技创始人雷军为小米代言，格力公司董事长董明珠为格力代言等。

（4）其他公众人物代言。

除上述三种代言人选择策略之外，科学家、医生、工程师等专业领域人员也可以成为产品的广告代言人。例如高露洁牙膏在其一则产品广告中邀请牙科医生作为代言人，从专业的角度向消费者介绍高露洁牙膏的防蛀牙功效，提升了广告的权威性。

代言人的选择是一个各方面综合考虑的结果，爱屋及乌，名人的代言必然会影响品牌或产品印象，因此在代言人的选择上要慎之又慎：第一，代言人品行良好，无丑闻是基本的要求。第二，名人的公众形象要与品牌调性或产品特性一致，这样才能产生最大的代言效果。

代言人广告策略追求短时间内博得关注，引发讨论。但是，刻意地追求流量明星可能适得其反。在互联网时代，流量明星的典型特征是没有优质作品，普遍依赖颜值、经纪公司的网红化生产与打造、微博营销等社会化媒体渠道推动走红，这也是为何流量明星普遍受到一个圈层的追捧，但在圈层之外，流量明星难以受到普遍认可，这也决定了流量明星很难给其所代言的产品带来附加价值。因此，除流量外，代言人的公众评价、作品甚至成长背景，都需要纳入考量的范畴。

除代言人的选择外，还应注意保持品牌与代言人的良性互动关系：第一，尽力维持双方稳定、长期的合作，形成共生关系。短暂的代言合作会让消费者产生怀疑心理，不能有效说服消费者采取行动，影响代言效果。第二，要注意代言人和品牌的互动关系，明确"代言人为品牌而进行传播"的核心诉求，代言人不能喧宾夺主，完全"抢"了品牌的风头，更不能断开双方的连接，使代言人成为花瓶。

应该注意，名人代言的广告策略存在着潜在的威胁：代言人的形象危机必然会影响品牌声誉。因此，除去谨慎地选取代言人外，还应事先制定好完善的代言人危机预案，做到未雨绸缪。

案 例

劳力士与费德勒

劳力士（Rolex）是瑞士著名的手表品牌，经过一个世纪的发展，总部设在日内瓦的劳力士公司已拥有19个分公司，在世界主要的大都市有24个规模颇大的服务中心，年产手表45万只左右，成为市场占有量甚大的名牌手表之一。

劳力士在不断发展中，形成了自己"品质追求"的品牌文化，其不但富有创新精力，而且充斥了对完善的执着寻求。对劳力士而言，"品德"绝不空言。劳力士手表"稳重、适用、不显浮华"的设计风格，备受人们推重，而精确和耐用性更使劳力士身价不凡。劳力士每位钟表技师均抱有同一信心，就是凡事必需精益求精。

罗杰·费德勒（Roger Federer）于1981年8月8日出生于瑞士巴塞尔，是瑞士男子职业网球运动员，截至2019年7月，费德勒已经获得了101个冠军头衔（其中包括20个大满贯奖杯）。众多评论家、现役与退役的选手都认为费德勒为史上最伟大球员之一。在网球领域，费德勒在全球拥有超高的人气，他以全面稳定的技术、绅士优雅的形象而著称。网球场上场下他都温文尔雅，是球迷心目中的No.1。

在IMG体育经纪公司牵线搭桥下，2006年，费德勒与劳力士签订了一个总价高达1500万美元的合同。作为回报，费德勒需要在出席颁奖仪式时佩戴劳力士表，并参加劳力士所举办的相关商业活动。自此，双方的合作正式展开，因其优异的赛场成绩，费德勒戴劳力士手表的画面经常被媒体拍到，大大增加了劳力士产品的曝光度，取得了非常好的传播效果。

此外，费德勒自身良好的公众评价、优异的赛场成绩、谦逊儒雅的公众形象完美契合了劳力士的品牌价值观念，为劳力士产品增持。因费德勒的存在，劳力士其产品价值被放大，强化了原先的品牌认知，并有了新的发展和内在的精神活力。

在某年温布尔登网球公开赛上，摄影师的一张抓拍又让费德勒和劳力士"火"了一把：费德勒正好将劳力士的王冠戴在了头上，像极了故事中的国王。这张照片引发了网友的热议，形成了一次意外的传播（图9-19）。

一次访谈活动中，费德勒这样回忆起自己的练球经历："我经过六年才能真正于网球场上挥洒自如。在那段日子我深受教训，无数次因未能控制情绪的落败，令我非常失望，并明白到我必须改善自己的心理素质。当我真正领悟到应如何调整心理状态时，那感觉让我豁然开朗……每当我看着腕表，那天的画面便历历在目。"可以看到，费德勒与劳力士的合作是一次十分成功的代言合作。一次成功的合作不仅要为品牌创造价值，也要为代言人提供新的机遇。劳力士和费德勒做到了，双方的互动形成一次又一次的传播，良好的价值共生关系使他们的合作越来越深入。

图9-19 费德勒与劳力士手表

第三节 基于社会话题的广告创意再现

一、社会话题事件

（一）什么是社会话题？

社会话题是公众在某一时期内对特定事物所产生的广泛讨论而形成的话题，它与社会公众的利益密切相关，因而形成广泛的讨论和争议，具有广泛的社会影响力。在公众讨论的过程中，各种意见相互交织，增加了社会话题的曝光度，逐渐形成对特定议题的社会舆论。

李良荣教授认为，"舆论是在特定的时间和空间里，公众对特定的社会公共事务，公开表达的，基本一致的意见或态度"。[①] 根据这一定义，可以看到所谓"舆论"必须有一个客体，即所形成的基本一致的意见或态度。公众通过相互讨论，让社会意见逐渐统一，提升了舆论的影响力，为社会话题增加了曝光度。在广告产业中，广告舆论是广告人常用的一种传播手段，广告人通过特定的媒介组合，传播符合品牌价值观的评价或意见，在消费者一端形成讨论和参与气氛，在扩大品牌影响力的同时，潜移默化中让消费者接受产品信息和品牌价值，最终促进消费者行为的改变。

（二）社会话题事件的传播特点

社会话题事件的传播特点如下：

（1）跨平台传播、媒体融合传播趋势明显。

在全媒体融合的时代，很多社会公共话题不再是在单一媒体平台中独立地发酵，而是从一方媒体产生，再在其他媒体和社区中激起热烈的讨论和争辩，传统媒体的声音与网络媒体、自媒体的评论相互交织，引起媒体与网民对特定事件的激烈讨论，引起最大范围的公众注意力，从而产生社会话题事件。很多社会话题事件都是从微博中产生，在引起广大网民的转发与评论后，事件影响力不断扩大，相关媒体对此事件跟进报道，关注事件进展、发表媒体官方评论。网民在知乎、微博、抖音、虎扑等社交平台继续对事件进行公开讨论的同时，也在朋友圈、微信群、QQ群等社交圈子内进行事件的讨论。在多方讨论中，逐渐形成对事件的多方评价。

（2）社会话题发生的偶发性增大。

网络时代，人人都是自媒体。由于实际情况的限制，传统媒体不能对所有潜在社会事件进行报道。而基数庞大的网民则不同，在社交网络的加持下，网民可以对发生在自己身边的事件进行报道和评论，上传到社交平台后，若能引发网民情感的共鸣，网民则会对事件进行积极转发与评论，从而扩大事件的影响，短时间内，将此事件逐渐转变为

---

① 李良荣：《新闻学概论》，上海：复旦大学出版社，2001年。

具有公众影响力的社会话题，舆情的传播热度空前爆发，一夜之间成为社会关注的热点话题。

（3）社会话题的生命周期越来越短。

一个舆情事件的发展通常经历潜伏期、发展期、成熟期、衰退期四个阶段。[①]在网络舆论环境中，社会事件的偶然性增大，新的社会话题层出不穷。一个新的社会话题可在短时间内迅速引发公众的关注，但是有的社会话题还来不及深入讨论，其关注度就迅速被其他新的热点事件抢夺。因此，社会话题在公众心中的存在时间越来越短，来去匆匆，无意义的情感宣泄完全覆盖掉理性讨论的声音，并没有足够的时间来完成理性的讨论，形成符合社会价值观的主流评价。

（4）舆论由两方对立走向多元共存。

传统媒体传播时代，对一个社会事件的评价，往往是正反两方声音对立并存的局面，两种声音相互争辩，逐步形成一个主流意见，引导社会公众对事件的态度与评价。而网络传播时代，公众因职业、地域、兴趣爱好等因素组成特定的社交圈子，在特定的圈子中，能够产生有一定组织度的集体行为，并引导"圈内人"持续不断地参与特定事件的评价。值得注意的是，对特定社会话题的评价，舆论不再是一种统一和稳定的形态，决定特定社群的意见与态度的是特定社群的总体利益与不同诉求。又因为社群中存在相对稳定的组织度和社群文化，其人员对事件的评价不会轻易发生变化，因而对同一事件会存在多个不同的态度和声音，形成多元声音并存的局面。

二、利用社会话题进行广告创意的可能性与重要性

在现代社会，网络的发达为公众实现自我表达提供了更加便捷高效的途径，广告也越来越注重围绕消费者所关注的社会话题进行广告的创意与传播，广告运用社会话题形成讨论增加曝光度屡见不鲜，已经形成一套比较完整的方法论，指导广告从业者利用社会话题进行广告创意。

（1）社会话题的偶发性为话题性广告提供内容基础。

移动互联网传播时代，社会话题的偶发性增大，过去可能稀松平常的身边事都有可能成为公众讨论的焦点，一夜之间成为社会探讨的话题。因此，社会话题的偶发性增大意味着更多的社会话题产生，绝对数量的增加为广告创意者提供了更多的"素材"，降低了寻找贴合产品或品牌核心理念的社会话题的难度，让广告创意者更好地"借势"传播。此外，社会话题的偶发性增大意味着广告创意者创造"话题"的难度降低，广告创意者甚至可以通过创造一个社会话题，使之符合品牌调性，从而"造势"进行广告传播。

（2）社会话题所产生的争议性增加了广告内容的曝光度。

社会话题的产生与发展，不仅是一个简单的单向传播过程，更是一个不同意见的碰撞与融合过程。在社会话题的高潮期，各种意见相互交织，形成激烈的讨论，"多元共存"的意见格局代替了传统的"两方对立"，形成了相对稳定的意见群体，特定社会话

---

① 曹光煜：《全媒体环境下社会公共事件热点舆情传播特征及处置对策》，载《行政管理改革》，2018年第3期。

题会形成更长时间的讨论。广告创意者若是在公众讨论过程中，结合品牌特点加以传播，必然会引起各方的注意力，增加广告的曝光度，促成最终广告效果的达成。

（3）社会话题的跨媒体传播趋势扩大了广告的传播范围。

如今的社会话题传播路径早已不是"由传统媒体向新媒体"或"由新媒体向传统媒体"这样的简单结构，"各类媒体平台互通、各自发挥传播优势"的跨媒体传播趋势已成为社会话题传播的特点。因此，话题性广告借社会话题传播的东风，在各类传播平台中获得更大的曝光度，从而扩大其广告内容的传播范围。

（4）社会话题的观念碰撞激起了对广告内容的价值认同。

引起社会话题的事件只是一个小小的"引子"，而激起社会话题的根本原因是不同观念而引发的意见的对立与碰撞。在多元并存的意见格局中，广告创意者若是能寻找到契合自己产品或品牌价值观念的意见，并针对相关人群进行广告创意与传播，定能激发目标人群强烈的价值认同，在无形中强化受众对产品或品牌的价值感知，使受众不仅对广告内容印象深刻，还能对广告内容背后所传递的品牌精神有更深的感悟，产生对品牌的忠诚。需要注意的是，广告创意者不能试图"讨好"所有人，赢得目标群体的价值认同与青睐是广告极大的成功。无原则地讨好所有人，则会丧失广告内容的坚定立场，注定失败。

三、如何利用社会话题进行广告创意

1. 广告传播利用社会话题的两种方式

（1）利用现有的社会话题进行广告信息引导。

社会话题的产生离不开公众的关注，这就为广告传播提供了一个绝佳的契机：利用现有社会话题所产生的热度，"借势"传播品牌或产品信息，让关注此社会话题的公众注意力转移到广告信息中去，通过广告传播舆论化来提高广告传播效果和加深影响力。在广告创意者眼中，政治话题、经济话题、社会话题、娱乐话题等都可能成为广告借势的话题载体：2018年11月维秘上海大秀，中国超模奚梦瑶不慎摔倒，迅速霸占微博热搜榜，引发网友热议。冠珠陶瓷在第一时间推出借势文案和海报（图9-20）："不恨天高，就怕地滑。冠珠陶瓷，无惧地滑"，成功借势，展示了冠珠陶瓷防滑特性，让人印象深刻。

（2）广告传播制造舆论，形成社会话题。

广告创意者在广告传播中试图制造舆论，引起消费者的讨论热潮，对广告传播信息进行讨论、相互交流，从而实现广告对消费者的观念引导，最终产生购买行为。广告制造舆论作用于消费者心理，主要有以下三个方面：其一，广告传

图9-20　冠珠陶瓷借势广告

播所形成的舆论，对消费者形成心理引导，直接产生态度或观念的转变，引发购买行为。其二，现代广告传播的交互性决定了消费者的消费过程是一个双向互动过程，消费者通过亲身体验产品形成自身独特看法，与其他人共同参与广告活动引发价值认同，共同参与，在内心认可品牌价值观。其三，消费者通过人际传播或网络传播，发出产品或品牌的评价性信息，引发社群讨论，形成对产品或品牌的特定舆论，从而影响其他新购买者的关注和讨论，扩大品牌影响。

2. 广告创意表现与社会话题的融合技巧

（1）产品特征与社会话题内容相符。

社会话题有其特定的指向性，对产品来说，并非所有社会话题都能够借势，若生搬硬套，可能会适得其反。因此，要寻找社会话题讨论过程中受众的讨论点，将其与产品特性相结合，这样不仅能让广告自然流畅，更能提升消费者接受信息的程度，使广告效果最大化。儿童疾病同样是引发社会关注的重要话题，如图9–21所示，社交项目Make-A-Wish满足了重病儿童最特别的愿望，瓶子里承载的是生的希望，因为，"有时候最好的药物是希望"。这则广告在呼吁人们关注重病儿童的同时，完美地将Make-A-Wish的活动内容展现了出来。

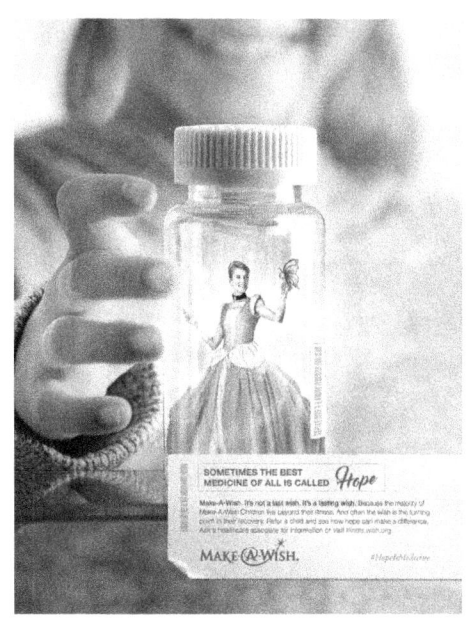

图9–21　社交项目Make-A-Wish平面广告

（2）融入人类基本情感和价值观念。

归根结底，社会话题的讨论是公众因价值观念不同而引发的争论。价值观因人而异，但人类千百年来所形成的对"真善美"的追求始终不变。在广告传播借势社会话题中，广告创意者一定要注重正面引导，形成一个健康良好的讨论氛围，在此基础上挖掘感情、意志、努力等正面概念的意义，坚决拒绝消极负面的舆论引导。图9–22是一则社交媒体的平面广告：社交恐惧症是现今社会讨论的热点话题，人们越来越惧怕与人交流，却又渴望一份真挚的情谊。"你有一个朋友的请求。接受吧，你不会后悔的。"直白的文案直接击中观众的内心，告诉他们，人生需要友谊。

9-22 某社交媒体的平面广告

（3）满足受众个性化需求。

当今时代，"大众"对广告创意者来说已经成了一个"伪概念"，互联网的技术支持使得每一个人都能表达出自己的看法，并逐渐形成"小众"的社群。公众在进行社会话题的讨论中，同样会形成几个态度鲜明的不同意见，此时广告传播要满足一个特定群体的意见需求，支持一方。企图讨好全部意见的广告反而会适得其反，陷入"进退维谷"的尴尬境地。在许多人的观念中，自闭症患者只要多接触其他人，与其他人多多交流，就能痊愈。然而事实并非如此，下面这则公益广告告诉观众："对于患有自闭症的人来说，社交往往会令人恐惧"，社交对他们来说如同豺狼虎豹，怎样更好地关怀自闭症患者，需要我们重新思考（图9-23）。

图9-23 某关注自闭症患者人群的公益广告

案例

微信"为盲胞读书"

腾讯成立于1998年11月，是目前中国领先的互联网增值服务提供商之一。自成立以来，腾讯一直秉承"一切以用户价值为依归"的经营理念，为亿级海量用户提供稳定优质的各类服务,始终处于稳健发展的状态。通过互联网服务提升人类生活品质是腾讯的使命,腾讯把"连接一切"作为战略目标,提供社交平台与数字内容两项核心服务。在企业内部,腾讯公益积极探索联动产品做公益的可能性。利用腾讯产品的技术与特性,连接腾讯的用户,让公益参与更高效、影响更广泛。

2014年,微信推出了一款全新的产品,名为"为盲胞读书",旨在为视障人士提供一种新的阅读解决方案:我国现有1000多万视障人士,视力的障碍为他们带来了诸多不便,读书,这一人类基本的学习和休闲方式,却是视障人士很难实现的遥远梦想。微信用户只要进入"为盲胞读书"公众号,就可以通过语音功能朗读由系统推送的一段文字,或者随手拿起手边的书朗读自己喜欢的段落,微信后台会把这些语音文件收集起来,经过对声音的处理,制成有声书,提供给视障人士收听(图9-24)。

活动一开始,即产生了巨大的社会影响,易中天、汪涵、徐静蕾等公众人物纷纷行动起来,为视障人士"发声"。一时间,许多网友也纷纷拿起身边的经典名著,为渴望阅读的视障人士贡献自己的力量。"为盲胞读书"微信公众平台上线短短几天,粉丝数便超过50万,10天粉丝增长近40万,收到超过130万条语音捐献。许多人都感受到了微信作为移动端社交平台在公益事业上的正能量传播能力。微信月活跃用户5亿,每人捐献一分钟,汇聚起来就是一股巨大的公益力量。

"为盲胞读书"引发了网络上的讨论热潮,虽然存在着不同的声音,质疑其活动有效性。但是,社会对其的正面评价是主流:社会公众不仅对视障人士产生了更多的温情关怀,更了解了视障人士的读书需求,引发了人们对视障人士的更深层次需求的关注,深化了腾讯"提升人类生活品质"的品牌使命的内涵,产生了良好的社会效应。

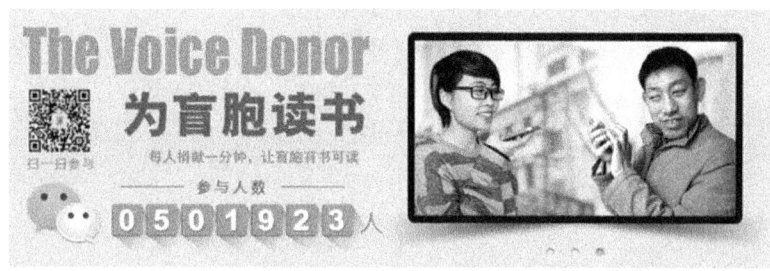

9-24 微信"为盲胞读书"活动贴图

案例

"世界上最好的工作"(Best Jobs in the World)

2013年3月,澳大利亚旅游局开展了一项名为"世界上最好的工作"的活动。此次活动针对全球18~30岁的年轻游客,邀请青年游客来到澳大利亚的各个旅游区"工作"。2013年3月5日,澳大利亚旅游局同时推出六份风格迥异、体验独特的"世界上最好的工作",每个岗位薪酬价值十万澳币,内容如下:成为新南威尔士州的玩乐达人(Chief Funster),在北领地做内陆冒险家(Outback Adventurer),在昆士兰州做国家公园巡护员

（Park Ranger），成为南澳大利亚的野生动物看护员（Wildlife Caretaker），在墨尔本做生活时尚摄影师（Lifestyle Photographer）及在西澳大利亚州做品尝大师（Taste Master）。通过全球竞赛进行招募，吸引全球更多青年访客赴澳旅游，展现美丽多彩的澳大利亚。

活动一经推出，顿时吸引了来自世界196个国家的60万名申请者。不仅参与者兴趣浓厚，本次活动还得到了政府和业界的大力支持，新南威尔士州、北领地、昆士兰州、南澳大利亚州、维多利亚州及西澳大利亚州等六个州、领地旅游局都表示愿意为此项活动提供最大的便利。

"世界上最好的工作"马上成为公众讨论的热点话题，各国民众通过社交网络表达对这份工作的向往，纷纷表示希望"体验一番"。作为澳大利亚旅游局年度主要全球市场推广活动之一，"世界上最好的工作"已经取得了非常好的广告传播效果，它通过创造一个社会热点，针对年轻群体，展现澳大利亚旅游业的吸引力，进一步推动澳大利亚旅游业发展。澳大利亚旅游局行政总裁麦勤伟（Andrew McEvoy）先生表示，此次竞赛将为世界各地的青年人提供一个极佳的赴澳旅游和工作的机会："我们将它重新设计和拓展，从而更深入和全面展示澳大利亚全国各地的顶级体验，让更多人了解澳大利亚唯美的风景、独特的自然风光和野生动植物、上好的美食美酒，传达当地人的热情好客、幽默感和快乐的生活态度。"

 讨论题

1. 请寻找一个理性诉求的广告创意，讨论其特点。
2. 请寻找一个感性诉求的广告创意，讨论其特点。
3. 请谈谈如何利用社会事件来做广告创意？

 第十章

移动互联网时代广告整合媒介策划

> **学习要点**
>
> 本章主要讨论移动互联网时代的广告媒介策略。需要掌握的知识点有：①广告媒介的作用与分类；②广告媒介策划的内容；③广告媒介策划要素与程序；④移动互联网时代广告媒介整合策划。

第一节 广告媒介的作用与分类

一、广告媒介的作用

广告与媒介存在天然的共生关系。媒介以广告来生存，广告只有通过媒介传播才能实现其价值。在大众媒介时代，我国很多媒介90%以上的经营额来自于广告经营。在广告策划活动中，广告调查、广告创意、广告制作等只是广告活动的前期工作，真正实现广告被广大消费者所认知的是广告媒介投放。广告作为营销传播中一项重要的手段，其传播效果、目标的实现离不开媒介。广告媒介的作用如下。

（1）有效传达产品/品牌信息。

广告产品与品牌的信息必须通过媒介来传播，没有媒介传播，再好的广告创意也只是广告人的设想，并没有让用户和广大消费者了解，更无法实现与目标消费者的有效沟通。

（2）触达足够的目标受众。

不同媒介的覆盖率、影响力是不同的，产品与品牌信息要想触达足够多的受众群体，必须依赖媒介来传播。如果一个品牌想触达全国市场的消费者，在投放电视广告的时候必须选择全国性的媒介，比如中央电视台和一些知名的省级卫视（湖南卫视、浙江卫视等）。当然如果只是一个区域性的品牌，就需要投放区域市场内的媒介广告，如中国劲酒在进入广州市场时投放了很多当地的公交汽车广告与报纸广告。

（3）暗示产品/品牌定位。

不同的产品与品牌定位不同，选择的广告媒介也不同。比如，一些奢侈品比较喜欢

选择高端的杂志媒介做广告，或者在机场和高铁站投放很多户外广告。一些生活类的日常用品除了需要在电视上做广告外，还要抓住各大电商品牌的广告促销时机，特别是"双11"，很多生活用品会联手天猫和淘宝做很多促销广告。还有一些产品会选择行业的杂志媒介做广告，比如汽车品牌会选择汽车杂志或旅游杂志来做广告。

（4）有效实现广告传播目标。

广告的媒介投放是实现广告传播目标的关键一步。没有广告媒介投放，广告就无法触达其目标消费群体，也就无法实现广告传播目标。广告传播目标实现的程度取决于广告媒介投放的科学程度。越科学的广告媒介组合投放，越能够实现广告传播目标。

二、广告媒介的分类与特征

（一）广告媒介的分类

1. 按照媒介的形式来分类，可以分为传统大众媒介、PC网络媒介、移动网络媒介与移动户外体验媒介

传统大众媒介主要包括电视、广播、报纸、杂志以及传统的户外广告。PC网络媒介主要是门户网站、电子邮件、社交网站、搜索媒介、视频网站、行业网站、微博等。移动网络媒介事实上是PC网络媒介的移动化，也就是PC网络平台上的媒介都可以通过移动手机来发布信息与内容，同时一些专门针对移动端的APP以及因移动网络诞生的微信是移动网络媒介的主要代表。移动户外体验媒介是指随着移动互联网的发展，传统的户外广告都接入了移动互联网，包括公交视频、地铁电视、超市视频、电梯视频等。另外，伴随着AR与VR的发展，户外广告越来越移动化、互动化与网络化。事实上，当下是媒介大融合的时代，即使是传统的媒介（如电视与报纸、杂志等）都拥有移动端和微信公众号等，在实际的媒介应用中已经不能严格将传统媒介与移动互联网媒介割裂开来。

2. 按用户的感觉来划分，主要分为听觉广告媒介、视觉广告媒介、视听觉广告媒介、视听觉融合的互动性广告媒介

听觉广告媒介通常指以声音为主的媒介，在大众传播时代，广播是其主要的代表。在移动互联网时代，广播取得了新的发展，移动网络广播获得了更多用户的青睐。各大网站的音乐平台都取得了较大的发展，如腾讯音乐、网易云音乐等；另外一些提供优质的听觉内容的媒介主要有喜马拉雅FM、蜻蜓FM等。视觉广告媒介主要指报纸与杂志媒介，在移动互联网时代，我国的报纸与杂志的广告经营额总体上虽有下滑，但由于我国传媒的特殊管理体制与经营机制，一些有较大影响力与公信力的报纸与杂志依然存在一定的市场。视听觉广告媒介主要是指电视和网络，电视和网络可以给观众提供优质的画面、甜美的声音以及动画等。电视属于大众媒介，网络属于互动的新媒介，相对于电视来说，网络可以让用户更多地参与其中。视听觉融合的互动性广告媒介主要包括移动网络媒介和一些户外的互动媒介。移动网络媒介不仅可以提供画面、声音和动作，还可以与用户及时互动。同时，户外的一些互动媒介也会借助移动互联网技术，鼓励用户参与其中，将线上活动与线下活动相结合，给用户一种不同的身临其境的互动体验。

3. 按媒介影响范围分类，可分为国际性广告媒介、全国性广告媒介与地区性广告媒介

国际性广告媒介指的是在全球发行、全球覆盖、全球使用的媒介。近些年，越来越多的中国主流媒介实现了国际化，如央视的国际频道、央视的新闻频道、人民日报海外版、CHINADAILY等等。新媒介方面，微博与微信都成为全球华人共享的社交媒介。全国性广告媒介有中央电视台的各个频道、省级卫视、全国发行的报纸与杂志媒介以及各种新兴的新闻客户端、社交媒介平台、视频平台等。地区性广告媒介主要是在一定的区域（某个省或某个城市）经营的媒介，比如南方都市报、广州体育频道等都是针对广州市场的媒介。

（二）广告媒介的特征

依据以上的划分，广告媒介的类型繁多，每个不同类型的广告媒介的特征也存在差异。由于广告媒介种类太多，这里无法一一介绍其特征。以下将选择几个重要的广告媒介，分析其存在的特征。

1. 电视广告特点

电视是集图像、声音与动画于一体的视听媒介，它是传统媒介中最重要的代表。即使在移动互联网时代，电视节目与电视广告还是具有较高的覆盖率与较强的影响力。传统电视广告的主要形式有：时段广告、栏目广告、套装广告、栏目赞助及影视植入广告等。电视广告的优点有：①它是视听综合的媒介，声音甜美、图像清晰。②全国性的电视媒介，如中央电视台及省级卫视的广告覆盖率较广，全国的观众都可以接收到。③电视媒介在我国被认为是权威性与影响力最高、最强的媒介，在这种媒介上做广告也被认为可信度较高。企业界流传一句话：想成为全国品牌，必须去央视做广告。电视广告的缺点有：①电视广告的价格相对昂贵，它是以秒来计费，一般小型的广告主可能无法在电视上长期投放广告。②电视广告信息稍纵即逝，不易保存。③电视广告是大众的、单向的传播，互动性不够。

由于我国电视媒介数量众多，每个电视台又拥有众多不同的节目，包括电视剧、新闻、体育、娱乐节目、文化节目及亲子节目等，广告主在电视媒介上投放广告时，也需要进行科学的调研与分析，做出合理媒介组合策略。

2. 广播广告特点

广播是传统四大媒介之一。广播广告的优点是：①它解放了人们的眼睛，利用声音符号来传达情感，声情并茂，让听众记住产品或品牌。②广播广告传播突破了时空的限制，广告传播范围无限扩大。③广播广告的价格相对于电视广告要低廉。广播广告的缺点是：①它的广告信息也是稍纵即逝，无法保存。②它在传播广告信息时没有图像和动作，只有声音，比较单调。③它也是一种单向的信息传播，互动性较弱。

广播电台主要提供四种类型的广告时段。一是提供节目广告，电台划出一段固定的节目时间，这段时间的节目名义上由广告客户提供，提供节目的客户可以在节目中插播广告，提供节目广告一般收费较高。二是插播广告，就是在节目之间播出的广告。三是电台广告节目，在一个固定的时间段里，连续播放数家广告客户的广告。插播广告和电台广告节目通常按照一般的标准收费。四是报时广告，在报时的时间间歇播出广告，通

常是手表企业的广告，报时广告既是广告，也提供报时服务，听众的关注度比较高，广告价格也相对较高。广播广告一般有60秒、30秒、15秒、5秒等规格，对于录播的广告，时间有严格的限制，而有播音员或节目主持人现场播音的广告，时间限制则没有那么严格。

3. 报纸与杂志广告特点

报纸与杂志属于传统的印刷媒介。报纸与杂志广告基本上属于静态的、平面的视觉广告，都比较容易保存，并且能承载大量的广告信息，也就是可以将广告产品信息叙述得很清楚。其缺点是互动性不强，没有声音和动作，吸引力不够，特别是在移动互联网环境下，年轻人已经很少看报纸和杂志了。在新的媒介环境下，报纸与杂志也在不断地实现媒介融合，将内容与用户间的渠道隔离打通，平台成为连接用户、内容和消费三方的通道，目前多数报纸和杂志都有电子版或微信公众号。

一般来说，报纸广告的版面大致可分为以下几类：跨版、整版、半版、双通栏、单通栏、半通栏、报眼、报花等。究竟选择哪种版面做广告，要根据企业的经济实力、产品生命周期和广告宣传情况而定。如果某个品牌首次在一个报纸媒介上投放广告，在广告经费预算允许的条件下宜选用较大版面的新闻式与告知式广告，以引起读者和目标消费群体的注意；而后续的广告可逐渐缩小版面，通过多次曝光以强化消费者记忆。

杂志广告具有针对性强、保留时间长、传阅者众多、画面印刷效果好等优点。缺点是一般发行量不如报纸，因此，广告覆盖面小，由于多为月刊，广告截稿时间早，信息传递不如报纸、广播、电视及时。

4. 微博广告特点

微博是指一种基于用户关系信息分享、传播以及获取的通过关注机制分享简短实时信息的广播式社交媒介、网络平台，用户可以通过PC、手机等多种移动终端接入，以文字、图片、视频等多媒介形式，实现信息的即时分享、传播互动。2009年8月新浪推出"新浪微博"内测版，成为门户网站中第一家提供微博服务的网站。此外还有腾讯微博、网易微博、搜狐微博等。微博有媒介特性，更适合进行企业品牌曝光，维护公共关系和媒介关系，也可以进行客户关系的维护，微博是一对多的，适合扩散消息，其优势在于有大量陌生人来参与。

微博广告互动性强、参与性强，比较容易形成话题效应，生成粉丝。微博的用户属性决定了现在微博上绝大多数的内容都是和娱乐相关的：用户群体中80后占了绝大多数（微博上80%左右的用户为17～33岁）。他们使用微博的主要目的也不是学习或者检索信息，而是单纯地想要放松心情，见识新鲜事物。另外，二、三、四线城市的用户群体占到整个微博活跃用户的七成以上。一般来说，企业依靠传统的广告形式渗透到三、四线城市是比较困难的一件事情，但微博提供了一个良好的覆盖中小城市的渠道。

目前运营最好的是新浪微博，它有专门的粉丝通来运营微博传播。新浪微博粉丝通就是帮助广告主在微博推广时在新浪微博上投放广告的工具。粉丝通有三种广告投放形式：博文推广、应用推广、账号推广。不论是哪种形式，都会根据用户的属性和社交关系将广告信息进行精准投放。新浪微博的粉丝通有两种计费方式：

CPM：按照微博在用户信息流中曝光人次进行计费。只有博文推广能选择CPM。

CPE：按照发生的有效互动计费，其中互动是指转发、点击链接以及点关注、收藏、赞。三种推广形式都能选择CPE作为计费方式。

5. 微信广告特点

微信广告是基于微信生态体系，整合朋友圈、公众号、小程序等多重资源，结合用户社交、阅读和生活场景，利用专业数据算法打造的社交营销推广平台。微信广告本质上是一种信息流广告，信息流广告早已在国外的社交平台Facebook和Twitter被广泛使用，它是指在用户接收的消息之间插入广告信息的一种广告形式。与传统广告不同，信息流广告是利用大数据技术对社交群体属性识别分类后进行定向投放的，具有针对性、互动性和智能性。例如，根据性别、年龄、爱好、地理位置等标签进行用户细分，在此基础上用算法为每位用户个性化定制广告，使不同的广告内容与不同的用户之间做到精准匹配，从而降低广告的骚扰度。[1] 微信朋友圈广告利用其"圈"和"群"的社交优势，以类似于朋友原创内容的形式，对微信用户进行画像，再通过实时社交混排的算法，基于信任关系进行互动传播。[2]

案例

米兰婚纱摄影的微信传播活动[3]

一、品牌故事

米兰婚纱摄影集团于1996年成立，是一家以婚纱摄影为主，兼具婚庆、个人写真、儿童摄影、休闲娱乐、旅游等服务的大型集团。

二、营销痛点

1. 市场竞争激烈
2. 获客成本高
3. 有效流量减少

三、营销目标

预期客资成本：平均成本120元

目标：收集销售信息，促成订单转化。

四、投放方案

年龄：20～35岁

性别：全部

地域：江西省

兴趣：不限

素材：投放目标人群为20～35岁的年轻人，因此素材选择以唯美场景式拼接9宫格形式形成故事感，结合当地特色油菜花引起共鸣，再加上强势活动力度、简单明了的转

---

[1] 贺翀：《微信朋友圈广告的传播特征及效果》，载《青年记者》，2015年第20期。
[2] 孙玉凤：《微信朋友圈广告互动传播的优劣势探析》，载《东南传播》，2015年第3期。
[3] 案例来自腾讯广告网：https://e.qq.com/success/8469/?showtype=2, 20190806.

化入口。

广告形式：以未婚或者新婚的年轻人为主，脱离传统王婆卖瓜的口号式吆喝，站在普通网民角度警示下单需谨慎，轻松愉悦的价目表参考，成功引起网民注意（图10-1）。

五、营销成效

总曝光量1000万+，这期投放共收集了1000+条信息线索，成本也远低于预期，超出客户预期效果。

图10-1　米兰婚纱摄影的微信朋友圈广告

6. 短视频平台广告特点

短视频平台近些年异常火爆。随着移动互联网的发展，短平快的大流量传播内容逐渐获得各大平台、粉丝和资本的青睐。微博、秒拍、快手、今日头条纷纷入局短视频行业。目前比较火爆的短视频平台有快手、抖音、火山等。

2012年11月，快手从纯粹的工具应用转型为短视频社区，成为用户记录和分享生产、生活的平台。随着智能手机的普及和移动流量成本的下降，2015年之后获得快速发展。抖音是今日头条旗下的一款可以拍短视频的音乐创意短视频社交软件，该软件于2016年9月上线，是一个专注年轻人音乐的短视频社区。用户可以通过这款软件选择歌曲，拍摄音乐短视频，形成自己的作品。火山小视频是内嵌于今日头条的短视频APP，是一款15s原创生活小视频社区，通过小视频帮助用户迅速获取内容，展示自我，获得粉丝。抖音、火山短视频都属于巨量引擎公司，这些短视频平台的广告投放都拥有智能化工具，能够帮助广告主制作广告创意，同时进行效果优化。

不过短视频平台群体活跃的大多数是年轻人，尤其是以此为生的网红，个别短视频平台因为内容不健康受到有关部门的批评。因此，广告主在选择短视频投放广告的时候，不能只是为了博得眼球，要找到特定的目标群体，做针对性的传播。另外，在传播内容上，尽量选择一些正能量的话题来展开互动。

> 案例

文具行业抖音首秀！玩出营销新思路[①]

一、品牌故事

得力集团始创于1988年，主要生产各类文具和办公用品，目前已成长为国内的综合文具供应商。2010年荣获浙江名牌产品，浙江出口名牌，中国文教体育用品行业标准化工作先进企业；2011年中国民营企业制造业500强第374位；2012年荣获宁波市"百强企业"称号。

二、营销背景

作为中国的办公与学习用品产业集团，创建于1988年的得力集团成为率先踏入这片流量蓝海的文具品牌。以"开学抖文具"作为挑战赛主题，得力为抖音用户进行自由创作提供了低门槛与大空间，也为挑战赛产生大量优质内容奠定了基础。

三、营销目标

得力希望通过抖音挑战赛、多平台引流、公益行动的多方配合，发挥平台优势，激发用户参与热情，提升传播广度和参与效果，同时彰显出得力践行品牌社会责任，也为线上线下传播打造闭环，为挑战赛带来长尾效应，实现数据与口碑双赢。

四、营销策略

1. 开学抖文具+回忆杀贴纸

伴随着抖音的崛起，"抖"已然成为一个拥有宽泛含义的动作："抖"，可以是炫技巧，可以是秀萌宠，还可以是晒厨艺……层出不穷的"抖"使"抖"字的词义不断外延，也带动抖音平台的内容生态趋向多元化。如今，"抖"甚至超越了平台的界限，成为广义上"有态度"的代名词。

得力充分洞察当下这一全民共"抖"的时代个性与社会文化，在抖音挑战赛主题的选择上，将自身深入人心的代表品类"文具"与抖音特有语境相融合，同时高度契合"开学季"这一全民热议的时间节点，助推话题升温发酵。

以"开学抖文具"作为挑战赛主题，得力为抖音用户进行自由创作提供了低门槛与大空间，也为挑战赛产生大量优质内容奠定了基础。众所周知，抖音挑战赛定制贴纸能够有效调动用户参与热情，已成为屡试不爽的刷屏利器。在#开学抖文具#挑战赛中，得力特制专属2D动态贴纸，以人脸识别方式出现手绘头箍和红领巾，其中，头箍以得力文具夹为主体，打造活泼形象，"开学红领巾"元素呼应节点，引发大批用户回忆杀，霸屏出镜的便利贴和小气泡则力保品牌的合理露出。最终统计结果显示，贴纸的使用既有效强化了品牌记忆，也为交互增添了无限趣味。

2. 红人领衔强势引流，用户嗨翻引爆关注

上线至今，抖音平台已孵化出众多拥有顶级流量的头部达人，他们也成为品牌看好的引流利器。本次#开学抖文具#挑战赛，得力邀请@刀木熊先生、@大小v、@小雾宝宝三位风格迥异的达人参与，以脑洞与特长完美融合各自风格与品牌特色，助推挑战赛

[①] 案例来源于巨量引擎网：https://www.oceanengine.com/case/63，20190806.

不断升温，带来超316万的视频播放量。红人领衔强势引流，普通用户的优质原创内容同样具备号召力。普通白领用户@BAGUCATTLE佩戴自制得力文具首饰，打造出独特时尚感，彰显了年轻一代职场生活中的个性与态度。围绕文具，用户各显神通，和品牌一起打破了过去大众对于得力文具和开学季的刻板印象，超过6万条的创意短视频向世界宣告，文具还能这样玩，开学也能这么嗨！

3. 七大社交平台全网曝光，线上线下形成闭环

为发挥平台优势，激发用户参与热情，提升传播广度和参与效果，得力#开学抖文具#挑战赛的传播矩阵覆盖抖音站内开屏、热搜、发现页banner、信息流等优质资源，全面覆盖站内用户路径。站外资源方面，得力联动天猫、京东电商平台，在百度搜索醒目页面相互引流，引导用户参与#开学抖文具#挑战赛，同步激活多平台用户。此外，得力还在今日头条、微博、微信发起特色倒计时海报传播与有奖互动，为挑战赛预热造势，引发更强曝光。

挑战赛顺利收官的同时，得力文具还携手头条公益为20家aiKID益童乐园的孩子们送去近万份开学彩笔套装，助力孩子们用手中之笔画出心中所梦。线下公益活动既彰显出得力践行品牌社会责任，也为线上线下传播打造闭环，为挑战赛带来长尾效应，实现数据与口碑双赢。

快速增长的用户规模、平台活跃度和商业价值已使抖音成为众多品牌首选的传播阵地，而对于传统行业来说，借助抖音平台的创新营销方式依然有待探索。

五、营销效果

#开学抖文具#挑战赛上线7天累计收获超过1.5亿播放量、6万参与量。挑战赛紧扣"开学季"这一节点，定向品牌目标画像人群，使品牌主页@得力文具获涨粉1.7万、点赞8.6万。沉淀大量潜在用户的同时，也为文具品牌全国抖音挑战赛写下里程碑式的辉煌战绩，成功打造文具行业短视频营销标杆式案例，开启品牌"圈粉"新征程（图10-2）。

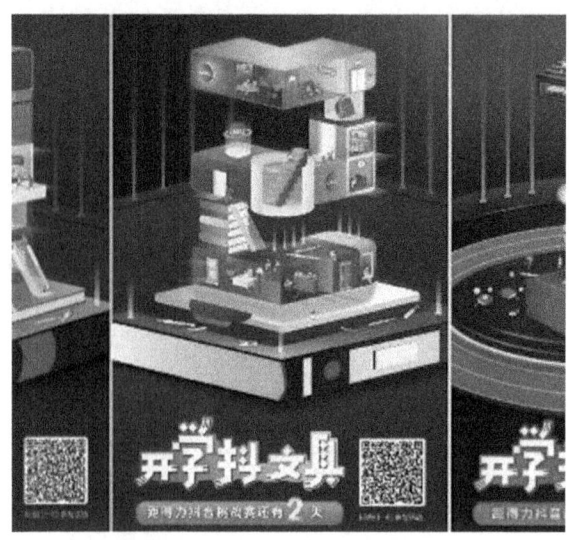

图10-2　得力文具抖音传播

第二节 广告媒介策划基本原理

一、广告媒介策划的背景

在移动互联网时代，各种广告媒介层出不穷。除了传统的大众媒介之外，各种新兴的、年轻人喜爱的媒介不断涌现。近几年，微信、今日头条、知乎、抖音、快手、哔哩哔哩等平台发展十分迅猛。随着媒介不断细分化、小众化，媒介数量日益增长，媒介数量的不断增多是广告媒介策划产生的一个重要背景。也就是说，如果没有广告媒介策划，广告主就无法选择在哪些媒介与平台来投放广告。同时，在广告产业中，除了广告公司与媒介之外，随着专业分工的细化与技术的发展，出现了各种专业的媒介咨询与购买公司、媒介大数据公司。在大众媒介时代，这些广告媒介咨询公司已经发展得比较成熟。在移动互联网时代，更是出现了依赖于各种广告媒介资源的公司，如有米科技、精硕科技、品友互动等。另外，整合营销传播理论在营销传播界兴起，要求媒介传播统一的声音与一致的形象，而品牌的这种统一声音与一致形象必须由科学的媒介策划来实现。否则，广告主的声音和形象无法实现一致与统一。

二、广告媒介策划的概念

广告媒介策划是广告策划中的重要组成部分，它既与广告总体策划有关系，又可作为独立部分进行策划。广告媒介策划（media planning）又称广告媒介计划，包括广告媒介战略和广告媒介策略两大部分。它是在对广告受众媒介调查和分析的基础上，对不同的广告媒介进行有效的组合，使广告信息能在适当时机、适当场合传递给目标群体与用户，从而实现广告传播目标。媒介战略与广告战略是一致的，媒介战略指导着媒介策略（包括媒介购买与媒介投放）各个环节的执行。媒介战略规定着本次广告运动媒介选择的重点，它受到品牌定位及其发展战略影响。媒介策略是媒介战略具体执行的策略，包括媒介组合策略、媒介购买策略、媒介投放策略等。

广告投放的媒介策划是整体广告活动中一个重要的环节。广告需要通过一定的媒介才能把广告内容传递给消费者，消费者通过广告和媒介了解产品和品牌，进而形成对品牌的态度。因此，媒介策划不仅要利用广告不断地重复来加强消费者的记忆，还要考虑如何在消费者实际接触媒介的现实环境中，寻找到最佳接触时空，使计划的广告内容传送能实际进入消费者记忆中。

媒介策划可以为广告活动的效果检测提供依据和参考。在广告活动中，必须经常性地、定时地检验媒介策划的执行效果、计划接触人口的到达率、广告知名度、广告信息的理解程度；分析媒介支出与实际产品销售率、占有率的变化关系等，以检视策略执行的准确性和目标的达成，累积市场经验，提升判断品质。

三、广告媒介策划的要素

广告媒介策划的要素主要包括以下几个方面：
（1）广告媒介投放给谁看？也就是目标对象是什么人？
（2）在哪些市场投放广告？也就是广告媒介投放的地理位置在哪里？是面向全国市场投放？还是上海市场？广东市场？西南市场等？
（3）何时投放媒介广告？也就是媒介排期如何？
（4）广告媒介投放多久？也就是每个不同的媒介广告投放的比重是不一样的。

四、广告媒介策划程序与内容

广告媒介策划的程序如下：
（1）确定媒介策划的目标。
（2）分析广告媒介投放的目标消费者。
（3）收集不同的媒介或移动新媒介平台的广告信息。
（4）分析竞争对手广告媒介投放的特点。
（5）确定广告媒介投放与组合策略。
（6）拟定广告媒介投放的具体排期。
（7）广告媒介实地投放与执行。
（8）广告媒介投放过程监测。
（9）广告媒介投放的效果评估与反馈。

根据广告媒介策划的程序，广告媒介策划的内容主要包括以下几个方面。
（1）制定媒介传播目标。

媒介传播目标与广告目标紧密相关，是广告传播目标的体现。媒介传播目标一般包括广告运动直接传播的效果与因广告运动带来的品牌的效果。广告直接传播效果通常的衡量指标是：广告的到达率、广告的点击率、广告的阅读率、广告的互动参与的情况、广告的受喜爱程度、广告的认同度。品牌效果的衡量指标是品牌知名度、品牌美誉度、品牌忠诚度。因而，媒介传播目标要依据广告目标来制定，具体来说，很多广告主将媒介传播的目标定为提升品牌在全国市场的知名度，提高在目标群体中的美誉度，培养目标群体对该品牌的忠诚度。

（2）确定最佳的媒介组合策略。

媒介组合策略的制定是媒介策划（计划）的核心，也就是说，在媒介策划过程中，要回答的核心问题是：广告主怎样来组合媒介进行广告传播，才能实现广告目标？在大众媒介时代，媒介的数量有限，媒介组合策略相对简单；而在移动互联网时代，传统媒介与新媒介平台互相融合，数量众多，对媒介的有效组合非常关键。不过，在移动互联网时代，一个不可否认的事实是，大多数消费者及用户都已经习惯使用移动的、智能的手机媒介，也就是说消费者多数是通过移动网络来获取信息、购买产品。所以，广告主在做媒介策划时一定不能忽视移动社交媒介的力量。那么，针对一次具体的广告运动，媒介到底应该如何组合呢？需要考量以下因素：

①选择广告主产品的目标消费群体经常接触的媒介与新媒介平台。比如，一个定位高端的品牌，应该选择高端人群经常接触的媒介，而不是选择流量最多的媒介平台。当然，对于大众日常消费品来说，可以选择年轻人聚焦的媒介平台。比如，王老吉曾经选择与抖音合作，取得了不错的品牌曝光率，增强了王老吉与年轻人的互动关系。

②将移动的新兴媒介平台与传统大众媒介进行有效组合。新兴的、移动的媒介平台传播的互动效果比较好，年轻人很喜欢，同时这些互动的传播是基于大数据的用户画像，会实现"品效合一"的广告效果。但是传统大众媒介，尤其是电视媒介依然拥有一部分高端人群，特别是中央电视台的各个频道比较适合做品牌形象的传播。

（3）选择合适的传播时机。

媒介传播时机对于媒介的广告效果的实现尤为重要。媒介传播时机要回答的就是针对不同的媒介广告主应该何时做广告。决定媒介传播时机需要考虑以下因素：

①传统节日的时机。

一年365天中，有不同的重要节日，节日对品牌传播的意义重大。每年的春节、元旦、国庆、中秋、端午、七夕、情人节等都是重要节日。很多品牌在春节专门做广告的投放，比如可口可乐、百事可乐、汇源果汁、伊利、蒙牛、王老吉等等。当然，品牌也会选择其他节日做媒介投放，比如德芙巧克力会选择情人节与七夕节等来做广告活动。

②商家促销节日时机。

中国是全球最活跃的市场，中国的电子商务非常发达源于商家会"造节"。比如淘宝的"双11"、京东的"6·18"、小米的"米粉节"等等。这些节日产品销售异常火爆，广告主当然不能错过。

③各个媒介差异性的传播时机。

由于媒介属性不同，每个媒介的传播时机也存在差异。常规来说，传统电视媒介最好的传播时机应该是晚上7到9点之间，而广播媒介最好的传播时机应该是早上7到9点之间。另外，电视媒介的传播时机的好坏与它的节目内容密切相关，如果某个节目很受欢迎，那么在这个节目前后投放广告都是不错的时机。对于社交媒介平台来说，基本上不存在特别的时机，因为移动互联网传播突破了空间与时间的限制，用户基本上都是用碎片时间去浏览内容与观看视频，比如上班族习惯在上下班的地铁上使用手机。但是，针对不同的社交媒介平台，也存在一定的传播时机。这个时机主要是网络上的话题及事件时机，广告主可以借助某个重要事件的时机来进行广告投放。

④大型活动/事件的时机。

大型活动与事件是全社会关注的事情，选择该时机进行广告的媒介投放，会吸引更多的注意力。比如奥运会、世界杯、世博会、亚运会、博鳌论坛等。奥运会与世界杯已经成为很多实力雄厚的广告主不能错过的营销时机，也就是通常说的"奥运营销"与"世界杯营销"。如，可口可乐与阿迪达斯基本上每次都会成为奥运会的Top赞助商。可口可乐的对手百事可乐、阿迪达斯的对手耐克虽然可能没有拿到Top赞助商，但也会为奥运的时机做各种广告活动及进行媒介投放。

⑤广告预算决定媒介时机的选择。

广告主在进行媒介投放时是否一定要选择最好的时机呢？这要取决于广告预算。在广告预算充足的情况下，当然要选择最好的媒介时机；但是在广告预算有限的情况下，对于不同媒介的投放时机也需要进行有效组合，这样才能实现广告效果的最大化。

（4）广告媒介的具体排期。

广告媒介的具体排期是广告投放的具体日期安排。在移动互联网时代，每一次广告运动的媒介排期应该包括传统媒介的排期与新媒介的排期。传统媒介的排期主要指电视、报纸、杂志、电台等播放与刊登的排期。移动互联网媒介排期主要指新闻客户端、搜索引擎、视频网站（优酷、爱奇艺等）、短视频平台（抖音、火山、快手等）、电商平台（天猫、京东、小米、苏宁、网易严选等）、微博、微信等。基于移动互联网媒介的投放，一般是以一个活动或项目来运作。另外，还有户外广告、OTT广告的排期等等。总之，广告媒介的排期要做到尽量具体、细致。

（5）广告媒介投放监测和控制。

为了实现广告效果，必须对广告媒介投放进行监测和控制。为了保持公正性与数据的真实性，广告媒介投放监测和控制一般聘请第三方公司来执行。当然，广告主内部的品牌管理人员也可以参加广告媒介投放的监测与控制。如果广告主建立了广告投放的实时监控系统，会更加真实地观察到广告媒介投放执行的情况。

（6）广告媒介投放情况总结。

每一次广告媒介投放之后，也就是广告运动结束之后，广告代理方（或者广告媒介实施平台）都需要向广告主提交一份广告媒介投放情况总结，让广告主了解广告媒介投放的具体情况。

第三节　移动互联网时代广告媒介选择的标准

一、影响广告媒介选择的综合因素

广告媒介的选择需要综合来考虑，不是单纯考虑哪个媒介影响力大，就在哪里做广告，也不是单纯考虑哪个平台流量大就在哪里投放广告。综合来说，以下几个方面都会影响广告媒介的选择。

1. 媒介平台定位

选择广告媒介首先要对不同互联网平台的定位有所了解，甚至对不同平台的不同自媒体人的定位都要十分熟悉，包括其定位领域、层次、目标人群、影响力、购买价格等等。如抖音和快手都是目前流行的短视频平台，都坐拥亿级月活跃用户，但其定位却有所不同。抖音的重传播的另一面必然是对爆款的追求以及对触达用户数的关注，抖音上许多颜值高、才艺好、制作精的视频就对普通用户设置了相对较高的门槛；快手记录和记录者一直被放在了平台的最高位置，快手的"普惠"算法尽可能降低记录门槛，鼓励更多记录者产生记录行为，让用户精准连接和互动，缓解个体孤独感，提高幸福感。抖音用户更多集中在一、二线城市，多为年轻群体，抖音从音乐、舞蹈切入短视频，讲究创意、传播和参与性，内容主要是供用户娱乐消遣，本质上是"杀时间"的消费品；快手目前的用户群既有一线城市，也包括二、三、四线城市乃至乡镇农村的长尾用户，能够最大限度呈现中国地域多元、经济多元、人群多元与文化多元的特点。因此，掌握不同媒介平台的基本定位，是进行广告媒介选择的基础。

2. 目标群体

进行广告媒介平台的选择，必须考虑广告的目标群体。不同的目标群体，其日常生活习惯、年龄、职业等背景决定了其接触媒介习惯、兴趣内容的不同。人们在日常生活中往往会根据不同需要选择不同媒介以获取知识、信息或谋求消费指导，这种对媒介的选择及接触习惯对广告效果的影响很大，所以，广告主选择媒介必须是理性和有针对性的，不能盲从；必须是适应需要的，广告媒介必须拥有最多对广告对象感兴趣，有需求量的受众。[1]如目标群体以年轻女性为主，可选小红书等女性粉丝受众较多的平台。明确广告传播的目标群体，可以从大类上初步选择广告媒介平台或自媒体人的风格。

3. 产品与品牌

（1）产品或品牌定位与媒介选择。

不同的媒介平台对产品的表现能力是不一样的，因此，进行广告媒介平台选择时还需考虑自身产品定位。企业要根据自己的产品定位来找准媒介点，并不断分析、预测媒介受众兴趣爱好的发展趋势。如产品定位为高端层次，则选择一线城市用户为主的网络平台或金融、美妆类平台进行广告投放。如房地产产品选择本地报刊电子化平台进行投放；汽车选择垂直类网站或自媒体人进行投放等。网络平台或自媒体人的定位与产品的定位关联度高才是广告投放的好的媒介选择。

（2）产品特性与媒介选择。

二者的关系体现在两个方面：一是商品销售与广告媒介在时空上要一致。商品的销售有一定的时间性和地域性，部分商品旺季和淡季的销量更是相差很大，因此在不同的区域、不同的时间节点，要选用合适的媒介。如在商品旺季来到之前，在时效性强的媒介上投放广告。二是商品的特点与广告媒介的性质要一致，如果商品性能简单，那么可以选择视听类媒介，如果商品性能复杂，则可以考虑以印刷媒介来详尽介绍商品信息。

（3）产品生命周期与媒介选择。

产品的生命周期分为产品导入期、成长期、成熟期和衰退期四个阶段，在不同阶段，媒介策略的选择也有所不同。在产品的导入期，应当增加产品的曝光率，让更多的消费者接触和了解这一新的产品，因此，推出新产品的初期，往往也是广告最为集中的阶段，可能会在电视、网络、地铁、公交站等众多渠道同时投放；而在产品的成长期，需要与竞争对手进行区分，在消费者心目中留下独特印象，这时能够突出产品特点的媒介更值得选择；进入成熟期，维系客户变得十分重要，了解用户的媒介接触习惯，有针对性地进行投放，会收到更好的效果。

---

[1] 翟年祥：《广告学教程》，成都：四川人民出版社，2001年。

案例

江小白的产品定位与广告媒介选择

江小白定位于85后的年轻人,其产品包装简洁时尚,将无镜片黑框眼镜、暗格休闲西服、英伦风格的黑白格子围巾,有点不屑和呆萌,虽然外表低调但内心狂野的卡通形象与白酒产品紧紧结合在一起,让年轻消费者一见到江小白就能被其吸引。同时江小白在制作产品时还调低了酒的度数(45度),但却还是保持了普通白酒应有的品质和味道,让年轻的消费者更能够接受白酒。江小白目前推出了3款产品,分别是语录版江小白、风格版江小白和Mini版江小白。这三款白酒的容量大都是100ml到300ml之间,是属于中高档的小瓶酒,这样的大小更容易让年轻的消费者接受,同时也能在消费场所尽可能地消费完产品,符合当下的节约主张。同时江小白还推出不同的喝法,比如"小白放牛"就是将江小白和红牛维生素功能饮料按照一定的比例调和,除此之外,江小白还可以同牛奶、雪碧等饮料兑在一起饮用。这些方法无疑增加了饮酒的趣味,让更多的消费者更想选择来试一试白酒的新饮法,从而促进小瓶白酒的销量。

广告媒介受众:根据江小白产品定位,其媒介受众应该是80后、90后这样一批年轻消费群体,传统媒介对其影响力较小,因为年轻消费者很少花时间收看电视节目,也很少收听广播或者阅读纸质报纸和杂志。随着互联网的发展,年轻消费者都将获取信息的渠道转向互联网,同时互联网上也具有大量吸引年轻消费者的事物,例如微博、网游、网上购物等。而且这个群体乐于接受新事物,消费追求时尚,敢于表达自己的主张,个性突出。因此从这个方面来讲参与度高的媒介更容易让他们接受,例如微博、微信等。

与此同时,大量的年轻消费群体因为刚刚踏入社会或者刚刚参加工作,他们的整体消费水平不高,制约了他们的消费。并且在餐桌饮食文化上年轻的消费群体并未继承上一代的餐桌礼仪和饮酒习惯,他们在餐桌上不再是玩儿命地敬酒、灌酒,而是自斟自饮、点到为止,更多的年轻人选择啤酒、葡萄酒甚至可乐、果汁代替白酒。

媒介时机:江小白可以说是一个近乎完全依赖于社交媒体而造势出来的品牌。江小白在新浪发布第一条微博的时间是2011年12月27日,其内容则是:我是江小白,生活很简单!到目前为止,江小白发布微博近8000条,粉丝数超过10万。每条微博都有粉丝参与互动,这是其他小酒品牌无法比拟的。2011年是微博快速发展的时期,其交互性、便捷性以及能让人更好地展示自己的特点让其备受广大年轻消费者的追捧。江小白看准这一时机,在微博上建立自己的账户。同时根据自己的品牌形象,将微博的运营完全拟人化,在微博上江小白对粉丝的及时回复都以小白哥自称,而且当发生社会事件时,都第一时间站出来以表明自己的态度,具有鲜明的性格和特点。除了微博之外,微信也成为江小白的营销渠道之一。最近几年来微信迅速被年轻受众接受,江小白自然不会错过这个时机。在微信营销刚刚起步时,江小白就建立了除了微信公共账号之外的"小白哥"的私人账号。该账号由专人负责维护,并不属于江小白的任何一个员工。因为消费者可以通过这个账号和江小白分享自己的任何故事,哪怕是今天的午饭吃的什么,江小白都会认真回复消费者,这样做让江小白这个品牌收买到了更多的人心和获得了更多的忠实消费者。总之，在媒介时机方面，江小白把握了现在新媒体的发展时机，让他收获到了更多的目标消费者，借用新媒介的平台把自己时尚、亲民的品牌形象成功推出，是江小白获得成功的关键一步。

4. 广告内容

媒介是信息传播的载体，不同的信息形式需要不同的媒介来传播，如广播传递声音、纸媒传递图文、电视传递视频等。网络平台也一样，不同的网络平台或自媒体人其主要信息传播形式也不同。因此，在选择网络媒介时应考虑要传播什么信息、哪些平台能够传递这些信息。在广告的传播过程中，可能很多网络平台都能够将信息传递出去，但是传播效果的实现程度往往是不一样的。例如，图片、平面广告在微博传播的效果比在微信公众平台传播的效果好；视频类的广告适合在各大视频平台进行投放；音频类广告适合在各大网络音频平台投放；内容较为轻松诙谐的广告，可选择娱乐博主的自媒体平台进行投放；内容严肃大气的广告，可选择一些权威性较高的新闻平台投放等。

5. 经费预算

广告经费预算的多少是选择广告媒介的约束条件。选择何种媒介做广告，取决于广告预算。预算多，可采用多种网络媒介平台组合，拉长广告时间，或者选择覆盖面大、影响大的广告媒介。预算少，则只能选择一两种媒介平台组合运用，集中发布。一般来讲，广告媒介费用占广告活动整体费用的大部分，高的达70%～90%。部分网络意见领袖如微博网红、微信公众号百万粉丝大号，其广告刊例价甚至超过传统媒介，如某情感大号其头条推文植入广告曾经报价为50万元以上，令很多中小广告主望而却步。

6. 竞争对手

广告的最终目的是提高产品知名度、提升产品销量，是营销传播的重要手段。因此，在进行广告媒介选择时就不能只是看自己，也必须看到竞争对手的广告媒介选择情况，考虑竞争对手这个干扰因素。是采用和竞争对手一致的广告媒介策略，还是采用差异化的媒介策略，都是广告主进行广告投放时必须深思熟虑的。

二、常用的几个广告媒介评价指标

1. 点击率（CTR）

点击率是指网站页面上某一内容被点击的次数与被显示次数之比，它是一个百分比。反映了网页上某一内容的受关注程度，经常用来衡量广告的吸引程度。[1]例如，某网页被打开了1000次，而该网页上某一广告被点击了10次，那么该广告的点击率为1%。点击率是衡量广告信息传播范围的重要考虑因素。一般而言，广告主会根据网站或平台页面点击率的高低来决定是否进行广告投放，也是分析平台内容传播效果的重要依据。通常点击率越高的平台其广告刊例价格也越高。

---

[1] 点击率参考百度百科 https://baike.baidu.com/item/%E7%82%B9%E5%87%BB%E7%8E%87/968583?fr=aladdin.

2. 点击量

点击量是指在某平台进行内容展现时，如果用户对内容感兴趣，希望进一步了解具体信息，可能将会点击访问。一段时间内获得的点击次数称之为"点击量"。简单地说，点击量指内容被点击的总次数。例如，某网页被打开了1000次，而该网页上某一广告被点击了10次，那么该广告的点击量为10。

3. 访客数（UV）

访客数就是指一天之内到底有多少不同的用户访问了该网站。访客数要比IP数更能真实准确地反映用户数量。百度统计完全抛弃了IP这个指标，而启用了访客数这一指标，是因为IP往往不能反映真实的用户数量。尤其对于一些流量较少的企业网来说，IP数和访客数会有一定的差别。

访客数主要是以Cookie为依据来进行判断的，而每台电脑的Cookie也是不一样的。有些情况下IP数会大于真实的访客数，有时候访客数也会大于IP数。

4. 访问次数

访问次数是指访客完整打开了网站页面进行访问的次数。访问次数是网站的访问速度的衡量标准。如果访问次数明显少于访客数，就说明很多用户在没有完全打开网页时就将网页关闭了。如果是这样的情况，就要好好检查一下网站的访问速度了，看看到底是网站空间出了问题还是网站程序出了问题。访问次数一般会大于访客数。

5. 转化率

转化率=转化次数/访问次数。对竞价而言，转化率是关键词和访问页面的精准指标。转化率可以用来衡量网络营销的效果。如果用户在A、B两个网站同时投放了广告，A网站每天能带来100次用户访问，但是只有1个转化，B网站每天能带来10次用户访问，但是却有5个转化。这就说明B网站带来的转化率更高，用户更加精准，网络营销效果更好。

6. 平均访问时长

平均访问时长是衡量网站用户体验的一个重要指标。平均访问时长是用户访问网站的平均停留时间。平均访问时长=总访问时长/访问次数。如果用户不喜欢网站的内容，可能稍微看一眼就关闭网页了，那么平均访问时长就很短；如果用户对网站的内容很感兴趣，一连看了很多内容，或者在网站停留了很长时间，平均访问时长就很长。

7. 平均访问页数

平均访问页数也是衡量网站用户体验的指标。平均访问页数是用户访问网站的平均浏览页数。平均访问页数=浏览量/访问次数。平均访问页数很少，说明访客进入网站后访问少数几个页面就离开了。

8. 千人成本（CPM）

千人成本是将一种媒介或媒介排期表送达1000人或"家庭"的成本计算单位，是衡量广告投入成本的实际效用的方法。计算的公式如下：千人价格=（广告费用/到达人数）×1000，网络广告收费最科学的办法是按照有多少人看到广告来收费。按访问人次收费已经成为网络广告的惯例。CPM（千人成本）指的是广告投放过程中，平均每1000人分别听到或者看到某广告一次一共需要多少广告成本。

第四节 移动互联网时代广告媒介投放

一、基于整合品牌的价值传播选择媒介投放

移动互联网时代，广告主到底该如何来选择媒介投放？这是一个很复杂的问题。当下媒介传播环境比大众媒介时代更复杂，媒介种类与数量也更多。对于广告主来说，预算永远都是有限的，而对广告效果的期待则是无限的。但是，即使是在大数据的移动互联网时代，客观来说，在媒介投放上要保证不浪费广告主的一分钱还是难以做到的。因为大数据对用户画像的分析都是建立在用户在网络上的浏览、搜索与消费的记录上，却无法真正了解这些"足迹"后面的真正内在需求。为了确保广告投放的效果尽可能最大化，整合品牌最大价值，在进行媒介投放时需要考虑以下两个因素：

（1）基于品牌定位与核心价值来选择媒介投放。

产品是承载品牌的介质，品牌是产品的灵魂。产品做得好，如果没有品牌的价值与精髓，这个产品很快会被模仿，可能几年之后就被淘汰。品牌知名度虽大，但如果该品牌出品的产品接二连三属于劣质的、低档的，这个品牌也会被消费者唾弃。如果把产品与品牌合而为一看作一个人的话，产品就是这个人的美好的容颜与才能，而品牌是这个人美好的气质、思想与灵魂。在广告传播中，若要获得最大化的广告效果，除了介绍产品的特点与功能外，更重要的是传播品牌的核心价值。每一个品牌的核心价值都是独特的，每个品牌的定位对其核心价值都存在重要影响。广告主应该依据品牌的定位与核心价值来选择媒介投放与传播。比如，小米手机定位于年轻人，它的品牌核心价值是"为发烧而生"，企业的价值观是"永远相信美好的事即将发生"，企业的愿景是"让每个人都能享受科技带来的乐趣"。从中可以看到，小米的消费群体一定是年轻的、大众化的，这就注定小米手机不是特别高端化的品牌。因此，小米在选择媒介投放的时候，比较偏向选择年轻人的社区，比如小米和抖音合作，与哔哩哔哩合作等。

（2）整合传统媒介与移动互联网的媒介平台。

在移动互联网时代，单纯依靠传统媒介来做广告肯定是不能达成传播效果的；但如果单纯依赖移动互联网媒介平台来做广告，对于一些互联网原生品牌还是存在一定的效果的，比如依扎丁淘宝平台出现的很多淘品牌，主要有三只松鼠、韩都衣舍等。依托移动互联网平台最成功的一个品牌就是小米，2010年创立，2019年就进入世界500强。但是，这些崛起于移动互联网平台的品牌，在拥有充足的资金之后，也会选择传统媒介（如电视媒介、户外媒介）进行广告投放。因此，在移动互联网时代，广告主需要对各种类型的媒介进行有效的评估与对比，分析不同类型媒介的目标群体与定位，进而整合传统媒介与移动互联网媒介的平台，做出最优的媒介投放组合，以期实现广告媒介目标。

二、媒介投放的总体安排

移动互联网时代，广告媒介投放着重解决两个问题：一是投放时间和投放频次；二是在什么媒介平台投放广告。

广告的时间安排就是要确定广告在什么时间段进行投放、投放的密度以及其变化情况。广告的时间安排会配合产品的生命周期和销量情况，对产品的销售旺季和销售淡季分别给予不同的媒介投放支持。一般情况下，销售旺季会增加广告投放，反之则减少投放。需要注意的是，在销售淡季进行频次较高的广告投放，有可能会拉动反季节销售，既可以平衡生产与销售，也可以使得广告具备延续性，有利于加深用户对产品的印象和对产品的忠诚度。

此外，对于导入期的产品，应采取较密集的广告投放策略，充分利用不同的网络媒介平台到达最广泛的消费者层面，突出新旧产品的差异，向消费者介绍新产品的有关信息，使消费者对新产品有所认识，从而引起兴趣，产生信任感。同时要大力宣传产品的商标和牌名，不断扩大其知名度，促使最先使用者购买，并在带头人的推动下，争取更多的早期使用者。一般情况下，该阶段产品的广告投放时间有三种选择。一是"先广告后产品"，即在产品还未推出市场的时候便进行大量广告投放，在短时间内吸引消费者注意，促进消费者的主动搜索，从而加深对产品的认知。二是"广告产品同步"，即在推出产品的同时也刊登广告，广告投放时间与企业市场扩展保持同步，密切配合企业的市场进程。三是"先产品后广告"，即先把产品推向市场，再根据市场反应进行广告投放。

三、媒介投放的具体排期

媒介组合策略制定之后，要对媒介进行购买，广告代理方会根据广告目标和经费预算购买相应的媒介。媒介排期建立在媒介购买基础上，媒介购买之后，就会拟定一个可执行的媒介投放排期表。广告的媒介排期实际上就是制定具体的广告发布安排表，包括广告的刊登时间、刊登的密度和间隔等。广告的媒介排期模式如图10-3所示。下面主要介绍集中型、连续型、间断型、脉冲型的模式。

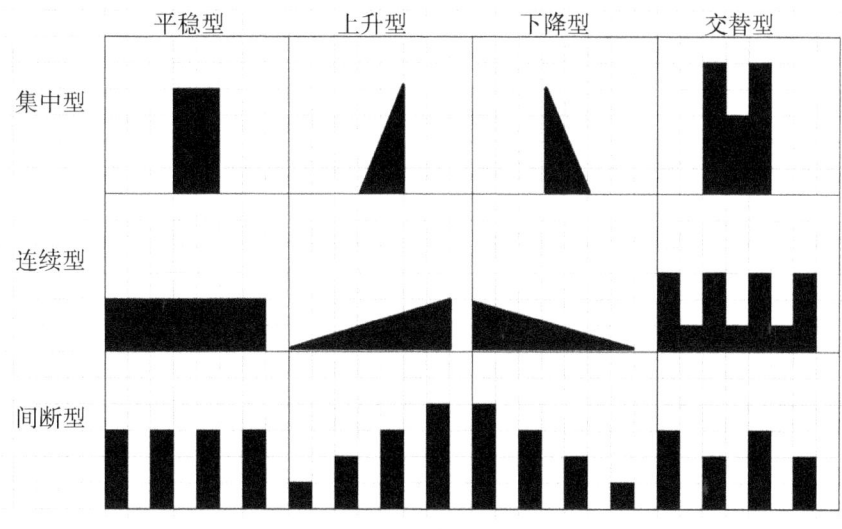

图10-3　广告媒介排期模式

1. 集中型

指广告集中在一个较短的时间内发布，这种排期方法常在产品集中于某一季节或者节假日销售时使用，有利于在较短的时间内形成爆发式、强大的广告攻势。集中型的广告投放优点是在短时间内能迅速吸引消费者的注意力，形成强烈的广告刺激，进而达到广告传播效果，并促成销售。缺点主要是花费大和风险高。集中的广告发布需要更多的购买媒介费用和更多的人力成本，且一旦广告效果未达预期很难进行有效调整。

案例

2018双十一广告的集中投放[①]

App Growing发布的《2018年双十一广告投放&Q3移动电商营销分析》显示，2018年Q3所追踪到的移动电商相关广告情报以及11月1日—11月8日双十一期间相关的广告投放数据呈现如下。

11月1日—11月8日，App Growing共追踪到4000+条双十一购物节相关的移动广告，其中以天猫为首的电商平台为广告投放主力军。家电品牌美的，护肤美容品牌丝芙兰，汽车汽配品牌福特，服饰品牌Nike在双十一期间的投放力度大。服饰鞋包、餐饮美食、数码家电为热门品类。腾讯社交广告渠道相关的广告数占比超过50%，涉及的广告投放总金额占比超过42.4%，成为"卖货热门渠道"。

在此之前，7月1日—9月30日，App Growing共监测到有181款移动电商APP投放移动广告。有57.0%的电商APP投放了今日头条渠道，整体投放金额占（全网电商APP

---

① 资料来源：《App Growing：2018年双十一广告投放&Q3移动电商营销分析》，中文互联网数据资讯中心，http://www.199it.com/archives/795338.html。

广告投放金额）比为15.6%。另有44.9%的电商APP投放了腾讯社交广告，整体投放金额占比65.1%，可以看出腾讯社交广告渠道相对更受电商APP广告主重视（图10-4）。

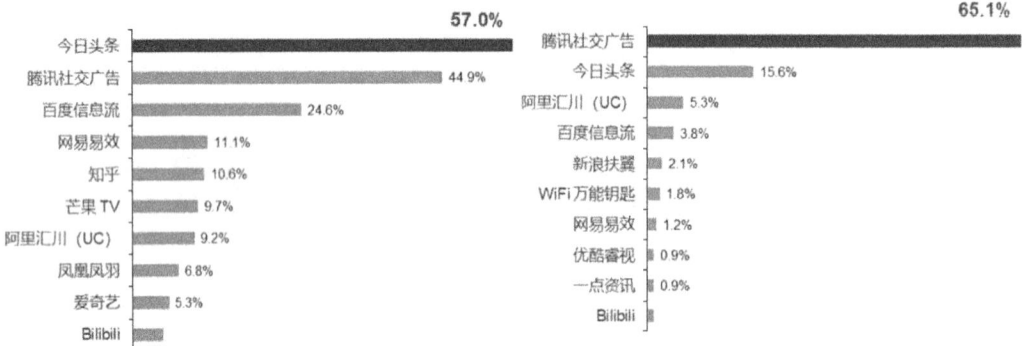

图10-4　2018双十一电商平台广告投放媒体平台选择排行

资料来源：APP Growing追踪数据。

2. 连续型

广告投放在某个周期内持续发布不间断，这是建立持续性的最佳途径。这种方法的优点在于广告持续地出现在消费者面前，不断地累积广告效果，可以防止广告记忆下滑，持续刺激消费动机，行程涵盖整个周期。其缺点是必须有较高的广告预算经费支持，成本较高；同时，持续雷同的广告也容易使消费者产生接触疲劳感。

连续型的广告投放模式适合竞争较缓和的品类、高感知的品类、购买周期较长或周期不固定的品类，需要保持持续的广告来提醒消费者。如汽车、电视、房地产以及一些日常用品等。

3. 间断型

间断型广告投放是在一段时间内大量投放广告，然后在一段时间内停止全部广告，过一段时间又进行广告投放。这种间断型排期比较适合于一年中需求波动较大的产品和服务。这种排期的优点在于可以根据竞争需要，调整最有利的出现时机，集中火力以获得较大的曝光度为品牌或产品建立知名度，从而获得较好的广告效果，机动且具有弹性。缺点在于广告空档过长，可能使广告记忆跌入谷底，增加再认知难度，给竞争对手留下更多机会。

采用这种方式的产品和服务主要有竞争激烈的品类、感知程度较低的品类、购买周期较短或周期性较为明显的品类。如税收服务、感冒药、衣服等，因为这些产品在某个时段根本不用，所以广告费用可在这个时段降低许多。

4. 脉冲型

脉冲型的广告投放模式是连续型排期和间断型排期的结合体。广告主在周期内会持续投放广告，但可能会在某个时间段加大投放量。消费者的购买周期越长，越适合采用脉冲型排期。这种排期的好处在于持续累积广告效果，维持一定的知名度，保持与消费者的沟通，减少消费者遗忘机会。同时可以依品牌需要，加强在重点时期出现的强度。缺点是必须耗费较大量的预算。

采用这种排期时，广告主全年都维持较低的广告水平，但在销售高峰期采用一时性脉冲增强效果。这种方式的广告投放适合全年销售比较稳定但又有季节性需求的产品，如软饮料、空调等产品，虽然一年四季都有消费，但夏季消费量猛增。

案例

哈尔滨啤酒：整合传统媒介与新媒介"一起哈啤"

2015年哈尔滨啤酒"一起哈啤"系列广告可以说是一个非常典型且成功的整合传统平台与移动互联网平台，实现传统广告与新媒体广告融合的案例。

"一起哈啤"采用的是一个全新的营销组合，哈尔滨啤酒以传统平台为起点，播放"一起哈啤"电视主题广告，在户外以及地铁全方位进行广告的放送，同时积极拓展线下的渠道促销。接着便是持续在移动互联网平台上进行广告宣传，通过与互动营销公司VML合作，瞄准90后消费群体，以其喜好为核心，打造了一系列线上广告。哈啤与嘻哈文化的代表张震岳和MC HotDog合作，以一首《一起Happy》的"广告歌"霸占各大音乐排行榜，以此打造了"和我一起大声哈啤"的微信互动广告。用户可以在H5页面上录制自己创作的rap与张震岳和MC HotDog隔空合唱，甚至可以打造一个专属的动画MV。

除了互动广告，哈啤还与《暴走大事件》《有料好声音》这些网络当红节目合作，利用网络红人在线上的号召力传播品牌在年轻人中的声望。最后一个被称为神来之手的招数就是进军中国第一大弹幕网哔哩哔哩网站，哈啤在这个号称"吐槽"平台的网站上推出了首支"一起哈啤"视频，上线一周播放量高居娱乐生活版第2位，并走进校园、办公室为用户定制搞笑的创意视频，以大量UGC达到病毒式传播的功效。接着哈啤又非常迅速地推出了第二支完全颠覆广告视频固有逻辑的鬼畜视频，以B站最热门的"无首"题材重新组织故事情节，恶搞张震岳等几位代言人，再次赢得站内众多网友的追捧。

作为2015年最成功的营销案例之一，传统的线下品牌主哈尔滨啤酒紧跟新的传播潮流，成功利用"一起哈啤"系列广告实现了传统平台和数字平台的融合，让我们相信传统广告并没有死，而是通过与新媒体广告融合重获新生，这无疑是未来广告发展的一个大方向。

讨 论 题

1. 移动互联网时代,你认为媒介策略组合出现了哪些新的特征?
2. 你认为移动互联网时代传统媒介投放还重要吗?
3. 有一种观点认为:移动互联网时代是"流量至上",你是如何理解的?

第十一章

移动互联网时代广告效果的测定

> **学习要点**
>
> 本章主要介绍广告效果的历史和发展脉络，需要掌握的知识点有：①广告效果的类型与特征；②移动互联网时代，确立统一的"品效合一"广告效果评估标准；③建立动态的广告效果监测大数据系统，同时建立即时的广告信息反馈和评价机制。

第一节 广告效果的类型与特征

一、广告效果的认识

广告是由已确认的出资人通过各种媒介进行的有关产品（商品、服务和观念）的，有偿的、有组织的、综合的、劝服性的非人员信息传播活动。[①]首先，广告是一种针对群体的传播活动；其次，大多数广告的目的是劝服——劝服消费者使用某一种产品、服务或者相信接受某一种观念；最后，广告的作用在于能够帮助企业实现自己的营销目标。由以上三个方面可知，广告其实是一种营销传播形式，所以对广告效果的认识也必然离不开营销与传播的目的展开。

美国学者罗伯特·拉维奇（Robert J. Lavidge）和格瑞·斯坦纳（Grey A. Steiner）在1961年发表的《广告效果预测模型》一文中指出，广告的最终功能是促进销售，但并非所有的广告都试图促进受众立即购买，即时销售量即使可以测量，也是不完善的广告效果指标……为了综合评价广告效果，必须测量影响最终销售的整个过程。樊志育在《广告效果测定技术》中指出，所谓广告效果是指广告主把广告作品通过媒体加之于消费者身上的影响。他认为广告效果主要表现在以下三个方面：第一是广告的销售效果，即"我投下了广告费，商品卖了出去"；第二是广告的认知效果，凡是消费者看到了或听到了广告，就等于产生了在认知层面的效果，尽管这种效果常常并不能直接促进销售额的

[①] 威廉·阿伦斯、大卫·夏尔菲：《阿伦斯广告学》，丁俊杰、程坪、沈乐、等译，北京：中国人民大学出版社，2008年。

提高；第三是不可视的"潜在效果"，它与广告的迟效性有关。① 江波、曾振华在2002年编著的《广告效果测评》中把广告效果定义为：广告对其接受者所产生的影响以及由于人际传播所达到的综合效应。② 陈培爱、覃胜南在2005年出版的《广告媒体教程》中从传播效果的维度来定义广告效果，认为由各种媒体承载的广告投放之后所产生的传播效果可以分为两种形式：一是量的形式，即媒体广告的接触人数，指的是广告覆盖面的广度；二是质的形式，即广告在说服力方面的效果，指的是广告针对某一产品或服务进行说服的深度。③

关于广告效果的定义，不同的学者各有看法，但是总结起来主要有两种理论观点。一种观点认为，广告效果是广告对消费者购买行为的影响，进行广告效果测量应该直接检查消费者在接受广告前后购买行为的变化，或者调查分析产品销售量的变化情况。另一种观点认为，广告对消费者的影响是多方面的，包括认知、情感和意向（动机和行为）等许多方面。消费者的各种反应都能体现广告的效果，认知和情感的反应将影响最终的行为反应。

广告效果按照不同的分类标准可以分成不同类型，从广告效果形成过程来看，广告效果可划分为广告认知效果、广告心理效果和广告销售效果三个层面；按广告涵盖的内容和影响范围，广告效果又可以分为广告传播效果、广告经济效果和广告社会效果三大类。广告效果从本质上还是依赖于人们对信息的反应，一系列的反应过程包括注意信息、加工信息、记忆和对接触点的回应。广告效果是一个综合性的评定指标，效果的好坏也能体现出广告活动目标的实现程度以及对消费者、企业和社会产生的影响。

另外，广告效果还可以从广义和狭义两个角度理解。从广义角度来理解，广告效果包括广告对个人和社会所产生的一切影响，是广告信息在传播过程中对个人、群体和社会所产生的直接或间接、短期或长期的影响总和，包括广告对社会经济、社会文化的影响以及对消费者社会心理的影响。从狭义的角度而言，主要是指广告对社会经济的影响，包括对广告主所传播的产品的销售额和市场占有率的影响，以及消费者所关注的对个体或群体的认知、态度和行为意向的影响。④ 通俗而言，广告效果首先就是传播效果，其表现为广告通过媒体的传递和到达，有多少人看到，看到的印象是否深刻。第二是广告活动对消费者内心世界的影响，看到这个广告之后他内心的感受如何，反映了消费者对广告的注意度、记忆度、兴趣、购买意向和行为等方面。第三是销售效果，指广告活动促进产品（商品、服务、观念）销售额的提高，能为广告主产生直接的经济效果。广告效果并不仅仅停留在为企业提供经济利益价值，广告作为商业活动刺激着消费并促进经济增长，广告是能够影响整个经济系统运作的强大力量；另一方面，广告的社会效果是广告作为信息载体所传递的信息，对社会文化的构建以及对消费者的消费观念、生活方式乃至价值观等都有影响。

---

① 樊志育：《广告效果测定技术》，上海：上海人民出版社，2000年。
② 江波、曾振华：《广告效果测评》，北京：中国广播电视出版社，2002年。
③ 陈培爱、覃胜南：《广告媒体教程》，北京：北京大学出版社，2005年。
④ 李晶、昌蕾、吴文涛：《广告效果测评理论与方法》，北京：社会科学文献出版社，2014年。

二、广告效果的特性

广告效果的产生是一个极其复杂的过程,其包括消费者对广告信息的注意、接触、传达、记忆和劝服的完整体系。广告效果受诸多因素的影响,广告投放的时间、投放量和所面向的目标群体等变量都会影响广告效果。因而,广告效果呈现的特征也很复杂,综合起来,主要有以下几点:

(1) 复合性。

复合性是广告效果的一个特征,复合性指广告效果不是单一的、一次性效果。广告效果的复合性主要体现在两个方面:其一,某一品牌的广告可以出现在不同的媒体上,每一种媒体对消费者的影响都有其独特的效果,并且不同媒体对不同消费者的影响效果会产生交叉或互动,消费者可能从各种不同媒体上看到某个广告,从而产生一个复合的广告效果。其二,当一个市场划分成不同类型的消费者群体时,每个群体中的个体对某一品牌持有不同的反应,根据对品牌的认知程度不同,对于广告信息的理解和认同度也存在差异,因此在分析广告效果时,要把各个细分市场群体的各种不同反应考虑在内,去了解广告的整体复合效果。

(2) 迟效性。

现在处于"信息爆炸"的时代,消费者每天会接触各种信息,因而广告效果的显现并不是一个瞬时的动作,一些广告效果甚至要在广告播出一段时间后才会产生,就出现了"休眠"效果。在这期间,首先,消费者需要一段时间去思考这个广告,并处于是否被该广告信息说服的挣扎中;其次,一些消费者只有在和其他人讨论之后才能被说服,换言之,这类消费者属于广告信息效果的第二手接受者,他们更加倾向于口碑传播;再次,即使消费者被广告说服了,他们也不会立即购买,而是要等到他们同类产品使用完了或者说真的有需求才会进行购买。这就是迟效性广告,它是指广告发布的目的不在于产生立即购买的行为,而是能够给消费者留下对产品或服务的良好印象,以备将来需要时能在第一时间想起该品牌的产品。广告效果的迟效性是非常正常的现象,因而广告主在衡量广告效果时,不能单靠即时的销售效果来评估是否达到广告效果。

(3) 累积性。

早在1970年,伯莱恩(Berlyn)提出了广告效果累积的因素,后来和其他学者对该理论进行了补充发展和完善,他们认为,在传播的过程中,有两个相对立的因素决定着受众对重复刺激的态度。广告的效果随着广告周期时段的不同而变化,每一次单一广告的效果会随着时间的推移而衰减,但是广告主一般倾向于重复式广告,在一个投放周期使用同一个广告或组合。广告效果随时间的推移产生变化,导致广告效果的评估更加复杂多变,因此在评估时必须将动态的因素考虑在内。

广告活动是一个连续性、动态的过程,消费者搜集信息的过程也是一个动态的过程。消费者从接触广告到完成购买,中间是同一个广告重复叠加、不同广告效果积累的过程。连续的广告既存在重复叠加效果,也存在重叠衰减效果。广告在不同时段有不同的反应,这取决于消费者对广告的熟悉程度和喜好程度。

（4）渗透性。

广告效果的渗透性也叫间接性效果，主要体现在植入式广告当中，在观影的特定环境下，显著广告效果通常表现为对植入品牌的认知态度产生某种变化，品牌认知度越高，会产生更高的回忆率、更正面的态度评价和购买评价，反义同理。植入广告的渗透性甚至还能做到与媒体内容互为一体，其功能与目的与传统广告并无两样，但其间接影响较传统广告更胜一筹。因此到达率成为广告效益的重要考核依据，影视剧植入广告对到达率要求很高。随着这种隐性的植入广告或者原生广告的兴起，衡量广告效果的指标也发生了变化。

（5）竞争性。

竞争性是广告效果的一个重要特征。任何一个广告都是在科学的竞争市场的调查基础上策划出来的，必须具有市场竞争性，广告的目标也是促进产品或品牌的销售，在市场上形成竞争优势。没有竞争性的广告，就是没有效果的广告。当广告主的产品或品牌面对强烈竞争时，常常会采用此类竞争性广告策略，这种策略做出的广告往往具有非常强烈的竞争性。比如，美国七喜汽水在面临与可口可乐和百事可乐的激烈竞争时，将自己的广告语定位于"非可乐"，直接将七喜与可乐进行区隔，极大地提升了七喜汽水在市场上的竞争力。

（6）两面性。

广告效果具有两面性，也就是说，不是所有的广告都能够为广告主的产品或品牌带来利益。对于广告主来说，有正面的广告效果，也有负面的广告效果。好的广告增加消费者对产品的好感，进而促进产品的销售，实现广告目标；负面的广告效果则导致产品或品牌形象贬损，给竞争对手找到攻击的不足和弱点，在市场竞争中面临着极大的风险。比如，一个服饰品牌森马曾经做过一个广告，它的广告语是"我管不了全球变暖，但至少我好看"，这个广告一经推出，就引起了很多民众的吐槽和反对，认为森马是一个没有社会公德的企业。对于普通老百姓来说，好看没有用，全球变暖是全人类面临的气候灾难。森马公然高调地喊出不负责任的广告口号，这对于森马的品牌来说有百害而无一益。

第二节　品效合一：移动互联网时代广告效果的标准

移动互联网广告形式的多样化，使得广告效果评估的标准制定也变得更加困难。一直以来，无论是广告主、媒体方还是代理公司，对于广告投放的效果未能达成共识，因此通过广告协会邀请第三方来进行监测与评估效果。广告效果的标准涉及多方利益，主要包括广告主、广告公司、广告媒介投放平台、广告数据公司等。当下，尤其是广告主十分期待将品效合一作为评价广告效果的标准。

一、品效合一的内涵

在移动互联网时代，关于广告效果最流行的一个概念就是品效合一。简单来说，就是指一个广告运动同时实现品牌广告与效果广告的目标。

品牌广告是以树立品牌形象、提升品牌知名度、提高品牌美誉度与偏爱度，进而提升忠诚度为目标，这种品牌目标的实现通常被认为是长期的潜移默化的效果。但通过一些指标也可以测量广告运动是否达到了品牌传播效果的目标。这些具体的评估指标主要包括品牌知名度、品牌美誉度、品牌偏好度等，品牌知名度提高率＝广告发布后品牌的知名度/广告发布前品牌的知名度×100%；品牌美誉度＝把该品牌作为理想品牌的人数/被调查总人数×100%，品牌美誉度提高率＝广告发布后企业的美誉度/广告发布前企业的美誉度×100%；品牌偏好度＝把该品牌作为购买首选的人数/被调查总人数×100%，品牌偏好度提高率＝广告发布后企业的偏好度/广告发布前企业的偏好度×100%。

效果广告就是广告投入与效果产出比较直观可见。通常就是通过一些实时监测平台作为辅助工具得以实现，如百度关键词排名的付费推广，淘宝网页的直通车付费推广等，这类广告直接按照点击收费。效果广告的特性就是广告投入，效果快速展现，但广告结束后，所造成的效果影响也可能会立马消失。

效果广告的测量方法跟品牌广告测量方法有所差异，效果广告主要有CTR（点击率）、ROI（投资回报率）、ACoS（投入产出比）、eCPM（千次展示期望收益）、CPA（购买成本）、CPS（销售成本）等测量指标。各项指标的计算公式：

品效合一的广告是广告主最需要的，其既能够提升品牌的知名度、偏好度与忠诚度，又能够实现销售的转化，促进产品的销售。

二、建构品效合一广告效果的必要性

大众媒介时代，广告效果也是一个重要的话题，广告主与广告代理公司都在追逐广告效果。广告主希望以最小的投入获得最大的产出，广告代理公司总是告诉广告主他们实现了最大化的广告效果。在这时期，衡量广告效果非常著名的模型为AIDMA。该模型把消费者通过广告最终购买一件商品归结为五个步骤，分别是引起注意、产生兴趣、唤起购买欲望、留下记忆、产生购买行动。也就是说，一个优秀的广告，第一步要能够吸引目标消费群体的注意力，第二步是激发目标消费者对该广告的产品产生兴趣，第三步是激发目标消费者对该产品的购买欲望，第四步是让该品牌的产品在目标消费者心中留下印象，第五步是促使目标消费者产生购买行为。

但是，由于广告效果延时性与数据的不精确性，很难精确判断产品的销量到底与广告的关系有多大，也就是弄不清楚广告对销量具体的贡献率，只能模糊判断广告效果，广告效果的评估整体来说是一件相对困难的事情。在大众媒介时代，有些广告主根本不知道是否浪费了广告费，有些广告主就算知道浪费了广告费，也不知道浪费在哪里。

进入移动互联网时代，一切发生改变，正如美国媒介伦理专家保罗·莱文森在《手机：挡不住的呼唤》中指出：正是手机的出现把人们从某一单一固定的信息交流形式解放出来，不再受时空的限制。[①]但是，在移动互联网广告发展的初期，大多数以效果广告为主，也就是一味地追求流量和转化，忽视品牌提升的效果。很多移动互联网广告都是以短期的促销、折扣等为手段来吸引用户。但是，有几种因素促使单纯的效果广告向品效合一的广告转变：第一，流量越来越贵，单纯追求短暂的或一次性的效果越来越难以达到理想的投资回报率；第二，随着智慧营销的成熟，品牌广告的实施逐渐可以获得很好的效果追踪和评估，指导优化策略，最终实现销量的提升；第三，在倡导消费升级的背景之下，品牌溢价必然要建立品牌，击中消费者的深层需求，获取品牌认同感，实现品牌内容的互动。基于大数据背景下的移动互联网广告的投放针对品牌广告的"长久慢"与效果广告的"短平快"的矛盾点，建立起一套动态的效果监测系统来实现广告的"品效合一"。

三、品效合一广告效果的模型与评估

2016年，腾讯集团作为业界代表率先提出了品效合一广告模型，该模型从用户思维出发，促进消费者关注品牌、与品牌沟通，最后产生兴趣，在决策路径上向下迁移，最终达成转化，广告模型如图11-1所示。

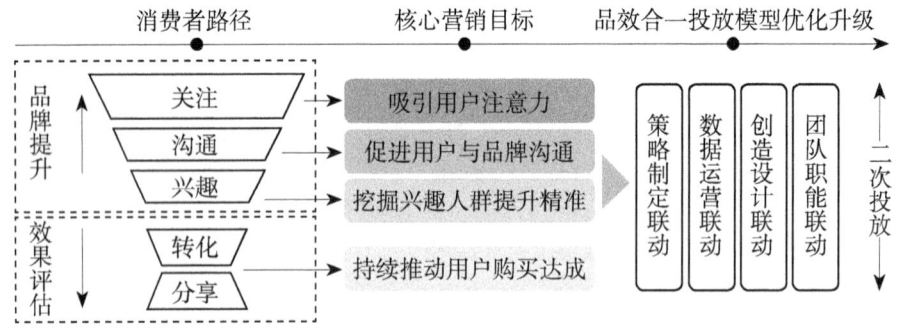

图11-1 腾讯集团品效合一广告模型（2016）

段淳林教授认为，移动互联网时代智能的品效合一广告的效果测量的完整路径为：①广告响应衡量（advertising response measurement），所谓广告响应就是消费者的广告点击量，它可作为单一指标衡量广告效果；②品牌互动衡量（brand interaction measurement），即品牌互动，以用户与品牌的互动与对话体验作为广告效果衡量的主要指标；③动态持续衡量（dynamic continuous measurement），即大数据对广告的及时优化，这得益于大数据技术让广告的实时优化成为可能；④品效衡量（measure of branding and selling effect），即通过前面三个指标的循序渐进和协同作用，达到品效合一的效果可测量，通过数据建模与用户验证，保证决策精准化。

但是，当下移动互联网广告数据存在大量的虚假流量、数据作弊等现象，品效合一的广告到底该由谁来监测与控制呢？腾讯、阿里、百度等移动互联网平台都可以设置品效合一的广告模型，这些模型都可以成为广告主说服的工具，但到底有没有达到品效合

[①] 保罗·莱文森：《手机：挡不住的呼唤》，何道宽，译，北京：中国人民大学出版社，2004年。

一的广告效果目标,还是需要一个中间的、公正的机构来监测与控制。

在移动互联网时代,将品效合一确立为广告效果评估的标准,对广告主来说确实是一个美好的愿望。但是,在实践的过程中,一切都还处于摸索中。

案例

腾讯集团"智慧营销"[1]

2019年5月9日,腾讯广告举办新一轮升级后的首场战略发布会"腾讯智慧营销峰会",正式启用腾讯广告(Tencent Marketing Solution)全新品牌,并发布"美好连接,智慧增长"的品牌主张。腾讯公司总裁刘炽平在会上表示:"腾讯广告的目标,未来不只是希望可以把广告业务做好,我们还希望站在营销服务更高的层面,可以为我们的广告主、为我们的合作伙伴提供全链路的解决方案,帮助他们进行数字化的升级,拥抱全新的机会。"刘炽平将腾讯广告的战略升级形容为"广告+"。他表示,腾讯的能力能够为广告"+"技术、"+"内容、"+"服务、"+"口碑。"通过'广告+',让营销服务无论对广告主,还是对消费者,都可以提供更好的价值。"腾讯广告在本届峰会上重磅推出"腾讯智慧营销Tencent In",以融合升级的营销能力与解决方案,推动营销进化。腾讯公司副总裁、腾讯广告负责人林璟骅表示:"'增长'是营销的关键词。'腾讯智慧营销Tencent In'将帮助广告主塑造用户价值,并将其转化为商业价值,最终带来可见的商业增长。"

"腾讯智慧营销Tencent In"是以用户为中心,以商业增长为使命,以体验智达(interpersonal)、全景智连(integrated)、数字智驱(intelligent)为核心理念的营销体系,旨在构建品牌与用户之间的美好连接,实现商业智慧增长。

体验智达(interpersonal):腾讯广告以消费者为中心,打造人性化的营销体验,借助智能科技和友好的广告形态让广告成为数字内容的一部分,并依托于多元IP和社交关系帮助品牌实现个性化、差异化营销,激发用户与品牌的共鸣共情,建立品牌口碑,让用户为品牌代言。

全景智连(integrated):品牌可利用腾讯这一国内最大的互联网流量池,和电商、零售等丰富的转化生态,实现以社交为中心,全媒体协同的高效转化;同时,通过跨场景识别,还原消费决策路径,让触达与转化实现品效协同,构建品牌与用户更短链路的连接。家乐福与腾讯广告合作的"美妆节"促销,打造了线上线下全场景打通的标杆案例。活动期间,家乐福携手宝洁、强生、欧莱雅等十几家品牌,通过家乐福公众号账号主体投放朋友圈广告,并授权家乐福使用品牌代言人素材为美妆节活动"打call"。针对不同品牌受众,朋友圈广告以"千人千面"的广告信息告知和单品券发放,引导消费者至家乐福线下门店、小程序商城、京东到家、美团闪购等全渠道进行核销。通过腾讯、零售商与品牌的三方联动,家乐福美妆节的营销链路实现了高达2300万人次的曝光,3

---

[1] 案例来源于消费日报网,http://www.xfrb.com.cn/,20190806.

月1日—14日整体销量增长20%，其中护肤品类增长44%，护发品类增长33%。

数字智驱（intelligent）：腾讯的连接自带CRM属性，依托于腾讯数据和开放的技术能力，品牌能够实现从策略、创意、投放到促销运营的全面数字化，以数据驱动生意全面增长。腾讯数据智库（Tencent Data Cloud）是腾讯智慧营销的数字引擎，品牌通过腾讯数据智库能够有效沉淀自有数字化资产，发现营销机会，实现数据驱动的精细化投放和运营，从而将品牌数据价值转化为商业价值。同时，腾讯广告的先进算法引擎还能通过智能定向、智能出价、智能创意、智能预算、智能实验、智能诊断、增效衡量等一系列产品实现智能化自动化的投放，帮助品牌精准获客，高效转化。

为满足广告主不断提升的商业需求，腾讯广告重整业务架构，形成三大业务服务团队，包括：重点服务实体经济品牌客户的行业一部，主要服务互联网原生客户的行业二部以及区域及中长尾业务部。通过业务整合、统一接口，持续强化客户服务能力。腾讯广告副总裁栾娜表示："腾讯广告以客户需求为导向，规划了三大智慧营销实践路径，分别服务于不同领域客户的商业增长。"在强化客户服务能力的同时，腾讯广告也在持续拓展生态合作伙伴，打造共融的营销生态圈，并将整个生态的能力服务于广告主的增长诉求。腾讯广告在会上还宣布启动"实践者计划"，旨在联合各行业各领域中的营销创新领头羊，通过整合专项的创新资源与助力支持，帮助创新"实践者们"通过革新型营销与业务创新，实现智慧增长的目标，并推动行业的整体演进与发展。未来，腾讯广告将继续坚守"体验优先、稳健增长"的价值观，不断升级产品、技术与服务，推进"腾讯智慧营销Tencent In"在各行各业的落地实践，帮助合作伙伴应对新环境下的挑战，迎来期待中的商业增长。

第三节　建立动态的广告效果监测大数据系统

一、建立动态的用户数据管理平台

大数据时代的到来给整个社会带来了一股强劲的变革力量，海量信息的网络建立起了沟通人类真实生活与虚拟世界的桥梁。在任何时候，用户数据都是企业决策的基础。在传统媒介时代，一些企业也在尝试建立客户管理系统，但这个系统更新慢，数据做不到即时、全面、动态。在以大数据为基础的移动互联网时代，要真正提升广告传播的效果，必须建立动态的用户数据管理系统，并在此基础上分析用户，对用户进行画像，做出针对性的精准传播。一些头部平台都拥有海量的大数据，比如天猫、京东、腾讯、今日头条、百度等拥有的后台数据，他们也研发了各自的数据分析系统。同时，一些拥有大数据技术的第三方数据公司也开发了数据管理平台，如品友互动的DMP平台这些年发展很快。但是，就目前来说，海量的用户数据主要掌握在各个平台手中，广告主基本没有主动权。另外，各个平台的数据一般都没有完全打通，数据壁垒可能会导致广告主用户数据的碎片化。同时，广告主自身的平台，如企业的官网、微博平台与微信公众号等也会产生一定的用户数据。广告主如果想要真正地、全面地了解自己的用户,必须利用大数据技术建立一个动态的、融合的用户数据系统。这个系统可以帮助广告主快速找到其目标群体。不过,企业若想建立自己的用户数据系统,必须获得一些重要平台的数据使用权,如必须获得淘宝、京东、天猫、苏宁、小米等电商平台用户交易情况;同时还需要获得这些用户在移动互联网平台上的所有"足迹",比如这些用户经常关注什么、喜欢谁、上哪些网站等。只有这样,企业才能真正做到对自己的用户实现精准画像,知道自己的用户是哪些人,拥有哪些爱好和习惯,有什么样的消费观点和生活观。

建立动态的用户数据与广告数据监测系统,对企业"品效合一"广告的创作及广告效果的真实评估都具有重要的意义。

案例

品友互动的DMP的建设[①]

全球权威调研机构Forrester重磅发布首份亚太地区数据管理平台Wave™调研报告:《The Forrester Wave™:2019年第三季度亚太地区数据管理平台》,品友互动作为专注于帮助企业实现AI赋能商业决策的领先数据治理系统提供商,领跑卓越表现者象限(strong performers),并且综合排名居于中国厂商第一。同时入选报告的还有Salesforce、Adobe、Oracle等全球IT巨头,品友是报告中入选10家企业中仅有的三家中国企业之一。本次入选Forrester Wave报告,标志着品友的数据管理产品的行业标杆地位得到国际独立调研机构的权威认可。

数据管理平台DMP供应商仅提供系统模块肯定无法满足企业对于数据价值提升的需求,服务商还需要具有本土数据和营销生态体系的整合能力、数据激活能力以及本土化的产品服务策略。而数据生态整合能力是成功搭建数据管理平台的基石,这也是品友这样的本土企业跑赢国际巨头,在综合能力上表现更为优异的重要原因。品友在数据打通(data onboarding)、用户识别(user identification)等指标上均为所有亚太厂商得分最高,至超过Salesforce、Oracle等国际厂商,在数据细分和数据整合等方面能力突出,均高于报告中平均标准。报告认为品友非常适合那些想要激活第一方数据以支持数据驱动决策的企业。

品友互动创始人兼CEO黄晓南在接受采访时指出,DMP就是搭建一个系统来收集、分析、激活数据背后的价值。据她介绍,通常品友互动在为客户搭建DMP时会走一套流程:先是和客户高管进行访谈,然后帮助客户进行定制,同时还会配上自己的团队,为客户产出各项营销策略。这里面反映出品友互动的两大核心竞争力:首先是人才,品友的人才具备为企业提供营销决策的能力;其次,品友是做程序化需求方平台出身,长期的工作就是不断地收集数据,产生营销洞察,为客户提供投放决策。人才以及企业持续不断积累的通过数据产生营销决策的经验,成为品友互动在搭建DMP方面的"技术

[①] 案例来自于《深度解读DMP:品友互动激活数据价值,赋能商业决策》,http://wemedia.ifeng.com/51240931/wemedia.shtml,20190608。

壁垒"，确保它能够真正地利用数据为客户做决策。

黄晓南认为，适合搭建DMP的企业需要具备以下三个要素：第一，企业要有丰富的第一方数据；第二，要有较大量级的预算；第三，企业存在非常复杂的决策需求。像化妆品、汽车、航空公司、旅游、零售业这几个行业都有丰富的第一方数据，而且决策相对复杂，非常适合搭建DMP。但同时，黄晓南也强调一点，企业需要有足够的预算。因为在与一些客户的交流中，她发现一些客户对于第三方数据整合的难度以及费用和成本的认识不足，而实际上，有庞大的第一方数据的广告主比较少，很多广告主的DMP要产生价值，还是得依赖于第三方数据，如果广告主的预算不足，无法整合第三方数据，仅凭支离破碎的第一方数据不足以支撑真正的DMP的目标。以汽车品牌为例，在搭建DMP的整个过程中，品友互动的团队和客户保持着紧密的合作，他们会驻场了解客户的业务需求，例如客户的产品线特点、目标人群特点，把客户的生意洞察和DMP结合在一起，最终产生重要的结论。

品友互动采用了前瞻性的混合式解决方案，通过把客户的第一方数据加密后放到云端，与第三方数据整合，激活数据价值。这样既确保了客户数据的安全性，同时又解决了算法的灵活性，激活了数据背后的价值。DMP的成功是个过程，广告主在搭建DMP时，要做好长期建设的准备。在品友互动的经验中，与客户搭建DMP，仅数据收集这一项，有时就要花上一个月，尤其是线下的数据收集更是复杂，面临着广告主意想不到的挑战。所以黄晓南认为，广告主一旦选择了一个好的合作伙伴，需要做好长期打仗的准备，因为DMP不像效果投放，不是一个短期的项目，它是一个具有极大决策价值和投资回报率的项目。通过AI技术赋能企业进行全方位的智能决策，是品友互动的重要战略。基于机器学习和预测模型的数据分析能力，通过技术打通数据，帮助企业进行深刻的市场洞察，从产品定位、目标人群设定到概念测试，完成目标人群选择、创意选择、产品概念测试、媒体策略等环节的决策，解决营销中全链路的决策问题。

二、完善广告数据监测系统

移动互联网时代，广告主都希望做品效合一的广告，也就是通过一个广告运动不仅提升品牌的认知度、美誉度、忠诚度，还可以真正地促进产品的销售。不过，也有一种观点质疑品效合一广告的可行性，这种质疑观点指出从单次营销活动来看，品牌广告的目的是降低用户需求曲线的弹性，从而获得更高毛利率；而效果广告的目的是找到即时需求的人群，用让利的方式提升销量[①]。这种观点事实上只单从促销让利的方式来看效果广告，然而在大数据技术高速发展的移动互联网时代，广告主可以通过大数据技术找到其目标用户人群，通过体验的、互动的广告创意活动吸引目标人群参加，然后在活动中也给予一定的让利，促使目标群体在对品牌存在一定好感的基础上实现消费，从而促进销量转化。在这样一个闭环的活动中，品效合一还是可以实现的。

在移动互联网时代，要真正实现品效合一的广告效果，提升数据使用的有效性与科

---

① 科大讯飞副总裁刘鹏持有这种观点。

学性，实现精准传播，除了使用大数据技术进行用户画像，开展针对性的传播之外，还需要在广告传播的执行过程中做好效果的监控。广告效果监测与控制一直是一个复杂的过程，在传统媒介时代，广告主企业基本没有办法准确监控广告执行的情况。在大数据时代，尽管企业精准传播的效率提升了很多，但是很多企业依然怀疑合作机构提供的广告效果数据。这其中重要的原因是广告主（企业）自身没有广告数据监测系统，也没有参与广告效果数据的监测。因而，为了保证广告效果的最大化，广告主企业需要建立一个动态的广告数据监测系统。该系统需要广告主与广告代理方（合作方）、广告发布平台实现网络数据的共享，真正实现广告数据的透明化，通过广告数据监测系统，广告主企业每天可以即时了解其广告投放的情况及网络广告的点击率与互动情况。这种即时的广告数据的跟踪，让广告主更清楚自己投放的广告产生的效果如何，又是通过哪些平台产生更好的效果的，从而促进品效合一的广告效果的实现。

三、构建即时的广告信息反馈和评价机制

移动互联网让用户实时连接成了动态网络，LBS则让整张"网"的每个节点都变得更加清晰起来。而通过整合移动端用户的GPS地理位置信息，更为精确地推送地理定向广告，已成为更多品牌主选择尝试的新营销方式。在当下，随着互联网技术和大数据应用的迅猛发展，品效合一与精准传播成为广告主的期待。即时的、互动的移动互联网技术也让品效合一与精准传播成为一种可能。为了实现广告效果，让广告主投放的那一半广告费也不会浪费，需要建立即时的广告信息反馈与评价机制。事实上，移动互联网的传播技术让人与人的即时互动成为可能，只要拥有移动上网的手机，都可以发表自己的意见与观点。当广告主的一个广告在某个平台上播出后，用户观看之后也会有一部分即时的评价，但是这些信息在移动互联网平台都是碎片化的。据观察，很少有企业对用户在某个平台上针对某个产品的广告或其传播的产品发表的评论给予及时回复。造成这种现象的主要原因可能有三个方面：其一，广告主根本不重视用户对某个产品或某个广告的评论；其二，广告主根本看不见分散于不同平台的用户对其产品或广告的评论；其三，广告主即使看见了用户对其产品或广告的评论，但没有建立及时反馈的机制。事实上，广告主如果要更精准地评价一次广告活动的效果，与其事后抱怨媒介或发布平台用虚假数据来"糊弄"他们，不如老老实实自身做好广告效果的监测工作。广告主除了聘请第三方广告机构来监测广告数据、评估广告效果之外，还需要建立即时的广告信息的反馈和评价机制，在任何时候面临客户的评论，都能够快速及时反馈。只有这样，广告主才能对广告效果做到"胸中有数"。

讨论题

1. 从广义与狭义两个维度，你认为存在哪些广告效果？
2. 广告效果的特性有哪些？
3. 如何看待"品效合一"的广告效果？

第十二章

广告策划与创意的经费预算

> **学习要点**
>
> 本章主要介绍广告策划的经费预算问题,需要了解几种经费预算的方法,同时要理解制约广告策划经费预算的因素。另外,需要了解RTB运作的基本流程与模式。

随着市场经济的成熟、竞争的加剧,企业越来越关注其产品和服务的相关信息是否通过有效的途径送达消费者,相应地,企业在传播领域投入的费用也日益增长,这其中,广告经费占据了很大的比重。如何有计划地支配和使用在广告投放上的资金,用最少的经费投入获得最佳的广告效果,让每一分钱都"用在刀刃上",成为企业需要思考的重要问题。事实上,广告资金分配和经费预算也往往是广告策划最先考虑的问题之一,因为具体的广告策划实务总是对应着一定的资金预算,只有使其保持一种平衡,才能保证策划活动的顺利实施。[1]

关于广告预算的概念,蒋旭峰在《试论广告预算》中提出,广告预算是企业广告活动中所计划使用的总费用。或者说,是企业投入广告活动的资金费用的使用计划与控制计划。[2]陈述在《基于产品生命周期PLC一般模型的广告预算管理》中提出,广告预算是广告主根据产品的特点和广告计划,针对广告活动过程的费用预算,是广告主进行广告宣传活动投入资金的使用计划,包括广告活动费用总额、使用范围和使用方法等。[3]刘友林在《广告预算与媒体选择》中认为,广告预算(即HOW MUCH)指的是企业投入广告活动的费用计划,它规定计划期内从事广告活动所需经费总额和使用范围。[4]可以看到,广告经费预算有两个关键词,一是经费支出;二是计划。广告经费预算是广告活动得以顺利进行的保证,如何科学合理地确定广告投资方向、控制投资数量,使广告投资能够获取所期望的经济效益和社会效益,是广告预算的主要研究课题。

---

[1] 饶德江:《广告策划与创意》,武汉:武汉大学出版社,2003年。
[2] 蒋旭峰:《试论广告预算》,载《江苏社会科学》,2003年第5期。
[3] 陈述:《基于产品生命周期PLC一般模型的广告预算管理》,载《时代经贸(下旬刊)》,2008年第11期。
[4] 刘友林:《广告预算与媒体选择》,载《企业经济》,1995年第8期。

第一节 广告经费预算与广告目标的关系

人们常说"一分钱一分货",广告经费预算与广告目标虽然不能说是"分分对应",但二者是密切相关的。广告经费与广告目标是相互制约的,一方面,广告目标决定着广告经费预算;另一方面,广告经费预算制约着广告目标的制定和实现。

一、广告目标决定广告经费预算

首先要明晰的是,影响广告预算编制的因素有很多,包括市场要素、产品要素、销售要素、竞争要素和媒体要素。市场要素要考虑目标市场的范围、大小及潜力,目标市场的性质及区域分散程度,目标市场中品牌占有率等情况。产品要素要考虑两点,一是产品处于产品生命周期的哪个阶段;二是产品品牌忠诚度。销售要素即企业的销售目标,一般情况下,销售目标定得越高,需要的广告经费投入就越大,当然还要考虑市场的实际状况。竞争要素是竞争对手广告经费的投入情况,为了避免消费者接触竞争对手广告后将注意力转移到对手的商品上,企业要加大广告投入,确保广告的持续性,保持自身的市场占有率。媒体要素包括媒体使用形式和媒体变化情况,不同的媒体,其覆盖面、影响力不同,广告费不同,相同的媒体因其版面、时间段的不同,广告费用也不同,因此要结合产品广告计划投放的媒体的特性来进行广告经费预算。

那么这些因素和广告目标存在着怎样的关系呢?广告目标是在市场细分的基础上,针对目标消费者确定的。经典的"广告金字塔"模型是大众媒介时代广告的重要目标指南,广告金字塔从最底层到最顶层分别是"知晓""理解""信服""欲望"和"行动"。具体来说,广告目标可以分品牌传播目标和营销目标,广告的品牌传播目标主要指提升品牌知名度、认知度、美誉度和忠诚度,进而促进品牌资产的提升;广告的营销目标是消费者看了广告之后,将会产生购买的行动,广告主可以将商品卖出去,进而提升品牌的竞争优势,促进产品的销售。因此广告目标也是层层递进,创造品牌知名度,使人信服、促进购买。

可以看到,广告目标是在综合考虑了市场、产品、销售、竞争等要素后制定的,是整个广告活动的指标性的存在。要实现不同的广告目标层次,所花的广告经费一般也是有差别的,越是高的广告目标,所需的广告经费就越多。因此,广告经费预算除了考虑企业自身实力外,也要根据企业营销目标和广告目标来确定,它应该与企业营销目标和广告目标相适应,不能离开营销目标和广告目标而盲目决策,这是广告经费预算的一条重要原则。

一般来说,根据企业实力,可以提出一个企业能够承受的广告费用限度总额;同时,根据企业的营销目标和广告目标以及为了实现广告目标的需要,也可以提出一个广告活动所需要的广告费用总额。把费用限度总额和费用需要总额加以综合比较,如果两种概算总额基本一致,那么确定广告预算就比较容易了,如果费用需要总额小于费用限度总额,那么可以按费用需要总额确定广告预算。然而,当费用需要总额超过费用限度总额时，企业面临的将是广告费用开支超过企业承受能力这样一个难题。这时，必须对企业的市场地位和广告策略进行反复论证，检验企业的营销目标和广告目标是否切实、是否正确。只有在正确的广告目标指引下，才能制定正确的广告预算方案。

二、广告经费预算制约着广告目标的制定和实现

要达成一定的广告目标，必须有一定的广告经费作为支撑，广告预算的多少在一定条件下也制约着广告目标的制定和实施。

广告销售效果的获得与广告经费投入有着一定的因果关系。美国广告学家肯尼思·朗曼（Kenneth Longman）经过研究创建了一个广告投资模式（图12-1）。朗曼指出，任何品牌的商品或服务做广告，其广告效果只能是在临限（不做广告时的销售额）和最大销售额之间的某数值。

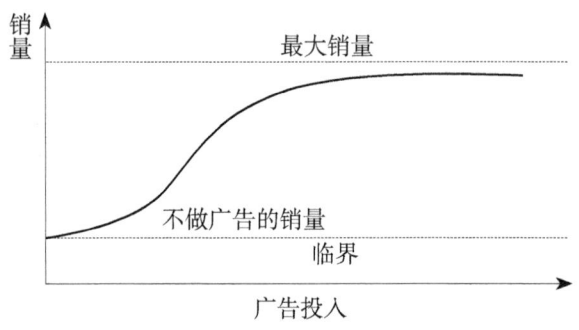

图12-1　肯尼思·朗曼的广告投资模式

一般来讲，在其他客观条件一定的前提下，在广告活动本身有效果的情况下，销售量的大小取决于企业的广告资金投入的大小，在合理的界限内，企业花费的广告资金越多，销售量就应越大，直到临界点。因此，企业以及广告公司应该了解每增加一定的广告经费，可以增加多少销售量，什么时候这种效果会消失。

从图12-1可以看到，在前期企业增加广告会引起销售曲线呈上升状态；但达到一定规模时，随着广告投入的增加，边际收益是递减的，曲线由凹状上升变为凸状上升，总体上销量还是随着广告投入的增多而增加的，但一旦达到临界点，广告信息饱和之后，人们开始对过量的广告信息无动于衷，不再将它与产品发生联系，曲线变平的那一点，就是广告回报开始消失的那一点。需要注意的是：①广告需要一定的时间来引起销售反应，根据形式的不同或长或短，但广告对销售的影响持续性很短，因此广告主必须持续投入广告经费，确保广告的持续性；②即使不做广告，通过其他的营销方式，企业也存在着一定的销量；③由于文化环境和竞争环境的限制，使得广告投入带来的销量增长有一个上限，当到达这个限度之后，再增加广告投入不会带来销售量的提升。

当然，销量并不是衡量一个广告经费投入是否有价值的唯一标准，也不是广告目标的唯一标准。由于广告更多担负着传播企业品牌的功能，因此对于企业来说，广告更应被视作一种长线投资，与其他所有支出一样，广告也应按照是否有浪费现象加以衡量。部分企业会在销量下降时削减广告支出，把这作为节约成本的方法之一，但值得注意的

是，削减的这部分广告支出，应当是被认为无效或者效率较低的，而不应当是为了减少支出而减少。例如宝洁2015年的一系列动作，削减广告预算、更换合作广告公司，有其自身销量不佳的原因，但宝洁更多考虑的是要在移动互联网时代，寻找一种能更有效地和消费者沟通的方式，同时也是希望实现更为精准的广告投放。

广告经费预算的规模制约着广告目标的实现，也极大影响着最终的广告效果，只有广告经费与广告目标相适应，才能称为合理的广告经费预算计划。如果广告预算规模过小，广告活动缺乏充分的资金支持，在发布数量、地域、媒体或平台选择等方面都会受到很大限制，部分创意甚至无法实现；如果广告预算规模过大，对于企业来说又是资金浪费。因此，对于企业来说，必须充分考虑广告目标后，再制定广告经费预算。

第二节　广告经费预算的方法

企业有一系列的方法来决定应该在广告上花费多少，一般产品会采取的经费预算方法包括销售比率法、目标任务法、竞争法、定量法、资本投资法等等。当产品处在生命周期不同阶段时，广告经费的编制也各有侧重，不尽相同。对于新产品，企业首先要预估其市场占有率、营销状况以及新产品的盈利能力与周期，然后采用支出可能额法、竞争法、利润规划法等方法来进行广告经费预算。对于成熟的产品，由于要尽可能延长产品寿命，使该产品最大化地为企业赢得利润，一般采用利润规划法。下面一一介绍这些方法。

一、销售比率法

1. 销售额百分比法

销售额百分比法是确定广告预算最常用的方法之一，用公式表示为A（广告预算总额）$=S$（销售额）$\times a$（企业所确定的广告费占销售额的百分比）。

这里有两个需要确定的量，一是销售额；二是广告费占销售额的百分比。销售额可以是上一年度的销售额，或是下一年度预定要达到的销售额，或两者结合划出一个百分比来确定广告预算。百分比的大小一般按照行业平均数或企业经验来确定。

这种方法的优点是计算快捷、简单易行；同时，由于广告费用与销售额直接挂钩，广告支出基本随公司可支付资金的多少而变化，因而被视为一种安全可靠的方法，很受企业主的欢迎。这一方法最大的缺陷是它违背了营销的基本法则。当销售好时，广告费用就增加；当销售不好时，广告费用就会削减，这与"广告产生销售"的方向是背道而驰的。营销活动应该刺激需求然后引起销售，营销活动不应是销售的结果。如果广告随销售的涨落而涨落，那么就有可能忽略所有其他可能的因素，这种逻辑关系与实际情况往往是不相符的。

销售额百分比法的难点在于要判断使用多少百分比，即使是同一行业的顶尖企业，也采用不同的百分比，从1.3%到近15%不等。通常，百分比是按照行业的某个平均数或企业的经验来决定的。然而，这种方法的随意性较大，行业平均数的前提是同行业每家企业的目标大致相同，面对的营销问题相同；企业经验的前提是市场高度固定，而这几乎是不可能的。不过，如果以未来的销售量作为参考，这种方法的效果就好多了，因为它假定一定数量的销售单位就需要一定的广告推广资金，如果广告主知道它们之间的百分比，广告与销售之间的相互关系就可以保持和谐，当然这种方式的前提是市场稳定，竞争对手的广告又没有什么变化。

2. 销售单位法

销售单位是指商品销售数量的基本计量单位，如一个、一箱、一台、一辆、一瓶等。销售单位法又可称为分摊率法，即每一销售单位上分摊一定数量的广告费用，用一单位广告费用乘上总的销售单位，就得到总的广告经费预算。

销售单位法的计算参考数据是销售的商品的基本单位的数量。这种方法规定，每一个销售基本单位中都有一定数量的广告费。例如，一辆城市 SUV 售价 15 万元，每销售一辆 SUV 车，其中就有 500 元广告费，如果企业预计年销售 SUV 车 1 万辆，则广告费用为：500 元 ×10000=500 万元。采用这种方法制定广告预算，主要适用于两类商品，一种是价格比较高而且耐用的商品，如汽车、电冰箱、电视机等等，另一种是销售单位明确的低价易耗商品、薄利多销的商品。

这种方法实际上与销售额百分比法相似，只不过变换了一下形式。其优点也是简便易行，在竞争环境比较稳定、市场动向比较容易了解和预测的情况下，采用这种方法比较合适。这种方法的缺点也是违背了"广告产生销售"这样的逻辑关系，仍是把广告预算看成了销售结果。除此之外，销售单位的数量只是一种预计，真实销售的数量是否能够达到预计尚不得知，此时就来确定广告预算，显然具有一定的冒险性。另外，这种方法比较死板，不能适应市场环境和竞争状况的不断变化，也不适应开拓新市场的需要。

3. 利润百分比法

利润百分比法是依照年度利润划出一定的百分比作为广告预算总额。利润少时，广告预算总额就少；利润多时，广告预算总额就多。由于利润额还可分为毛利、纯利等，所以其计算方法各有差别，较为常用的是毛利百分比法，例如企业的毛利为 100 万元，以 8% 的比例投入广告费用，则广告费为 8 万元。用来计算的利润额，既可以用前一年度的利润额，也可以用前几年的平均利润额，还可以用下一年的预计利润额。如果考虑用下一年度的利润额来确定广告预算，那么其计算公式就是：A（广告预算总额）=B（前一年度实际支出的广告费）+S（预测下一年度纯利润增加额）×a（企业确定的百分比率）。或者直接是 A（广告预算总额）=S（下一年度利润估计）×a（企业确定的百分比率）。

这种方法确定的百分比率，没有考虑竞争因素给广告费带来的压力。假定互相竞争的各个企业都采用这种方法，那么同类企业的广告竞争可保持平衡。但实际上不会完全是同一种状况，各企业可能采用不同的预算制定方法，竞争因素给本企业的广告费开支可能带来压力，这时该方法的不足之处就显露出来。此外，这种方法还有一个局限性，即将广告预算建立在利润基础之上。当企业销售盈利时，广告预算可以保证；但当企业销售不能获利时，便不会有广告预算，广告活动也可能无法继续完成。

二、目标任务法（DAGMAR法）

目标任务法又称为达格玛（DAGMAR）法。1961年，美国广告学家R. H. 科利认为，广告成功与否，应视其是否能有效地把想要传达的信息与态度在正确的时候、花费正确的成本、传达给正确的人。为此他在著名的《为衡量广告效果而确定广告目标》一书中提出"制定广告目标以测定广告效果"的方法，又称为DAGMAR模式（达格玛模式）。

在达格玛法中，预先要制定明确的广告运动目标，以知名、品牌试用或其他效果的目标为基础，然后确定达成这些目标所需广告费用。因此，广告预算是根据预先决定的目标来制定的，而非依据过去或未来的效果。从理论上来说，这是一种最合乎逻辑、最为合理的广告预算方法。采用这种方法，首先要根据企业的营销目标来确定广告目标，然后考虑为了实现广告目标应该做出的广告活动计划，如广告媒体的选择、广告表现内容的确定、广告发布时间和频次的安排、刊播范围等，最后逐项计算实施广告计划所需的费用，再将各项费用累加起来得到广告预算总额。

这一方法的优点是广告预算与广告目标相吻合。在达格玛模式中，把广告效果分为知名、理解、信服、行动几个阶段，每一个阶段都需要广告发挥功能。如果企业在推出新产品时采用这种方法，一般都能产生良好效果，因为这时的广告目标主要是提高商品的知名度，广告目标与广告发布时间、数量等的关系比较明确，因此比较容易推算出广告预算总额。

虽然理论上这是一种理想的科学方法，但在实际应用中，由于企业很难在第一年准确地确定下一年度要开展的广告运动，即使确定了广告运动，每一阶段具体的花费也较难确定，因此，这一方法更适用于事后衡量广告花费是否得当，而不是制定原始的预算[①]。

三、任意法

任意法是一种较为武断的方法，即通常由企业最高权力部门或者财务部门经过某种形式的执行判断来代替广告预算的制定过程，任意从企业财务上拨一笔经费作为广告费用。它既不考虑广告要达成的目的，也不考虑要从广告中得到何种结果，更不去考虑其拨款决定的科学基础。采用这种方法的企业主要应考虑以下事项：

（1）企业有多少流动资金可供开支，其中有多少钱可以用于广告经费。假如把广告费作为对某一品牌的投资，那么就应当考虑能否收回投资，能否获得想象的总利润额。如果可能，而且企业承担得起，则可以拨出这笔广告费。

（2）希望通过广告获得市场，或者希望用广告去拯救某一品牌，不管它跟销售利润乃至投资回收的关系如何，只要能征服消费者或压倒竞争对手即可。

（3）广告媒体（特别是电视）中干扰和杂乱情况严重，如果广告费低于某一限度，那么广告刊播之后，可能市场上听不到广告信息，完全被别的企业的广告信息所淹没。

---

① 蒋旭峰：《试论广告预算》，载《江苏社会科学》，2003年第5期。

为了冲破这种干扰，使自己的广告信息能到达一定的目标群体，必须把广告费拨款定位比该限度高一些。

四、竞争对抗法

广告预算的高低和竞争对手有着很大的关联，竞争对抗法就是根据竞争对手的情况来制定广告预算。

竞争对抗法的基本设想是将产品所拥有的市场占有率与广告投资相联系，也与产品整个类别中全部广告投资占有率相联系。其所运用之假设为在特定产品类别中的广告，与一般的其他广告相互排斥。比如珠宝的广告，只是与其他品牌的珠宝所做的广告进行竞争，争取获得消费者的注意，而不会与汽车、饮料或电脑的广告发生竞争。因此，广告主能够推算其所做广告的同类广告占有率，并由此推算出其广告将获得的品牌注意占有率。

根据上述基本构想，采用竞争对抗法制定广告预算的程序是：

（1）调查确定该品牌商品拥有的市场销售占有率。

（2）调查确定该类商品所有的品牌的广告主在广告预算上的投资总和。

（3）用各广告主的广告投资总和按市场占有率进行折算，得出该品牌商品广告的基本预算额。

（4）用基本预算额加上为了提升占有率优势而增设的广告费，即为该品牌广告预算总额。

竞争对抗法适用于市场竞争十分激烈、广告竞争也十分激烈，并且广告能对销售起到有效促进作用的情况，例如可口可乐和百事可乐、肯德基和麦当劳的广告竞争情况。同时，竞争对抗法作为一种较为强硬的广告经费计算方法，要求广告主拥有雄厚的财力基础，才能支撑起较为高昂的广告费用。竞争对抗法有两种计算方法：

①市场占有率法，其公式为：

广告预算=（对手广告费总额/对手市场占有率）×本企业预计市场占有率

②增减百分法，其公式为：

广告预算=（1+竞争对手企业广告增减率）×上年广告费

或，广告预算=（1-竞争对手企业广告增减率）×上年广告费

这种方法是以主要竞争对手的广告费支出为基础，确定足以与其抗衡的广告支出额。其前提是要调查主要竞争对手的广告费数额，掌握竞争企业某种商品的市场占有率，计算竞争对手每单位市场占有率支出的广告费数额，以求与竞争对手保持同一水平层次的广告投资，并在这一基础上按一定比例增加广告费，给主要竞争对手的市场占有率形成强烈冲击。当然，前提是竞争对手的广告总额预算必须反映出其整体广告活动态势。这种预算方法较容易掌握，计算简便，而且为品牌广告竞争提供了一个"不落下风"的保障。当本企业的产品在同一市场上面临3个以上的竞争对手时，采用这种预算方法可以维护市场现状，或者可以争取在短期内达到一个强有力的市场竞争地位。

但是这种方法同样也有缺点，首先，其所制定的广告预算与可能制定的目标不会发生直接联系，因而有可能"离轨"；其次，对于资金不足的中小企业来说，采取这种方法所担的风险比较大，需要特别慎重对待。

五、定量法

定量法比较适合于大规模企业，尤其是在广告费用庞大时。

（1）优化法。

前面已经提到美国广告学家肯尼思·朗曼创建的广告投资模型，在大多数情况下，企业也有一定的销售额，当企业进行广告投入后，销售量会逐步增加，销售额也会提高。但当广告费用加到一定量时，销售额的增长率下降，广告支出的边际收益递减。因此，广告费用的投入就有一个最优化的选择问题，广告预算应该确定其最优额度。

（2）模拟定量计算法。

这一方法是通过若干模型对企业的整体营销活动做仿真，然后预测企业的广告活动及所需费用。简单的定量方法只能看出大致的趋势，没有太大的实际作用。若想真正运用，必须有较复杂的模拟模型，再运用大量参数，通过计算机做出分析，才能得出较精确的结论。目前，国外不少大企业正在逐步建立有关系统，采用计算机模拟分析计算出广告传播的投入费用。

六、资本投资法

资本投资法认为广告是企业的一项投资成本，所以要以投资回收，或以花费在广告上的资本的某种回收率为基准来评估广告预算。由于其投资观念使其对投资回收要求能够测定。运用资本投资法制定广告预算的步骤是：

①为特定的广告专案测定其资金成本。这种测定工作较为复杂，一方面要研究资金本身的成本，即花费了多少成本才获得了这项资金；另一方面要研究资金的利用价值，即现在运用这笔资金能创造多少价值，获得多少收益，如果现在使用了这笔资金，但现时不能获利，要等到将来才能获利，那么获利的价值与现在获利的价值相比较，是大致相当，还是有折损，还是有超盈。当把将来所获利益用一个金额数现在就确定下来，那么这个数额在确定时肯定包含着现在的价值尺度的衡量。例如，将来回收或获利为100万元，那么现在的价值100万元，实际上将来得到100万元时，已经抵不上现在100万元的价值，而只抵得上现在的80万元。这中间有20万元的折损。这种利用价值上的折损，是经济规律决定的，企业本身无能为力，只能正视它，并在事前将这种折损因素考虑在内，采取处理折损的合理有效的对策。

②计算期望广告投资回收折损率。操作的方式是估计将来每一期间的投资回收率，并计入时间因素造成的折损，直到所投金钱全部回收为止。这些估计的回收额均以折损率来加以计算，然后可知投资经过时间的价值。计算的公式为：

$PV = 1/(1+r)n$（其中 PV = 每元的现在价值，n 是将来的期间，r = 实际利率）

这一公式提示，必须要等待一个长时间才能把付出的投资回收，其明显的效果是这一将来所需付款额的现在价值。同样，当投资成本增加时，未来所需付款额的现在价值因而降低。

这一方法最明显的优点是当广告投资与其他资本支出进行比较时，能使决策层对广告投资回收有明确的了解。而最大的不足则在于，这种预算方法与广告的目标、任务缺少直接的关联性，因而，往往使决策层不能迅速地确定在某个期间广告的价值。

上述六种方法为广告经费预算的一般方法，它们各有利弊，使用时应当结合实际情况，选择适合的方法加以利用，或综合运用几种方法，做出最合理的广告经费预算，做到既能够达到预期目标，不会经费短缺，也没有经费浪费。

在本节最开始提到，处于不同生命周期阶段的产品，广告经费预算方法也不同，下面详细介绍新产品与成熟产品的广告预算方法。

对于新产品，在进行广告预算之前，要先做好以下三个方面的工作：一是对市场占有率的估计，为广告投放定下基准目标；二是整个营销的状况，广告要和营销紧密结合起来，产品的种类以及品质、供货情况、售后服务、经销商激励机制等因素都将直接与广告效能相连；三是对新产品盈利的预期，有的产品盈利周期较短，在半年之内，有的产品盈利周期则需要一到两年，对新产品回收投资区间的界定，可以减少盲目性，并为下一区间的广告预算打下坚实的基础。

新产品广告预算所采用的方法一般有以下三种：

（1）支出可能额法，也称"量体裁衣法""竭尽所能法"。是指企业根据自己的经济实力，即财务承受能力来确定广告费用总额的方法，具体做法是企业将所有不可避免的投资和开支除去之后，再根据剩余资金来确定广告预算的规模。在新产品刚进入市场时，在财力允许的范围内，尽可能大地投入广告，打开营销局面。

（2）竞争法，这一方法上面已经介绍，这里不赘述，为了更高的市场占有份额，和对手形成有力竞争，这是新产品广告使用较为普遍的一种方法。

（3）利润规划法，对于新产品来说，采用利润规划法进行预算编制困难较大，但可以避免其他方法的盲目性。

相反，对于成熟产品来说，则经常采用利润规划法。对于成熟产品，不能急于进行大规模的广告费用投入，而应当结合产品前期的广告、销售等情况以及当下的营销策略，进行广告预算的编制，可以采用利润规划法。利润规划法包括四个步骤：①准确预测，对将要进行预算期间的销售额做出正确估计。②预估创利金额，把产品的销售额换算成毛利金额。③减除预期产品利润。④分配营销费用，把营销方面可使用的直接费用分配到广告、推广、销售等各个方面。利润规划法是从管理的立场去编制广告预算，优点在于使广告预算与产品收益结合起来，使企业达成预期利润。

第三节　RTB实时竞价广告

我们在平时上网时经常会有这种体验，搜索过雅思考试，以后就经常在网页上看到推送或弹出的雅思培训相关广告；上网观看过日语、法语等小语种的教学视频，后面极有可能在浏览网页时收到小语种培训班的广告；浏览过旅游网站，再次打开页面时就会收到打折机票、酒店的广告；更不要说浏览过服饰、鞋子、化妆品和珠宝后，总能看到相关甚至同种风格的商品广告，这些时常让我们诧异，商家仿佛知道我们喜欢什么、想要什么、正在寻找什么。在移动互联网时代，每一位用户在浏览网页、点击商品或完成其他上网行为后，其网上行为痕迹都会通过Cookie记录在案，而通过广告交易平台，用户在下一次浏览网页的时候，将被推送符合偏好的广告，这些都源于精准营销RTB系统。

一、RTB的起源与发展

RTB，即RealTime Bidding——即时竞价广告。这一模式最早在2010年出现在美国，并在很短时间内获得了极好的发展。据市场研究机构Forrester报告显示，2010年美国广告客户用于广告库存人群实时竞价（RTB）的费用超过3.5亿美元，而2011年投入这一活动的费用达8.23亿美元。另外，据eMarketer数据显示，Google在全球首次推出RTB平台后，其2012年的展示广告收入成功反超Facebook，重夺展示广告领域第一的位置。就国内市场来说，2010年，传漾公司看到了国外RTB发展的宏观趋势，在中国台湾市场开始尝试RTB广告业务。在行业整体变革的驱动之下，阿里于2011年9月推出了TANX（Taobao Ad Network & Exchange），这是我国第一个Ad Exchange平台。随后，国内Ad Exchange数量激增，BAT三巨头全数进军RTB带动市场整体发展，国内市场上的广告交易平台密集上线：盛大于2012年9月推出了其私有广告交易平台；腾讯于2013年1月正式推出了Tencent Ad Exchange；新浪于2013年3月推出了私有广告交易平台SAX（Sina Ad eXchange）；百度也于2013年8月正式推出了百度流量交易服务BES（Baidu Exchange Service）。此外，搜狐、优酷等企业也纷纷推出Ad Exchange。谷歌以及BAT拥有巨大的流量优势，推出广告交易平台之后为DSP（Demand-Side Platform，需求方平台）市场带来了数量可观的新增资源，对市场的整体发展起到巨大的推动作用。

2012年被认为是中国RTB发展的元年。在这一年，RTB生态链的各个环节悄然崛起，RTB模式在中国获得爆发式发展。DSP在中国迅速发展，众多以技术为核心实力的公司，如易传媒、品友互动、华扬联众、互动通等中国领先的数字广告技术平台，纷纷推出自家的DSP。这些DSP界面各异，虽然总体功能类似，但每一家DSP都有自身特色。例如，品友互动号称中国最大的实时竞价广告平台，拥有中国最庞大的人群数据，包括7.2亿Cookie人群分析，率先在中国采用按照人群类目体系分析方法，创建5000多个人群分析细分标签，其人群分析模型和广告优化算法均获得了国家专利。在Ad Exchange方面，以腾讯为例，2012年，腾讯Tencent Ad Exchange开始内部测试，并与市场上大部分主流DSP，如品友互动、易传媒、悠易互通、互动通、晶赞科技、传漾、随视科技等完成对接测试，并与多家DSP公司进行了总量约为16亿的Cookie mapping，得到了合作伙伴的支持和认同。

据中国电子商务研究中心监测数据显示，2012年，RTB在中国整体展示广告业务中只占了0.3%的份额，2013年，这个数字增长到了1%~1.5%，市场规模接近3.7亿元人民币。而在2017年，中国RTB的市场规模超过48亿元人民币，较2012年增长3667%。

中国RTB产业的迅速发展开启了中国网络广告的新篇章，正在重洗中国互联网广告市场格局。在RTB被广泛应用之前，中国互联网广告最常见的是按位置、天数售卖，这与传统广告相比，除了投放媒介从电视变为了电脑，并没有突出的互联网特色。RTB兴起后，门户网站、广告联盟这样的传统势力都逐渐失去了光环，取代他们的是能直接带来ROI提升的广告交易平台与媒体交易平台。而这些平台之间流通的一般等价物，便是"用户数据"。

二、RTB的广告模式与运作流程

RTB是一种基于互联网大数据背景下的网络广告新形式。从广告主的角度来说，其一般过程是广告主根据自身营销计划、目标消费者、预算费用等指标，对可购买的每次广告展示的费用进行实时竞价。竞价成功后，广告主的广告就会即刻展示在该广告位，整个过程在不到1秒钟的时间内完成。从技术的层面来解释RTB，通过RTB系统，用户打开每一个网页前，都有多个广告主对其广告曝光进行实时竞价，出价最高者将获得向用户展示其广告的一次曝光机会。这一切的数据分析、出价、竞价、投放的完成速度非常之快，并且是程序化自动运作。这种利用第三方技术在数以百万计的网站上，针对每个用户展示行为进行评估以及出价的竞价技术，即是RTB广告模式。简单地说，就是把每一个用户每一次的页面浏览以拍卖的形式卖给广告主，实现互联网广告的智能化、精准化、实时性投放。

RTB广告模式打破了传统互联网广告投放的线性对接流程，变革了互联网广告生态链。传统的互联网广告生态链一般有三方，分别是广告主、广告代理商（即广告公司）以及互联网媒体。而在RTB广告交易模式中，原有的广告生态链发生了变化，整个生态链包括广告主、需求方平台、广告交易平台、数据管理平台以及互联网媒体等多个主体。RTB以广告交易平台为核心，把原本处于产业链两端的买卖双方——广告主和网络媒体联系起来，通过广告交易平台进行采购或售卖"广告资源"（用户），形成一个双边市场。在广告交易平台和最终买卖双方之间，还有代表广告主的DSP和代表网络媒体的SSP（Supply-Side Platform，供应方平台）。可以说，广告交易平台是以双边平台市场为基础的多边平台市场，投放过程中的各个参与方都不是分散的个体，而是平台聚合的利益网络。

通过图12-2能够清晰地看到中国RTB产业链的各个环节，RTB的主要环节都采用平台聚合的模式运作。因此，以下分别介绍产业链中的四个广告运作平台：DSP、Ad Exchange、SSP以及DMP。

DSP是一种系统，也是面向广告主的广告投放管理平台。DSP通过对数据的整合及分析，实现基于受众的精准投放，以程序化购买的方式，接入众多媒体资源，帮助广告主进行跨媒介、跨平台、跨终端的广告投放，并对广告投放效果进行实时监测及优化。DSP可以使广告主更简单便捷地遵循统一的竞价和反馈方式，针对多家广告交易平台的在线广告，以合理的价格实时购买高质量的广告库存。

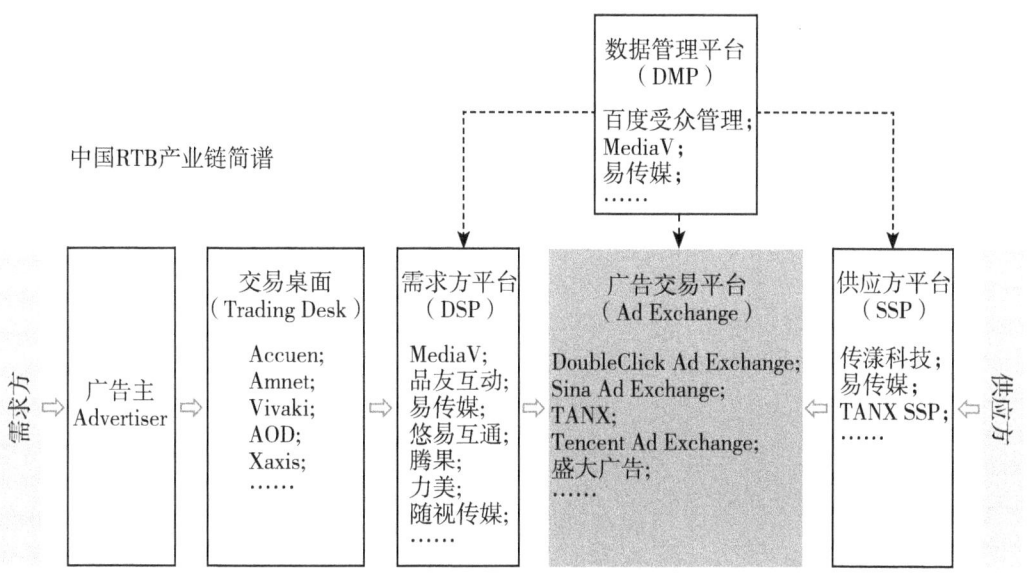

图12-2 中国RTB产业链

Ad Exchange，广告交易平台，作为核心中介平台，Ad Exchange是一个开放的，能够将广告交易的买卖双方，即广告主方和广告位拥有方联系在一起的在线广告市场，能帮助广告联盟、代理结构和第三方技术提供商通过实时竞价的方式购买众多互联网站点的广告资源。有人把Ad Exchange比喻为股票交易所，购买方根据市场规律实时竞价，价高者得。同时，所有的数据都能在后台检测到，广告主所花的每一分钱及广告被展示了多少次、点击了多少次、转化成了多少钱，一目了然。Ad Exchange能把广告主和大型网站带到一个共同的交易市场上，并尽可能使双方的收益最大化，形成一个买卖网络广告的新途径。

SSP是一个媒体服务平台，是针对媒体的营收优化工具。面对来自不同广告交易平台乃至不同的广告网络的广告展示请求，以及这些请求背后不同的广告主、不同的出价等等，SSP可以将流量交给广告交易平台进行竞价售卖，不仅支持程序化购买方式，更重要的是它能够对媒体自身流量进行实时控制、不断分析优化，从而使得媒体在程序化购买的环境下能够达到营收最优化。当SSP建立起来后，会有越来越多的广告网络（Ad Network）、DSP、DMP与SSP对接，从而带动网络广告朝开放性、平台化方向发展。

DMP（Data Management Platform），聚合所有在线数据的平台，包括第一方数据和第三方数据，也包括用户数据和投放过程中产生的交易数据，协助其他平台进行数据管理、分析工作。能够根据用户的历史浏览数据分析和定位用户属性，进一步进行精准用户细分，测量哪些用户细分群体和广告媒体在广告投放中具有最佳的表现，使媒体采购和广告创意可以得到适时的优化。DSP的发展离不开DMP的数据管理，大部分致力于RTB的公司都在整合DMP，实现电子营销一站式服务。以传漾科技为例，传漾数据管理平台（DMP）——在传漾科技广告营销生态链中，SameData处于其中的数据管理平台DMP环节，用于为整个竞价模式提供实时购买的受众数据。为了更好地做到精准营销，传漾一方面加大了对人群的分析力度，从人群方面可以做到800多个小类的细分，

SameData产品能够可视化地帮助客户查找目标人群，客户也可以自己登录系统查找需要的人群，也可以浏览人群的数据特征信息。另外，还增加了一些新功能，比如，统计分析用户点击广告之后的行为，将行为数据融入传漾的数据版图中。之前的分析主要集中在浏览和点击的数据上，现在对用户点击之后的行为也做综合的分析，这对于用户做更细致的分类，以及后续用户行为的优化都有帮助。

如果对这四大核心平台做一个简单的总结，即SSP上聚合着数以亿计的网络媒体资源，并对这些资源进行集中管理，接入Ad Exchange形成巨大的流量；DSP上聚合成千上万广告主或广告代理商的广告投放需求，对他们的需求进行集中服务，在DMP的帮助下实现对用户的属性分析和竞价，最终实现精准投放。

通过图12-3可以对RTB的运作流程有一个相对宏观的认识，从整体上把握从用户浏览页面到接收到相关广告背后的全过程。从运作技术层面，RTB共分为两个步骤：一是竞价过程，二是投放过程。

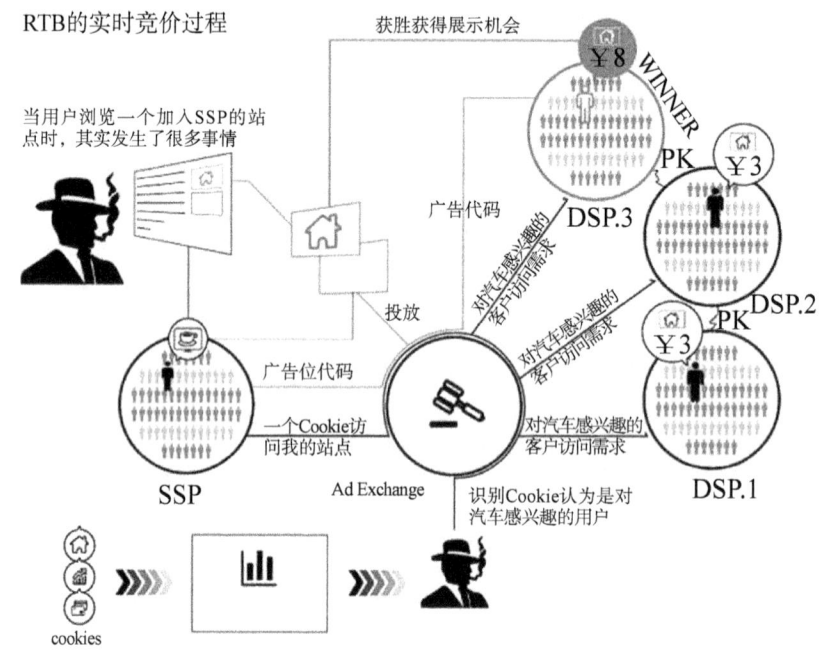

图12-3 RTB实时竞价过程

第一步竞价过程。当用户浏览一个加入SSP的站点时，他的行为就开始被记录，如用户浏览了一个和商品信息有关的或商品广告的页面，SSP供应方平台迅速得知了这一商业信息，并把这一信息迅速告知Ad Exchange，即广告交易平台。在接收到SSP提供的信息后，Ad Exchange迅速同时做出两个反应，一是将该客户信息传递给DMP第三方数据管理平台，并由DMP进行深度挖掘，DSP自身拥有一个海量人群数据库，可以通过特定的算法、人群定向技术，分析数据库中关于这个用户的上网记录（Cookies数据），此外，在DMP更加专业的数据挖掘的帮助下，描绘出这个用户细致的个人兴趣图谱，从而实现用户需求与广告信息的精准化匹配。同时，Ad Exchange将该信息传递给DSP需求方平台，这里面临着多个广告主竞争同一个目标用户的广告展示机会的问题，RTB广告模式采用实时竞价的方法，由Ad Exchange扮演一个仲裁者角色，判定哪个DSP出价最高，就将这个广告展示机会判决给出价最高的DSP所代表的广告主。因此，出价最高者就赢得了该网页位置以及用户信息的拥有权。在这个过程中，广告主完成了精准的用户选择，和媒介平台各取所需。至此，RTB广告的第一步竞价过程完成。

当完成用户的个人属性分析和匹配后，接着就是将符合这个用户属性的广告投放到他的面前来，因此，第二步即为投放过程，也是广告即将要获利的过程。通过成功竞价的DSP需求方平台，也就是广告主平台就可以在获得广告位代码后对该客户的网络客户端进行广告投放了。当然，广告投放的种类、多少由SSP供应方平台控制，而客户看到的是经过精确定位和需求挖掘的广告。RTB广告模式下的精准广告投放造成的结果是，两个不同的用户登录同一个页面，看到的却是不同的广告内容，且这些信息符合用户近期的需求和兴趣属性，是对用户"有用"的信息，对于用户来说，节省了购买商品选择比较的时间，提升了商品买卖的效率；对于广告主来说，提升了广告的投资回报率，减少了广告浪费；对于媒体来说，他们出售的已不是某个固定的广告位，而是广告位背后的用户，每个用户都是有价值的，媒体不再受有限资源的限制，从而可以增加收益。

从互联网广告诞生至今，广告一直是互联网行业最主要的盈利模式之一。学者周艳曾将互联网媒体的广告营销新模式划归为四大类："一对多"的广播式营销；广告主和用户、用户和用户之间的互动式营销；为广告主提供以"精准"为目标的数据库式营销；发动用户参与广告主的线下活动式营销。RTB事实上就是建立在海量数据基础之上的精准投放广告形式，但显然，又和过去的互联网广告有很大不同，相比于传统的广告投放方式，自然有着更大的差异，甚至是革命性的差异。在此，可以将RTB广告的特点总结为以下几点。

（1）精准投放，从购买"媒体"向购买"用户"转变。

加拿大传播学者达拉斯·斯麦兹在1977年提出了著名的"受众商品论"，他认为"大众媒介的运作过程，就是媒介公司生产受众，然后将他们移交给广告商的过程"，媒介真正的商品是其受众，媒介以"收视率"的形式将受众打包卖给广告主，从而获利。

其实，这个理论在互联网环境中同样适用，只不过"收视率"转变为"媒体覆盖率"。互联网广告的发展一直与互联网技术紧密相关，并在其基础之上寻求不同的传播目标。在早期的互联网传播形态中，网络媒介本身占据了绝对的核心地位，因此互联网广告长期主要是以"一对多"的形式在传播。但这种批量化、粗放式的广告投放，真正的受众到达率很低，广告效果并不十分尽人意。在市场产品细分趋势加剧、网络媒介处于Web3.0时代、广告主越来越重视广告ROI等多重因素影响之下，强调"精准"的广告传播得到越来越多广告主的认同，RTB广告的实时竞价技术可以说正是在"精准"需求的市场要求下诞生的。在RTB系统中，广告投放变成了一种"定制化"模式，其真正的价值实际上是零售。原来按广告位卖，但每个广告主对不同的人群有不同的价值认知，单个拆出来会更贵。

正如"受众商品论"中认为的，媒介真正的商品是受众，在RTB模式中，广告主所购买的，也正是从"媒介资源"变为了"受众"，更准确地说是"用户"。即媒介售卖方直接出售的是受众价值，广告主购买的则是符合其基本要求的具体到个人的消费者注意力。因此，在这种新型交易形式中，过去常被媒介公司突出的媒介形式、位置等因素已不再是交易双方最需关注的问题。

事实上，广告传播的"精准"概念也随着RTB广告的诞生而发生了微妙变化，这种变化对互联网广告交易双方都具有很重要的现实意义。对于媒体而言，"精准"不再是过去对媒介本身属性的一种偏泛化的描述，而是将媒体商品包装的重点由过去不变的媒介本身转向隐藏在其背后的不确定的用户个体。而对于广告主而言，这种"精准"使得广告主的定价参考重心从媒介本身转向对不确定个人的动态价值评估，相对过去的互联网广告而言，这是从媒介价值向用户价值转换的直接过渡。

（2）时效性，把握最佳投放时机。

传统的广告投放，从购买到发布有一个时间差，即存在时间成本。而处在变化多端的现代市场中，消费信息瞬息万变，速度和效率可以说很大程度上衡量着营销的质量。虽然进行了前期调研，但当一个广告真正出现在消费者面前时，消费者即时的心理偏好、需求却十分难以把握。因此，在传统广告投放模式下，广告主很难真正把握住投放时机，从而保证营销战略的有效实施。与此相对的是，RTB系统把这个时间差降到了毫秒的水准，以Ad Exchange为中心，DMP、SSP、DSP协同发力，广告从需求发送到竞价再到最后投放全部被压缩在一个时间点上，即在用户点击链接页面缓冲的那不到一秒钟的时间里，这种时效优势是传统网络广告投放模式无法比拟的。换言之，此时出现在用户眼前的广告，正是用户喜欢的、需要的商品信息，RTB广告实现了更好地把握最佳投放时机。

（3）大数据，驱动RTB广告"科学"运作。

在RTB广告背景下，媒介价值的权衡与评估成为重点，而广告内容本身的重要性退居其次。相对于之前广告创意是"广告人的创意"，RTB广告更侧重发现用户的需求来产生广告创意。RTB广告为广告创意提供了消费者和广告主之间的沟通元（MEME），即一种基于内容的文化单元，它凝聚了消费者最感兴趣的内容和最容易引起讨论和关注的话题，一旦投入数字生活空间，就会迅速引起关注，激发消费者热烈的分享、讨论和参与。

如果放在关于广告的"科学"与"艺术"之争中，RTB广告更多地显示其"科学"的一面，即更加强调科学的广告媒介购买及投放过程等。而这一目标的实现是建立在互联网海量数据的加工之上的，即互联网"大数据"的支持。根据CNNIC第37次中国互联网统计报告显示，截至2015年12月，中国网民规模达6.88亿，全年共计新增网民3951万人。互联网普及率为50.3%，较2014年底提升了2.4个百分点。消费者正在通过互联网重新建构一个全球生活社区，而每个人留下的任何痕迹都是反映该个体价值的重要参考。通过Cookie、云计算等技术，对消费者的人口属性、兴趣爱好、使用习惯等多维度数据进行收集、分析，将海量与碎片化的用户数据加工成具有营销参考价值的基础数据库并加以应用，这正是RTB广告的重要价值之一。也正因为如此，RTB广告所依靠的互联网大数据，至少具有这样的特点：每个数据单元都来源于真实案例；海量数据归纳的特征具有代表性和普遍性。因此，RTB广告所提供的数据型参考指标，无论是在描述现状、反映问题，还是在评判优劣、概率预测、辅助决策等多方面，都具有比较"科学"的参考价值。和传统媒体广告，甚至和过去的互联网广告相比，其全面性、即时性、可用性都具有先天性优势。

（4）四大核心平台，重新构建互联网广告生态链。

RTB改变了传统互联网广告生态链，形成了一个以四个平台为核心的新的生态链。四大平台分工明确，各司其职。DSP为众多广告主寻找优质的互联网媒介和精准的目标用户，帮助广告主优化广告投放策略。广告主可以根据自己的营销目标在DSP平台上设定目标受众、投放区域、广告竞价等条件。SSP为那些需要将网络流量变现的媒介提供媒介资源管理工具，媒介所有者可以在其平台上管理自己的广告位，控制广告的展现，等等。而Ad Exchange则连接起DSP和SSP服务，为广告交易双方提供一个基础的对接平台。DMP负责处理海量数据，深挖消费者的用户属性和行为偏好。

从产业宏观层面来看，为了适应这一新的生态环境，传统互联网广告公司需要在新的生态链上重新圈定业务范围，明确自身最擅长扮演的角色。不过，它们在新的广告生态链上的角色并非单一的或者一成不变。一些广告公司根据已有基础和未来发展需要，可能兼具多块业务，扮演多种角色。例如国内较早涉及RTB广告的易传媒和品友互动都兼具SSP和DSP的角色，Google、百度两大互联网公司都有Ad Exchange和DMP业务。

（5）个性化信息，从内容关联转变为消费者行为关联。

从大众传播到分众传播再到精准传播，反映的其实是一种对消费者需求的准确把握与重视。广告信息越具有针对性，越能符合消费者在当下时间和空间上的信息需要或心理需要，那么它的效果就越明显、越深入、越持久。在不侵犯用户隐私的基础上，提供个性化的信息是网络广告发展的一个趋势，而在网络营销实践中通常通过定向广告来提供个性化的信息，即将特定的广告投放给特定的人群，根据用户的偏好进行精准化投放。

通过鉴别用户类别而使用的网络广告投放方式有内容定向广告和行为定向广告两种。前者假定浏览网页的访客都是关注网页内容的目标用户，通过分析网页内容，抽取与内容相关的关键字，与网站或广告联盟广告库里的广告进行匹配，向浏览该网页的用户投放广告；后者是基于对用户行为的数据挖掘，通过分析用户在电子邮件、搜索引擎上的访问、浏览、点击、搜索、购买等行为，动态分析用户的兴趣爱好，定制Cookie信息，进行精准广告的投放。内容关联型广告由于不能准确判断其投放对象的兴趣和偏好，不符合精准营销的需要，因此目前网络广告的投放越来越朝着消费者行为关联方向发展，网络广告正从"内容关联阶段"进入"对象（消费者）关联阶段"。可以看到，提供个性化信息的一个关键点就是对用户资料的收集与分析，从而对消费者形象进行全方位的描绘。人与网络的逐渐融合为把握消费者的兴趣、爱好、行动轨迹等提供了更加丰富的数据，而随着网络广告RTB模式的兴起，关于这些数据的采集和分析则更加全面和立体。

三、RTB目前存在的问题

RTB广告带来了一种全新的互联网广告交易模式和传播观念，但如同所有新鲜事物一样，带来了变革，却也面临着种种问题，而这些问题可能成为RTB未来市场化运作过程中不可忽视的障碍。

（1）从法律层面看，RTB广告的运作机制存在着明显的法律风险，首当其冲是用户隐私问题。RTB广告需要依赖海量的互联网用户数据，但全球范围内有越来越多的措施正在阻止相关公司收集用户数据。例如，Mozilla的Firefox，微软的IE，苹果的Safari，谷歌的Chrome浏览器即将发行的新版本中已经安装了"不跟踪"功能；而雅虎和行业内一些主要公司则宣布计划忽略IE用户的不跟踪请求。利益双方已经就跟踪问题产生矛盾。

（2）从技术层面看，深度依赖互联网技术的RTB广告，其过度的"技术化"面孔对其广泛普及产生了一定阻力。例如，DSP需要能提供强大的能够支持大量广告主进行实时竞价的RTB广告竞价器的服务，这对很多中小广告公司来说并非易事。而对于主体的广告主而言，在市场培育阶段，对RTB底层技术的陌生感和对数据运作的不信任感，都可能对其应用产生阻碍，使得广告主仅仅是浅尝辄止。

（3）从互联网广告产业链层面看，RTB的出现必然经历一个竞争激烈、同质严重的粗犷式发展阶段，这一阶段，整个RTB系统并不够"生态"。在这个过程中，可能出现诸多问题。首先，DMP缺乏数据源，地位尴尬。DMP的实际运行需要大量的用户习惯和搜索数据，但是国内真正拥有大量高质量又精准的用户数据的站点其数据都是封闭的。如百度、腾讯、淘宝以及Google这四家拥有大量流量的站点中，前三家数据都是"自家经营"的，大型站点和门户看不到开放数据对自己有何好处，还可能帮了竞争对手，所以真正有实力的交易平台大多是大流量站点的附属品，例如腾讯的Tencent Ad Exchange，新浪的SAX等。这样一方面造成了第三方数据的缺失，另一方面出现了包办DSP和DMP的公司，这些公司定位模糊，而且缺乏对数据的深耕，其结果必然是影响了RTB系统的效用。其次，国内RTB模式还存在流量作弊的现象，造成流量质量下降，随之而来的就是广告效果的大打折扣。对于广告主来说，效果不理想，他们对RTB也就更容易持观望的态度，竞价意愿大大降低，不利于整个行业的发展。在RTB的发展中，数据不透明、恶性竞争等不道德或非法行为都可能出现。如何打造一个资源配置科学、角色合理、运作高效的RTB广告产业链，直接关系到各主体的生存与发展，更需要实践和探索来解决。

（4）从实际应用层面来看，一些影响广告主应用RTB广告的若干因素无法回避。例如，CPA模式占主导背景下媒介购买观念转变问题、因竞价导致的广告主预算动态化和效果不确定性问题、大数据和多平台背景下的数据不信任问题等。再如，SSP整合媒介资源方面存在现实困难，在目前媒介买方市场的大环境下，相当多广告位仍采取传统销售方式，媒体往往只是把一些剩余流量通过RTB售卖实现变现，优质资源融入还需时日。

RTB广告的发展是一种不可逆的潮流，但它也存在种种局限，诸如过分看重广告投放过程而割裂广告内容与媒体本身的结合、竞价机制可能更偏重于媒体利益而忽略广告主的真实传播效果等等，这些都需要在未来的进一步实践中去解决和再审视。但可以肯定，RTB广告一定会对互联网广告的发展产生深刻影响，也将为整个广告投放带来变革。

讨论题

1. 合理的广告预算对广告策划有哪些影响？
2. 如何理解广告目标与广告预算的关系？
3. 如何看待RTB（实时竞价广告）的发展？RTB对广告预算会产生哪些影响？

第十三章

移动互联网时代广告策划书的撰写

> **学习要点**
>
> 本章重点介绍移动互联网时代广告策划书的撰写问题,需要掌握的知识点有:①移动互联网思维概念、特征与类型;②如何以移动互联网思维来统领广告策划书;③广告策划书的基本框架与内容;④广告策划书的撰写应该注意哪些问题。

第一节 以移动互联网思维统领广告策划书的内容

一、移动互联网思维

随着智能手机、平板电脑等移动设备不断普及,移动互联网时代全面到来,2012年,中国手机网民数量首次超过PC端网民数量,相较于传统大众媒介时代以产品为主导、大众媒体为导向,移动互联网时代则以社交媒体为导向,信息生产、传播、接收方式不断更新。5G网络技术的发展,万物互联时代的到来为移动互联网时代带来更多的可能性,因此需要用与之相适应的移动互联网思维统领广告策划全过程,充分发挥移动新媒体的体验性、交互性、灵活性等特点。

(一)移动互联网思维的概念

移动互联网时代提出了一个非常重要的概念——"移动互联网思维",它是指一种多维网络状的生态思维。这种生态思维以节点彼此连接,形成大小不同的生态圈。不同生态圈之间也彼此连接形成更大的生态圈。更大生态圈再彼此连接,形成更大更大的生态圈或系统。以此类推,没有终极。

移动互联网思维的两大要素:①连接。连接包括两个层面。第一层面:节点之间是彼此连接的,连接的节点形成圈子;第二层面:圈子与圈子之间也彼此连接,形成更大的圈子或系统。②圈子。圈子也有两层涵义。圈子本身是通过节点彼此连接形成的,圈子有大有小；无论圈子大小，都是可以内部良性循环的生态圈。①

（二）移动互联网思维的特征与类型

移动互联网思维的特征如下：

（1）去中心化。

去中心化是指所有的节点在生态圈中都是平等的。没有上下、高低、左右、前后、轻重之分。当众多节点一起连接到某一个节点时，这个节点就成为节点簇，也是一个临时中心。当众多节点断开与这个节点的连接时，这个节点又成为普通节点。因此，去中心化不是不要中心，而是中心离开了节点就无法存在，而不是节点离开了中心无法存在。去中心化不仅仅体现在节点层面，也同样体现在圈子层面。

（2）伙伴经济。

伙伴经济是指所有的节点、圈子在这个生态系统中都是伙伴，而不是敌人。是一种互亲、互爱、互惠、互利的关系，而不是竞争、斗争、战争的关系。自然界最稳定的森林植被群落中，各类生物之间的关系就是一种典型的伙伴经济关系。

移动互联网思维具体表现为以下五种思维类型：

（1）专业极致思维。

移动互联网是一张平行的大网，颠覆了信息不对称理论。按照专业极致的标准，不断创新形式、深挖内涵，提供真正令人满意的"产品体验"。专业极致思维也是一种焦点思维，也就是品牌主需要专注优势，将焦点战略发展到极致，抢占消费者心智，留下良好的品牌印象。建立焦点思维的两大关键点：①如何做减法，找到焦点与专注战略。②如何将焦点战略做到极致。

最生活毛巾的创始人曾依靠电商渠道红利创业，获得了第一桶金。后来渠道红利渐失，他深受雷军"专注、极致、口碑、快"理念的影响，决定"用小米模式做生活用品"，结果虽提升了产品质量，却亏损惊人，公司从年利润1200万元变成亏损1000万元。雷军说他仍不够专注，他开启了第二次转型，只卖毛巾，将产品做到极致，公司起死回生。现在最生活毛巾年销量约1.5亿，销售平台包括小米、京东等其他新媒体渠道，其中小米的渠道占比较大，占60%~70%。这便是毛巾哥在移动互联网时代从1000到1的创业经历和方法论。

（2）小众差异思维。

移动互联网条件下，蓬勃发展的"圈子"重新定义了人群，个性化的新闻推送、朋友圈的内容转发已成重要信息渠道。应按照分类指导原则，针对不同人群采取不同策略，推出"小而美""小众化"的产品形式和内容。

（3）"粉丝"思维。

"得'粉丝'者得天下"，要赢得市场，既要拼产品质量，还要拼情感营销和"粉丝"黏度。移动设备的互动性、及时性等特质使得受众在品牌和媒体形象的塑造、传播等方面发挥越来越大的作用，大到品牌，小到个人都可以拥有自己的粉丝群体，粉丝群

---

① 移动互联网思维概念的资料来源于百度百科：https://baike.baidu.com/item/移动互联网思维/15417260，20190606.

体与品牌具有深厚的情感联系,在产品与内容消费、口碑传播、品牌形象维护等方面也起到举足轻重的作用。小米通过"为发烧而生"的产品概念,大力发展粉丝文化,集聚了从员工到用户的庞大的粉丝群体,通过米粉节、网上社区、多样化的线下活动给予米粉持续的参与感和荣誉感,形成了品牌和粉丝间的紧密联系。建立粉丝思维的三大关键点:①如何重新定义品牌的理念和价值主张,吸引粉丝。②如何将品牌的消费部落打造成粉丝们温暖的精神家园。③如何激发粉丝的激情和参与感。

(4)零星碎片思维。

移动互联网时代,用户所处地点、媒体使用时间、用户需求都具有碎片化、个性化的特点,碎片化思维就是指品牌或者媒体通过碎片化、有价值的内容以及相应的个性化服务来吸引消费者,并使消费者快速喜欢上品牌或媒体呈现的内容。建立碎片化思维的4个关键点:①如何让用户在碎片时间主动选择你。②如何让用户在一分钟内爱上你。③如何在一小段时间里与用户建立起令其心动的对话。④如何在一个碎片的时间窗口提供令用户尖叫的商品和服务?

(5)快一步思维。

移动互联网时代,得到优势和失去优势的时间可能一样短,品牌信息传播、品牌更新迭代的速度越来越快。建立快一步思维的两大关键:①如何加速,找到快速发展的道路。②如何将整个组织的速度与用户的速度协调一致。

二、移动互联网思维统领广告策划书

我们正处在移动互联网时代,当下的广告公司提交给广告主的策划书就是这个时代的策划书。不过,广告业界的实践在前,遗憾的是却不能在广告策划的教材里找到适用于移动互联网的广告策划书。这个时代的广告策划书与传统媒介时代的广告策划书到底有什么不同?笔者认为,肯定存在不同,但又存在相同的地方。相同的地方是:广告策划书的基本格式不会有太多的变化。不同的是,移动互联网时代的广告策划书面临的传播环境、传播对象与传播媒介都发生了重大改变,这会导致广告策划及广告策划书写作的具体内容存在差异。事实上,在本书的第二章就归纳了移动互联技术对广告策划带来的影响。具体来说,移动互联网时代,媒介技术的发展催生的各种新兴的媒介平台,消解了传统媒介的权威性与中心性,尤其是自媒体的发展,让人人都可以传播得以实现。广告策划书要按照这些新媒介的特点来进行策划,而不是停留在大众媒介时代。但是在媒介选择方面,也不是单纯选择新媒介,而忽略大众媒介。事实上,移动互联网时代指大众传播媒介与移动的网络媒介互相融合的时代,而不是单纯指移动互联网媒介。从本质上来说,移动互联网思维需要统领广告策划书的写作。

以移动互联网思维统领广告策划书,必须做到以下几点:

(1)广告策划需要充分利用自媒体推广渠道。

随着自媒体的不断发展,微博、微信、抖音、快手等自媒体平台的广告价值日益凸显。在移动互联网环境下,自媒体广告具有互动性、迅速性、开放性、灵活性、针对性、裂变性、创意性等特点,受众能够随时随地进行多元化便捷的信息查询与发布,与此同时,自媒体上的广告品牌内容也呈现出碎片化的特点,因此广告策划书作为广告运动的策略性指导文件，需要不断进行创新，深入分析目标群体特点，结合热点话题，进行广告内容策划，以此吸引用户的广泛关注，提高广告发布的精准性、针对性，在碎片化的媒体环境中，整体提升广告信息的传播效果。①

（2）注重社群营销，凝聚"粉丝"效应。

社会化媒体平台促进了粉丝群体的互动和粉丝经济的空前繁荣。传统大众媒介时代，粉丝以个体的方式存在，难以形成社群效应，但移动互联网时代，由单个粉丝构成的节点，通过社会化平台相互关联，在信息生产、传播过程中发挥更大的作用，也赋予了商业模式更多可能性。②因此在进行广告策划书撰写时要注重社交思维的运用，注重社群营销，将目标群体的特质和互动方式纳入策划范围，通过提高目标群体在社会化媒体上的参与感、互动度来凝聚"粉丝"效应，提升品牌价值、提高用户价值认同。

（3）将广告传播与电子商务结合，提高转化率。

社群是互联网时代用户基于兴趣分析、价值共创和沟通需求而产生的虚拟社区群落。与传统营销相比，社群营销与电子商务的结合解决了社区流量、内容变现的问题，提高了转化率。移动互联网时代，用户能够随时随地接入互联网平台中，同时大数据、云计算的出现能够进行精准的用户画像，针对特定的场景进行精准的场景营销。③广告策划书撰写过程中应注重用户划分、场景区分，充分发挥社群营销和电子商务的针对性、迅速性和便捷性，为用户提供更多价值，进而提高产品转化率，促进企业的销售。

（4）利用大数据进行广告效果实时反馈，及时调整广告策划书。

与传统大众媒介时代不同，移动互联网时代的传播环境、传播对象与传播媒介都具有及时性、灵活性等特点，因此广告策划的执行过程、触达率、转化率等执行效果可以通过大数据实时反馈，阶段性执行效果对广告策划方案的局部调整能够起到较好的指导和修正作用。因此，移动互联网时代的广告策划书也要注重灵活性，通过多种应对策略的组合选择，对各种执行效果形成备案，及时调整、迅速反应，以此获得更好的广告传播效果。

第二节　广告策划书的基本格式

广告策划侧重科学化，从事前的资讯分析、事中的系统选择到事后的执行监控，一切运作皆有条不紊地按照原计划实施，并受到人为的严密控制，其目标的实现也在预期之中。广告策划书并没有既定不变的模式，需要根据不同情况运用智慧、发挥创意，但是广告策划书的撰写有其构成要素、基本格式、程序和原则。

---

① 肖媛媛：《自媒体环境下的微博广告探析》，载《新闻战线》，2017年第14期。
② 宋凯：《社会化媒体中粉丝经济的传播机制探究——以2018年"粉丝电影"的微博传播为例》，载《当代电影》，2019年第4期。
③ 黄晓颖：《社群经济、电子商务与新型营销模式的关联融合》，载《商业经济研究》，2019年第14期。

一、广告策划书的主要内容

广告策划书的主要内容一般包括前言、市场分析、营销目标、广告战略（广告目标、广告定位、广告诉求对象和内容等战略问题）、广告策略（广告创意策略、表现策略、媒介策略）、广告效果测定与广告费用。也可以将市场研究和消费者研究等板块单独提取出来，即广告策划的格式包括前言、市场研究及竞争状况、消费者研究、产品问题点、产品机会点、市场建议（广告目标、广告对象、广告定位）、广告主题策略、广告表现、媒体策略、预算分配和广告效果测定。

以下介绍广告策划书中的具体内容。

（一）封面

一份完整的广告策划文本应该有一个版面精美、要素齐全的封面，以给阅读者良好的第一印象。具体而言，它可提供如下信息：

①广告策划文本全称。
②广告主全称。最好使用企业名称标准字及LOGO。
③策划机构名称及LOGO。
④广告策划文本的完成日期。
⑤广告策划文本的编号。

（二）广告策划小组名单

在广告策划文本中提供广告策划小组名单，可以让广告主感到广告策划运作的正规化程度，也可以表示一种对策划结果负责的态度。在名单中应包括所有成员的姓名、职责、所属部门和广告策划文本的执笔人。

（三）目录

目录实际上是广告策划本的简要提纲，应列举各部分的标题，必要时还应将各部分的联系以简明的图表体现出来，一方面可以使广告策划文本显得正式、规范，另一方面也可以使阅读者对广告策划文本的内容有个全貌的了解，容易把握策划的线索，并方便阅读。

（四）前言

前言可采取摘要的方式，以较短的篇幅（不超过一页为宜）概述广告策划的背景、目的及意义、广告战略与广告策略的选择、使用的主要方法、策划文本的主要内容，尤其要点明产品或企业的处境或面临的问题要点以及该策划案是如何解决这一问题点的，也就是在前言中要言简意赅地突出该策划案的核心亮点。

（五）市场分析

这部分应该包括广告策划的过程中所进行的市场分析的全部结果，以为后续的广告策略部分提供有说服力的依据，主要包括营销环境分析、消费者分析、产品分析、竞争对手分析等，同时要在分析的基础上做出准确的判断。

市场分析建立在科学的市场研究、准确的资料收集以及敏锐的洞察力的基础上。一般来说，市场分析不必面面俱到，要有重点，无论是进行消费者分析、竞争环境分析还是企业的优劣势分析都要找到关键点。

（六）广告战略

广告战略是广告策划书最重要的一个部分，科学的广告战略是在精确的市场分析之后做出的。在广告战略部分，要结合品牌的营销目标与未来发展愿景，确定广告目标。在结合大数据的用户画像的基础上，深入分析消费者特点，包括消费者具体的年龄、性别、爱好、媒介使用习惯等，确定本次广告运动的传播对象。在分析产品特点与行业竞争对手的基础上，明确本产品与品牌的区隔化定位。在洞察消费者基础上，确定广告的主题战略。在分析竞争态势的基础上，确立广告选择的战略——采取积极性的广告战略、集中性的广告战略还是防御性的广告战略。

（七）广告策略

广告策略与广告战略紧密相关，在有的时候也会把广告战略直接归入广告策略。不过总体上，广告战略比广告策略更宏观，它指导着广告策略。在广告战略部分，已经确定广告目标、广告对象、广告品牌的定位以及广告传播的主题。广告策略部分要解决广告的实践与执行，因而策略部分包括广告诉求策略、广告表现策略、广告媒介策略等内容。广告策略也是广告策划中非常关键的部分，提出的策略要科学，并且要有依据。

（八）广告计划

广告计划是广告策略的具体表现，是广告运动的一种规划。广告计划要具体，要有可行性。广告计划对整个广告运动具有强烈的指导性；广告计划的制定是广告主同意广告公司代理之后进行的。具体内容包括广告目标、广告时间、广告的目标市场、广告的诉求对象、广告的诉求重点、广告表现、广告发布计划、其他活动计划、广告费用预算、广告活动的效果预测和监控等内容。

（九）附录

在策划文本的附录中，应该包括为广告策划而进行的市场调查的应用性文本和其他需要提供给广告主的资料。包括市场调查问卷、市场调查访谈提纲、市场调查报告、用户画像资料等内容。

二、广告策划书的基本框架

(一) 封面 (略)

(二) 目录 (略)

(三) 前言 (略)

(四) 市场分析

1. 市场环境分析
2. 消费者分析 (对消费者进行画像,洞察消费者的需求)
3. 产品与品牌分析 (挖掘)
4. 竞争对手分析 (明确竞争对手,发现其定位与优劣势)
5. SWOT分析 (总结品牌面临的优势与劣势、机会与威胁)

(五) 广告战略

1. 营销目标的描述
2. 广告目标的确定
3. 广告对象的确定
4. 创新产品与品牌的定位
5. 广告传播主题战略
6. 广告传播战略的选择

(六) 广告策略

1. 广告诉求内容策略
2. 广告诉求方式
3. 广告表现策略
4. 广告媒介整合策略

(1) 媒介传播目标
(2) 传统媒介与移动互联网媒介的组合

(七) 广告具体计划

1. 广告目标及目标市场
2. 广告诉求对象
3. 广告的诉求重点
4. 广告创意表现
5. 广告媒介整合传播计划

（1）传统媒介：电视、广播、报纸投放的计划。
（2）微信：朋友圈、小程序传播计划。
（3）微博传播计划。
（4）抖音、快手、火山等短视频传播计划。
（5）今日头条、腾讯新闻等新闻客户端传播计划。
（6）地铁、电梯等户外体验广告计划。
6. 线上线下的活动计划
7. 公关活动计划
8. 其他促销活动计划
9. 广告费用预算

（八）广告活动的效果预测和监控

1. 广告效果的预测
（1）广告主题测试
（2）广告文案测试
（3）广告作品测试
2. 广告效果的监控
（1）传统媒介广告发布的控制
（2）移动互联网媒介平台广告效果的监测

（九）附录

1. 基于大数据的用户画像资料
2. 市场调查问卷
3. 消费者访谈提纲
4. 市场调查报告
5. 其他相关重要数据与资料

第三节　广告策划书撰写的技巧

广告策划书是正式的商业文本，它的撰写有既定的规范，当然也存在一定技巧，通过技巧的使用，能够方便广告主及营销相关人员更好地理解与执行广告策划书。

（1）找准切入点，突出亮点。

广告策划书撰写过程中，需要找准切入点，抓住广告主最关心的中心问题、广告策划书要解决的焦点问题，浓缩构思、突出亮点，切勿将思考过程中的所有点子都纳入策划书中，以致目标过多而迷失方向，适当的舍弃是重要的策划技巧。

（2）具有灵活性，能够根据不同需要来设定策划书的风格。

通用型广告策划难以满足不同行业、不同企业的特点和经营需求，因此策划者应该具有灵活性，针对不同的行业和企业制定与之相适应的广告策划书。同时，优秀的策划者一般都具有自身的个性和风格，也就是通过合适的方式将自身独特的思考方式和个性风格呈现出来。

（3）策划书应当尽量简明、通俗易懂。

广告策划书是为了企业主或者营销人员对于广告活动的理解和执行而撰写的，因此应当行文简明、通俗易懂，以最有利于阅读和理解的方式传达出所要表达的意思，否则，深奥晦涩、模棱两可或者过于文学化的表达，都可能会增加策划理解和执行的成本。

（4）策划书要控制篇幅，避免冗长。

广告策划书应该对中心问题、重要策略进行论证和阐述，同样的问题和概念不要重复多次，去掉多余的文字。要让广告主或者企业主等看了广告策划书的目录就能大致了解广告策划书的重点内容，真正能够提出问题、解决问题的策划书才是好的策划书，其好坏并不由字数决定，相反累赘繁复的策划书还会给人留下不专业的第一印象。

（5）广告策划书应当用事实和数据说话。

广告策划书中的内容和建议应该是在科学的调查研究结果基础上归纳得出的，因此对于策划书中的观点和建议，应当标注好资料来源和出处，用事实和数据说话，尽可能做到科学客观，以此增强策划书的可信度和说服力，同时也是尊重他人的版权。

（6）准备若干方案，未雨绸缪。

前文提到，移动互联网时代的传播环境、传播对象与传播媒介都具有及时性、灵活性等特点，广告策划的执行过程、执行效果也可以通过数据实时反馈，因此移动互联网时代的广告策划书应当充分发挥灵活性，对于同一主题，可以做出几种策划方案。首先，在策划审查阶段，针对广告主提出的种种意见，策划者可以提供不同的替代方案给广告主或企业主去选择；其次，在广告策划书阶段性执行效果呈现出来时，还能够及时对广告策划方案进行局部调整、修正。[1]

---

[1] 广告策划书写作技巧资料来源：http://ggchycy.jpkc.cc/ggchycy/showindex/908/713；https://www.shinerayad.com/news_info.asp?id=618，20190806。

> 案例

粉红领带行动[①]

她时代，她力量
——粉红领带行动善心善言善行公益策划案

华南理工大学2016级新闻与传播学院广告学专业　沈升　陈泳澜　陈嘉慧

（指导老师：佘世红）

1 项目缘起

每个人心中都有一颗善良的种子

每个人的心中都有一颗善良的种子，善心是发自内心的善思，善心最终要以善的行动表现出来。善言就是文明的表达，善言是一种美德，可以给人以自信和力量，善意的交流，会让彼此相互尊重。善行的表现有见义勇为、慷慨捐助的大善，也有帮助他人、拾金不昧的微善，中国文化中也有"勿以善小而不为"的传统。新时代，以一颗善心待人处事，以善言与人友好交流，以善行帮助他人，这是每个人都应该做到的。

改变职场女性歧视，刻不容缓

然而社会上女性被迫害、侵犯的事件频发；事件评论中充斥着针对女性、贬低女性的恶毒言语；"PUA教学"侮辱、物化女性……除了这些在网上掀起争论狂潮、引发关注的事件外，职场上对女性的歧视更是体现在各行各业，几乎每个职场女性都体验过，改变职场女性歧视、女性不合理待遇的现状刻不容缓。

Pink Tie粉红领带

新时代就该有新理念，"女主内"的观念不应该成为继续禁锢女性的枷锁，男性胜于女性的观念也不应该延续，唯有男女平衡，社会才能和谐发展。在职场上，领带这一意象代表着严肃、正式以及男性权力，所以我们创立了名为"pink tie"（粉红领带）这一项目，针对职场女性歧视这个社会问题，目的是从观念入手彻底改变女性因性别而被不公平对待的情况。

2 调研分析

2.1 问卷调查

1. 人们对女性歧视的相关社会话题关注度很高，同时认为女性相较于男性更容易受到歧视。

[①] 该策划案获得第10届"全国大学生广告艺术节"广东省策划类一等奖。

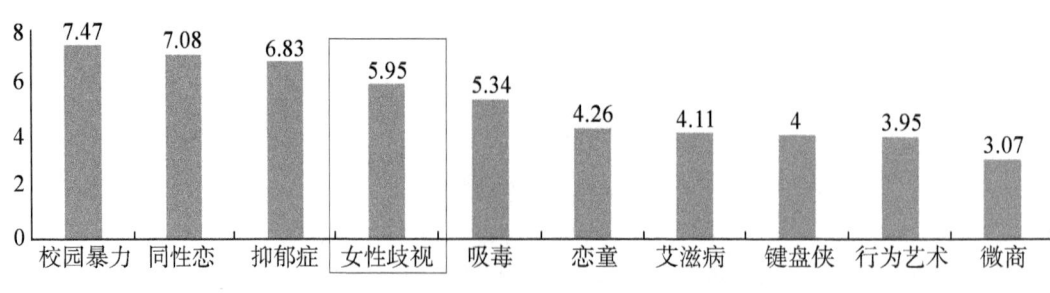

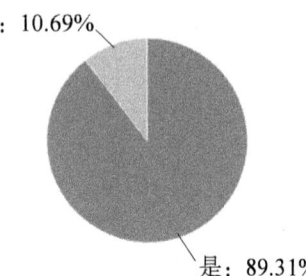

你是否认为女性比男性更易受到歧视？

2. 在女性歧视的话题之中，人们认为职场中的女性歧视现象最为明显。

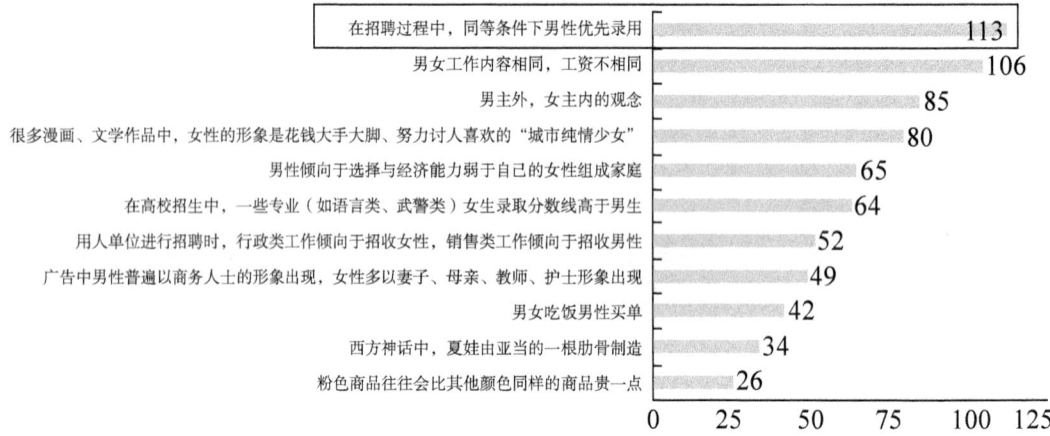

你认为以上哪些现象能体现女性歧视？

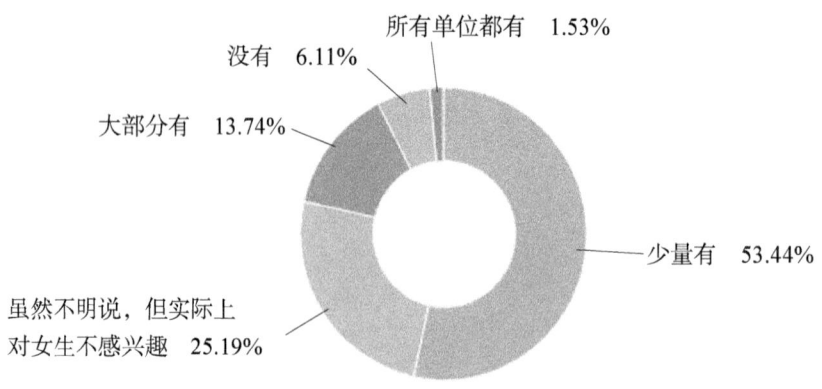

你所看到的用人单位招聘材料中是否有性别的规定？

3. 在现实中，真正参与关注女性歧视公益活动或者愿意直接站出为女性说话的人很少。

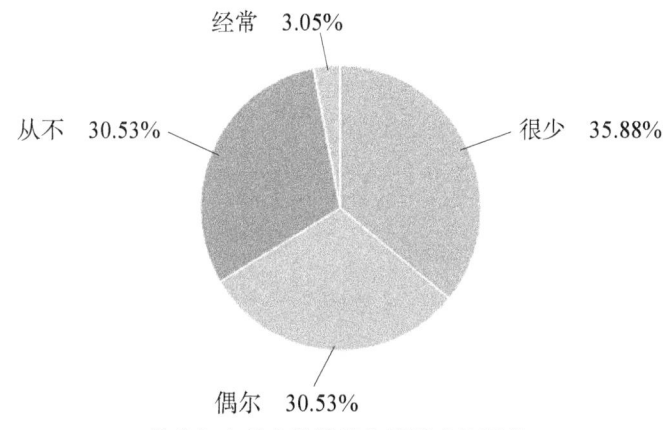

你参加有关女性歧视公益活动的频率

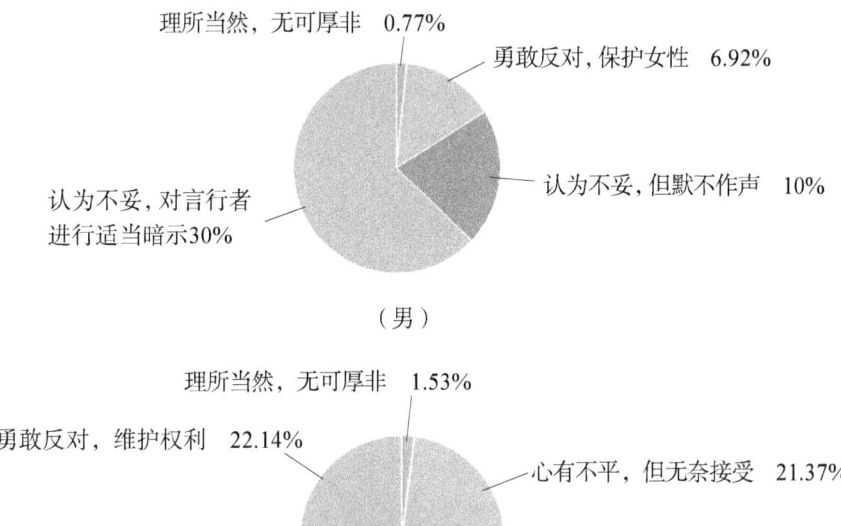

男、女性在职场中遇到女性歧视的现象时的表现

由此可见，职场中的女性歧视现象是十分明显的，那这种现象具体是怎样的呢？

2.2 深度采访

为了深入了解女性在职场中的实际状况，笔者携团队随机选取了18位不同年龄、不同职业的男性与女性进行访谈，并根据他们的亲身经历进行分析。

其中的一些人是这么说的（化名）：

①李娟　34岁　公司管理人员

女性还没生孩子，就被认为以后要结婚请婚假、生孩子请产假，

生育一个孩子，就被认为随时要生二孩，

生完二孩的，又会被认为没有精力工作，

反正怎样都不对。

②邢露露　22岁　大四学生

有的招聘信息上会直接写明"只要男生"，

有的则是在招聘过程中询问有没有结婚生子。

有一次招聘，我大老远跑过去，到那之后却被告知今年只招男生。

我们班里的男生几乎都能顺利就业，女生却很难找到自己满意的工作。

③喻静莹　27岁　公司助理

升职前，

干得比男同事多，拿得钱却比他们少，

好不容易升职了，

又有人在背后说我没能力，

指不定是怎么上去的。

④何睿哲　24岁　公司白领

当时公司招聘出口项目经理，

内部指明只要男性，

女性只被作为基数，面试只是用来凑指标，

最后不会招女性，只会招男性。

⑤梁冬　25岁　淘宝店主

当时老婆怀孕了，公司就降薪降职，

还暗示最好可以直接辞职，

找她们领导根本没用。

2.3　网络调查

网上关于职场女性歧视话题的讨论十分多，网友们对这种现象既无奈又无从下手，为此，我们希望通过一次公益活动来最大可能地改变这种现状。

女性歧视公益现状分析：

①公益活动的时间整体较短，连续性较差，引起的社会关注度不够大，参与度较低。

②有些公益过于偏激，将职场中女性的权力置于男性的对立面，带来不良的社会影响。

③公益多只注重展示，给予女性个人的实际帮助较少。

3 核心策略

3.1 目标人群

- 18~22岁　校园懵懂女　　未进入职场，对职场女性歧视不甚了解
　　　　　　　　　　　　不曾受到过女性歧视的伤害
　　　　　　　　　　　　对未来的职场状况心存忧虑
- 23~35岁　职场维权女　　已经进入职场工作
　　　　　　　　　　　　遇到过针对自己或者是针对她人的女性歧视现象
　　　　　　　　　　　　希望改变职场偏见，无奈于没有机会
- 23~35岁　职场保护男　　曾经遇到过职场女性歧视现象，并认为不妥
　　　　　　　　　　　　男性自身肯定女性的职场价值
　　　　　　　　　　　　希望自己的伴侣与母亲不会在职场中遇到性别歧视

3.2 核心策略

"粉红领带"公益项目
职场女性有理想，却被歧视和压迫

职场女性歧视

如何实现女性职场梦想？如何做到以善心善言善行对待女性？

为女性发声，改变女性职场地位。

实现她世界，她力量！

3.3 整体策略

【唤醒意识】7—8月

通过快递胶带、微信表情、线下反转活动和讲座等方式唤醒职场上男女平等的意识，让在言行中有歧视倾向的男性意识到错误，让女性认识到职场女性歧视现象急需改变，提高大家对职场女性歧视和粉红领带活动的关注。

相关活动：

①划去不平等（定制快递胶带）

②Girls emoji

③反转体验周——职场女性是值得被尊重的

【引起兴趣】9—10月

以年轻人喜欢、互联网流行的方式重新阐释职场女性歧视问题，加强活动与受众之间的互动，引起网民的兴趣，推动一系列活动的传播。

相关活动：
①唱我心声
②女子新"三从四德"
③她时代，见证她力量摄影比赛

【号召行动】11—12月

通过前面一系列的活动已经在受众头脑中形成反对女性歧视的观念，接下来通过号召行动，把头脑里的观念落到实处，改变职场女性承受职场和家庭双重压力的现状。从男性入手，号召男女共同承担家务，改变"男主外女主内"的刻板印象，再从女性方面入手，推崇运动健身的健康生活方式，在身体素质方面缩小男女差距。

相关活动：
①KEEP FIT女子力
②名人大讲堂

3.4 策略MI

● 活动logo

领带是男性权力的象征之一，具有严肃、正式、地位的印象，而该项目的核心思想就是打破男性在事业上更成功，比女性高一等的刻板观念，因此项目中用了更"硬汉"的脏粉色作为领带的颜色，强调女性拥有和男性一样的能力，同样独立自强。

● 周边文创产品
①拆快递领带状小刀
②粉红领带书签
③粉红领带
④女性emoji换装贴纸
⑤粉红领带T恤
⑥与彩虹合唱团合作歌曲的光碟

● 拍照新口号：Give Me Tie

号召一种新的拍照口号"Give Me Tie"，使其成为广泛使用的拍照口号，并应用在本项目所有活动的合照中。将以往的"茄子"拍照语更换成与女性自强相关的词语，通过将反女性歧视标语在平常生活中渗透，增强人们对反歧视概念的熟悉度。

4 活动推广

4.1 意识唤醒期——她来了，请注意

● 划去不平等（定制快递胶带）

【时间】

2018年7月1日至2018年7月15日

【简介】

快递是现代人生活中必不可少的物品，而拆快递，更是人们必定会做出的举动。针对于此，在活动期间投放10万卷印有女性职场歧视言论的定制封箱胶带，在划开胶带拆快递的同时，也将女性职场歧视言论打破。

【目的】

通过互动化、场景化的事件营销，让人们亲自将歧视消灭，增强参与感，引起人们对于"职场女性歧视"话题的关注。

【具体执行】

①定制10万卷快递封箱胶带，在胶带中间引用女性职场歧视相关的言论。

②在快递公司合作方面，因"顺丰快递"的消费者好感度较高，因此，本项目将与顺丰快递合作。项目为其提供6万卷封箱胶带，在活动期间的所有的纸箱快递均使用项目所提供的定制胶带。

③在电商平台合作方面，选用女性用户为主导的"唯品会"作为项目合作方。项目为其提供6万卷封箱胶带，在活动期间的所有的纸箱快递均使用项目所提供的定制胶带。

④项目同时附赠20万份形象为粉色领带的快递小刀，消费者用领带尖即可划破快递封箱的胶带。

⑤项目组将用纪录片的形式记录下整个活动的过程，发布在微博上，并使关键词"快递箱划破职场歧视"登上微博热搜，引起更多人的关注。

● Girls emoji

【时间】

2018年7月16日起

【简介】

项目组与emoji合作，增加了一系列女性职业形象的emoji，改变以往表情中女生的粉嫩、男性重要职业的形象。

【目的】

通过更换人们日常使用的表情包，唤醒人们的意识：男人担当的职业角色，女性同样也可以！

【具体执行】

①微博发起话题#女性最容易受到歧视的职业#，让大家在微博话题自由参与讨论，分享自己的"职业+歧视经历吐槽"，点赞最高的前15个职业，我们将其收集，制作新女性emoji，并提交至The Unicode Consortium。

②联合apple公司在iOS系统上新增女性形象emoji表情，供人们在聊天中使用。

③将案例投稿至广告案例汇总的相关网站，扩大活动知名度，提高girls emoji的使用度。

● 反转体验周

【时间】

2018年8月1日至2018年8月15日

【简介】

以微博话题所收集的女性职场歧视话语作为素材，将其从女性角度反转成男性，通过视频、纪念册、展览的形式呈现。

【目的】

使男性进行换位思考，体会女性遭受职场歧视时愤怒而无奈的心情；同时引起人们对于女性职场歧视的重视。

【具体执行】

①收集语录：微博发起话题#女性职场歧视图鉴#，工作人员收集话题场景，并将其从女性角度反转成男性角度，制造反差的效果。

②反转视频：根据筛选出的职场反转图鉴，设置生活场景相关台本，录制性别反转

纪实体验视频，于爱奇艺、哔哩哔哩等网络视频平台进行传播。布展期间，用LED屏幕在展览场馆外进行轮番播放。

③展览：主展区设置在人流量高的购物广场中庭，布展顺序根据时间线进行，结合前期所收集的语录，展示被歧视的女性的职场生涯是如何度过的。

例如，用戏谑的手法表现出"成为职场女超人，你需要怎么做""作为女性，你最好选择财会类工作，这种理工运算的就不要想了"……

在展厅过道位置，将一定量的人形牌从天花板吊下，用以展示每年因歧视压力而抑郁的女性的数量。人形牌是以印有女性职场歧视报道的报纸作为材料制作，观众若想继续观展则必须扒开人形牌往前走，营造压抑的心理感觉。

展览结束后，每人将获得由项目组提供的职场反转语录纪念小册一份。

④互动游戏。

a. 做早餐。放材料，若未按规定时间完成，闹钟电子报时"对不起你今天已经迟到了"。

b. 挑衣服。衣柜里挑选衣服，若未按规定搭配挑选衣服，则衣服拉开后会有牌子提示"这衣服太暴露了，你想潜规则上位吗？"

c. 赛跑。参与者需驮上我们准备的"孕肚"，穿着高跟鞋，跑步竞赛。

⑤合照展板。

在展厅外设置合照背景板，设置"女超人"等形象供女生进行合照，令其自发地在SNS平台上进行二次传播，以扩大宣扬女性自立自强主张的影响力。

4.2 引起兴趣期——她所为，弃见证

● 唱我心声

【时间】

2018年9月1日至2018年9月20日

【简介】

与在网络上有较高影响力的彩虹合唱团合作，联合推出新曲与MV，在网络平台发布歌曲、翻唱接龙，在购物广场前进行合唱快闪等主题活动。

【目的】

令人们在视听享受中对反女性职场歧视话题提起兴趣，提高话题参与度。

【具体执行】

①编写歌词。利用先前在微博话题上征集的歧视语句,编写歌词。(详见创意表现)

②编曲、发布单曲。与彩虹合唱团合作,让其进行编曲,并在其官方平台发布新单曲与MV。

③网络翻唱接龙。在抖音APP上分享歌曲与主题,让大家翻唱接龙;在bilibili视频平台制作歌曲合集;在微博联系KOL转发。

④广场快闪。彩虹合唱团号召大家在特定时间与地点进行快闪活动,最终,在彩虹合唱团成员带领下,在广场以歌曲快闪的合唱形式呈现。

⑤视频记录。呈现经过用纪录片记录,于网络病毒传播。

⑥成员穿着。合唱团员身着pink tie主题T恤。

⑦周边义卖。制作主题周边文创产品,爱心义卖所得资金捐给妇联。物品寄件用的快递盒、胶带也是先前所用的反职场歧视主题系列。

● 女子新"三从四德"

【时间】

2018年9月15日至2018年10月15日

【简介】

在"从"与"德"方面进行思想升华,形成对旧"三从四德"的新阐释。

【目的】

旧"三从四德"是对女性行为与思想的禁锢,我们希望通过对"三从四德"进行改造,为其赋予新内涵,从而影响女性的认知观点,并鼓励女性将其运用到职场中,自爱自强。

【具体执行】

①形成总体的主题思想——"三从"(从爱、从己、从世界)"四德"(文武德、言行德、品学德、修身德)。(详见创意表现)

②制作新"三从四德"主题视频(视频脚本见"创意执行"部分),投放于爱奇艺视频广告。

③联合微信公众号KOL黎贝卡的异想世界,进行女子新"三从四德"软文推广。

- 她时代，见证她力量

【时间】

2018年9月1日至2018年10月20日

【简介】

从女性自强的角度出发，以#她时代 她力量#为主题，举办一场摄影比赛。

【目的】

带领人们从镜头中发现女性自强之魅力，改变以往人们对于女性即柔弱的刻板印象。

【具体执行】

①发起话题。微博发起话题#她时代，她力量#，号召大家发现身边女性自立自强的影像瞬间，寻找陈漫等摄影界KOL参与话题讨论，提高活动曝光量。

②发起比赛。在蜂鸟网发起主题摄影大赛，从女性自强的角度出发，以#她时代 她力量#为主题，分为职业组、业余组进行摄影比赛，每人限投稿3幅作品。

③评比规则、奖项设置。网络投票分数占比40%，专家评审占比60%，最终评选出一等奖1名（奖金3000元、蜂鸟网视频课程1年制会员、粉红领带活动全套周边）；二等奖3名（奖金1000元、蜂鸟网视频课程6个月会员、粉红领带活动全套周边）；三等奖5名（奖金500元、蜂鸟网视频课程3个月会员、粉红领带活动全套周边）。

4.3 号召行动期——她感召，共行动

- KEEP FIT女子力

【时间】

2018年11月1日至2018年12月30日

【简介】

联手运动健身类APP领先者Keep，发起系列女子健身活动。

【目的】

鼓励女性在空闲之余，调养身心、强身健体，释放自身压力。同时，吸纳更多的人参与活动，增加活动影响力。

【具体执行】

①联合Keep在APP内推出女子防身教程、女性健身分享专区，让女性获得自我保护的学习途径，以及通过女性圈子的相互分享，达到相互督促、相互成长的效果。

②发起办公室瑜伽运动的号召，公司参与活动需成立公司健身打卡小组，同一家公司只要连续3周在工作日内有超过15名女性的健身打卡记录，即可获得【粉红力量勋章】一枚。

③发起在广州塔底下的女子千人瑜伽活动，为每位参与者免费发放pink tie主题健身衣。活动当日申请吉尼斯世界纪录的挑战。

- 隐形求救APP

【时间】

2018年11月1日起

【简介】

开发一款手机APP，运用于女性在职场遭受性骚扰及遇险求救时。为使推广环节不被暴露，只选择在女性接触的渠道投放，如女厕、女性用品电商平台等。

【目的】

在不激怒施害者的情况下，给予女性帮助，为女性保驾护航。

【具体执行】

①APP是一款伪装的手电筒软件，当打开软件并摇动手机，APP便能自动发送带有地址的求救信息给预设的三个朋友，而不被职场性骚扰者、施暴者发现。此外，APP内提供发送男性语音的服务，可将女性伪装成正在语音通话。因第三方男性的介入，另施害者羞于继续实施不法行为。

②为使推广环节不被暴露，APP的推广只在女性出没的地方投放，譬如女厕，售卖卫生巾、化妆品、女装等女性用品的电商平台。

- 名人大讲堂

【时间】

2018年12月1日至2018年12月20日

【简介】

联合性别平等工作者、明星等知名人物，在网络学习平台上进行性别平等意识、反女性职场歧视的教育与传播。

【目的】

通过KOL及其粉丝效应，让更多人意识到、了解到、参与到反女性歧视的活动中。

【具体执行】

①首期,邀请嘉宾包括但不限于李银河、海清、刘涛、陈至立(曾任全国妇联主席),请她们在TED、荔枝微课进行女性职场歧视主题演讲。

②后期,在SNS社区中建立话题圈子,让网民自由推举主讲人,项目组邀请其加入主题演讲的嘉宾行列,在网络平台宣传反歧视的理念。

5　创意表现

1. 女子新"三从四德"

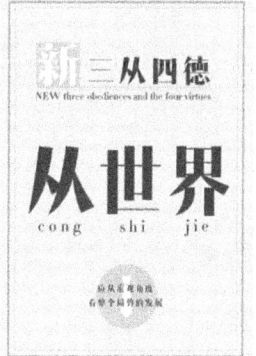

  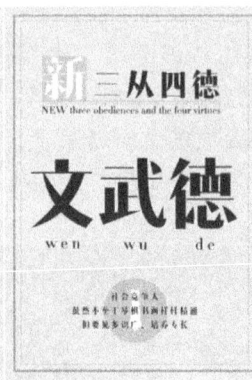 

"三从"：从爱、从己、从世界；

"四德"：文武德、言行德、品学德、修身德。

从爱：应该用爱去化解家庭、工作、社交中的冲突。

从己：人贵有自知之明，避己所短、扬己所长，才能对自己的人生坐标准确定位。

从世界：应从宏观角度看整个局势的发展。

文武德：社会竞争大，虽然不至于琴棋书画样样精通，但要见多识广、培养专长。

言行德：凡事从他人角度着想，口出慧言，用女性的温柔言语打动人心。

品学德：善良的品格增加人缘，品位增添魅力；不断学习，追求进步，才能越来越美丽。

修身德：发掘、善用女性细腻、温婉的特质，面对工作表现自信、面对生活呈现优雅、面对家庭展现美德。

2. 举牌小人

6　媒介策略

目标受众：

①18岁至22岁准备进入职场或初入职场的女性

②22岁到40岁在职场打拼的女性

③22岁到40岁的在职男性

媒介选择：

互联网和手机等移动终端的结合使得用户体验更强，而且目标受众在媒介使用上更偏爱线上媒体，多用手机微博关注社会话题，且抖音、健身APP等应用深受年轻人喜爱。因此我们选择以互联网传播为主，辅以线下传播，以此来增加活动宣传在受众中的到达率、增强传播效果，同时以互动式的传播方式多方向立体地与受众沟通。

投放比例：

①社交化媒体：26%

②视频网站：26%

③手机应用：23%

④网络学习平台：4%

⑤网页：4%

⑥线下媒体：17%

媒介排期：

		唤醒意识		引起兴趣		号召行动	
		7月	8月	9月	10月	11月	12月
社交化媒体	微信	■	■			■	
	新浪微博	■	■	■	■		
视频网页	优酷			■	■		
	哔哩哔哩			■	■		
手机应用	抖音			■	■	■	■
	Keep应用					■	■
	隐形求救APP					■	■
网络学习平台	TED、荔枝微课					■	■
网页	摄影比赛网站				■		
线下媒体	线下海报粘贴	■	■				
	快递箱胶带	■					
	线下展览		■	■			
	快闪活动			■	■		

7 费用预算（略）

参考文献

[1] 陈刚. 创意传播管理 [M]. 北京：机械工业出版社，2012.
[2] 陈建中，吕波. 营销策划文案写作指要 [M]. 北京：中国经济出版社，2011.
[3] 陈培爱. 广告媒体教程 [M]. 北京：北京大学出版社，2005.
[4] 丁邦清. 广告策划与创意 [M]. 北京：高等教育出版社，2011.
[5] 丁俊杰，张树庭. 广告概论 [M]. 北京：中央广播电视大学出版社，1999.
[6] 段淳林. 整合品牌传播——从IMC到IBC理论构建 [M]. 2版. 北京：世界图书出版公司，2016.
[7] 樊志育. 广告效果测定技术 [M]. 上海：上海人民出版社，2000.
[8] 冯英健. 网络营销基础与实践 [M]. 北京：清华大学出版社，2004.
[9] 林升梁. 跨文化广告传播学 [M]. 厦门：厦门大学出版社，2011.
[10] 胡菡菡. 广播电视广告 [M]. 南京：南京大学出版社，2007.
[11] 江波，曾振华. 广告效果测评 [M]. 北京：中国广播电视出版社，2002.
[12] 蒋旭峰，杜骏飞. 广告策划与创意 [M]. 北京：中国人民大学出版社，2006.
[13] 金定海，郑欢. 广告创意学 [M]. 北京：高等教育出版社，2008.
[14] 黎万强. 参与感：小米口碑营销内部手册 [M]. 北京：中信出版社，2018.
[15] 李晶，昌蕾，吴文涛. 广告效果测评理论与方法 [M]. 北京：社会科学文献出版社，2014.
[16] 李幸，欧慧玲. 试听传播史论 [M]. 北京：中国社会科学出版社，2010.
[17] 李晏墅. 市场营销学 [M]. 北京：高等教育出版社，2008.
[18] 刘永炬，冯斐. 广告策划与创意：锁定目标与攻击方法 [M]. 北京：企业管理出版社，2001.
[19] 莫梅锋. 互动广告发展研究 [M]. 北京：新华出版社，2012.
[20] 祁林. 电视文化的观念 [M]. 上海：复旦大学出版社，2006.
[21] 饶德江. 广告策划与创意 [M]. 武汉：武汉大学出版社，2003.
[22] 舒咏平. 新媒体广告 [M]. 上海：上海交通大学出版社，2015.
[23] 唐佳希，李斐飞. 广告策划与创意 [M]. 北京：北京大学出版社，2009.
[24] 邬盛根. 广告策划 [M]. 北京：高等教育出版社，2006.
[25] 杨先顺. 广告文案原理与写作技巧 [M]. 上海：华东师范大学出版社，2009.
[26] 喻国明. 传媒新视界——中国传媒发展前沿探索 [M]. 北京：新华出版社，2011.
[27] 余明阳，陈先红. 广告策划创意学 [M]. 上海：复旦大学出版社，2003.
[28] 余明阳，韩红星. 品牌学概论 [M]. 广州：华南理工大学出版社，2008.
[29] 翟年祥. 广告学教程 [M]. 成都：四川人民出版社，2001.
[30] 张金海. 20世纪广告传播理论研究 [M]. 武汉：武汉大学出版社，2002.
[31] 张金海，佘世红. 中外经典品牌案例 [M]. 广州：华南理工大学出版社，2009.
[32] 刘敦利，整江华，刘志辉. LBS的应用研究综述 [C]. 第六届全国地图与GIS技术研讨. 乌鲁木齐，2008.
[33] 阿尔文·托夫勒. 第三次浪潮 [M]. 黄明坚，译. 北京：中信出版社，2006.
[34] 保罗·莱文森. 手机：挡不住的呼唤 [M]. 何道宽，译. 北京：中国人民大学出版社，2004.
[35] 邦尼·L. 德鲁安尼，A. 杰罗姆·朱勒. Creative Strategy in Advertising [M]. 大连：东北财经大学出版社，2008.
[36] 大卫·奥格威. 奥格威谈广告 [M]. 洪良浩，官如玉，译. 呼和浩特：内蒙古人民出版社，2000.
[37] 大卫·奥格威. 一个广告人的自白 [M]. 林桦，译. 北京：中信出版社，2008.

[38] 丹·海金司.广告写作艺术[M].刘毅志,译.北京:中国友谊出版公司,1991.

[39] 菲利普·科特勒,等.营销革命3.0:从产品到顾客,再到人文精神[M].北京:机械工业出版社,2012.

[40] 菲利普·科特勒,弗沃德.B2B品牌管理[M].楼尊,译.上海:格致出版社,上海人民出版社,2008.

[41] 古斯塔夫·勒庞.乌合之众:大众心理研究[M].冯克利,译.北京:中央编译出版社,2014.

[42] 克雷奇,等.心理学纲要[M].周先庚,等译.北京:文化教育出版社,1981.

[43] 麦克卢汉.理解媒介:论人的延伸[M].何道宽,译.北京:商务印书馆,2000.

[44] 梅尔文·德弗勒.大众传播学诸论[M].北京:新华出版社,1984.

[45] 汤姆·邓肯.广告与整合营销传播原理[M].廖以臣,张广玲,译.北京:机械工业出版社,2006.

[46] 唐·E.舒尔茨,等.整合行销传播[M].北京:中国物价出版社,2002.

[47] 威尔伯·施拉姆.传播学概论[M].北京:新华出版社,1984.

[48] 威廉·阿伦斯,大卫·夏尔菲.阿伦斯广告学[M].丁俊杰,程坪,沈乐,等译.北京:中国人民大学出版社,2008.

[49] 维克托·迈尔·舍恩伯格,肯尼思·库克耶.大数据时代:生活、工作与思维的大变革[M].盛杨燕,周涛,译.杭州:浙江人民出版社,2013.

[50] 雅克·塞盖拉.快乐广告人生[M].北京:中国友谊出版公司,2000.

[51] 亚伯拉罕·马斯洛.动机与人格[M].北京:中国人民大学出版社,2007.

[52] 约瑟夫·派恩,詹姆斯·吉尔摩.体验经济[M].北京:机械工业出版社,2002.

[53] 詹姆斯·韦伯·扬.创意的生成[M].祝士伟,译.北京:中国人民大学出版社,2014.

[54] 植条则夫.广告文稿策略——策划、创意与表现[M].俞纯麟,俞振伟,译.上海:复旦大学出版社,1999.

[55] 白建磊,丁海猛.谁是广告的灵魂?——广告创意、广告主题和媒体策略的地位思考[J].广告大观(综合版),2008(02).

[56] 陈力丹.大众传播理论如何面对网络[J].国际新闻界,1998(5,6).

[57] 陈述.基于产品生命周期PLC一般模型的广告预算管理[J].时代经贸(下旬刊),2008(11).

[58] 邓楚君."思维导图"在广告设计教学中的应用[J].美术教育研究,2012(6).

[59] 冯沁妍,汤志耘.浅析消费者洞察对品牌营销及传播的作用——以可口可乐2010年网络营销方案为例[J].新闻界,2011(2).

[60] 韩光.市场调查方法的对比研究[J].中国市场,2015(27).

[61] 贺翀.微信朋友圈广告的传播特征及效果[J].青年记者,2015(20).

[62] 胡钰,胡洪力.产品生命周期理论对企业战略管理的启示[J].商业时代,2006(2).

[63] 黄丽丽,冯雯婷,瞿向诚.影响虚拟社群信息分享的因素:多层分析视角[J].国际新闻界,2014(9).

[64] 黄迎新.理论构建与理论批判的互动——美国整合营销传播理论研究二十年综述[J].中国地质大学学报(社会科学版),2010.

[65] 蒋旭峰.广告创意:思维与技法[J].南京大学学报(人文社科版),1998(2).

[66] 蒋旭峰.试论广告预算[J].江苏社会科学,2003(5).

[67] 蓝进.试论市场定位、产品定位和竞争定位之间的关系[J].商业研究,2007(10).

[68] 李志英.消费者洞察在广告传播中的价值体现[J].艺海,2010(9).

[69] 刘静.《广告调查》教学思路与方法的探索[J].上海工程技术大学教育研究,2002(4).

[70] 刘青.试论大数据背景下市场调查设计之变[J].企业科技与发展,2015(13).
[71] 刘书亮.微电影的传播效果及相关因素分析[J].西华大学学报(哲学社会科学版),2013(1).
[72] 刘友林.广告预算与媒体选择[J].企业经济,1995(08).
[73] 吴吉义,李文娟,黄剑平,等.移动互联网研究综述[J].中国科学:信息科学,2015(1).
[74] 罗军舟,吴文甲,杨明.移动互联网:终端、网络与服务[J].计算机学报,2011,34(11).
[75] 莫梅锋,刘漾檑.互动广告的整合发展策略[J].中国广告,2008(10).
[76] 宁健,潘军.挑战传统:互动营销新理念[J].商业研究,2002(238).
[77] 佘世红.IBC:移动互联网时代对IMC的创新[J].销售与市场(评论版),2014(11).
[78] 时启亮.基于互联网的市场调研现状与前景分析[J].商讯商业经济文荟,2005(5).
[79] 孙玉凤.微信朋友圈广告互动传播的优劣势探析[J].东南传播,2015(03).
[80] 唐·E.舒尔茨,等.整合营销传播与未来——美国西北大学唐·E.舒尔茨教授北大演讲实录[J].广告大观(理论版),2013(06).
[81] 王迪,何知非,韦薇.大数据时代的市场调查刍议[J].新闻传播,2015(11).
[82] 王婧.互联网环境下数据收集和市场调查的特点[J].商,2014(21).
[83] 王军元.论广告主题[J].中国广告,2008(05).
[84] 王刊良,席酉民,汪应洛.电子头脑风暴(EBS)研究[J].系统工程,1994(05).
[85] 王影.网络市场调研的方法及步骤[J].中外企业家,2015(18).
[86] 韦薇,王迪.大数据时代的市场调查[J].商业文化,2014(32).
[87] 吴长顺,朱玲.营销组合4P范式的不可替代性[J].科技管理研究,2007(6).
[88] 吴垠.关于中国消费者分群范式(China-Vals)的研究[J].南开管理评论,2005(2).
[89] 谢金文,邹霞.媒介、媒体及其传媒相关概念[J].新闻与传播研究,2017(3).
[90] 谢少安.优化和创新物流外包服务的4Ps与4Cs[J].物流与采购研究,2009(2).
[91] 许敏玉.广告创意新趋势——行动体验广告[J].江苏商论,2011(01).
[92] 许正林,杨瑶.基于大数据的移动互联网RTB广告精准投放模式及其营销策略探析[J].上海大学学报(社会科学版),2015(6).
[93] 余孟杰.产品研发中用户画像的数据建模——从具象到抽象[J].设计艺术研究,2014(6).
[94] 余晓钟,冯杉.4P、4C、4R营销理论比较分析[J].生产力研究,2002(3).
[95] 喻国明.镶嵌、创意、内容:移动互联广告的三个关键词——以原生广告的操作路线为例[J].新闻与写作,2014(03).
[96] 曾娜.如何管理思考——专访"世界创新思维之父"爱德华·德博诺[J].商务周刊,2007(17).
[97] 张金海,段淳林.整合品牌传播的理论与实务探析[J].黑龙江社会科学,2008(5).
[98] 张鹏,刘译璟.为消费者画像[J].销售与市场(营销版),2013(9).
[99] 张炜,刘新传.中国微电影的发展回顾与未来展望[J].现代传播,2012(12).
[100] 赵海兰.网络时代的市场调研[J].科技信息(学术研究),2008(26).
[101] 朱新林.头脑风暴法在管理决策中的应用[J].商场现代化,2009(09).
[102] 中国蓝色创意集团,跨界创新实验室.谷歌互动广告活动展示传播活力[J].国际广告,2008(11).
[103] 2018中国报业融合发展盘点[J].中国报业,2019(1).
[104] 梁庆海.基于生活形态的厨房电器发展与设计研究[D].南京理工大学,2008.
[105] Don E. Schultz, Stanley I. Tannenbaum, Robert F. Lauterborn. Integrated Marketing Communications: Pulling It Together & Making It Work[J]. Northwestern Univ. Press, NTC Business Books, 1992.
[106] Graham Vickery, Sacha Wunsch-Vincent. Participative Web and User-Created Content: Web2.0,

Wikis and Social Networking[J]. Paris, Organization for Economic Cooperation and Development (OECD), 2007.
[107] Grönroos Christian. Quo Vadis marketing? Toward a relationship marketing paradigm[J]. Journal of Marketing Management, 1994, 10(5).
[108] Smith Paul. Marketing Communications strategy: An Integrated Approach[J]. KoganPage, 1997.
[109] Steve Jurvetson, Tim Draper. Viral Marketing[J]. The Netscape M-Files, 1997.

参考网站

[1] 百度百科, https://baike.baidu.com/.
[2] 百度文库, https://wenku.baidu.com/.
[3] 道客巴巴, http://www.doc88.com/.
[4] 豆丁网, https://www.docin.com/.
[5] 东方财富网, http://finance.eastmoney.com/.
[6] 堆糖, http://www.duitang.com/.
[7] 飞象网, http://www.cctime.com/.
[8] 凤凰网, http://www.ifeng.com/.
[9] 腾讯广告, https://e.qq.com/success/.
[10] 巨量引擎, https://www.oceanengine.com/.
[11] 广告门, https://www.adquan.com/.
[12] 科技-腾讯网, https://new.qq.com/ch/tech/.
[13] 破洛洛, http://www.poluoluo.com/.
[14] 人民网, http://www.people.com.cn/.
[15] 人人都是产品经理, http://www.woshipm.com/.
[16] 生活-太湖明珠, http://life.thmz.com/.
[17] 网络广告人社区, http://iwebad.com/.
[18] 网易财经, https://money.163.com/.
[19] 网易新闻, https://news.163.com/.
[20] 新浪网, http://news.sina.com.cn/.
[21] 浙江传媒学院广告策划与创意, http://ggchycy.jpkc.cc/.
[22] 中国广告人网站, http://www.chinaadren.com/.
[23] 中文互联网数据资讯中心, http://www.199it.com/.
[24] CTR媒介智讯, http://www.ctrmi.com/.
[25] DevStore, http://www.devstore.cn/.
[26] MBA智库百科, https://wiki.mbalib.com/.
[27] QUESTMOBILE, http://www.questmobile.com.cn/.
[28] TechWeb, http://www.techweb.com.cn/.
[29] 36氪, https://36kr.com/.

后记

广告作为一种传播方式，在移动互联网时代正经历巨大改变。尽管国内有学者已经出版了《网络广告》《数字营销》和《人工智能营销》，但是我国的《广告策划与创意》教材基本上比较陈旧。在移动互联网时代，我们该如何审视广告的改变，大数据技术、定位技术、移动互联技术、智能技术到底对广告策划与创意带来了什么影响？大众媒介时代的广告策划的理论与框架是否就此全部被抛弃？带着这些疑问，笔者开始撰写本书。

四年前本人就拟定了本书的框架，并撰写了部分内容，其间由于2016年去美国访学，才拖到近日完稿。本书的基本观点是移动互联网给广告策划与创意带来了颠覆性的变革与创新，我们应该学会利用移动互联网思维来进行广告策划与创意，但是广告策划与创意课程的基本理论知识与框架还需要进一步传承。

本书引用了许多理论与观点，在此感谢这些专家与学者做出的贡献。同时，基于教学目的，本书还介绍了大量的广告策划案例与广告创意图片，这些案例基本都是由本人和研究生团队在网络上的各大平台（包括视频网站）收集整理的，在此对相关广告主及提供创意元素的网络平台一并表示感谢！

本书的完成要感谢很多人。首先，要感谢华南理工大学新闻与传播学院的段淳林教授，感谢她在百忙中为本书写序；其次，要感谢华南理工大学出版基金赞助本书出版，感谢王磊编辑、王倩编辑；再次，要感谢本人的一些研究生，他们是何岳红、周智伟、魏泽、胡靖雯、李春华、孙宵博、杨锦玲，他们参与了部分章节的资料收集与初稿的撰写，具体安排是：何岳红负责第一章，孙宵博负责第九章，周智伟负责第十章，李春华负责第十一章，魏泽负责第四章与第十二章，胡靖雯负责第十三章，杨锦玲负责统一文献格式。初稿之后，本人对本书又统一修改，改动比较大，不过相信学生通过参与写作能够有很多收获。最后，要感谢家人给本人创造的良好写作环境。

由于水平有限，书中难免会有各种瑕疵，请各位读者批评指正。

佘世红

2019年8月